노인상담

경\험\적\접\근

Counseling

for the

Elders

노인상담

경\험\적\접\근

이장호 · 김영경

Σ 시그마프레스

노인상담 경험적 접근, 개정판

발행일 | 2006년 8월 10일 초 판 1쇄 발행
2008년 9월 1일 초 판 2쇄 발행
2013년 3월 5일 개정판 1쇄 발행
2014년 8월 5일 개정판 2쇄 발행

저자 | 이장호 · 김영경
발행인 | 강학경
발행처 | (주) 시그마프레스
편집 | 김경임

등록번호 | 제10-2642호
주소 | 서울특별시 영등포구 양평로 22길 21 선유도코오롱디지털타워 A401~403호
전자우편 | sigma@spress.co.kr
홈페이지 | http://www.sigmapress.co.kr
전화 | (02)323-4845, (02)2062-5184~8
팩스 | (02)323-4197

ISBN | 978-89-6866-001-6

이 책이 발간된 지도 벌써 6년이 넘는 시간이 흘렀다. 초판을 쓸 때만 해도 노인상담 관련 책은 거의 없다고 할 만한 상황이었으나, 우리나라는 세계에서 유례를 찾기 힘들 정도의 급속한 인구 고령화를 경험하면서 노인문제는 사회적인 이슈가 되었고, 이는 의료, 정신건강, 사회복지 측에서 노인에게 관심을 가지고 대처 노력을 기울이도록 하였다. 그러나 우리 사회의 현재 모습은 OECD 회원국 중 노인 빈곤율 및 자살률이 1위로, 한국에서 노인으로 산다는 것은 여전히 고달픈 실정이다.

본서의 출판 의도는 노화에 따른 노인의 심리적 특성을 이해하고 노년기에 부딪히는 문제로 인한 괴로움을 완화시키고자 하는 것이었고, 제목에서도 알 수 있듯이 고령 내담자에 대한 상담의 원리와 실제를 경험적 맥락에서 접근하려는 것이었다. 재판에서는 노인을 보다 잘 이해하기 위한 최근 연구 결과들의 인용과 함께 초판에서 다루지 못한 내용들을 첨가하면서 우리나라 노인문제를 반영하는 실제 상담 사례를 많이 제시하고 싶었으나, 근자 몇 년간 여러 역할을 해내야 하는 저자의 상황에서 이러한 바람은 일단 보류할 수밖에 없었다. 노인상담에 관심을 가지고 상담 실제에 도움을 받고자 하는 독자를 만족시킬 만한 보다 여문 책으로 개정하고 싶다는 희망은 차후에 실행하기로 하고, 부족하나마 우선 부분적인 수정 및 보완으로 개정판을 내놓기로 하였다.

　초판과 달라진 내용으로는, 인구 및 상담 문제 등의 통계 자료가 최신 정보로 대체 및 보완되었고, 부자연스럽거나 껄끄러운 문장이 윤문되었으며, 제2부 '노인상담의 기초'에서 기존의 우울, 치매, 학대, 성생활 상담 외에 '위기상담'과 '은퇴상담'이 추가되었다. 노인의 빈곤, 자살, 학대 사례가 꾸준히 증가하고 있고 은퇴가 노년기의 주요 생활사건임을 고려할 때 위기 및 은퇴상담을 다루는 것은 필요하다고 생각된다. 그리고 상담에서 결정적이라고 할 수 있는 첫 회기를 원활하게 진행할 수 있도록 '외래 노인내담자상담의 첫걸음'의 내용을 좀 더 구체적으로 기술하였다. 이와 관련하여 노인내담자의 인지 기능을 측정할 수 있는 검사를 부록에 추가하였다. 또한 제3부 첫 순서에 '집단상담의 이해'를 첨가하여 집단상담 프로그램 실행에 앞서 집단상담의 기본원리를 살펴볼 수 있도록 하였다. 마지막으로 본서의 내용을 흡족할 만큼 대폭 개정하지 못한 대신, 노인상담 관련 최신도서 추천목록을 작성하여 독자들이 참고하도록 하였다.

　이 정도 범위의 개정에 대해 독자들의 양해를 구하면서 개정판이 현장에서 노인상담을 하고 있는 상담자뿐만 아니라 노인 관련 업무 종사자들께 도움이 되길 바란다. 초판에 이어 본서의 개정판 출판 과정에서 애써 주신 (주)시그마프레스의 강학경 사장님과 편집부 담당자들께 감사드린다.

2013년 3월 저자

국민연금법상으로는 60세부터 노령연금 급여대상자로서의 노인을 규정하고 있고, 노인복지법 및 국민기초생활보장법에 따르면 65세 이상인 자를 노인으로 규정하고 있다. 고령화사회에 관한 UN의 정의에 따르면, 전체인구 중 65세 이상 고령인구비율이 7~14% 미만인 사회를 고령화사회(aging society), 14~20% 미만인 사회를 고령사회(aged society), 65세 이상 고령인구비율이 20% 이상인 사회를 초고령사회(super-aged society)로 규정하고 있다.

2005년 인구 센서스 발표(통계청 2006)에 의하면 우리나라는 65세 이상 노인 인구가 436만 5천 명으로 전체 인구에서 차지하는 비율이 9.3%에 달하는 고령화사회이다. 농촌지역은 2000년부터 이미 고령사회로 진입하였으며, 2018년에는 전국이 고령사회에, 2026년에는 초고령사회에 진입할 것으로 예상되었으나 지금 추세라면 이 속도가 더 빨라질 전망이다. 일부 농촌지역에서는 노인 인구비율이 이미 30%를 넘는 것으로 조사되었다.

이와 같은 우리 사회의 급속한 고령화와 더불어 노인문제와 노년층의 삶의 다양한 욕구들이 여러 영역에서 분출되고 있다. 노인 자살률이 OECD 국가 중 최상위, 병든 부모를 낯선 곳에 유기했다는 현대적 고려장 보도와 노인 아버지를 구타하며 토지매각에 의한 유산 물려받기를 강요했다는 패류 사례 등은 우리 사회 노인문제들의 극히 일부만을 나타낸 것이라고 할 것이다.

옛날의 농경사회에서는 노인들이 가족적 지원으로 생활안전과 노후보장이 될 수 있었으나 임금을 중심으로 하는 오늘날 산업사회에서는 기존의 가족풍토와 사회적 지지체계가 붕괴됨으로써 현대화가 진전되면 될수록 노인의 지위는 더욱 낮아지고 노인 삶의 문제들은 더욱 확대될지도 모르겠다. 여러 선진국들에서 고령사회를 대비한 사회복지정책과 서비스 개발에 관한 활발한 학문적 연구의 일환으로 노년학(gerontology)이란 학문이 탄생하였는데, 우리나라에서도 20여 년 전부터 노인복지학이란 학문분야가 발전되었고 2008년부터 시행될 것으로 기대되는 노인수발보장 제도를 포함한 노인 사회복지적 측면의 전향적 정책들이 추진되고 있다.

본서는 노인복지학의 기본적인 틀 안에서 노인문제를 겪고 있는 고령 내담자들에 대한 상담의 원리와 실제를 경험적인 맥락에서 접근하고자 했다. 저출산 고령화사회에서 상담실천가들의 필수적 개척활동에 틀림없는 노인 상담분야의 조그만 지침서를 마련하려는 저자들이 부딪힌 문제는, 치매노인 가족을 포함한 노인상담의 본격적인 개인상담사례자료를 구하기 힘들다는 것이었다. 지역 노인복지관에서 시행한 집단상담 프로그램의 진행과정을 비교적 상세하게 제시할 수 있었고, 70대 퇴직공무원을 대상으로 실습한 사례 축어록과 사회복지관 의뢰의 독거노인 상담사례 등을 제시할 수 있음을 그나마 다행으로 여길 수밖에 없었다.

초판을 이렇게 미흡한 내용으로 출간함에 대하여 독자의 양해를 구하면서, 아울러 앞으로 노인상담의 이론과 실제 면에서 강호 제현들의 많은 구체적인 지도 편달이 있기를 바라마지 않는다.

이 책이 나오기까지 도움 주신 분들이 있다. 저자를 노인복지학에 입문시키고 노인문제 통계자료를 제공하신 서울대 최성재 교수, 노인상담 강의 권고를 통해 이 분야의 공부를 촉진시킨 서울사이버대 안정신 교수, 노인의 전화상담 통계자료를 제공해 주신 한국노인의전화 김효정 선생, 노인교육 분야의 필요성을 일깨워 주신 강남대 구본용 교수께 감사드린다.

또한 제3부 노인집단상담 프로그램의 기획에서부터 실시까지 전 과정을 총괄하신 풍경소리심리상담연구소 최현배 소장께 깊은 감사를 전한다. 상담에의 그의 열정과 순수함이 없었다면 본서의 집단상담 프로그램은 가능하지 않았을 것이며, 평소 치료적 인간으로서의 상담자 모습이 어떠해야 하는지를 보여 주는 그에게 존경을 표한다. 그리고 그 과정에 진지함과 봉사정신으로 함께 참여했던 박인영, 이전순, 전은숙 선생을 비롯한 풍경소리심리상담연구회 모든 회원들에게 애정과 감사를 표하는 바이다. 또한 집단상담의 장을 마련해 주고 원활한 진행을 위해 도와주신 복지관과 박상덕 복지사에게도 감사함을 전한다. 마지막으로 본서의 출판을 기꺼이 맡아 애써주신 (주)시그마프레스에 감사드린다.

2006년 7월 저자 씀

차례

머리말 / V

제1부 노인, 노인문제 알아보기

제1장 노인과 발달과업 / 3

1.1 노인의 정의 / 3

1.2 노화의 심리적 측면 / 5

1.3 심리학적 이론과 노년기과업 / 5

제2장 현대사회와 노인문제 / 11

2.1 인구 고령화 및 노인인구의 증가 / 11

2.2 현대화와 노인문제 / 14

2.3 노인들은 무엇을 고민하는가 / 16

제3장   노년기의 성격특성과 심리적응 / 21

3.1 노화와 노년기 적응 / 21

1. 노화과정의 적응 양식 / 21

2. 노인의 성격특성 / 26

3. 은퇴와 노년기 / 30

4. 노년기 가족관계 / 37

5. 노년기 삶과 죽음 / 39

3.2 노년기 정신병리와 정신건강 / 52

1. 노년기 특유의 문제와 정서적 적응 / 52

2. 노년기 정신병리의 이해 / 54

3. 노년기 정신장애 / 55

4. 노년기 장애의 치료 / 61

3.3 노인치매와 대처방법 / 63

1. 치매의 특징적 증상 / 63

2. 간이치매사정도구의 사용법 / 67

3. 치매성 문제행동의 관리 / 67

4. 치매노인 돌보기 / 74

5. 치매노인 안전관리 유의사항 / 77

6. 치매노인과의 대화 지침 / 78

7. 노인치매의 치료적 대처활동 / 80

제2부   노인상담의 기초

제4장   노인상담의 개념과 접근 영역 / 85

4.1 노인상담의 필요성 / 85

4.2 노인복지시설과 노인상담 / 88

4.3 노인상담의 기본개념 / 90
  1. 노인상담의 정의 / 90
  2. 노인상담의 특징 / 90
  3. 노인상담의 목적 / 95
  4. 노인상담의 종류 / 96
  5. 노인상담에서 활용될 면접기법 / 104

4.4 노인상담과 생명윤리적 문제 / 110
  1. 결정능력 평가의 원리 / 111
  2. 생명윤리적 자문의 기본 지침 / 112

4.5 노인우울과 상담 / 113
  1. 노인우울의 원인 / 113
  2. 노인우울의 증상 / 115
  3. 노인우울검사 / 117
  4. 노인우울의 치료적 개입 / 118

4.6 노인치매와 상담 / 121
  1. 전화상담 / 122
  2. 사이버(인터넷)상담 / 122
  3. 가족치료 / 123
  4. 치매가족을 위한 집단적 개입 / 125

4.7 노인학대와 상담 / 127
  1. 노인학대의 개념 / 127
  2. 노인학대상담의 개입방향 / 128

4.8 노인 성생활 상담 / 131
  1. 노년기 성생활 실태 / 131
  2. 노년기 성상담 개입방향 / 132

4.9 노년기 위기상담 / 133
  1. 위기의 개념 / 133
  2. 위기상담 개입방향 / 134

4.10 중노년기 은퇴상담 / 137

   1. 은퇴의 개념 / 137

   2. 은퇴상담 개입방향 / 138

4.11 외래 노인내담자 상담의 첫걸음 / 141

   1. 노인상담자의 준비와 자세 / 141

   2. 외래 노인상담의 의뢰경로 / 143

   3. 노인내담자의 제시문제 / 144

   4. 외래 노인내담자의 평가 및 진단 / 146

   5. 노인상담 첫 회기의 진행과 상담적 개입발언 / 149

4.12 우리나라 노인상담의 실태와 향후과제 / 151

제5장   노인 개인상담 : 사례경험적 접근 / 155

5.1 전화 및 사이버 상담사례 / 155

   1. 노인 가족관계 문제 : 50대 며느리의 호소 / 155

   2. 노인 가족 부동산 문제 : 70대 노모의 호소 / 157

   3. 독거노인 주거지 문제 : 방문 상담자와의 대화 / 160

5.2 노년기 고독문제 사례 / 165

   1. 노인 개인상담 실습 축어록 / 165

   2. 지도교수의 질문과 수강자의 답신 / 177

   3. 성 건강상담 전문가의 논평 / 182

   4. 저자 논평 / 186

5.3 노인 부부문제 상담사례 / 189

   1. 사례의 배경 / 189

   2. 면담 내용 / 191

   3. 내담자 가족 측과의 협의 / 196

   4. 상담자 후기 : 종합적 소감 / 201

5.4 독거노인의 우울증 상담사례 / 204

1. 사례의 배경 / 204

2. 면담 내용 / 205

3. 상담사례의 '중간' 평가 및 상담자 후기 / 208

제3부　**노인 집단상담 프로그램**

6.1 집단상담의 이해 / 213

　　1. 집단상담이란 / 213

　　2. 집단상담자의 자세 및 역할 / 214

　　3. 집단상담의 기술 / 217

　　4. 집단의 구성 및 집단상담의 과정 / 218

　　5. 집단상담의 치료적 요인 / 221

6.2 프로그램 계획과 준비과정 / 222

6.3 집단 구성과 실시 배경 / 226

6.4 프로그램 일괄보기 / 230

6.5 회기 진행과 상담일지 / 232

　　1회기 : 방향제시와 자기소개 / 232

　　2회기 : 풍경구성법(LMT) / 239

　　3회기 : 내 인생의 3대 뉴스 / 254

　　4회기 : 남이 보는 나 / 263

　　5회기 : 장점 바라보기 / 271

　　6회기 : 관심 기울이기 / 279

　　7회기 : 마음의 선물 / 287

　　8회기 : 내가 살아야 하는 이유 / 295

　　9회기 : 유언 남기기 / 304

　　10회기 : 마무리 및 소감교류 / 316

6.6 프로그램과 집단의 흐름 / 324

6.7 사전사후 검사 평가 / 333

6.8 설문지 평가 / 339

6.9 프로그램 시행 후기 / 347

　　1. 집단프로그램의 장점 / 347

　　2. 집단프로그램 촉진자의 유의사항 / 349

부록

1. 집단 참여 방법 / 355

2. 서약서 / 356

3. 노인자아통합프로그램 [우듬지를 꿈꾸며……] 만족도 조사 / 357

4. 자비관 / 359

5. 인생은 일흔 살부터 / 363

6. 인생의 멋진 마무리를 열어주는 자아통합프로그램 / 364

7. 수료증 / 365

8. 집단상담기록지 / 366

9. 유언 활동지 / 367

10. 노인학대 유형과 유형별 구체적 행위 / 370

11. 한국형 간이정신상태검사(K-MMSE) / 376

12. 한국형 도구적 일상생활활동 척도(K-IADL) / 378

참고문헌 / 383

찾아보기 / 391

제1부

노인,
노인문제
알아보기

제1장 | 노인과 발달과업

제2장 | 현대사회와 노인문제

제3장 | 노년기의 성격특성과 심리적응

고령화 사회에 살고 있는 우리는 노인에 대한 인식을 새롭게 하고, 노화에 따른 여러 가지 변화와 그에 대한 적응을 이해할 필요가 있다. 그리하여 노인층을 더 이상 하나의 비주류 집단으로 소외시킬 것이 아니라 세대 통합적 관점에서 우리 사회의 중요 자원으로 함께 가는 세대로 인식해야 할 것이다. 제1부에서는 노년과업 및 노화에 따른 성격, 은퇴, 가족관계, 죽음 등에 관련된 문제들을 중심으로 살펴보고 노년기의 정신병리에 대해서도 알아본다. 정신병리 중 치매는 그 부양가족이나 간병인에게 실제적인 도움을 줄 수 있는 대처방법들에 대해 비교적 자세히 소개해 두었다.

제 1 장

노인과 발달과업

1.1 노인의 정의

어떤 사람을 '노인'이라 할 수 있을까. 노인의 개념에 대한 추상적 정의를 보면, 국제노년학회는 노인을 ① 환경의 변화에 적절히 적응할 수 있는 조직기능이 감퇴되고 있는 사람, ② 인체의 자체 통합능력이 감퇴되고 있는 사람, ③ 인체의 기관, 조직, 기능에 쇠퇴현상이 일어나는 시기에 있는 사람, ④ 인체의 적응능력이 점차 결손되고 있는 사람, ⑤ 조직의 예비능력이 감퇴되어 적응이 제대로 되지 않는 사람으로 규정한다. 즉 노인은 '생리적 및 신체적 기능의 퇴화와 더불어 심리적인 변화가 일어나서 개인의 자기유지 기능과 사회적 역할기능이 약화되고 있는 사람'이다.

노인에 대한 조작적 정의로는 개인 스스로 판단하여 노인이라 생각하는 개인의 자각에 의한 노인이 있고, 사회적 역할 상실을 기준으로 보는 사회

적 노인이 있으나, 객관성과 보편성의 결여로 적절치 않고 역연령과 기능연령에 의한 정의가 일반적이다.

역연령(曆年齡; chronological age)에 의한 노인개념은 시간경과의 단위인 달력상의 시간에 의하여 일정한 연령에 도달한 사람을 말하며, 1889년 세계 최초로 제정된 독일의 노령연금법에서 노령연금 수혜자격 연령을 65세로 규정한데서 출발되었다. 1990년대 이후에는 평균 수명의 연장으로 65~69세를 '연소노인(young-old)', 70~74세를 '중고령노인(middle-old)', 75~84세를 '고령노인(old-old)', 85세 이상을 '초고령노인(oldest-old)'으로 구분하는 경향이 있다.

한편 **기능연령**(functional age)은 특히 산업노년학에서 발전시키고 있는 노인 정의인데, 노화로 인한 다른 능력의 감퇴에도 불구하고 어떤 특수한 신체적·심리적·사회적 영역의 업무를 수행할 수 있다는 전제에서 개인이 특수한 업무를 적절히 수행할 수 없을 때 노인으로 규정된다. 이러한 정의로 보면 역연령이 75세라도 기능연령은 66세가 될 수도, 84세가 될 수도 있다. 노인을 역연령이 아닌 기능연령으로 판단하면 판단에 시간이 많이 소요된다는 것이 단점으로 지적될 수 있으나, 보다 공평성을 기하고 개인차를 인정하게 되어 사회적으로 유용한 개념이 될 수 있다.

1.2 노화의 심리적 측면

우리가 원하든 원치 않든 노화현상은 진행되고, 노화와 함께 나타나는 성격 특성이 있다. 가장 일반적인 특성이 시간전망에 대한 변화라 할 수 있는데, 철학자 쇼펜하우어가 말했듯이 앞으로 남은 날을 계산하기 시작한다는 것이다. 어떤 사람들은 자신에게 남은 시간이 얼마 되지 않는다는 사실을 피하려 하고, 어떤 사람들은 자신의 나이를 부정하고 과도하게 미래지향적으로 되기도 한다.

또 다른 두드러진 특성은 노화에 따르는 신체적·경제적 능력의 쇠퇴로 말미암아 의존성이 증가한다는 것이다. 이는 병리적인 현상이 아니라 정상적인 노화의 현상이며, 의존성에는 경제적·신체적·정신적·사회적·심리정서적 의존성 등이 있다.

노화에 따라 일어나는 자신과 자신 주변의 여러 변화들을 어떻게 받아들이고 적응하느냐는 개인의 삶의 질과 행복에 큰 영향을 끼친다. 노년기의 특성과 적응에 관한 문제는 제3장에서 자세히 다루기로 한다.

1.3 심리학적 이론과 노년기과업

노화에 관련된 심리학적 이론 들은 대부분 노년기의 심리적 적응을 다루는 경향이 있으며, 노년기에 이루어야 하는 발달과업에 대해 언급하고 있다. 각 이론들이 말하는 노년기의 과업에 대해 알아보기로 하자.

1. Erikson(1963)의 심리사회 발달단계 이론에 의하면 개인의 심리 내적 요인이 대인관계의 사회적 접촉을 가짐에 따라 단계적으로 발전되고, 긍정적인 성격형성과 부정적인 성격형성이 있게 된다. 이 이론은 마지막 제8단계의 긍정적인 성격특성을 자아통합으로 보고, 자아통합이 이루어지지 못할 경우 절망의 태도가 형성된다고 언급하고 있다. 자아통합은 과거 및 현재의 인생을 바라던 대로 살았다고 받아들이고, 의미 있게 생각하며, 앞으로 다가올 죽음을 인정하고 기다리는 태도를 갖는 것을 말한다. 이 자아통합적 태도는 특히 전단계인 중년기의 생산성(generativity) 대 침체성(stagnation)이라는 발달과업의 해결에 따라 크게 좌우된다고 보았다.

2. Peck(1968)의 발달과업 이론은 Erikson의 7단계와 8단계를 통합하여 7단계 이론을 주장하고, 제7단계인 중년기 이후의 발달과업을 ① 자아분화(ego-differentiation) 대 직업역할 몰두(work role preoccupation), ② 신체초월(body transcendence) 대 신체몰두(body preoccupation), ③ 자아초월(ego transcendence) 대 자아몰두(ego preoccupation)의 세 가지로 보고 있다. 자아가 잘 분화되어 있는 경우, 자아역할이 직업역할 이외에 여러 가지 역할로 나뉘어 있는 데 반하여, 자아분화가 약한 경우 거의 전적으로 자아의 지지기반을 직업역할에 두고 있으므로, 직업역할의 상실은 자아 지지기반의 상실을 의미하며 자아정체감을 유지할 수 없게 된다. 자아 지지기반을 직업역할 이외의 다른 역할에도 잘 분배하여 자아분화가 이루어지도록 해야 한다. 생물학적 노화현상을 승복하고 잘 적응

함으로써 생활의 만족을 얻고, 쇠퇴현상에만 몰두하여 그것을 승복하지 못하면 생활의 만족을 얻지 못한다. 현실적인 자아를 초월하는 것은 불안이나 두려움이 없이 자신의 죽음을 불가피한 것으로 인정하고 긍정적으로 받아들이는 것인데, 이것이 해결되지 못하면 현재 삶의 경과를 인정하지 못하고 죽음을 두려워하게 되어 불안과 초조의 태도를 보인다.

3. Havighurst(1972)의 발달과업 이론에서는 생의 주기를 6단계로 구분하며 마지막 제6단계인 노령기의 발달과업에는 ① 약화되는 신체적 힘과 건강에 따른 적응, ② 퇴직과 경제적 수입 감소에 따른 적응, ③ 배우자의 죽음에 대한 적응, ④ 동년배집단과의 유대관계 강화, ⑤ 융통성 있는 사회적 역할 수행, ⑥ 생활에 적합한 물리적 생활환경의 조성 등이 있다.

4. Clark와 Anderson(1976)은 다섯 가지의 적응과업을 제시한다. ① 활동 및 행동에 제약이 오는 것을 자각하는 것, ② 사회적 생활반경을 재정의하는 것, ③ 노화로 종전처럼 만족시킬 수 없는 욕구를 다른 방법으로 만족시키는 것, ④ 자아의 평가기준을 새로이 설정하는 것, ⑤ 생활의 목표와 가치를 재정립하는 것 등이 있다.

5. 김종서 등(1982)은 한국인의 생의 주기를 7단계로 나누고 발달과업을 다음과 같이 제시했다. ① 세대차와 사회변화를 이해하기, ② 은퇴생활에 필요한 지식과 생활배우기, ③ 최신동향 알기, ④ 건강증진을 위한 폭넓은 지식을 찾기, ⑤ 일하고 생활하려

는 태도를 유지하기, ⑥ 취미를 계속 살리기, ⑦ 수입 감소에 적응하기, ⑧ 배우자 사망 후 생활에 적응하기, ⑨ 죽음에 대하여 심리적으로 준비하기, ⑩ 친교 유지하기, ⑪ 일과 책임을 합당하게 물려주기, ⑫ 어른 구실하기, ⑬ 손자들과 원만한 관계들 유지하기, ⑭ 건강에 적응하기, ⑮ 간단한 운동을 규칙적으로 하기, ⑯ 알맞은 섭생하기, ⑰ 지병이나 쇠약에 대한 바른 처방을 하기가 있다.

6. 정체감 위기 이론(identity crisis theory)은 직업적인 역할, 즉 자아지지의 기반이 무너지게 됨으로써 정체성 유지는 위기를 맞게 되고 결국은 와해된다는 것이다. 이의 방지를 위해 퇴직노인은 다른 역할 수행을 통하여 대체적인 만족감을 가질 수 있도록 하든가, 윤리규범적으로 긍정적 지지를 받을 수 있는 여가활동을 개발하여 참여토록 하는 것이 필요하다.

7. 정체감 지속 이론(identity continuity theory)에서는 정체감을 여러 가지 역할을 통하여 끌어낸다는 전제에서 (직업역할 수행만이 정체감 유지의 기반이 아니므로) 퇴직 후에도 여러 가지의 역할에 참여하여 정체감을 지속할 수 있다.

8. 사회적 와해이론(social breakdown theory)에서는 노인에 대하여 사회적으로 인식된 부정적 피드백이 부정적 인식을 강화시키는 순환적인 틀로 작용하여 사회적 관계 및 활동이 더욱 어렵게 된다고 말한다. 역할상실과 이에 대한 적절한 준비가 없는 가운데 역할변화 그 자체가 취약성을 드러내는 것이다. '문제 있는 사람'이라고 사회적으로 부정적인 낙인이 찍히게 되고 스스로 무능한 자로 낙인찍게 되며 이 자기낙인이 취약점이 되어 다시 외부의 도움을 요청하게 되는 악순환적 관계 틀 속에 빠지게

된다. 이런 부정적인 피드백에 의한 순환관계를 사회적 와해증후라고 한다. 스스로의 확신과 역할개발 등의 사회적 환경을 변화시키는 것이 자기개선의 방법일 것이다.

9. 사회구성주의 이론(Bengtson et al., 1997)에 의하면 노화과정은 사회적인 정의와 사회구조에 의해 그 의미가 형성되는 것이다. 이 이론에서는 노인을 의존적이며 성(性)에는 관심이 없거나 일탈적인 존재처럼 사회적으로 인식한다는 사실을 주목한다. 노화를 상황적이고 임시적이며 의미구성적인 것으로 이해하면서 노인의 상이한 생활상황과 사회적 역할이 고려되어야 한다고 본다. 상호작용의 현실을 창조하고 노인이 사회적 영향을 받는다는 의미에서 노인과 노화를 새롭게 해석하는 접근이다.

제 2 장

현대사회와 노인문제

2.1 인구 고령화 및 노인인구의 증가

우리나라는 표 2-1과 그림 2-1에서 알 수 있듯이 65세 이상의 노인인구 비율이 9%를 상회하고 있어서 7%~14% 미만인 경우를 지칭하는 '고령화사회'에 해당된다. 그러나 노인인구의 증가는 현대 산업사회의 특성, 가치관의 변화 등과 맞물려 노인단독세대가족의 증가라는 결과를 낳았다.

노인단독세대가족의 증가는 역할변화 및 재조정 문제, 노인 간호 문제, 경제적 부양 문제 등을 유발하고, 그로 인해 사회복지적 서비스의 필요성이 증가할 것이다. 노인의 의존평균수명은 평균 10년 정도가 되는 것으로 나타났다(보건복지부, 2000). 노인들은 이 10년 동안 질병과 장애에 시달리며 수발자와의 갈등, 미안함, 비용 문제 등의 어려움을 겪는다. 특히 일상생활비, 의료비, 수발비, 여가생활비는 큰 부담요소이다. 여가문제와 삶의 질 향상도

표 2-1 연령계층별 인구 및 구성비 추이

(단위 : 천명, %)

	1970	1980	1990	2000	2005	2010	2020	2030	2050
총인구	32,241	38,124	42,869	47,008	48,294	49,220	49,956	49,329	42,348
0~14세	13,709	12,951	10,974	9,911	9,240	8,013	6,297	5,538	3,799
15~64세	17,540	23,717	29,701	33,702	34,671	35,852	35,838	31,892	22,755
65세+	991	1,456	2,195	3,395	4,383	5,354	7,821	11,899	15,793
구성비	100.0	100.0	100.0	100.0	100.0	100.0	100.0	100.0	100.0
0~14세	42.5	34.0	25.6	21.1	19.1	16.3	12.6	11.2	9.0
15~64세	54.4	62.2	69.3	71.7	71.8	72.8	71.7	64.7	53.7
65세+	3.1	3.8	5.1	7.2	9.1	10.9	15.7	24.1	37.3

출처 : 통계청(2005). 장래 인구추계

중요한 욕구와 문제이며, 외로움 및 노혼(老婚)문제도 노인 개인에게 중요한 문제가 아닐 수 없다.

가족적 차원에서도 수발문제에서 동거할 것인가 아닌가에 대한 갈등과 가족역할의 재조정 문제, 수발부담 및 갈등이 있을 수 있다.

사회적 차원에서도 노인이 경제적 활동에 참여하지 않는 것은 공적 연금보험료의 부담 증가, 빈곤노인에 대한 공공부조 비용의 증가, 의료비용의 증

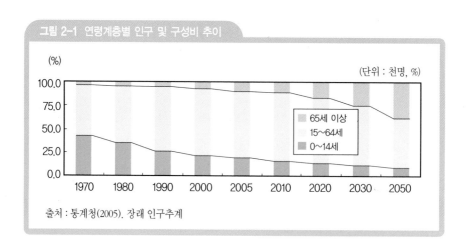

그림 2-1 연령계층별 인구 및 구성비 추이

출처 : 통계청(2005). 장래 인구추계

그림 2-2 인구구조 모형 - 1960, 2005, 2050

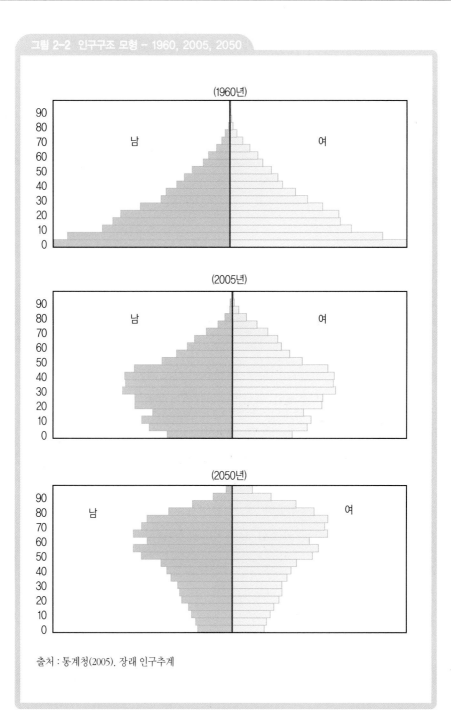

출처 : 통계청(2005), 장래 인구추계

가 등으로 인한 국민의 의료보험 및 조세부담증가로 사회적 부담이 크게 증가하는 원인이 된다. 무병장수하는 노인의 다양한 욕구와 유병장수하는 노인에 대한 건강보호 및 수발문제 해결을 위한 국가의 새로운 서비스 체계를 개발할 필요가 있다. 그러나 한계가 있기에 많은 서비스가 영리부문인 시장에서 제공되어야 할 것이므로 시장경제인 실버산업과 노인상담 분야의 발전이 크게 이루어져야 될 것이다.

2.2 현대화와 노인문제

19세기 말까지만 해도 60세 또는 65세에 이를 정도로 오래 산 사람은 많지 않았고, 특히 우리나라에서는 20세기 초반의 평균수명이 23~24세 정도였으므로 60세에 이른 사람들은 더욱 적었을 것으로 추측된다. 따라서 노인들로서 당하는 공통적인 문제가 있어도 우선 수적으로 그리 많지 않았으므로 사회적 관심의 대상이 되지 못했을 것이다.

그러나 지난 20~30년 동안 우리 사회에서는 노인 인구의 수가 크게 증가하였고, 현대화로 인한 급격한 사회변동에 따라 노화와 노인들의 처지에 관련된 많은 문제들이 생겨났다. 우선 농경사회에서 산업사회로 전환하면서 공동체 의식이 퇴조하고 가족의 부양기능이 약화되는 문제가 파생되었고, 고령인구가 증가하다 보니 기능장애 노인도 자연히 증가하게 되었으며, 경제적 빈곤, 역할상실, 질병, 고독의 문제 등이 있으나 이에 대한 대비가 미흡하여 시설보호가 취약하고 국가의 노인복지예산도 부족한 실정이다.

우리의 생활 주변에서 흔히 볼 수 있는 사회문제가 되어 버린 이러한 노인문제는 인간적인 공공보조나 상담을 통한 노력으로 그 전부 또는 일부를 개선할 수 있다.

그림 2-3 노인문제 원인의 인과적 관계 및 노인문제의 양상

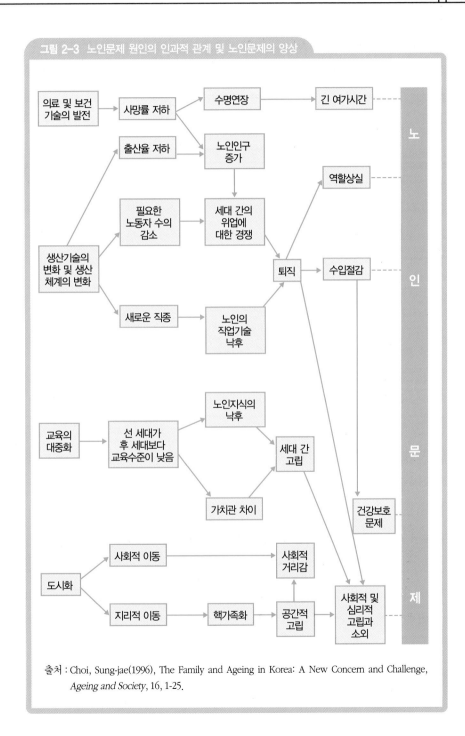

출처 : Choi, Sung-jae(1996), The Family and Ageing in Korea: A New Concern and Challenge,
        Ageing and Society, 16, 1-25.

Cogwill과 Holms(1972)도 그들이 주장한 현대화 이론에서 현대화에 따른 노인의 문제에 대해 언급하고 있다. 현대화 이론에 의하면 사회의 현대화 정도가 높으면 높을수록 노인의 지위는 더욱 낮아지게 된다. 사회 전체가 생물적 동력(animated power)의 전원적 생활양식에서 무생물적 동력(inanimated power)의 도시적 생활양식으로 변하고 있으며, 건강기술의 발전, 생산기술의 발전, 도시화, 교육의 대중화는 세대 간 경쟁에서 노인의 지위를 하락시키는 직접적인 요인이 되고 있다. 이러한 현대화의 요인이 초래하는 노인문제는 ① 건강약화, ② 수입의 절감, ③ 역할상실, ④ 부양 및 보호문제, ⑤ 긴 여가시간, ⑥ 사회적·심리적 소외의 양상으로 나타난다.

2.3 노인들은 무엇을 고민하는가

한국노인의전화 통계에 의하면 지난 10년간 급속히 변화하는 한국사회에서 노인들의 고민으로 가장 상담이 많았던 주제는, 1994년부터 1997년까지는 단연 취업문제였고, 1998년부터 2000년까지는 시설문의였으며, 2001년부터는 가족관계였다.

또한 취업을 원하는 이유도 1994년부터 1996년까지는 '소일거리를 갖기 위해서'였던 것에 반해 1997년에는 '생계를 위하여' 취업을 원한 것으로 나타나 1997년 이후 불어 닥친 경제 한파가 노인들에게도 큰 영향을 미쳤음을 알 수 있다. 평균수명의 연장과 빨라지는 은퇴시점 등이 노후에 대한 경제적 압박으로 다가오면서 취업문제는 노인의 최우선의 관심사가 될 수밖에 없었다. 전화상담 등을 통해 드러난 이러한 노인들의 취업욕구는 정부정책에도 반영되어 2000년 이후 중·장년 실업에 대한 관심, 노인취업에 대한 사회적 관심을 유도하였다. 그 결과로 현재 실버취업 박람회, 고령자취업

알선센터, 노인 일자리 사업 등 다양한 분야에서 노인과 관련된 취업서비스를 제공하고 있다.

한국사회의 변동과 함께 사람들의 의식면에서 가족주의, 전통주의가 개인주의, 합리주의로 변화되어 가면서, 노인들 자신도 자식에게 의존하기보다는 사회적 배려 속에서 스스로 독립하고자 하는 성향을 점점 더 강하게 나타내고 있다. 이 과정에서 노인들이 대안적인 주거환경으로 찾게 되는 것이 노인복지시설이다. 노인복지시설 중에서도 의료복지시설(요양원, 노인전문병원), 그 중에서도 특히 치매와 관련된 시설문의가 많았다. 노인주거시설에 대한 관심은 노인 본인이, 노인복지시설에 대한 문의는 가족이 더 많았다. 의료복지시설을 문의한 경우에는 시설의 입지나 지리적 위치 등에, 주거복지시설을 문의한 경우는 시설의 보증금, 월 생활비 등 경제적인 측면에 우선적인 관심을 보였다.

2001년 이후 가장 많이 상담한 내용은 가족관계였다. 노후가 길어지고,

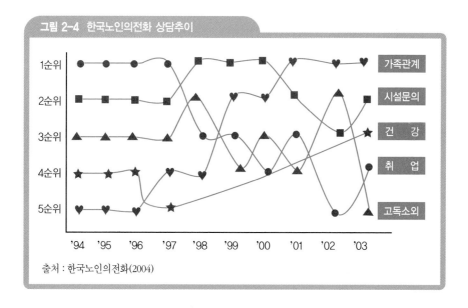

그림 2-4 한국노인의전화 상담추이

출처 : 한국노인의전화(2004)

개인주의화되어 가는 가족관계 속에서 가족은 이전 어느 때보다도 역동적인 인간관계를 보여주고 있다. 이러한 역동적인 가족관계는 전통적이고 권위적인 가족관계에 익숙한 노인세대들에게 여러 가지 심리적 부담을 안겨주고 있는 것이다. 무엇보다 역전된 노후의 역학관계에 따른 노부부 갈등, 권위주의적·수직적 부자녀 관계와 수평적·자유주의적 가족관계의 충돌에 따른 성인자녀와의 갈등 등이 가족상담의 주된 내용이다. 특히 성인 자녀와의 갈등은 그 갈등이 순조롭게 해결되지 못할 때, 노인부양에 따른 가족 간의 불화, 방치, 방임, 부양거부 등의 노인학대로 이어지면서 더욱 더 심각한 가족갈등으로 확산되는 추세가 발견된다.

최근 2011년까지의 한국노인의전화 통계에 의하면 접수된 문제의 순위는 가족관계가 1위이고, 2순위는 (요양)시설 문의, 3순위는 고독감으로, 과거 순위와 크게 다르지 않은 가운데 고독문제가 증가한 양상을 보여주고 있다. 주목할 만한 변화는 가족관계 문제 중 학대 관련이 과거보다 약간 증가하였는데, 가족 측 학대가 30% 이상이었다. 우리 사회에서 학대는 꾸준히 증가하는 것으로 나타나고 있고 지역에 따라 차이가 있지만, 2011년 일부 지역사회 노인보호전문기관에 신고 접수된 사례 수를 살펴보면 학대문제는 대개 일반-비응급-잠재-응급 사례의 순으로 보고되고 있다. 학대 유형으로는 정서적, 방임, 신체적 학대가 많은 것으로 나타났다.

어느 지방에서 양로원과 요양시설에서 생활하는 노인을 대상으로 실시한 조사에 의하면 24.8%가 가림막 없이 기저귀 케어를 받거나 이성의 요양보호사에게 목욕을 받는 등의 성적 학대를 경험했고, 존칭을 생략하고 반말을 사용하거나 노인들끼리의 싸움을 방치하는 등의 정서적 학대도 7.4%가 경험한 것으로 조사되었다. 또한 손찌검을 당하거나 꼬집히거나 할퀴는 등의 직접적인 신체적 학대를 당한 경우도 3.2%에 이르렀다. 그러나 직원들의 17.6%는 학대여부를 목격하고도 직접 신고한 경우는 0%였는데, 그 이유의

27.5%는 기관에 직접적인 피해가 가는 것을 우려하는 것이었다. 일반 가정에서도 노인학대 문제는 학대행위자들이 대부분 아들, 딸, 배우자, 며느리로 피해를 당하는 어르신들이 직접 신고를 하지 못하는 경우가 많으므로 실제 학대 사례는 발표되는 수보다 더 클 것으로 짐작된다. 따라서 기관이나 가족 등 노인을 돌보는 사람의 더욱 세심한 배려와 관심이 요구되고 주변 사람들의 신고와 관심도 필요하다.

제 3 장

노년기의 성격특성과 심리적응

3.1 노화와 노년기 적응

1. 노화과정의 적응 양식

(1) 성인발달과 노화에 관련된 논쟁과 모델

아동, 청소년의 인간발달을 논할 때 '천성-양육 논쟁'과 '연속성-비연속성 논쟁'이 있듯이 노인을 설명하는 데 있어서도 아래와 같은 상이한 관점들이 있다.

① 보편적–맥락특정적 발달 논쟁

노인들 간에는 많은 개인차가 존재하고 모든 노인이 같다고 주장하는 사람은 없다. 그러나 어떤 이들은 노인들 간의 개인차가 겉보기만 그렇지 실제는 그렇지 않으며 누구에게나 오직 하나의 기본적 발달과정이 존재한다고 말한다. 이 관점으로는 한국 노인에 관한 연구가 다른 아시아권 노인뿐만 아니라 유럽 및 미국계 노인에게도 일반화될 수 있음을 의미한다.

반대의 관점에서는 인간발달이 발달의 맥락과 복잡하게 연결되어 있기 때문에 성인발달 및 노화과정은 많은 과정들을 포함한다고 말할 수 있다. 이 관점은 인간발달을 환경과의 역동적 상호작용으로 보며, 이 상호작용은 모든 환경에서 똑같을 수 없다. 따라서 한국 노인과 서양계 노인들 간의 차이들은 기본적으로 서로 다른 발달과정을 의미하며 별개의 설명을 필요로 한다고 주장될 수 있다.

② 기계론적-유기체론적 모델

기계론적 모델은 '전체는 부분의 합'이며 인간을 수동적이며 반응적인 존재로 본다. 즉 환경이 인간 양육 및 인간행동에 미치는 영향을 강조하는 관점이다.

한편, 사람을 복잡한 생물학적 체계로 보며 '전체는 부분의 합 이상'이라고 보는 것이 유기체론적 모델이다. 부분들 간의 상호작용으로 생기는 현상을 부분들의 개별적 관심만으로는 예측할 수 없다[예 : 수소(H_2)와 산소(O_1)의 결합(H_2O)]. 유기체론적 모델은 사람이 자신의 발달에 적극적인 참여자라는 것을 가정한다. 또한 이 모델은 질적 변화를 강조하기 때문에 Piaget의 인지발달이론과 같은 발달단계이론의 기초를 제공한다.

위에서 기술한 발달모델들의 실제적인 시사점은 각 모델이 교육시스템에서부터 사회적 서비스 프로그램에 이르는 모든 것을 개발하고 실행하는 데 어떻게 활용되는지를 통해 알 수 있다. 김 씨 가족을 예로 생각해 보자. 김 씨 가족은 대도시 시내 중심에 거주한다. 그의 월수입은 기초생활 수준에 못 미치는 빈곤층이지만 대부분의 사회보조 프로그램에 자격요건이 해당되지 않는다. 사회복지 차원의 어떤 도움이 가능할 것인가?

기계론자는 환경요인이 변화될 필요가 있다고 믿으면서, 김 씨 가족에게 외적인 변화를 주는 주택프로그램, 수입유지 등을 제안할 것이다. 이런 접근은 김 씨 가족이 그런 프로그램을 원하는지 여부와 제안되는 조건들에 관한 선호도 등을 간과하게 될지도 모른다. 즉 환경이 변화한다면 모든 것이 향상될 것이라는 접근이다.

유기체론자의 입장에서는, 김 씨 가족에게는 자신들의 발달에 대한 책임이 있으며 그것을 바꿀 수 있는 외부적 중재가 필요 없다. 보다 자연친화적 거주환경으로 변화시키려는 시도가 있을 수 있지만, 주된 중재는 김 씨 가족들의 변화의지를 키우도록 하는 것이 될 것이다. 이 접근은 자기발견, 자기주도적인 철학의 생활습관을 강조할 것이다.

한편, 맥락주의자들은 김 씨 가족이 거주하고 있는 사회문화적 여건 및 맥락이 바뀜에 따라 도움을 받을 수 있다고 믿을 것이다. 변화는 환경뿐만 아니라 김 씨 가족들 안에서도 일어나야 한다는 관점이다. 예컨대, 거주 아파트의 리모델링 방침이 정해졌어도 김 씨 가족이 그 기회를 이용하지 않으면 효과가 없을 것이다.

미국에서는 환경변화 위주의 기계론적 접근(사회중재 등)이 1960년대에 시도되었으나 차츰 그러한 시도들이 효과가 없음을 발견하면서 유기체론적 접근으로 전환하게 되었다. 즉 적절한 여건과 정도이면 사람들은 자신들의 생활상황을 책임져야만 하고 정부는 가능한 한 적게 책임을 져야 한다는 보다 유기체론적인 관점을 선호하게 되었다.

이러한 추세는 상담분야에서 60년대의 기계론적인 행동주의가 쇠락하고 지금은 보다 다면적 접근의 인지행동주의적 또는 통합론적 상담치료가 더 활용되거나 주목되고 있는 사실과 상통한다고 하겠다.

(2) 노화적응의 성차

성인발달과 노화의 다양성에 있어 가장 중요한 차원 중 하나는 성별이다. 남성과 여성은 나이가 들어가면서 각기 다른 역할수행에 따라 다른 경험을 한다. 즉 많은 문화권에서 여성은 혈연관계와 양육하는 역할을 수행하도록 기대되는 것처럼 성별 바탕의 기대차이는 인간발달 과정상 뿌리 깊은 결과라고 볼 수 있다.

여성들의 양육 역할은 자녀들, 손자들과 보다 강한 유대관계를 확립하는데 도움을 줄 수도 있고, 노년에는 후손들에 의해 보살핌을 받을 수도 있다. 그러나 남성들이 차지한 권위는 그러한 보살피는 감정을 일으키지 못할 것으로 판단된다. 또한 여성들은 임신, 수유 및 월경과 같은 갑작스런 신체적 변화에 대한 적응력을 이미 배웠기 때문에 노화와 관련된 변화에 남자보다는 충격을 덜 받는 것으로 보인다(Keith, 1990).

여성들이 젊었을 때보다 노년기에 오히려 더 잘 생활하는 이유는 무엇일까? 유순한 신부에서 강력하고 지배적인 집안 여성어른으로의 변화는 힘과 지위 면에서의 명백한 신분상승일 것이다. 여성들은 중년 말기부터 보다 자유롭고 강력한 영향력을 행사하게 된다. 즉 더 이상 행동적 제약을 받지 않

고 다른 친족에게 권위를 갖게 되며 가족 밖에서의 특별한 역할수행과 자격을 갖게 되기 때문이다. 또한 여성의 연령 증가와 더불어 가정 의무와 관련된 비난이 줄어들고 남성과 유사한 권위와 세력의 역할수행도 허용되기 때문이라고 말할 수 있다.

(3) 뇌기능 노화에 따른 심리적 결과

아마도 노화에 관한 가장 나쁜 고정관념은 '노인들은 노망한다'는 것일 것이다. 비록 생애전반에 걸쳐 기억상실이 일어남에도 불구하고, 노인들의 기억상실은 노망의 주요 증거로 생각해왔다. **노망**(senility)이라는 용어는 실제로 의학적으로나 심리학적으로 타당한 의미가 없다고 말할 수 있다. 이 용어의 지속적 사용은 '정신적 쇠퇴가 정상적 노화의 산물'이라는 신화를 연장시키는 것에 불과한 것이다. 요컨대, 기억, 정서적 반응 및 신체기능의 상당한 손실을 포함하는 질환은 치매이고, 치매는 정상적 노화의 일부가 아니다. 65세 이상의 성인 중 단지 15%만이 치매에 걸린다(Katzman, 1987). 치매노인은 기억, 판단, 이해, 운동기능의 심각하고 진행적인 손상을 보이는 경우이고, 약간의 심리적 · 신체적 실수를 노화의 징후로 해석하는 것은 치매에 걸릴 것에 대한 사람들의 공포 때문이다.

한편 노화에 따른 인지적 변화를 살펴보면 경험기초의 문제해결, 추론적 판단력 등은 별다른 변화가 없고 정보기억, 새로운 사실의 학습 등의 지적 기능은 쇠퇴한다. 그러나 뇌건강도 개인차가 있으며, 기억의 한 가지 긍정적 측면은 노인에게 어떠한 과제를 습득하기까지 시간을 충분히 준다면 젊은이 못지않게 높은 과제 보존 능력을 보인다는 것이다.

2. 노인의 성격특성

(1) 노인의 일반적 성격특성

① 우울증 경향의 증가

노년기 우울증 경향의 증가는 신체적 질병, 배우자의 죽음, 경제사정의 악화, 사회와 가족들로부터의 고립, 일상생활에 대한 자기통제 불가능, 지나온 세월에 대한 회한 등이 그 원인으로 분석된다(Jarvik, 1976). 그러나 우울증 경향은 실제 연령 그 자체보다 적응능력 수준에 따라 그 정도가 다르거나 전혀 보이지 않는 노인들도 많이 있다.

② 내향성 및 수동성의 증가

노화에 따라 사물의 판단과 활동방향을 외부보다는 내부로 돌리는 행동양식을 갖게 되며, 생활상황에서의 감정투입이 덜하고, 지구력 있게 자기주장을 관철하지 못할 뿐 아니라, 새로운 도전을 꺼린다. 또 문제해결 방식에 있어 능동적으로 해결하려는 경향은 약해지고, 누군가의 도움을 받아 수동적으로 해결하거나, 신비 또는 우연에 의해 해결하려는 경향이 증가한다(Gutman, 1964).

③ 성역할 지각의 변화

노인이 되면 지금까지 자기에게 억제되었던 성역할 쪽으로 성격이 바뀌어간다. 그리하여 나이가 들수록 남자는 친밀성, 가족동기가 더 증가하고 여자는 공격성, 자기중심성, 권위적 동기가 더 증가한다. 따라서 남녀 모두 노년기에는 양성화되어 간다고 할 수 있겠다.

④ 경직성의 증가

경직성은 융통성과는 반대로 어떤 태도, 의견, 문제해결에 있어 그 방법이나 행동이 옳지 않거나 이득이 없음에도 불구하고 자기가 지금까지 해 오던 안전한 방법을 고집하며 계속하는 행동경향을 말한다. 이러한 경직성의 증가가 학습 및 문제 해결력을 감소시키는 원인으로 여겨진다.

⑤ 조심성의 증가

노인은 정확성을 중요시하거나 신체-심리적 메커니즘의 기능 쇠퇴 등으로 인하여 조심스러워진다. 게다가 노인들은 타인에 대해 자신의 체면을 손상하지 않으려는 경향 때문에 질문에 대해 '정답을 말하기보다 오답을 말하지 않기'에 더 주의한다. 또 자신감의 감퇴로 인해 확실성이 높을 때만 결정과 반응을 한다.

⑥ 친근한 사물에 대한 애착심

노인은 자신이 오랫동안 사용해 온 친숙한 물건들에 자신의 마음을 부착시키려는 애착심이 증가한다. 이는 자신의 과거를 회상하고 마음의 안락을 찾으며 나아가서 비록 주변세상과 세월은 변했어도 자신의 주변은 변하지 않는 것으로 생각하려는 노력을 의미한다(Butler, 1975).

⑦ 유산을 남기려는 마음

유산을 남기려는 갈망은 정상적으로 늙어가는 노인들이 사후에 이 세상에 다녀갔다는 흔적을 남기려는 욕망을 말한다. 자손을 낳는 일도 이에 속하고, 재산과 유물, 골동품, 독특한 지식과 기술, 토지, 보석 등을 후손과 친지에게 물려주고자 하는데, 이는 심리적으로 건강하고 적응적인 노인들이 보이는 경향이다.

⑧ 의존성의 증가

Blenkner(1965)는 노인의 의존성을 ① 경제적 의존성, ② 신체적 기능 약화에 의한 신체적 의존성, ③ 기억 및 판단력 감퇴 등에 의한 정신적 의존성, ④ 사회적 역할 및 활동 상실에서 오는 사회적 의존성, ⑤ 심리적·정서적 의존성으로 보고 이에 맞는 부양이 필요하다고 주장했다.

(2) 노화와 성격유형

노화과정에 따른 적응양식을 보다 구체적으로 검증한 연구로는 라이차드 등(Reichard, Livson, & Peterson, 1962)의 분류가 있다. 은퇴 혹은 부분적으로 은퇴한 건강한 남자 87명을 대상으로 은퇴 후의 성격 및 적응 패턴을 면밀히 조사하고 다음과 같은 다섯 가지 성격 적응 유형을 발견했다.

① 성숙형(成熟型)

비교적 어려움 없이 노년기에 접어들고 특이한 신경증 증세가 별로 없으며, 노년기의 자기 자신을 현실 그대로 받아들이고 일상적인 활동이나 대인관계에 대해 만족을 느끼는 사람이다. 특히, 자신의 일생 중 실패와 불행보다 성공과 행복에 더 큰 비중을 두고 항상 그 점에 감사하는 자세를 갖고, 자기의 일생이 매우 값진 것이었다고 느끼며 과거에 대한 후회나 미래에 대한 무서움 등이 없으며 일상생활과 사회생활에서 매우 활동적이다.

② 은둔형(隱遁型)

일생 동안 지녔던 무거운 책임을 벗고 복잡한 대인관계와 사회활동에서 해방되어 조용히 지내게 된 것을 다행스럽게 여기는 사람이다. 매우 수동적이며 노년기에 이렇게 수동적으로 살고 싶은 욕구를 충족시키게 되어 젊은 시절에 갖지 못했던 좋은 기회를 맞았다고 생각한다.

③ 무장형(武裝型)

노화에 대한 불안 방어를 위하여 사회적 활동 및 기능을 계속 유지하는 사람이다. 노년기의 수동적인 면과 무기력함을 그대로 받아들일 수 없어 계속적으로 활동함으로써 신체적 능력의 저하를 막으려고 노력한다.

④ 분노형(忿怒型)

젊은 시절의 인생 목표를 달성하지 못하고 늙어 버린 데 대해 매우 비통해하는 사람이다. 그 실패의 원인을 자기 자신이 아닌 불행한 시대, 경제상황, 부모, 자녀 등 다른 원인으로 돌림으로써 남을 질책하고 자신이 늙어 가는 것을 타협하지 않으려고 한다.

⑤ 자학형(自虐型)

분노형과 마찬가지로 인생을 실패로 보고 애통해 하지만, 실패의 원인을 자기 자신에게 돌리고 자신을 꾸짖는다. 나이가 많아질수록 더욱 우울증에 빠지고 자신이 보잘 것 없는 존재라고 비관하며, 심한 경우에는 자살기도까지 한다.

위에 제시한 다섯 가지 적응유형 가운데 성숙형, 은둔형, 무장형은 비교적 잘 적응한 경우이고, 분노형과 자학형은 부적응의 대표적인 예라고 할 수 있다. 이런 두 가지 적응형태는 노년기에 갑자기 나타난 것이 아니라, 일생을 통한 성격형성 과정의 결과로 나타난 것이다.

그러나 이 연구는 피험자를 남자에 한정시키고, 적응 혹은 부적응의 극단적인 피험자를 선택하였으며, 그 중간 범위에 속하는 평범한 노인을 조사하지 않았다는 데서 약간의 문제점을 보인다.

(3) 성격유형별 노인복지 접근

앞에서 고찰한 바와 같이 노인들이 모두 같은 형태로 적응해 가는 것은 아니다. 즉 성숙형 및 무장형 노인은 계속 활동하게 도와줌으로써 생활만족도와 사기를 높여주고, 은둔형 노인들에게는 활동을 권하기보다는 조용히 쉬게 하고 여러 가지 심리적 뒷받침을 제공함으로써 행복한 여생을 마치게 할 수 있다.

또한 분노형, 자학형 같은 부적응 상태의 노인들은 거기에 합당한 가족들의 특별보호, 심리치료, 상담가들과의 만남, 여러 가지 의료복지 혜택 등을 통해 부적응상태에서 벗어나게 해야 할 것이다. 조용한 은퇴생활을 즐기려는 노인에게 활동을 권하는 것도, 혹은 아직도 계속 활동하고 싶은 독립적인 노인에게 가정에서 조용히 쉬도록 바라는 것도 모두 효도나 노인복지와는 거리가 먼 것이다.

그러므로 모든 노인들, 특히 건강하고 활동을 계속하려는 노인들은 새로운 역할을 찾아야 할 것이다. 여가봉사활동을 겸하여 새로운 역할을 찾으려는 노력이 필요하며, 대인관계 활동에 지장이 없는 사람은 종교단체, 친목단체, 자원봉사 그리고 관리자 일까지 맡아볼 수 있다.

놀이 및 취미활동은 인간행동의 기본적인 활동 과정이다. 소외되기 쉬운 노년기에 놀이를 즐기거나, 특히 대인관계를 싫어하는 은둔형 노인들은 운동, 음악, 그림, 글씨, 정원관리, 목공예 등 여러 가지 취미 활동을 갖는 것이 바람직할 것이다.

3. 은퇴와 노년기

(1) 은퇴와 적응

은퇴는 여러 가지 의미에서 인생의 분기점이 된다. 사회적으로 보면 장년기에서 노년기로의 이행이며, 노동을 종식하는 시기로서 새로운 여가생활로 이행해 가는 분기점이 된다. 은퇴는 하나의 계기 혹은 사건이며, 활동노동자가 아니라 은퇴자의 사회적 지위를 획득하는 것이고, 또한 은퇴 전후부터 은퇴시기가 끝나는 사망에 이르기까지 하나의 과정이라고 볼 수 있다.

은퇴를 결정하게 되는 데는 여러 가지 이유가 있으나, 생물학적 퇴화 내지는 신체적 건강요인이 가장 두드러진다. 특히 조기 정년의 노인은 은퇴후 부정기적이고 책임이 가벼운 지역사회 봉사활동 등에 참가할 수 있는 경우가 많다. 그러나 신체적 건강과 연관된 은퇴노인은 노인의 고독감 내지 사회적 고립의 문제가 있다. 정년퇴직 후의 정신질환 문제를 흔히 정년퇴직 자체 때문으로 단순히 보는 경우가 많으나, 사실은 신체적 건강의 악화로 인하여 사회적 고립이 생기기 때문에 그 결과로 정신질환이 생기게 된다고 보는 것이 더 타당하다.

또한 정년퇴직은 심리적 적응의 문제를 갖고 있다. 이는 생성감 대 자아탐닉이라는 장년기의 문제를 넘어서서 자아통합 대 절망감이라는 노년기로 접어드는 시기의 문제이기 때문이다.

은퇴 후의 생활에 대한 적응 과정에 작용하는 요인들 중에서 빼놓을 수 없는 것 중의 하나가 타인의 존재와 그로 인한 영향이다. 보통 개인이 갖는 자아정체감은 어느 정도까지는 영향력 있는 타인이 제공하는, 자신에 대한 정보에 의존한다. 이 **자기상**(自己像, self-image)을 정립할 때 타인의 말에 의존하는 정도는 연령과 함께 증가하여 노년기에 이른 사람은 자기평가의 많은 부분을 외부단서로부터 얻는다.

그런데 오늘날 우리 사회에서 노인의 위치는 옛날과 같이 존경받는 권위의 주체가 아니라 다음 세대에게 주역의 자리를 넘겨준 은퇴자의 입장이다. 우리 사회가 산업사회화되면서 개인의 기능, 생산성을 최우선적인 요건으로 중시하게 되어서 노인들은 생산능력이 떨어지거나 환경과 시대의 변화에 대한 적응력이 약하다는 이유로 사회 발전에 큰 도움이 되지 않는 집단으로 분류되고 있다. 이로 말미암아 노인들이 갖는 사회 내에서의 발언권이나 실권 행사 범위가 좁아지고, 극단적인 경우 노인의 존재가치를 의문시하는 사회적 경향도 생겼다. 이런 점에서 노년기에 들어서서 '늙어가는 것'에 적응해야 하는 사람에게는 사회 일반의 환경이 노인 자신의 자존심을 약화시키고 부정적인 자기평가를 가져 올 위험이 있다.

이 문제를 체계적으로 탐구하려는 접근이 **사회적 와해이론**(社會的 瓦解理論, Kuypers & Bengtson, 1973)이다. 이 이론은 사회적 낙인이론(社會的 烙印理論)에 이론적 근거를 두고 있는데, 노인 및 고령자에 대한 부정적인 사회적 편견이 생겨나게 된 과정을 설명해 주고 있다. 인생의 후반기에 접어든 고령자가 그 사회에서 하나의 '일탈자'(逸脫者)가 되는 것은 그 개인의 결함 때문이라기보다는 단순히 사회에서 일탈자 혹은 결함 있는 인물로 명명하고 낙인찍어 버리기 때문이다. 다시 말하면, 한 사회에서 '이상'(異常)이라고 규정해 버린 어느 특정한 행동을 누군가가 하게 되면 주위 사람들로부터 '일탈자'라는 주목을 받게 되고, 그 다음 스스로 자아개념이 낮아지게 되고, 일반적인 규범에서 벗어난 행동을 스스로 할 가능성이 높아진다. 특히 노년기의 경우, 사회 및 가정에서의 역할상실, 노년기에 대한 공식적인 사회화과정의 결여, 그리고 인생후반기에 적합한 사회적 규준의 부재가 함께 작용하여 결국에는 외부에서 주어지는 자극이나 단서에 의존하지 않을 수 없게 된다. 이러한 외부자극에 대한 취약성 때문에 결국 노년기의 심리적·사회적 적응에 곤란을 겪게 되고, 이러한 악순환은 계속 이어지게 되는 것이다. 노인이 스스로 무능력하다고 평가하게 되는 것은 질병이나 연령 때문이라기보다는 **사회적 와해증후**(社會的 瓦解症候, SBS; social breakdown syndrome) 때문이라고 볼 수 있다. 주위 사람들과 사회 일반에서는 '무능력하고 낡은 세대'라는 고정관념으로 낙인을 찍고, 그로 인해 그

마나 갖고 있던 능력이나 기능,
기술 등도 더욱 쇠퇴하게 되고
마침내는 스스로 무능력하다고
평가하게 된다. 이것은 하나의
악순환이며, 어디에선가 그 고
리를 끊지 않으면 계속해서 악
순환을 낳게 된다.

그러므로 현재의 노인에게
불리한 사회 환경을 개선하기 위해서는 노인에게 적절한 일과 역할을 제공
하고, 다양한 사회화 과정(예 : 사원 재교육, 정년을 대비한 은퇴 교육 등)을
통하여 인생의 후반기에 대한 적절한 사회적 규준을 제공함으로써 늙어 가
는 것에 대처하여 새로운 정체감을 형성할 수 있도록 지원해야 할 것이다.

(2) 은퇴 후 생활만족

모든 학자들이 은퇴에 관한 한 가지 측면에 동의하고 있다. 즉 은퇴는 '스
트레스를 가져오는 삶의 과도기' 라는 것이다.

성공적인 은퇴는 도전적으로 대처하고 친척과 친구들의 지지적 관계망
을 갖도록 요구한다. 은퇴자로의 진입은 새로운 역할과 생활양식의 맥락에
서 사고방식과 행동양식이 개발될 것을 요구하는 것이다. 은퇴 후 생활만족
도는 일하는 방식, 가치관 및 영속성 관점에서 고찰될 수 있다.

① 일하는 방식

은퇴 전 일에 대한 행동과 태도가 은퇴 후 적응에 영향을 미칠 수 있다. 즉
일을 목적으로 생각하는 과업지향적인 사람들은 대부분 은퇴를 충격적인
사건으로 생각하기 쉽다. 과업지향적인 사람들은 일을 대신할 어떤 것을 찾

지 않는 한, 은퇴는 불행한 경험일 수밖에 없다. 한편, 일을 목표가 아닌 수단으로 생각하는 부류의 사람들은 은퇴 후 일을 대신할 어떤 것을 찾을 필요는 느낄 수 있으나, 대체로 은퇴를 충격적 경험으로 받아들이지 않는다.

일하는 방식과 관련하여 '수용 양육적 유형, 자율적 유형, 자기방어적 유형' 의 은퇴자들로 나누어 고려될 수도 있다(Lowenthal, 1972). **수용양육적 유형**은 일반적으로 정서적 목표와 친밀감을 중요시하는 여성들이다. 여성들의 경우, 배우자와의 관계가 은퇴 후 적응의 중요 요인이다. 배우자 관계가 좋은 사람들에게는 은퇴 후 적응곤란이 거의 나타나지 않는다.

자율적 유형의 사람들은 은퇴시기를 스스로 결정하게 하는 직업에 종사하는 경향이 있다. 이런 사람들은 복잡한 유형의 창조성, 다양한 목표 및 자기생산성의 모습을 나타낸다. 이 유형이 강제 은퇴를 당하게 되면 새로운 방향설정 시기까지 침체상태가 될 수도 있다.

자기방어적 유형은 종종 은퇴를 투쟁의 연속인 삶의 또 다른 부분으로 생각한다. 따라서 타인에게 의지하려고도 다른 사람을 책임지려고도 하지 않는다. 가족을 포함한 타인들과 간격을 두고 깊이 관여하지 않는다.

이상에서 공통된 주제는 은퇴 후 성공적으로 적응하기 위해서는 에너지의 재분배가 필요하다는 것이다.

② 직업 가치관

삶 속에서 직업의 역할을 어떻게 보는지에 따라 은퇴가 위기로 지각될 수 있고 그렇지 않을 수도 있을 것이다. 만일 직업이 다른 활동으로는 성취되지 않는 목표를 충족시키고 성인기 내내 최고 가치로 간주되었다면, 은퇴를 계기로 직업 가치관의 재조직화가 필요할 것이다. 만일 직업이 삶에서 가장 중요한 것이 아니었다면 가치관의 재조정은 거의 필요치 않다.

③ 일관성, 만족도

Atchley(1989)에 의하면 중년기 성인과 노인들이 의사 선택 때마다 그들의 과거에 비추어 결정하려는, 일관성 유지의 경향이 있다고 한다. 내면적 일관성은 성격특성이나 기술과 같은 개인적 능력을 과거와 같이 유지하려고 할 때 나타나고, 외면적 일관성은 사회적 관계유지, 역할수행 환경반응 등에서 나타난다. 내·외적 일관성이 유지된다면, 은퇴 후 생활만족도도 높아질 것이다.

대체로 수입과 건강이 유지되는 한 은퇴 후 만족도가 높게 나타남은 물론이다. 그러나 1980년 이전부터 뚜렷한 은퇴자들 반응 변화는 은퇴에는 만족하지만 그래도 일을 하고 싶어 한다는 것이다.

④ 지역사회, 사회적 연대감

사회적 연대감은 은퇴자들의 만족도와 관련이 있다. 사회환경은 오래된 연대감의 유지나 새로운 연대감 형성의 촉진여부에 있어서 주요 관심사가 될 수 있다.

대한은퇴자협회와 같은 은퇴자들을 위한 사회단체들이 근년에 많이 생겼고 노인 자원봉사단 조직도 생기고 있다. 미국의 경우, 10명의 노인 중 한 사람만이 자원봉사자로 활동했던 1960년대 중반 이래로 지금은 400% 이상 증가하여 65~74세 노인들의 거의 절반이 여러 가지 형태의 자원봉사를 한다고 한다.

높은 교육수준의 노인인구 증가와 즐길 수 있는 자원봉사활동 기회의 증가 등은 노년기 삶의 전환에 대처하고 사회적 상호연대를 통한 생활만족도를 높이게 한다.

(3) 노인의 여가유형

노인의 여가형태는 개인의 성격이나 습관, 처해진 환경조건에 따라 다를 수 있는데, 노인의 여가유형은 아래의 다섯 가지로 분류될 수 있으며 이 유형들은 경제력이나 학력수준과 관계가 있다(박재간 & 김태현, 1986).

① 단독충실형

미술, 음악감상, 서예, 다도, 사진촬영, 우표나 고전수집 등 취미생활로 시간을 보내는 형이다.

② 우인교류형

친구들과 어울려서 회식을 하거나 대화나누기를 좋아하며 관혼상제에도 적극적으로 참가한다.

③ 독서형

서재에서 독서를 하거나 문집을 정리하고 신문, 잡지기사를 스크랩하며 새로운 문헌을 수집하는 등으로 시간을 보내는 형이다.

④ 가족충실형

정원손질, 주거의 미화작업, 가구를 수시로 옮겨 놓아 보는 일, 가족동반 외식 또는 가족단위의 소풍 등 가족중심적 생활에 시간을 보낸다.

⑤ 사회참여형

지역사회를 위한 봉사활동이나 동창회, 향우회, 친목회, 종친회, 때로는 시민단체 및 정치단체에 적극 참여하는 형이다.

4. 노년기 가족관계

(1) 의존성과 가족의 역할

노화에 따른 역할의 상실 혹은 변화, 신체 및 정신건강의 퇴화, 자유로운 환경통제의 곤란 등은 자연히 노인으로 하여금 타인의 도움을 필요로 하게 만든다. 이러한 도움의 추구는 자신의 권위와 가치 및 심리적 위상을 옛날과 비슷한 수준으로 유지하려는 노력이다. 이런 노인 특유의 의존성 문제의 해결은 노인이 가정과 사회에서 고립되지 않고 보다 나은 정신건강 수준을 유지하는 데 중요한 열쇠가 된다.

이러한 노인의 의존성은 경제적 의존성(연금, 보험, 용돈), 신체적 의존성(퇴화한 신체기능에 대한 보완), 정신능력의 의존성(기억·판단능력에 대한 도움), 사회적 의존성(사회적 접촉의 추구, 고립의 회피), 그리고 심리적 의존성(감정적 유대, 안락감)의 다섯 가지로 구분될 수 있다.

이때, 앞의 네 가지 의존성은 정부, 사회보호기관, 전문가 등에 의해서 해결될 수 있으나, 심리적 의존성과 관련된 정서적 안정문제는 그 의존대상이 주로 가족일 수밖에 없다. 더구나 우리나라의 경우 사회보장 제도의 미비로 인하여 이러한 다섯 가지 의존성을 모두 가족에게 기대하지 않을 수 없다.

젊은 자녀세대가 노부모 세대에게 베푸는 부양의 역할은 과거에 자녀들이 성장하던 시기와 그 '부양의 역할'이 바뀐 것이긴 하지만 노인이 제2의 아동기를 맞는 것이 아니므로 '부양의 역할'이 결코 될 수 없으며, 오로지 효도 내지 '자식으로서의 성숙성'에 기초를 둔 부양인 것이다. 이러한 효도와 자식으로서의 성숙성은 노부모가 믿고 의지하려는 여러 의존성을 어느 정도 기꺼이 수용할 수 있는가 하는 자녀 세대 쪽의 역량을 뜻한다.

도우미 1명당 노인 527명?

지난 1주일간 서울 서대문소방서에서는 40·50대 여성 22명이 '홀로 사는 노인'을 돕는 방법을 교육받았다. 노인 질환 확인, 응급처치, 청소·세탁, 말벗 요령까지 내용은 다양했다. 이들은 지난달 중순 소방방재청의 '독거노인 방문 도우미'에 지원해 선발된 사람들이다. 모두 간호사·응급구조사·사회복지사 등 자격증을 갖고 있다.

월급은 70만원이지만, 봉사한다는 마음으로 열심히 배웠다고 한다. 3일부터는 서울 시내 22개 소방서에 1명씩 배치돼 노인들을 돕는 일에 본격적으로 나서게 된다.

하지만 이처럼 뜻깊은 일이 기대했던 효과를 거두기는 쉽지 않아 보인다. 이들이 도와야 할 '홀로 사는 노인'이 서울에 1만 1609명이나 되기 때문이다. 도우미 1명당 527명인 셈이다. 도우미가 하루 노인 2명씩 방문토록 한다는게 방재청 계획이므로, 주 5일 근무제에선 노인들을 1번씩 만나는 데만도 꼭 1년이 걸린다. "도우미가 홀로 사는 노인의 청소·빨래·취사·목욕을 도와준다"는 방재청 발표가 빈말로 끝날 가능성이 큰 상황이다.

이렇게 된 건 예산 때문이다. 방재청은 올해 초 홀로 사는 노인들에게 도우미를 보내는 사업을 구상했다. 하지만 기획예산처로부터 예산을 받지 못해, 노동부에 '사회적 일자리 창출사업예산' 60억원 중 19억원을 이 사업에 쓰겠다고 신청했다. 그러나 노동부는 10분의 1인 1억 9000만원만 보내줬다. 220명의 도우미를 뽑으려던 계획이 22명으로 축소될 수밖에 없었다.

소방방재청이 확실한 예산계획 없이 사업을 시작한 것도 문제지만, 예산이 줄었는데도 사업대상을 '그 중 더 어려운 노인'로 축소하는 등 대안을 마련하지 않는 것은 무책임하다. 홀로 사는 노인들을 위한 모처럼의 사업이 전시(展示)행정이란 오명으로 끝날지도 모른다.

박중현·전국뉴스부 기자
〈조선일보, 2006년 4월 3일자〉

(2) 정신건강과 가족의 역할

노년기의 심리적 의존성은 오늘날 일상생활 속에서 경험하는 심리적 압박과 긴장감에 대한 적응과도 관련이 깊다. 이러한 경향은 노인의 주변에 깊이 '신뢰할 수 있는 사람'이 누군가 있어 주기를 갈망하는 현상에서도 잘 나타나고 있다.

이와 같이 자신의 마음을 맡기고 모든 것을 상의할 수 있는 사람은 대개 가족구성원이거나, 친구 혹은 성직자 등이 된다. 그리고 이들이 하는 중요한 역할은 노년기에 나타나는 역할상실, 능력감퇴, 사회적 접촉의 감소와 고립 등에 대한 완충지대의 역할을 담당함으로써 만족할만한 노년기의 생활유지를 가능케 하고 노인세대의 정신건강 수준을 그대로 유지하는 데 기여하는 것이다. 이러한 노인 욕구에 대해 자녀와 가족구성원들이 어떻게 대응해야 할 것인가 하는 것은 매우 중대한 문제가 아닐 수 없다(윤진, 1983).

5. 노년기 삶과 죽음

(1) 성공적인 노화

성숙하고 지혜로운 노인이 되는 과정의 핵심은 몸과 환경의 변화, 즉 노인이 되었음을 인정하고 주변의 홀대를 수용하는 것이다.

그런 의미에서 늙음을 인정하지 않는 '무장형' 노인들은 미성숙 노인범주에 속한다고 하겠다. 중년에 이미 시작되는 내향화 경향은 노년에 들어와 더 깊어지고, 지나간 인생을 회고하며 삶의 의미를 찾게 된다. 이때 자신의 삶이 실패였고 의미가 없었다고 말하는 사람(분노형, 자학형)은 불행하며, 만족하고 감사하는 성숙형의 사람은 행복하다. 스스로 불만족스러워 하고 불행해 하는 노인들은 가족 및 주위 사람들의 사랑과 존경을 받지 못하며, 그 때문에 불만과 불행, 분노와 자학은 더 심해진다. 스스로 만족하고 행복한 노인들은 가까운 사람들에게도 사랑과 존경을 받고 따라서 늙음을 더 잘 수용한다.

이렇게 노인 자신의 삶의 태도가 주위로부터 받는 대우와 자신의 건강에 영향을 미치기 때문에, 남을 탓하기 전에 스스로 자신의 삶의 자세를 돌이켜볼 필요가 있다. 지금까지 끊임없이 자신을 남들과 비교해 왔는데, 인생의 마지막까지 그것을 해야 하는가? 이를테면, 돈 있고 출세한 사람은 '성공'한 것이고, 가족을 위해 희생, 헌신한 인생은 '실패'인가? (이미 돌아가신) 부모가 나를 대학에 보내 주지 않았다고 노인이 되어서까지 원망할 것인가? 돌아보면 나는 그리고 내 부모, 내 자녀들은 최선을 다해 살지 않았는가? 최선을 다하지 못했다면 거기에는 어쩔 수 없는 사정들이 있지 않았던가? 자신을 그리고 가까운 사람들을 지금 용서하고 포용하지 않으면 이제는 정말 시간이 더 없지 않은가? 어떻게 하면 지혜롭고 만족하는 모습의 노인이 될 수 있을까? 젊은 사람들이 노인들을 위해 할 수 있는 것이 무엇일까? 지금부터 노후대비를 한다면 어떤 준비가 필요할까?

'성공적인 노후'에 관한 심리학자의 견해는 어떠할까? 윤진(1985)은 '성공적인 노후'를 위해 고려해야 할 것들을 다음과 같이 정리한다(p. 197).

① 은퇴한 노인은 가정·사회 및 국가에 기여할 수 없는 무능하고 쓸모없는 사람이 아니라, 기나긴 일생 중에서 생산에 종사하지 않는 단계에 살고 있을 뿐이다. 가정과 사회에서 적절한 역할을 수행함으로써 인생의 마지막 단계를 당당하고 떳떳하게 마칠 수 있도록 배려해야 한다.

② 노인들이 모두 같은 형태로 적응해 가는 것이 아니므로, 활동을 원하는 사람은 활동하게 도와주고, 은둔과 휴식을 원하는 사람은 그에게 필요한 뒷받침을 해 주고, 노화에 적응하지 못하는 노인들에게는 그때그때

에 맞는 특별보호, 심리치료 및 여러 가지 의료복지 해택 등을 베풀어야
한다.
③ 노인들 자신이 새로운 역할을 찾으려고 노력해야 한다. 여가 선용을 위
해서라도 사람들과 접촉하는 종교 활동이나 자원봉사 같은 것을 적극적
으로 하고, 대인관계를 싫어하는 노인들은 혼자 할 수 있는 취미활동을
찾아보고 열심히 하면 좋을 것이다. 자연보호운동 같은 것은 노인 자신
의 역할과 생활을 만족시킬 뿐만이 아니라 사회에도 크게 이바지하는
일이다.

앞의 두 가지 사항은 젊은 세대 혹은 사회가 배려할 것들이고, 세 번째
사항은 노인들 스스로가 노력할 일이다. 노인복지는 중요한 사회문제이며
지금의 젊은 세대부터 그 문제에 관심을 가질 필요가 있다. 노인복지는 우
리를 키워준 세대에 대한 책임일 뿐 아니라, '눈 깜짝할 새에' 우리 자신에
게 닥치는 문제들을 위한 대책이기 때문이다.

물론, 노인복지 문제가 해결된다고 해서 노년의 고독, 소외감, 허무감 등
이 저절로 완전히 해결되는 것은 아니다. 새로운 역할, 취미활동 등도 스스
로 적극적으로 찾아내고 참여해야 하며, 그러한 적극성을 위해서는 몸과 마
음의 건강이 필요하다. 젊었을 때부터 올바른 섭생과 독서습관이 필요하고
'집에 책이 없다면 도서관을 이용하면 된다.'는 사고방식이 필요하다.

몸과 마음의 건강에서 또한 빼놓을 수 없는 것이 노인들의 인간관계와
'말벗'이다. 이를 위해서는 배우자와의 동료애 및 친밀관계가 젊어서부터
성립되어 있어야 한다. 남편과 아내의 관계가 지배-종속, 하늘-땅의 상하관
계였다면, 중년부터 시작된 '권력관계의 역전'이 노년에 들어와 더욱 굳어
진다. 즉 여자는 당당해지고 남자는 초라해지는 것이다. 이러한 뒤바뀜은 어
느 날 갑자기 오는 것이 아니고, 자녀에 대한 부모로서의 존재 가치, 부부간

요즘 노인들

살림만 하는 주부들도 오십대 이후엔 부쩍 더 바빠진다. 젊어서는 이름만 걸어 놓고 있던 교회의 각종 모임이나 행사에 열성적으로 참여하기 시작하는 것도 그 무렵부터이고, 종교가 없더라도 힘을 모아 어려운 친구나 이웃을 돕는 일에 적극적으로 참여하게 되는 것도 그 무렵부터이다. 김 한 톳을 사러 중부시장까지 다녀온 친구도 바로 그렇게 분주하게 살다가 어쩌다 하루 나갈 일이 없는 날이 생기면 그런 건수를 만들어서라도 바깥에서 하루를 보낸다.

집에 퇴직한 남편이 죽치고 있기 때문이다. 남편하고 같이 있으면 답답해서 숨이 막힐 것 같아 자기라도 나가야 한다는 것이다. 남자가 집에서 꼼짝 안 하는 것도 힘든데 잔소리는 또 왜 그렇게 하는지, 사람이 경제력이 없어지면 저래지는구나, 슬며시 안 된 생각이 들어서 친구라도 만나고 들어오라고 권하면 현역일 때 그 많던 친구는 다 어디로 갔는지 그것도 못한다는 것이다. 여자들이 자식들 시집, 장가보내고 나서 친구가 부쩍 늘어나는 것과는 반대로 거의 비슷한 시기에 은퇴를 하게 되는 남자들은 고립감에 시달리게 된다. 직장의 동료는 물론, 직장 일을 원활하게 하기 위한 교제상의 친구는 은퇴와 동시에 소원해진다. 섣불리 사업이라도 할까봐 퇴직금은 대개 아내가 관리한다. 아내는 퇴직금뿐 아니라 젊어서 근검절약해 모은 목돈을 갖고 있기도 하다. 늙은 아내는 또 아들 딸네서 아이를 봐 달라, 손님 상 차리는 걸 도와 달라, 열불이 나게 불려 갈 일도 많으니 자식들한테 용돈을 탈 기회도 그만큼 많을 수밖에. 그래서 마나

님은 기분 내킬 때는 2, 3만 원짜리 점심도 아낌없이 먹지만 영감님은 어쩌다 바깥바람 쐬고 나서도 칼국수를 먹을까, 돌솥밥을 먹을까조차도 식성으로 정하지를 못하고 어떤 게 싼가 값으로 정하게 된다.

아내가 늙은 남편을 답답하고 부담스러워하거나, 분노나 증오까지 하게 되는 것은 본인이 의식하든 안 하든 간에 남자는 한때 홀로 자유롭고, 홀로 좋은 걸 많이 즐겼으려니 하는 데 대한 복수심 같은 것에 연유하고 있기 마련이다. 그러나 남편 입장에선 이날 이때 뼈골 빠지게 일해서 처자식 부양한 것 외에 도덕적으로도 큰 하자 없이 산 끝이 고작 그거라면 너무 억울하지 않은가.

〈출처 : 박완서(1995, pp. 41-44)〉

의 경제적인, 성적인 필요성이 사라진 후까지도 부부를 서로 필요하게 하는 중요한 요소를 전혀 준비하지 않았기 때문일 것이다. 작가 박완서는 늙을 날이 아직 먼 젊은 부부들을 위해서 라는 글에서 다음과 같이 말하고 있다.

"무엇보다 중요한 건 부부가 서로 대등한 우정을 쌓아 놓지 않았다면 친구라도 있어야 하는데, 여자와 달리 남자들은 친구도 별로 없음을 지적한다. 마음이 통하고 말이 통하는 친구도 하루아침에 생기는 것이 아니기 때문이다. 남성 독자들은 젊을 때 남자라고 목에 힘주다가 이렇게 비참한 종말을 맞고 싶은가? 결혼해서 몇십 년을 같이 살고 이렇게 아내와 남남이 되고 싶은가? 자신의 피를 나눈, 자신이 '피땀 흘려' 돈 벌어서 키우고 공부시킨 자식들의 냉대를 받고 싶은가? 대학생들에게 노후를 어떻게 대비하겠느냐고 물어보면 돈을 많이 벌어 놓겠다, 젊어서부터 건강을 잘 지키겠다고 한다. 그러나 노년에 대비하여 준비할 것은 재산과 돈, 몸의 건강뿐이 아니다. 인간관계들도 똑같이 중요하다. 모두 하루아침에 얻어지는 것도 아니고 돈 주고 살 수 있는 것도 아니며, 오랜 세월 가꾸고 노력해야 보장되는 것들이다.”

(2) 죽음과 수용

우리는 죽음에 대해 생각하기를 싫어한다. 死(죽을 사)와 발음이 같다 하여 숫자 4를 기피하는 경향마저 있다. 죽음도 ‘돌아간다.’, ‘세상을 떠난다.’는 말로 표현한다. 죽음이 두려운 것은 근본적으로 그것이 전혀 미지의 것이기 때문일 것이다. 삶의 다른 모든 문제들에 대해서는 경험자나 전문가들의 조언을 받을 수 있지만, 아무도 우리에게 죽음이 어떤 것인지, 고통스러운 일인지 아니면 편안한 일인지, 천국과 지옥이 있는지 등을 확실하게 말해 줄 수가 없다. 그래서 종교가 있는 것이다.

죽음에 대한 공포는 현대에 와서 더 심해진 것 같다. 대가족제도에서는 3대 이상이 같이 살았으므로 집에 노인이 있었고 따라서 늙음과 죽음은 자연스러운 일이었다. 밖에서 죽는 일(객사 혹은 횡사)은 불행하고 이례적인 일이었고, 집에서 죽는 것은 존엄한 죽음으로 알았다. 병원에 입원해 있다가도 임종이 가까워지면 집으로 가는 것이 상례였다. 이제는 조부모가 같이 살지도 않거니와, 같이 산다 해도 죽을 때는 병원으로 가서 죽는 것이 점점 더 자연스러운 일로 받아들여지고 있다. 사실 죽음뿐 아니라, 아이를 낳는 일도 예전에는 집에서 이루어지는 일이었다. 현대에는 대다수가 병원에서 태어나 병원에서 죽으므로, 생명의 시작과 끝이 마치 병(病)인 것처럼 여겨지기도 한다. 죽음은 이제 삶의 자연스러운 귀결이 아니라 무엇인가 끔찍한, 졸지에 닥치는, 고독하고 비인간적인 일로 이해되기도 한다.

사실 생각해 보면 두려운 것은 죽음, 죽는다는 것 자체보다는 죽는 과정이다. 따라서 죽는다는 것을 인지하고 죽기까지 어떤 단계를 밟게 되는지를 알게 되면 죽음에 대한 두려움이 덜할 것이다.

① 죽음에 임하는 태도

죽을병에 걸린 사람에게 '진실'을 알려 주는 것이 옳을 것인가, 아니면 끝까지 숨기고 희망을 주는 것이 옳은가? 내가 죽을병에 걸린다면, 주위에서 진실을 말해주는 것이 좋겠는가 아니면 죽는다는 사실을 끝까지 모르고 싶은가?

가족이나 의사가 진실을 알려 주든 알려 주지 않든, 죽는 순간까지 자기가 죽는다는 사실을 모르기는 힘들 것이다. 의사나 가족의 태도에서건 자기자신의 느낌으로건 자기가 죽는다는 사실을 어느 순간에 알게 된다. 처음에는 가족도 환자가 모르려니 하고, 환자도 자기가 안다는 것을 가족이 모르려니 하며 서로 연극을 하게 되지만, 언젠가는 서로가 죽음의 사실을 인정하게 된다. 죽는 사람은 그때 어떻게 반응할까? 병원에서 죽는 사람들을 많이 돌본 사람들은 죽어가는 환자들이 다음 다섯 단계를 거친다는 것을 관찰하였다(Kubler-Ross, 1979).

가. 부정 : '그럴 리가 없다'는 반응이다.

나. 분노 : '내가 왜 죽어야 해?'라는 분노가 뒤따른다. 병을 일찍 발견하지 못한 의사가 원망스러울 수도 있고, 가족이 자기를 '죽게 만들었다.'고 생각할 수도 있다. 건강하게 살아 있는 사람이면 누구나 미울 수도 있다. 이러한 단계는 주위 사람들에게도 대단히 힘든 단계이다. 결국 죽음을 앞둔 사람의 입장에서 그를 이해하고 조심하는 수밖에 없다. 아무리 나이가 많은 사람들도 나름의 꿈과 계획들을 가지고 있으며 좀 젊은 사람들은 더 말할 필요도 없다. 그러한 것들이 다 무너지면 어찌 절망하지

않겠는가? 돌보는 이들의 이러한 공감과 이해는 결국 죽어 가는 이의 분노와 절망을 가라앉힐 수 있을 것이다.

다. 타협 : 어차피 피할 수 없는 일이라 해도 최소한의, 가장 중요한 계획이라도 실현하기 위해 시간을 좀 얻을 수는 있지 않을까? 의사가 혹은 가족이 하라는 대로 하면 조금 더 살 수 있지 않을까? 1년 혹은 한 달이라도? 신(神), 의사, 혹은 가족과 협상을 하려는 마음이 드는 것이 이 단계이다.

라. 우울 : 점점 쇠진해지면서 분노와 저항이 체념과 슬픔으로 바뀐다. 이때 옆에서는 힘내라고 격려하려 하기보다는 그 슬픔을 말없이 함께 나누는 수밖에 없다. 그가 자신의 심경을 이야기하면 들어주고, 곁에 있어 주는 것이 최상이다.

마. 수용 : 위의 단계들을 거치고 나면 죽는다는 사실을 인정하는 편안한 상태가 될 수 있다. 물론 행복한 것은 아니지만 그런 마음이 될 수 있다. 이때는 가족이 환자보다 더 괴로울지 모른다.

모든 사람이 위의 순서대로 다섯 단계를 모두 거치는 것은 아니며, 어떤 사람은 뒤의 단계에서 시작했다가 앞의 단계로 이동하기도 하고, 혹은 한 단계에만 머무는 것 같이 보이기도 한다. 그리하여 어떤 사람은 처음부터 죽음의 사실을 수용하고 침착하고 편안한 상태로 죽는가 하면, 어떤 사람은 '내가 왜?' 하는 분노가 거의 최후까지 격렬하다. 앞서 논의한 은퇴에 대한 적응유형 중에서 '무장형'은 분노가 강한 반면, '성숙형'은 수용이 더 쉽게 될 것이다. 그러므로 단계들의 순서가 중요한 것이 아니라, 각 단계마다 죽음을 앞둔 노인의 욕구가 다르다는 사실이 중요하다. 어느 단계에서든지 죽어가는 사람과 돌보는 사람이 겪는 당혹이나 고통은 본인들이 대처하기에는 너무 클지 모른다. 현대사회에서처럼 죽음이 낯설고 끔찍한 것으로 여겨

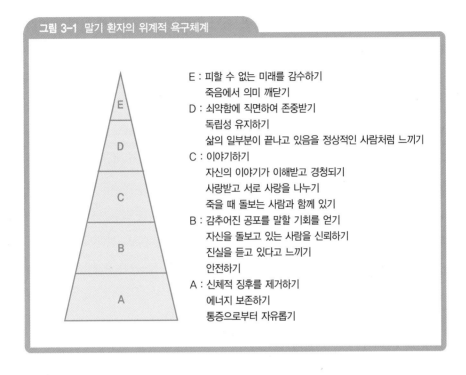

그림 3-1 말기 환자의 위계적 욕구체계

E : 피할 수 없는 미래를 감수하기
　　죽음에서 의미 깨닫기
D : 쇠약함에 직면하여 존중받기
　　독립성 유지하기
　　삶의 일부분이 끝나고 있음을 정상적인 사람처럼 느끼기
C : 이야기하기
　　자신의 이야기가 이해받고 경청되기
　　사랑받고 서로 사랑을 나누기
　　죽을 때 돌보는 사람과 함께 있기
B : 감추어진 공포를 말할 기회를 얻기
　　자신을 돌보고 있는 사람을 신뢰하기
　　진실을 듣고 있다고 느끼기
　　안전하기
A : 신체적 징후를 제거하기
　　에너지 보존하기
　　통증으로부터 자유롭기

질수록 더할 것이다. 이런 점에서 우리나라에서도 시작된 임종간호(hospice care)가 더욱 보편화되어야 할 것이다. 위의 그림은 Ebersole과 Hess(1990)가 말기 환자들이 가지고 있는 욕구들을 다섯 단계의 위계적인 체계로 구성한 것이다. 이들을 대할 때 가족이나 부양자를 포함한 말벗, 간호하는 사람, 상담자 등은 말기 환자의 이러한 욕구를 깊이 이해하고 고려해야 할 것이다.

　가까운 사람을 잃은 사람에게 위로의 말로 '산 사람은 살아야지.' 라고 한다. 부모나 배우자, 자식을 떠나보낸 사람들의 슬픔은 매우 깊고 오래갈 수 있다. 사랑하는 사람과 꼭 사별은 아니라 해도 이별을 해 본 적이 있다면 그때 위의 단계들을 약한 정도로나마 거치지 않았는지 회상할 때 아직도 아픔이 남아 있음을 발견하고 놀랄지도 모른다. 죽음에 의한 이별이건 아니건, 남겨지거나 버림받는 사람은 떠나는 사람과는 다른 상심과 고통을

느끼게 된다. 수십 년을 같이 살아온 배우자와 사별한 사람의 처지를 생각
해 보자.

② 배우자의 죽음

배우자와 사별한 사람이 심리적으로 어떤 상태에 빠지느냐 하는 것은 물론
그 배우자와 관계가 어땠는지, 그가 오래 앓다 죽었는지 아니면 갑자기 죽
었는지 등에 따라서 다를 것이다. 커다란 충격과 혼란, 그리고 처리해야 할
많은 일들이 지나가면, 죄책감('내가……하기만 했더라도'), 분노('나를 두
고 가다니'), 안도감('이제 고통을 벗어나 영원히 쉬겠구나') 등 여러 가지
감정이 슬픔과 교차될 것이다. 이러한 감정들은 짧게 끝나거나 오래 갈 수
도 있지만, 결국 남는 것은 고독과 외로움이다.

　평생 집안일을 아내에게만 맡기고 살아온 남자들은 사별 후 적응에 상당
한 어려움을 겪는다. 더구나 직장 일에만 전념해 왔다면 자식들과도 친밀하
지 않고 친구도 없어서 외로움이 정말 심각한 문제가 될 수 있다. 그러나 남
자는 재혼 가능성이 여자보다 훨씬 높고 또 재혼조건이 유리하다. 여자가
남자보다 평균수명이 길고, 아내나이가 남편나이보다 아래인 것이 상례라서
홀로 된 노인들에는 원래 남자보다 여자가 더 많은데다가, 여자로서 겪는
재혼의 어려움 때문에 여자가 홀로 남는 경우가 훨씬 많다.

　홀로 된 노인들에게는 자식보다는 동년배의 사람들이 훨씬 더 위로가 되
고 있다. 자식은 아무래도 노년의 소외감과 외로움을 이해하기가 힘들기 때
문이다. 젊은 사람들로서는 홀로 된 부모나 다른 노인들을 자주 찾아뵈어야
하겠지만, 가급적 그들을 친구들과 어울리시게 하는 것이 더 좋을 것이다.
그리고 자기네의 불편함과 유산상속 등을 생각하여 재혼을 무조건 반대하
고 나서는 것은 지나친 이기주의이고 바람직하지도 않다.

"품위있게 살다 가는 인생 되길"

창립 15주년 맞는 '삶과 죽음을 생각하는 회' 김옥라 전 회장

1991년 4월 2일 오전 고 윤보선 전 대통령의 부인 공덕귀 여사와 박대선 전 연세대 총장, 이태영 박사, 성악가 김자경씨, 김인자 교수 등이 한자리에 모였다. 서울 신문로에 위치한 김옥라(88) 각당복지재단 이사장 집이었다. 이들이 아침 일찍부터 모인 것은 '죽음'을 이야기하기 위해서였다.

"남편과 사별한 충격이 너무 커 하루하루를 울면서 보내던 때였어요. 그러다 갑자기 '죽음이 아무도 피할 수 없는 것이라면 차라리 함께 얘기하고 친해지자'는 생각이 들었습니다."

김 이사장의 남편은 체신·상공부 차관, 한국산업은행 총재 등을 역임한 고 라인진씨, '각당'(覺堂)은 그의 아호다. 김 이사장은 윤보선 전 대통령을 먼저 보내고 외롭게 지내던 공여사에게 먼저 전화를 걸었다. 공여사의 공감에 힘을 얻은 김 이사장은 다른 지인들에게도 연락했다. 누님인 김옥길 총장을 앞서 보낸 김동길 박사도 "삶의 가치를 깨닫기 위해서라도 죽음을 자연스럽게 이야기할 수 있는 모임이 필요하다"는 그의 제안에 동의했다.

올해 창립 15주년을 맞는 '삶과 죽음을 생각하는 회'는 이렇게 만들어졌다. 김 이사장이 회장을 맡았다. 그해 6월 연세대 100주년 기념관 강당에서 열린 창립기념 강연회는 성황을 이뤘다. 이후 이 모임은 각종 강연회와 세미나 개최, 호스피스 교육, 죽음 준비교육 지도자과정 운영 등의 활동을 해 왔다.

지난해 회장에서 물러난 김 이사장은 29일에도 일본에서 온 호스피스 관계자들을 맞느라 바빴다. 하지만 공덕귀 여사, 김자경 전 오페라 단장, 이태영 박사 등은 그 사이 고인이 됐다. 김 이사장은 이 모임 회원들의 마지막 순간을 거의 함께 했다. 그는 "치매나 당뇨 등으로 말년에 고생은 했지만 대부분 가족들 곁에서 편히 눈을 감으셨다."며 "나 역시 의식을 잃더라도 중환자실로 보내거나 연명치료는 하지 말아달라고 부탁해 두었다."고 말했다.

"병원 중환자실은 임종의 비참함을 가장 확실히 보여주는 곳이에요. 의사들은 대부분 1초라도 목숨을 연명시키는 것에 최선을 다하죠. 하지만 며칠 죽음을 앞당기더라도 환자가 미리 삶을 정리하고 평화롭게 죽음을 맞을 수 있도록 도와주는 것이 환자를 위하는 길일 수도 있습니다."

김 이사장은 고 이승만 전 대통령의 영부인 프란체스카 여사가 92년 타계할 때도 아들 내외와 손자들의 보살핌을 받다가 돌아가실 수 있도록 도왔다. 92세였던 프란체스카 여사의 노환이 심해지자 김영삼 당시 대통령이 서울대 병원의 국가원수급 특실을 사용하도록 배려해 줬는데, 며느리 조혜자씨가 김 이사장의 『호스피스』란 책을 읽고 이화장에서 편하게 마지막 순간을 맞도록 했다는 것이다.

"중요한 것은 죽음이라는 관문에 이르기까지 얼마만큼 품위있게, 남을 위해 사느냐가 아니겠어요. 그것이 바로 죽음을 품위있게 만드는 것이죠."

삶과 죽음을 생각하는 회는 다음달 1일 오후 2시 연세대 상경대 강당에서 '암과 생명'을 주제로 창립 15주년 기념세미나를 연다.

김정수 기자
〈중앙일보, 2006년 3월 30일자〉

③ 죽음과 삶

죽음은 두려워하고 부정할 것이 아니라 삶의 일부로 받아들일 수밖에 없는 것이다. 죽음을 두려워한다는 것은 결국 삶을 두려워한다는 것이 된다. 그러므로 죽음을 생각하고 준비하며 가까운 사람들에게 죽음에 대한 감정과 생각을 이야기하는 것이 금기가 될 필요는 없다. 요즘같이 교통사고도 흔하고 범죄도 많은 험한 세상에서는 누구나 언제 죽을지 모르는 일이다. 우리나라에서는 아직 보편화되지 않았으나, 남는 가족을 위해 사후처리, 재산관계 등을 밝히는 유언장을 미리 써 놓는 것도 나쁘지 않으리라 본다.

'내일 죽을지도 모른다.'는 의식을 가진다면 나날의 삶이 더 충만해질 수도 있다. 이를테면, 나의 삶이 그리고 친구의 삶이 언제 끝날지 모르는데 작은 일들에 대해 화내고 갈등을 겪을 필요가 있겠는가? 솔직한 감정을 털어놓고 서로 편안해지는 것이 좋지 않을까? 주변의 누가 나를 계속 신경 쓰이게 한다면, 언제까지나 피하거나 참기만 할 것인가? 하루를 살아도 당당하고 편안한 마음으로 사는 것이 좋지 않을까? 또, 부모님이 영원히 살아 계시지는 않는다는 사실을 생각해 보자. 우리의 그리고 타인들의 삶이 언제고 끝난다는 의식을 가지고 살게 되면, 소중한 것과 사소한 것을 구별할 수 있게 될 것이다.

우리 자신의 죽음이 두렵지 않다면, 죽음을 앞둔 사람이 우리를 필요로 할 경우 당황하거나 회피할 필요도 없다. 곁에 있어 주면 되고, 그의 말을 들어 주면서 마음에서 우러나는 감정을 표현해 주면 된다. 사랑하는 사람을 잃은 사람에 대해서도 마찬가지이다. 그 상처는 생각보다 훨씬 오래 갈 수도 있다. 우리가 해 줄 수 있는 것은 가능하면 곁에 있어 주며, 그에게 관심과 존경과 애정을 표현해 주는 것이다.

3.2 노년기 정신병리와 정신건강

1. 노년기 특유의 문제와 정서적 적응

노년기에 접어들면서 갖게 되는 심리적 적응의 문제에는 여러 가지 원인이 있으나, 크게 환경적·외부적 요인과 내부적 요인의 두 가지로 나눌 수 있다.

(1) 환경적·외부적 요인

① 배우자나 친구, 친족의 죽음과 같은 개인적·가족관계의 상실 및 변화
② 사회적 지위와 특권의 상실, 경제형편의 곤란, 정년퇴직, 노인에 대한 경시와 천대 등과 같은 사회적 상실

(2) 내부적 요인

① 개인의 성격이나 적응구조와 같은 성격적 특성과 내과적 만성질환, 대뇌손상, 동맥경화증, 내분비계 장애 등의 신체적 질병
② 반응시간의 느려짐, 갱년기의 행동장애, 신체체격과 외모의 노화 등 연령증가에 따른 객관적인 변화
③ 죽음이 다가오고 신체기능이 퇴화함을 자각하는 등의 주관적인 변화의 자각

이러한 주제와 더불어 특히 노년기에 두드러지게 나타나는 문제들은 다음과 같이 세 가지로 구분해 볼 수 있다.

첫째, 배우자의 죽음으로 인한 상실이 대단히 크다. 특히 남자의 경우 여

자에 비해 약 5년 정도 일찍 사망하는 관계로 홀로된 할머니가 늘어나고, 이런 상황에서의 생활은 믿고 마음을 터놓고 의지할 사람이 없어지기 때문에 여러 가지 감정적 고통을 당하게 된다. 그러므로 홀로된 사람들은 정서적으로 의지할 수 있는 사람들(자녀, 친구, 성직자 등)이 주변에 있는 것이 바람직하다.

둘째, 강제정년퇴직이 중요한 의미를 지닌다. 특히 가사에 종사해 온 여성보다 남성에 있어서 중요한 의미를 갖는데, 남자의 경우 정년퇴직은 생활 전체를 바꿔 놓고 만다. 남자는 자기의 정체감이 주로 자신의 직업과 연관되어 있으므로 30~40년간 종사해 온 직업을 상실한다는 것은 어떤 면에서는 '생활의 의미'를 상실하는 일이기도 하다.

그러므로 정년퇴직을 타의에 의해서보다 자발적으로 했을 때 노인의 적응수준이 더 좋다고 알려져 있다. 하지만 오늘날의 사회에서 정년퇴직이 자의였는가 아니면 타의였는가 하는 것은 별다른 의미를 갖지는 못하며, 청년에 비해 노인의 적응이 일률적으로 낮은 것도 사실이다. 그러므로 일, 여가 활용, 새로운 지식과 기술 습득 등이 전 생애를 통하여 이루어지도록 하여 '일과 취업'에 대한 정의를 새로 내리도록 고려해 보아야 할 것이다. 그래서 남성도 직업 이외의 활동에 다양하게 참여할 필요가 있다. 자녀양육, 집안 살림, 일생을 통한 여가시간을 휴식이나 공부에 이용하기, 적절한 운동, 그리고 사교, 취미, 문화 활동 등에 적극 참여하는 것이 바람직하다. 이렇게 될 때 남성이 자기의 직업에 지나치게 동일시하는 경향에서 벗어나게 되므로 스트레스, 심장 및 동맥경화관계 질환, 정년퇴직의 충격 등 여러 문제들과 관련된 수명 단축도 자연히 감소될 수 있다.

셋째, 감각능력의 감퇴도 중요한 의미를 가지는데, 정신질환문제에 있어서 생리적인 퇴화와 인지적인 퇴화가 대단히 중요한 역할을 한다. 즉 시각·청각 능력의 퇴화로 타인과의 사교나 상호작용이 점점 어려워지고 자기 스스로도 외부적 감각자극에 대하여 정확하게 파악하여 대응하지 못하게 된다. 이와 같이 자극에 대한 반응시간이 느려짐에 따라(질병이 아닌 노화 때문에), 젊은이들보다 신체적 반응속도와 숫자계산속도가 느려지고 자신감이 줄어들 뿐만 아니라 사회적 고립, 혼돈상태 등이 나타난다. 그리하여 노령에 따른 지위하락과 자기스스로 상당한 '고통과 박해'를 받고 있다는 감정을 갖게 되고 심한 경우에는 정신병리현상도 일으키게 된다.

한편 체력 감퇴로 인하여 사회적 고립이 유발되고 그 결과 정신질환을 일으키는 수도 많다. Lowenthal(1964)의 연구결과를 보면, 정신병원에 입원한 노인들이 자기 가정에서 지내는 동년배의 노인들보다 신체적 건강상태가 매우 나쁘게 관찰됐고, 응답자의 3/4이 50세 이후 인생의 주요 변화는 신체적 질병 때문이라고 대답하고 있다. 일반적으로 노년에 와서 처음으로 고립되고 신체적 질병이 심하게 되면, 노년기의 정신질환이 일어나게 된다. 이렇게 본다면 우선 신체적 질병이 앞서 일어나고 그 결과 노년기의 고립과 정신질환이 같이 발생하는 것이 아닌가 생각된다. 이런 점에서 노년기에 이르러 '환경적인 결핍'에 처해 있고 정신운동측면의 반응시간이 느려지게 되면 우울증이 많이 나타난다고 지적될 수 있다. 요컨대 대뇌 혹은 신경적 질환이 없다 하더라도 생리적, 심리적, 그리고 사회적 변인들이 노년기의 정신질환 유발에 중요한 상호작용을 하는 것이다.

2. 노년기 정신병리의 이해

인간은 변화하는 환경에 적응하기 위하여 개인의 발달단계에 따라 독특한 노력을 하고 스트레스를 체험한다. 특히 노인은 신체와 인지능력의 쇠퇴, 지능의 변화, 정년퇴직과 배우자의 죽음, 그리고 성격변화 등 수많은 변인들을 단순히 노년기라는 '발달단계'에 도달했다는 이유만으로 경험하게 되는 것이다. 이와 같은 노년기에 따른 여러 가지 변화와 스트레스는 노인으로 하여금 무기력감을 학습하게 하고 자신의 성격체계가 효과적으로 기능할 수 없도록 만들게 된다.

그 결과 여러 가지 정신장애, 특히 기능적인 정신장애를 일으키게 되고 우울증 등이 두드러지게 나타난다. 이러한 기능적 정신장애는 청·장년기의 발병 이유와는 달리 단순히 노년기라는 발달단계로 말미암아 발병할 가능성이 많으므로 노인은 취약한 위치에 처해 있다고 할 수 있다. 그러므로 개인의 정신건강 수준과 심리적 부적응의 문제를 단순히 환경과 개인 간의 상호작용이란 관점에서만 보기보다는 더 나아가서 '그 개인이 위치한 발달단계가 어디인가?'라는 근본적인 물음에서부터 접근을 시도해야 할 것이다.

정상적인 노화의 결과로서 혹은 특수한 병리적 현상으로 노인은 여러 가지 적응상의 문제로 고통 받고 있다. 이러한 고통은 그 당사자의 문제일 뿐만 아니라 그들로부터 정신적, 물질적 유산을 상속받은 후손들, 더 나아가 사회 전체의 문제이다. 우리는 그들의 고통을 보다 정확하게 파악하여 그들을 이해하고, 불편함을 덜어줌으로써 나머지 생을 보다 보람되게 살아갈 수 있도록 도와주어야 할 것이다.

3. 노년기 정신장애

노인에게 가장 흔한 정신장애는 우울증, 인지장애 공포증, 알코올 사용 장애로 알려져 있다. 그리고 자살과 약물 유도성 장애도 많다. 노인정신장애가 생기는 원인은 사회적 역할의 상실, 독립성의 상실, 인척의 죽음, 신체건강의 악화, 외로움, 경제적 곤란, 인지기능의 저하, 그리고 약물사용 등이다. 노인이 겪을 수 있는 여러 정신장애에 대해 알아보기로 하자.

(1) 치매

DSM-IV(Diagnostic and Statistical Manual of Mental Disorders, 4th edition; 미국 정신의학회 정신질환 진단 편람)에 의하면 치매는 정신박약이 아닌 사람에게 의식이 청명한 상태에서 통상적인 사회생활이나 대인관계에 장애를 초래할 정도로 기억을 비롯한 여러 인지기능의 장애가 있는 상태로 정의된다. 중요한 증상들로는 기억, 추상적 사고, 판단 및 고등 대뇌피질기능들의 장애이다. 여기에 성격변화, 불면, 망상, 행동장애 등도 흔히 동반된다(3.3 치매의 증상 참조).

역학적 조사 결과 중등도 내지 중증 치매의 유병률은 65세 이상에서 5~7%인데, 연령 증가에 따라 유병률도 급증해서 80세 이상에서는 20%에 이른다. 우리나라의 농촌지역에서 조사된 바에 의하면 65세 이상 노인들의 약 10%가 각종 치매를 가졌으며, 중등도 및 중증 치매의 유병률은 약 5%였다. 65세 이상 노인층에서 무능력을 야기하는 장애로서 치매가 관절염 다음으로 중요한 원인이 되고 있다.

치매의 원인 질병은 수십 가지인데, 그 중 가장 흔한 것은 알츠하이머(Alzheimer)병과 다발성 경색 치매이다. 나이 든 사람들 중 소위 '노망' 상태에 이르는 경우의 대부분이 알츠하이머병 때문인 것으로 보인다. 알츠하이머병의 원인은 미상이나 acetylcholine계 신경세포의 선택적 상실, 전두엽과 측두엽의 위축, 그리고 병리학적으로 senile plaque와 neuro-fibrillary tangle의 출현과 관계된다.

혈관성 치매로도 알려져 있는 다발성 경색 치매는 반복되는 뇌졸중으로 뇌의 여러 부위에 경색이 생김으로써 인지기능이 저하되는 것이다. 평소에 고혈압이나 동맥경화증과 같은 소인이 있던 사람들에게 잘 생긴다. 그 외에 위험 요인으로는 고지질증, 심장질환, 당뇨병, 주정중독 등이 있다. 국소적 신경증상과 심건반사항진, 보행장애, 사지무력 등이 나타난다. 알츠하이머병과 달리 갑자기 나타나 점진적으로 악화하는 경우가 많다. 다발성 경색 치매는 위험인자(고혈압, 당뇨병, 흡연, 부정맥)를 예방함으로써 발생을 줄일 수 있다. 진단은 뇌단층촬영(CT, MRI)이나 뇌혈류검사를 통해 확인된다.

(2) 섬망

섬망은 입원한 노인 환자에게서 가장 흔히 볼 수 있는 정신 병리적 증상 중 하나이다. 인지기능이 전반적으로 저하되나 치매와의 차이점은 의식의 장애를 동반한다는 점이다. 그리고 착각이나 환각과 같은 지각장애, 피해망상 등의 사고장애, 수면-각성주기 변화, 시간과 장소에 대한 지남력장애, 정신운동성 활동의 증가나 감소, 기억장애 등이 동반된다. 증상들은 변동이 심해서 시간마다 다를 수 있고 낮보다 밤에 더 심하다.

지역사회에서 섬망의 유병률을 조사하기는 어렵고, 내외과 병실에 입원된 노인 환자들에서 섬망의 발생은 14~30%인 것으로 알려지고 있다.

중요한 소인들로는 알코올, 약물의 남용이나 중독, 고령, 대뇌손상, 청력이나 시력상실, 심리적 스트레스 등이 있다. 직접적인 원인들로는 중추신경계 질환, 심혈관계 질환, 대사성 장애, 약물 등이 있다.

일반적인 치료원칙은 지지적 치료에 준하되, 심한 흥분, 수면장애, 피해망상과 같은 정신병적 증상 때문에 향정신성 약물이 흔히 요구된다.

(3) 우울증

우울증은 노인들의 정신질환 중에서 가장 흔한 것이다. 지역사회 노인들에서 우울증의 유병률은 10~15%이고 남자들보다는 여자들에서 훨씬 많이 나타난다. 그리고 신체질환이 있는 노인들은 특히 위험집단으로 알려져 있다.

노인에서는 슬픔, 죄책감, 죽음이나 자살에 대한 집착, 허무감, 무력감 등 우울에 따른 정서적 증상뿐만 아니라 질병망상, 빈곤망상, 허무망상 등의 정신병적 증상도 간혹 나타난다. 식욕감퇴와 체중감소, 수면장애, 정신운동성 초조나 지연, 변비, 성욕감퇴 등 신체적인 증상도 간혹 동반한다. 노년기 우울증의 특징은 신체적 호소가 많고 자살위험성이 비교적 높다는 것이다.

우울증은 치료 여부에 관계없이 수주 혹은 수개월 후에는 회복되는 것이 보통이다. 치료는 보통 항우울제를 사용한다. 삼환계 항우울제는 효과가 보통 2~3주 후에 나타나는 것으로 알려져 있다. 정신병적 증상이 동반된 경우는 항정신병 약물 단독이나 항우울제와 항정신병 약물의 병용을 고려해야 한다.

(4) 양극성 장애

노인 조증의 유병률에 관한 자료는 거의 발견되지 않고 있다. 입원 환자들을 근거로 추측해 보면, 남녀 비는 1 대 2 정도이다. 증상은 젊은 조증 환자들과 비슷하다. 정도는 경조증부터 섬망과 유사할 정도의 중증까지 다양하다. 노인들에서 조증이 처음 시작하는 경우는 흔하지 않고 주로 젊었을 때 재발과 관해를 반복하던 것이 노년에도 되풀이되는 것이다. 한편 이와는 다른 주장도 있는데, 노인 조증 환자들에게 있어서 첫 조증 삽화의 약 90%는 50세 이전에 시작하며 30세 이전에 시작한 것은 매우 드물다는 것이다.

(5) 정신분열병

정신분열병으로 진단된 환자는 두 개의 하위 집단으로 구분되는데, 초기에 정신증 증상이 나타난 이후 증상이 지속되는 집단과 노년기에 증상이 발병한 집단이다. 후자는 전자보다 훨씬 수가 적고 증상은 덜 심한 편이며 보통 여성에 많고, 망상증이 많다. 노인 정신분열병 환자는 항정신병 약물에 잘 반응하며, 소량을 조심스럽게 사용해야 하는 것으로 알려져 있다.

(6) 망상장애

대개 40~50세 사이에 초발하며 다양한 망상증(주로 피해형, 감시, 추적, 독약, 괴롭힘 등)이 나타난다. 그래서 가해자라고 의심하는 대상에게 폭력적일 수 있다. 노인에서는 죽을병에 걸렸다는 병망상도 흔히 나타난다.

원인적으로 여러 스트레스, 배우자의 죽음, 직업상실, 은퇴, 사회적 고립, 경제적 곤란, 만성질병, 시청각장애 등이 유발인자가 된다. 망상이 치매, 정신분열병, 우울증, 알코올 사용장애, 양극성 장애 등과 관련되어 나타날 수도 있다. 심리치료와 약물치료의 병행 치료가 비교적 효과가 크다.

노인망상증은 유럽에서는 널리 사용되는 진단명이나 분명한 진단 기준은 없다. 정신분열병과 비슷한 정신병적 증상이 60세 이후에 초발하고 병전 성격의 붕괴가 현저하지 않으며, 증상을 설명할 만한 기질적 원인이나 정서장애가 없을 때 이 진단을 붙인다. DSM-IV에는 이에 상응하는 진단이 없으나 정신분열병, 정신분열형 정신병, 단기정신병적 장애, 혹은 편집증이 60세 이후에 초발했을 때는 여기에 해당할 것이다.

특징적인 증상은 피해망상이며 환청을 동반하는 경우가 흔하다. 한 연구에 의하면 이 환자들은 세 집단으로 나눌 수 있다. 첫째, 단순 편집형 정신병(simple paranoid psychosis)은 입원하는 노인망상증 환자들의 약 1/3을 차지하며 망상의 주제가 한두 개에 국한된다. 둘째, 분열형 정신병(schizophrenia-like psychosis)은 한두 주제의 망상과 환청 및 심한 불안과 정신병적인 경험 때문에 발생하는 공격성 등 정신분열병과 유사한 것이다. 그리고 셋째, 진성 정신분열병(true schizophrenia)은 청장년기의 정신분열병과 전혀 구별되지 않는다. 증상은 수동망상, 사고가 자기 마음으로부터 빠져나가는 경험, 자기 생각이 타인에게 파급되는 느낌 및 제3자 환청 등이다.

노인망상증은 여자들에게 훨씬 많고 약 1/3에서 청각장애가 발견된다. 망상장애 환자는 노인정신과 병실에 입원하는 전체 환자들 중에서 약 1/10

을 차지한다. 항정신병 약물에 비교적 양호한 반응을 보이나 약물치료를 중단하면 증상이 재발하는 경우가 흔하므로 치료를 지속해야 한다.

(7) 불안장애

노인의 불안장애로 공황장애, 공포장애, 강박장애, 범불안장애, 급성 스트레스장애, 외상후 스트레스장애가 모두 일어난다고 한다. 가장 흔한 것은 공포장애로 노인의 4~8%에서 나타나고, 그 증상은 젊은 사람보다 덜 심하다. 반면에 외상후 스트레스장애는 노인들의 신체적인 쇠약 때문에 그 증상이 젊은 사람보다 훨씬 심각하다. 강박장애는 노년기에 시작될 수 있으며 자아 이질적 의식과 강박사고가 특징이다. 노인이 되면 강박증, 완전주의, 엄격함, 인색함 등이 더 강화되고 병으로 되면 정리정돈, 의식화, 동일성에 대한 요구가 심해진다. 사물을 계속 확인하고, 융통성이 없고, 고집이 강해진다. 치료는 개인의 생물학적, 정신적, 사회적 요인을 고려하는 생물정신사회적 모델에 따라 치료해야 된다.

(8) 신체형 장애

노인 대부분이 관절염이나 당뇨병, 심혈관계 질환 같은 만성질병을 한 가지 이상 호소하므로 신체형 장애와의 감별뿐 아니라 신체 및 심리치료의 병행 필요성에 유의해야 한다. 건강염려증은 노인에게 흔한 병으로 대부분 만성이며 예후는 불량한 편이다. 건강염려증의 노인에게는 신체검사를 통해 죽을병은 아니라는 확신을 우선 심어주어야 한다. 그러나 의학적으로 필요하지 않은 위험부담이 큰 진단과정은 피하도록 해야 한다. 노인 환자들에게 증상이 상상적인 것이라고 말하면 환자는 화를 내기 쉽다. 의사는 그 호소하는 증세나 통증이 환자에게 실제로 있다는 것을 알아주는 태도를 보이면서 심리치료와 약물요법을 병행해야 할 것이다.

(9) 알코올 및 물질남용 장애

노인은 흔히 술이나 그 밖의 수면제, 신경안정제에 의존하는 경향이 있고, 니코틴이나 카페인, 진통제, 설사제 등도 흔히 남용한다. 그러나 젊은이들에 비해 범죄성향은 적다. 알코올의존의 노인은 대개 젊어서부터 과음을 해 온 사람들이다. 대개 간질환, 신체질환이나 영양장애, 사고에 의한 신체상해, 우울증 등이 동반되어 있다. 이혼·사별 및 독신인 남자의 경우가 많으며, 집 없이 가난한 방랑자가 많다. 노인들은 만성적인 불안이나 수면장애 때문에 신경안정제를 남용할 때가 많고, 암과 같은 질병에 의한 통증 때문에 진통제를 남용하는 경우도 많다.

(10) 수면장애

노년기에는 불면증, 낮 졸음, 낮잠, 수면제 복용의 문제가 흔하다. 노인의 수면에서는 REM수면이 재배치된 것을 볼 수 있다. 즉 REM횟수가 증가되나 짧아지고 전체 REM은 감소한다. 3, 4단계 수면이 감소하고 1, 2단계 수면이 증가하되 중간에 자주 깬다. 별 할 일이 없는 노인은 일찍 잠들고, 아침까지 깊이 자지 못하고 밤중에 자주 깨며, 수면무호흡증, REM관련 수면행동장애 등이 나타난다. 노년기 수면장애는 정신장애, 신체적 질환(통증, 잦은 소변, 호흡곤란 등), 사회환경적인 요인 때문에 올 수 있다.

4. 노년기 장애의 치료

(1) 노인 심리(정신)치료

노인에게는 통찰치료, 지지치료, 인지치료, 가족치료, 집단치료 등 모든 형태의 심리치료가 시행 가능하다. 그럼에도 불구하고 노인 환자들에 대한 심리치료는 큰 효과를 기대할 수 없을 것이라는 '편견'이 지배적이므로 먼저 환자 본인이나 가족은 물론 의사를 포함한 전문가들도 이러한 편견을 극복해야 한다.

노인에게서 흔히 보는 정신치료의 주제는 ① 상실(사랑하는 사람의 죽음, 경제적 손실, 직업상실 등)에 대한 적응, ② 새로운 역할을 찾아야 할 필요, ③ 죽음에 대한 대비 등이다. 또한 새로운 대인관계의 형성, 자존심 문제, 성문제, 분노, 고립 무원감, 삶의 가치결핍 등의 문제도 있다.

노인들을 대상으로 하는 개인 심리치료의 특징은 치료자의 역할이 적극적, 지지적이고 융통성이 커야 한다는 점이다. 통찰지향적 분석치료에 의한 인격의 재형성보다는 지지적이고 직접적이며 의존, 상실 및 우울에 대한 대처, 신체적 건강이나 죽음 등 구체적 사안에 초점을 맞추는 접근방법이 요구된다.

노인들은 흔히 치료자에 대해 모든 것을 알아서 해결해 줄 수 있는 이상적 존재로 기대하는 경향이 있다. 그래서 무한정한 지지, 재확인, 인정을 받고자 한다. 그러나 결국 노인 환자들은 치료자와의 공동노력을 통해 치료자도 인간이고 한계가 있음을 받아들이도록 해야 한다. 의존적인 노인 환자들을 진단하고 치료함에 있어서 치료자는 가족과 치료적 동맹을 맺는 것이 매우 중요하다. 환자가 가진 정신질환의 본질을 가족에게 설명해 주고, 불합리한 죄책감에서 벗어날 수 있도록 도와주며, 치료로써 달성할 수 있는 이득과 한계점을 현실적 바탕에서 설명해 준다. 그리고 환자의 문제행동에 가족들이 어떻게 대처해야 하는가에 대해서 교육시킬 필요가 있다.

(2) 요양기관에서의 치료

요양소 치료를 이전의 다른 치료가 실패한 결과로 보아서는 안 된다. 오히려 환자 측 삶의 질을 개선시킬 수 있게끔 신중하게 계획된 환경조건에서 시행되는 치료의 형태로 보아야 할 것이다.

요양기관의 종류는 다음과 같다.

① 자원 입원하여 다른 노인들과 같이 평생 사는 경우로, 퇴원을 위해 재활치료를 시도하지 않는다. 흔히 양로원이 여기 해당된다.

② 만성적 장애 노인들을 장기간 돌보는 기관으로, 단기 입원여건의 재활을 돕는다. 요양병원, 노인병원이 여기에 해당된다.

③ 낮 동안 지역사회 내의 노인들이 모여 사교적 행사를 하며 불안, 우울, 지루함, 외로움을 도움 받는 경우이다. 지역사회센터, 주간보호센터가 여기에 해당된다.

④ 비교적 건강한 은퇴노인들이 하나의 지역사회를 이루고 생활하는 경우가 생겨나고 있다. 의료시설이 포함된 실버타운이 여기에 해당된다.

치료형태는 다양한 종류의 치료전문가들(정신과의사, 심리상담사, 사회복지사, 보조원, 작업치료사, 활동치료사, 운동치료사, 영양사 등)이 동원되어 환자의 건강과 삶의 질을 개선시키려고 노력한다. 정신과의사는 이 모든 치료에서 중심적 역할을 하도록 기대되고 있다.

3.3 노인치매와 대처방법

1. 치매의 특징적 증상

치매(dementia)라는 용어는 원래 '정신이 나갔다' 혹은 '제 정신이 아니다'

라는 의미의 라틴어 dement에서 유래된 것이다. 치매란 앞의 노년기 정신
장애에서 보았듯이 인지기능과 고등정신기능이 감퇴되는 대표적인 기질성
정신장애로서, 단기 및 장기기억장애가 특징적으로 나타나며, 추상적 사고
장애, 판단장애, 고위 대뇌피질장애, 성격변화 등이 점차적으로 수반됨으로
써 직업, 일상적 사회활동 또는 대인관계에 지장을 받게 되는 복합적인 임
상증후군이라고 정의할 수 있다. 치매는 선천적인 것이 아니라 후천적으로
나타난 현상이어야 하고, 뇌의 국부적인 결손으로 인한 국부적 증상이 아니
라 전반적인 정신증상이어야 하며, 의식의 장애가 없어야 한다고 대부분의
학자들은 보고 있다.

① 기억장애
치매의 가장 특징적인 증상인 기억장애는 치매 초기단계에 특징적으로 나
타나는데, 장기기억보다는 최근에 일어난 사건에 대한 단기기억의 상실이
현저하다. 이러한 기억장애로 인하여 치매노인들은 의사소통에서 같은 말을
반복하고, 익숙하지 않은 환경에서는 방향을 잊어버리며, 약속시간, 사람의
이름이나 전화번호 등을 잊어버리고, 수도꼭지를 틀어 놓은 채 또는 담뱃
불이나 가스불을 끄지 않은 채 그대로 내버려 두기도 한다. 그리고 기억의
손실을 보충하기 위하여 없는 사실을 꾸며서 말하는 작화증(confabulation)
을 나타내기도 한다. 치매가 진행되게 되면 비교적 잘 유지되던 장기기억도
심한 장애를 입게 되어 자신의 생년월일을 기억하지 못하고, 가족의 얼굴조
차도 알아보지 못하게 된다.

② 사고장애
추상적 사고능력의 장애로 인하여 치매노인들은 새로운 과업에 대처하는
데 애로를 느끼며, 새롭고 복잡한 정보를 처리해야 하는 상황이나 과업을

회피하는 경향이 있다. 판단 및 충동통제 능력의 장애로 인하여 치매노인들은 거친 말투를 사용하고, 부적절한 농담을 하고, 자신의 외모와 위생에 대하여 무관심해지거나, 성적 이상행동을 하기도 한다.

③ 언어장애

뇌의 피질기능 장애로 인하여 모호하고 부정확한 언어를 사용하거나, 똑같은 말을 반복하기도 하고, 길게 이야기하기도 한다. 그리고 알츠하이머형 치매나 다른 피질성 치매의 경우에는 초기에 건망성 실어증(anomia)과 착어증(paraphasias)으로 시작하지만, 치매가 진행됨에 따라 대화중에 의미 없는 문장을 만들어 내거나 자신이 읽은 것을 이해하지 못하기도 한다. 때로는 대화의 내용을 이해하지 못하고 유머를 분별해 내지 못하거나 완전한 문장을 만들어 내지 못하는 증상의 언어장애인 실어증(aphasia)을 나타내기도 한다.

④ 일상생활 동작능력 장애

치매노인은 목욕, 식사, 화장실 이용 등을 제대로 하지 못하는 등의 행동장애로 인하여 신체적 일상생활 동작능력의 제한을 받게 되어 자기보호능력이 저하된다. 치매 초기에는 직업이나 일상적인 사회활동에는 제한을 받지만 개인위생 등과 같은 일상생활에 필요한 행동은 혼자서도 수행할 수 있다. 그러나 치매가 진행됨에 따라 일상생활 동작능력이 점진적으로 저하됨으로써 말기에는 최소한의 일상생활 동작조차 할 수 없게 되어 타인의 지속적인 원조를 받아야만 일상생활이 가능해진다.

⑤ 성격장애

치매로 인하여 나타나는 성격변화 중에서 가장 보편적인 것은 무감동이다.

이전에 타인에 대해 보호적인 태도를 보이던 사람이 치매에 걸린 이후 다른 사람의 욕구에 대해서 전혀 관심이 없어지고, 자기중심적이 되어간다. 그리고 활동적인 사람의 경우에는 치매 발병 이후 냉담해지고 사회적 참여나 활동의 범위가 줄어들고 활기가 없어진다. 또 다른 변화는 이전에 깔끔하고 섬세했던 사람이 치매 발병 이후 단정치 못하고 자신의 외모에 대해 전혀 관심이 없어지는 경우도 있다. 그리고 발병 이전보다 화를 자주 내거나, 공격적 행동을 하는 경우가 점차 더 자주 나타나기도 한다. 즉 치매 발병 이전에 갖고 있던 강박적 성향이 더욱 강해지고, 충동적인 특성이나 편집증적 특성이 더욱 강화되는 경우도 있다.

⑥ 정신장애

치매의 핵심적 증상으로 인한 기능변화 이외에 우울증, 환각 및 망상, 수면장애 등이 수반되기도 한다. 치매와 우울증을 동시에 나타내는 노인은 1/5 정도가 되며, 이러한 우울증은 치매 초기에는 뚜렷이 구분되지만 치매가 진행됨에 따라 구분하기 힘들어진다. 환각과 피해망상이 치매노인에게서 자주 나타나는데, 이로 인해 도둑을 맞았다면서 주위사람을 의심하여 갈등을 일으키기도 한다. 수면장애로 인하여 밤에 잠을 자지 않고 쉬지 않고 돌아다니거나 배회하기도 하며, 잠자는 가족을 깨우기도 한다.

⑦ 합병증

치매노인들의 경우 신체적 질병에 대한 저항력의 약화로 인하여 치매노인의 절반 이상이 신체질환을 갖고 있으며, 고혈압, 뇌졸중, 신경통, 피부질환, 호흡기질환, 마비, 심장질환 등의 합병증을 일으키는 경우가 많은 것으로 알려져 있다. 그리고 신체적 움직임이 증가하는 경우도 있지만 대부분 치매가 진행됨에 따라 신체적 움직임이 줄어들게 되고, 보행이 불안정해지며 대소

변을 실금하게 된다. 심한 치매의 경우에는 보행이 불가능해지고, 보행이 어려워진 약 1년 후에는 앉아있는 것이 불가능해져서 와상상태에 이르게 되는 경우가 많다.

2. 간이치매사정도구의 사용법

다음 표에서 간이치매사정도구를 알아보자.

월 일	간이치매사정도구		상담자	
대상자 명		주민등록번호		

1~3.	오늘이 몇 년 몇 월 며칠입니까?	(0, 1, 2, 3)
4.	오늘이 무슨 요일입니까?	(0, 1)
5.	지금 계시는 곳이 어디입니까?	(0, 1)
6.	집이 어느 동네에 있습니까?	(0, 1)
7.	나이가 몇 살입니까?	(0, 1)
8.	생일이 언제입니까?	(0, 1)
9.	현재 우리나라 대통령이 누구입니까?	(0, 1)
10.	20에서 3을 계속 빼시오.	(0, 1)

* 평가기준
  8~10 : 정상   5~7 : 경증
  3~4 : 중증도   0~2 : 중증
* 학력에 따라 평가점수를 가감하여 판정한다.
  무학인 경우에 평가기준에 1점씩 감해 판정하고
  고등학교 졸업 이상인 경우 평가기준에 1점씩 높여 판정한다.

3. 치매성 문제행동의 관리

① 배회

• 넘어지기 쉬운 슬리퍼나 양말은 신지 않도록 하고, 카펫의 모서리는 바

닥에 부착하도록 한다.

- 창문은 함부로 열지 못하도록 하고 자물쇠를 설치한다.
- 출입문 윗부분에 종을 달아 두어 문을 열려고 할 때 알 수 있도록 한다.
- 신분을 알 수 있는 표시를 하는 방법으로 팔찌나 목걸이에 이름, 연락처 등을 기입해 둔다. 또한 주변 사람에게 노인이 행방불명될 위험이 있다는 것을 알려 두도록 한다.
- 노인의 최근 사진이나 최근 모습을 가정용 비디오에 담아 둔다.
- 한 번 배회했던 노인은 절대로 혼자 두어서는 안 된다.
- 배회로 인해 낙상 또는 신체적 손상이 있을 수 있다.
- 일정한 시간을 정하여 노인과 산책을 함께 하는 것은 배회증상의 노인에게 안정감을 준다. 심한 배회증상의 경우는 간호자가 같이 산책한다.
- 배가 고픈지, 배변을 하고 싶은지, 특별히 불편한 사항이 없는지를 점검하여 배회의 물리적 원인을 제거한다.
- 무리하게 대처하기보다는 "차라도 마시고 나가세요."라든가 "간식 드시고 가세요."라고 하여 나가려고 했던 것을 잊어버리게 한다.

② 물건 감추기

- 오래된 음식물은 노인이 분간하지 못하고 먹어버릴 수도 있으므로 냉장고나 찬장에 놓아두지 않도록 한다.
- 자신이 물건을 놓아둔 곳을 잊어버리기도 하고 분실하기도 하며 감추어 둘 가능성이 있으므로, 중요한 서류, 보석, 통장 등 귀중품은 다른 곳에 보관한다.

- 노인이 자신의 귀중품을 담을 수 있는 작은 보석 상자를 마련해 주도록 한다.
- 쓰레기통은 항상 버리기 전에 그 속에 무엇을 감추거나 버리지 않았는지 점검해 보도록 한다.

③ 망상과 환각, 착각 및 의심

- 방을 밝은 분위기로 하고 될 수 있는 한 무늬가 없는 벽지를 사용하여 안정감을 준다. 어두운 곳에서는 노인이 당황하고 사물을 알아보기 어렵기 때문에 문제행동이 일어날 가능성이 많다.
- 노인은 거울을 보고 놀라기도 하고 무서워하기도 하므로 덮개를 씌우든가 치우도록 한다.
- 노인의 시각적인 혼란을 줄이기 위하여 집안의 가구배치는 바꾸지 않도록 한다.
- 공격적인 노인은 심정을 건드리지 않도록 주의한다.
- 사람이 많이 모였을 때 흥분하는 경우가 있으므로 낯선 사람의 출입은 삼가는 것이 좋다.
- 보청기를 사용할 경우 건전지를 자주 살펴보도록 한다.
- 치매로 인해서 환청, 환시의 형태로 환각이 발생할 수도 있지만 약물 남용 및 오용, 대사 장애 등으로도 발생할 수 있기 때문에 환각원인의 세심한 감별을 요한다.
- 노인이 잃어버렸다는 물건을 예비로 준비하였다가 노인이 흥분해 있을 때 내놓는다.
- 잃어버렸다는 말을 일단 받아들이고 같이 찾아보자고 권유하거나, 잃어버려서 유감이라고 말한 후에 다른 일을 하자고 권유하는 등 노인의 관심을 다른 데로 돌린다.

- 잃어버린 물건을 다시 찾았을 때 노인에게 훈계를 해서는 안 되며, 불안에 떨고 있는 경우에는 조용히 이야기를 나누거나 부드럽게 노인의 손을 잡아줌으로써 안심시킨다.
- 노인에게 다가갈 때는 서두르지 않는 것이 좋은데, 그 이유는 지나치게 빨리 다가갈 경우 노인은 자신을 공격하는 것으로 오해하기 쉽기 때문이다.

④ 공격적 행동
- 겁내거나 놀라지 말고 차분히 대처한다.
- 점진적으로 노인의 주의를 다른 데로 돌려서 노인이 되도록 조용한 일을 할 수 있도록 유도한다.
- 넓은 공간을 제공해 준다.
- 노인이 공격적 행동을 하는 이유를 알아내어서 미리 주의한다.

⑤ 기억력 장애
- 옛 노래 부르기 등을 통하여 과거를 회상할 수 있는 기회를 부여한다.
- 일상 활동 중 잊기 쉬운 행동을 규칙적으로 반복하여 수행하는 것이 바람직하다.
- 색칠하기, 물감불기, 숨은 그림 찾기, 종이 접기, 낱말 맞추기 등의 활동을 한다.
- 원예, 가사활동을 통하여 과거에 경험한 일을 다시 하게 하되, 화기점검을 철저히 한다.
- 소리 구별하기, 퍼즐 맞추기, 블록 쌓기, 신문·편지 읽어 주기 등을 한다.
- 지퍼 올리기, 콩 고르기, 김밥 싸기 등의 작업치료에 참여한다.
- 달력이나 기타 메모판에 꼭 기억해야 할 것을 표시한다.

- 대화중에 항상 현실생활을 알려준다. 예를 들면 "8시예요. 일어나세요.", "1시니까 점심 드세요." 등과 같은 대화를 통해 현실감각을 일깨우는 것이 바람직하다.
- 반복질문과 반복행동은 낮 시간에 여러 가지 가벼운 운동과 산책 등을 함으로써 그 횟수가 줄어들 수 있다.

⑥ 수집벽
- 노인의 물건이 담긴 서랍을 주고 만지도록 하여 바쁘게 한다.
- 노인의 행동에 대해 훈계를 하거나 합리적 설명을 하려고 하지 말아야 한다.
- 남의 방에 들어가 있는 경우 노인이 원하는 것을 들게 하고, 산책 등의 외출을 하자고 유도하면서 조용히 그 물건을 되돌려 받아서 제자리에 갖다 놓는다.
- 노인은 같은 장소에 물건을 숨기거나 쌓아 놓기 때문에 물건을 숨겨 놓는 장소를 미리 알아 두는 것이 좋다.
- 노인이 가져온 물건은 가급적이면 노인이 모르게 주인에게 돌려준다.

⑦ 이상행동
- 노인의 모욕적 언행을 귀담아 듣지 않아야 한다.
- 부양자가 시야에서 사라지는 것이 두려워서 부양자의 뒤를 계속해서 따라 다니는 경우, 노인의 관심을 끌 수 있는 것을 주거나 다른 사람이 대신 돌볼 수 있도록 한다.
- 성적 이상행동을 하는 경우, 과민한 반응을 보이기보다는 다른 활동에 집중할 수 있도록 유도하거나 포옹을 해주거나 무엇인가 꼭 껴안을 수 있는 것을 주면 효과적이다.

- 배변 관련 이상행동의 경우에는 노인을 나무라기보다는 깨끗이 씻어주고 화장품을 발라준다.
- 노인의 이상행동에 대해 과민반응하기보다는 주변에서 이러한 일이 일어나지 않도록 사전에 예방하는 지혜가 필요하다.

⑧ 섭식장애(과식, 이식, 거식)

- 이식증상은 야간에 특히 문제가 되기 때문에 주간에 적절한 운동을 통하여 야간에 숙면할 수 있도록 한다.
- 무료한 시간이 많을 때 주로 이식과 과식이 나타나므로 스트레스를 받지 않는 활동 프로그램을 통하여 긍정적인 자극을 준다.
- 노인의 눈에 띄는 주위에 위험한 약물이나 독성이 있는 식물, 동전, 비누, 건전지 등을 방치하지 않도록 한다.
- 좌절감이나 분노의 표현으로 나타나는 경우는 심리적으로 안정할 수 있도록 도와주며 강압적으로 대하지 않는다.
- 금방 먹고 나서 다시 먹을 것을 요구하는 경우에는 주의를 다른 데로 돌리거나, 먹고 난 식기를 그대로 놓아둠으로써 금방 식사를 한 것을 알 수 있게 한다. 칼로리가 높지 않은 간식을 준비하는 것도 적당한 방법이다.
- 식사를 거부하는 경우에는 식사하기 전에 노인의 기분을 상하게 하지 말아야 하며, 노인이 즐겁게 식사할 수 있는 분위기를 만드는 것이 좋다.

⑨ 우울 및 정서장애

- 긍정적인 자극의 활동을 선택하는 것이 매우 중요하며, 개인 능력에 적절히 부합되어 실수 또는 실패로부터 생기는 좌절감과 실망감을 초래하지 않도록 세심히 주의한다.
- 치매노인을 위축시키거나 슬프게 만드는 상황을 미리 관찰해 둔다.

- 의사와 상의하여 항우울제의 투약 필요성에 대해 자문을 구한다.
- 어떤 활동에 참여할 것을 강요하기보다는 노인과 같이 있으면서 인간적 교류를 한다.
- 노인이 편안하게 느끼는 사람과 접촉할 수 있는 기회를 부여한다.
- 심한 우울증으로 인한 자살 가능성을 방지하기 위하여 위험한 물건을 치우고 자주 관찰한다.
- 과거 기억을 촉진시키는, 옛날에 쓰던 물건을 가져다 놓는다.
- 잔잔한 음악을 틀거나 노인이 할 수 있는 활동에 참여하도록 한다.

⑩ 석양증후군
- 오전에 활발하게 움직이게 하고 점심 이후에는 편안히 쉬도록 한다.
- 신체적인 제재를 가하지 않는다.
- 해질녘에는 부양자가 충분한 시간을 가지고 노인의 곁에 있을 수 있도록 모든 생활일정을 조정한다.
- 조명을 밝게 하거나 TV를 켜 놓는 것이 도움이 된다.
- 따뜻한 음료를 마시게 하거나, 샤워를 하거나, 잔잔한 음악을 틀어주는 것 등이 수면을 촉진하는 데 도움이 된다.
- 동물인형이나 애완동물과 함께 있게 하거나 노인이 좋아하는 소일거리를 계속할 수 있도록 한다.

⑪ 야간 불면증
- 낮에 잠을 자지 못하게 한다.
- 낮에 산책을 하거나 육체적인 활동을 하도록 함으로써 야간에 충분한 수면을 취할 수 있도록 한다.
- 취침 시에는 노인을 가능한 한 편안하게 해준다.

- 노인이 밤에 깨어서 외출하려고 할 경우에는 같이 나가서 진정될 때까지 걷는 것도 좋은 방법이다.
- 치매노인은 뇌손상으로 인하여 수면양상의 변화가 일어나므로 밤에 자주 깨고 꿈과 현실을 구별하지 못하는 경우가 많이 있는데, 이러한 상황에서는 노인을 조롱하거나 타이르는 언행은 피한다.

4. 치매노인 돌보기

다음은 치매노인의 일상생활을 가정에서 돌볼 때 필요한 부분들이다.

① 목욕
- 노인이 평소에 자주 세수나 목욕을 할 수 있도록 유도하고, 목욕하는 것이 즐거운 일이라는 것을 알려 준다.
- 목욕하는 과정을 간단히 설명해 준다.
- 노인이 목욕하는 것을 싫어하면 기분이 좋아졌을 때 다시 한 번 시도해 본다.
- 목욕시간을 충분히 가지며, 노인에게 세면기나 물에서 갖고 놀 수 있는 장난감을 주어서 목욕 자체를 즐길 수 있도록 한다.
- 목욕탕에 들어가는 것을 싫어하거나 탈의에 대한 공포와 불안을 보이는 노인에게는 친숙하고 즐거운 분위기가 형성된 이후에 욕실로 유도하며, 탈의동작을 먼저 보여주고 벗은 옷을 함께 정리하는 것이 좋다.
- 노인이 혼자서 닦을 수 있는 부분은 스스로 씻을 수 있도록 하고, 노인이 부끄러워할 경우에는 부분적으로 가려줌으로써 수치심을 느끼지 않도록 하는 것이 좋다.
- 손잡이나 미끄럼 방지용 매트를 이용하여 안전사고를 방지하여야 한다.

- 부양자가 목욕시키는 것을 싫어할 경우 다른 가족성원이 목욕을 시도해 보는 것도 좋은 방법이다.

② 배뇨 · 배변

- 노인의 배설간격을 알아두고 이를 시간표로 작성해 두며, 배뇨 또는 배변 의도가 있을 경우에는 변기를 사용하여 배설을 유도한다.
- 화장실은 노인이 알아볼 수 있도록 문에 커다란 글씨나 밝은 색상을 사용하여 표시를 해놓고, 방을 화장실과 가까운 곳에 배치하여 화장실의 문을 잠그지 말고, 입고 벗기 편한 옷을 착용시킨다.
- 변비의 예방을 위하여 신선한 야채, 과일, 수분을 충분히 공급하되, 잠들기 전에는 가급적이면 수분섭취를 제한하는 것이 좋다.
- 방광, 요도, 장 기능장애가 있어 실금하는 경우에는 기저귀를 사용하는 것이 바람직할 수 있지만, 기저귀 착용 이외의 방법이 없는가를 다시 한 번 확인해야 한다.

③ 요리와 식사

- 노인이 할 수 있는 요리가 어디까지인지를 알아 두고 함께 장보기, 조리, 설거지를 함으로써 잔존기능을 보존하며, 안전사고의 위험에 철저히 대비해야 한다.
- 노인의 식습관을 존중하여 좋아하는 음식을 만든다.
- 식사는 영양상 균형을 이루어야

하며, 섭취하기 좋은 상태로 제공되어야 한다. 특히 탈수를 방지하기 위하여 수분과 전해질을 충분히 공급해야 한다.

- 식사시간은 일정하고 규칙적인 것이 바람직하다.
- 식기는 될 수 있는 대로 노인이 늘 사용하던 것을 사용하는 것이 좋지만, 안전도를 고려해야 한다.
- 거식, 이식, 과식증상이 있는 경우에는 섭식장애 대처방법을 활용하는 것이 좋다.
- 손으로 집어 먹을 수 있는 식사를 만들거나, 음식을 잘게 썰어 목이 막히지 않도록 하고, 말기에는 음식을 으깨거나 쥬스로 만들어 주도록 한다.
- 치매노인은 뜨겁고 차가운 것에 대한 감각이 둔화되는 경우가 있으므로 뜨거운 음식은 특히 주의해야 한다.
- 한 번에 조금씩 먹도록 하고, 서두르지 않고 천천히 먹도록 한다.

④ 옷 갈아입기
- 의복은 갈아입기 편한 것으로 준비하여 혼자서 옷을 입을 수 있도록 순서대로 놓아주고 시간이 걸려도 혼자서 하도록 한다.
- 옷을 갈아입지 않으려고 하는 경우에는 평소에 좋아하는 색상이나 스타일의 옷을 준비한다.
- 옷을 억지로 갈아입히려 하지 말고 옷 갈아입는 의미를 이해할 수 있도록 한다.
- 옷 입는 방법을 반복해서 가르쳐 준다.
- 신발은 잘 미끄러지지 않는 것으로 준비한다.

⑤ 운전, 음주, 흡연
- 노인이 직접 운전하는 것을 피하고, 대중교통을 이용하도록 한다.

- 담배를 피우는 노인인 경우, 금연을 시키는 것이 바람직하지만 그렇게 못할 경우에는 재떨이에 물을 조금 담아두는 등 화재에 주의해야 한다.
- 노인이 복용하고 있는 약과 술에 대해 의사와 함께 점검해 보도록 한다.

⑥ 구강위생
- 칫솔은 부드러운 것을 사용하여 잇몸과 치아의 출혈을 방지한다.
- 의치는 적어도 하루에 6~8시간 정도는 빼어서 잇몸에 무리가 가지 않도록 한다.
- 대개의 치매약물은 침 분비를 감소시키므로 침 분비를 자극할 수 있는 껌이나 사탕을 물고 있도록 한다.
- 세면도구를 순서대로 놓아둠으로써 혼자서 칫솔질을 할 수 있도록 하며, 옆에서 칫솔질 동작을 보여주는 것도 도움이 된다.

5. 치매노인 안전관리 유의사항

치매노인의 안전관리에 유의해야 할 상황들을 알아보자.

- 노인을 흥분시키는 상황이나 급성질환에 이환되는 것을 사전에 예방한다.
- 노인에게 위험을 초래할 수 있는 물리적 환경(독극물, 각진 모서리, 높은 계단 등)을 제거한다.
- 노인이 너무 많은 현금이나 보석류를 소지하고 외출하는 것을 방지하여 강도를 당할 수 있는 상황을 사전에 예방한다.
- 노인이 위험한 행동을 하려고 할 때는 천천히 그리고 조용히 접근하여 관심을 다른 곳으로 돌리도록 한 후 위험한 물건을 제거한다.
- 사고위험이 있는 곳에 경고문구(가스 조심, 담뱃불 조심 등)를 써서 붙

인다.

- 작업요법이나 기타 활동을 할 때는 노인이 먹어도 해롭지 않은 재료를 활용한다.
- 노인이 감시당한다는 느낌이 들지 않도록 하면서 계속해서 관찰한다.
- 노인의 방을 부양자의 방과 가까운 곳에 배치하고, 하루종일 노인 혼자서 지내게 해서는 안 된다.
- 미끄러져 넘어지는 것을 방지하기 위해서 미끄럼 방지장치가 된 신발이나 양말을 착용하게 한다. 그리고 욕실에 미끄럼 방지장치를 하고, 베란다에서의 추락을 방지하기 위해서는 문에 소리 나는 장치를 달아 둔다.
- 방문이 안에서 잠기는 사고를 방지하기 위하여 미리 열쇠를 준비해 둔다.
- 화재예방을 위하여 모든 화기를 노인의 손이 닿지 않는 곳에 두고, 경고 문구를 붙이며, 가스불을 수시로 점검한다.
- 수돗물이 넘쳐흐르는 것을 방지하기 위해서도 경고 문구를 써 붙이거나 수도꼭지를 수시로 점검한다.
- 보온물통, 헤어드라이기 등 수시로 사용하는 전기제품은 가급적 노인의 눈에 띄지 않는 곳에 치워 둔다.
- 칼, 가위, 유리 식기 등이 보관된 주방설비는 열쇠로 잠가 둔다.

6. 치매노인과의 대화 지침

① 대화를 하기 전에 노인의 주의를 끌도록 하고, 노인의 시력, 청력이 저하되지 않았는지 살펴보아야 한다.
② 치매노인의 말을 경청하고, 존경과 관심을 전달한다.
③ 상담자(또는 간호자 및 부양자) 자신을 소개하고 치매노인의 이름이나 존칭을 부름으로써 대화를 시작하고, "제가 누군지 아세요?"라는 식의

기억력 테스트를 하는 듯한 대화를 피한다.

④ 한 번에 한 가지씩 질문하거나 지시하며, 노인에게 질문을 한 경우에는 대답을 기다리고, 반응이 없을 경우에 다시 반복하여 질문한다.

⑤ 짧고 분명하며 익숙한 단어를 사용하고, 간단한 문장으로 대화하고, 낮은 목소리로 천천히 부드럽게 이야기한다.

⑥ 노인이 어떤 실수를 저질렀을 때에 화를 내거나 말다툼을 하기보다는 가벼운 웃음으로 넘길 수 있어야 한다. 그러나 치매노인을 놀리는 듯한 느낌이 들도록 웃어서는 안 된다.

⑦ 얼굴을 마주보고 눈 접촉을 유지하며, 언어 이외에 문자, 그림, 사진 등의 상징을 이용하거나 스킨십을 통하여 의사를 전달하는 것도 좋은 방법이다.

⑧ 노인에게 이야기할 수 있는 충분한 시간을 주고, 노인과 상담자(간호자)가 교대로 이야기하는 것이 바람직하다.

⑨ 노인이 위축되어 있거나 초조한 징후를 보이면 대화를 중단하는 것이 좋다.

⑩ 노인이 적합한 단어를 생각해 내지 못하는 경우에는 비슷한 말을 하거나 관련된 단서를 제공하는 것이 좋다.

⑪ 경우에 따라 언어적 칭찬 등 즉각적인 보상을 해 주거나 재확인하는 반응이 필요하다.

⑫ 노인의 말이 사실과 다르더라도 노인이 표현한 감정을 수용하고 중시하여야 한다.

⑬ 약속은 꼭 지켜야 하며, 혹시 잊어버렸을 경우에는 사과한다.

7. 노인치매의 치료적 대처활동

활동요법은 치매노인의 문제행동을 대체로 감소시킨다. 지역사회 시설에 입원하여 도움을 필요로 하는 노인의 경우에는 잔존기능을 유지하며 노인 간호의 양과 질을 최대화하는 다양한 치료적 방법들이 개발되어 활용되고 있다.

① 생애 회고

단순히 과거를 기억하는 것보다는 그 내용이 광범위하다. 즉 내면적 갈등, 가족관계, 성공, 사업실패 경험 등이 포함될 수 있다. 사회적 · 정신적 기능장애가 있거나, 가족이 없거나, 부정적인 노인인 경우에는 부적합하다.

② 현실조건의 확인

자극부족으로 인한 인지기능장애, 위축, 고립감을 예방할 수 있다. 혼란 및 지남력 상실을 줄이는 데 역점을 두며 시간, 장소, 사람에 대한 지남력을 증진시킨다.

③ 음악요법의 활용

음악을 통하여 신체적, 정서적으로 긍정적 반응을 불러일으키고 안정, 휴식을 가져오기도 한다. 의사소통이 원활하지 못한 치매노인의 경우 음악은 좋은 의사소통의 방법이며, 상호작용을 통해 서로의 감정을 교류해 볼 수 있다.

④ 미술치료적 접근

미술활동은 영아에서부터 죽음에 직면하고 있는 노인에 이르기까지 표현이

다양하다. 약물의존 및 심신장애자, 특수 장애자, 청소년의 일탈행위 감소에 미술치료가 유용하다. 치매노인의 경우에도 사회적응력을 향상시키며 불안을 줄이고 안정을 찾는 데 도움이 된다.

⑤ 원예치료적 접근

식물을 이용하여 파종·재배·수확의 경험과 예술적·심리치료적·운동치료적 차원의 효과를 얻을 수 있다. 녹색 식물의 쾌적성을 통해서 삶의 질에 대한 감각을 향상시킬 수 있다.

⑥ 치료적 레크리에이션

노인 개인의 능력, 연령을 고려하여 레크리에이션 활동을 적당히 적용하면 바람직한 효과를 볼 수 있다. 특히 집단활동은 대인관계기술을 증진시키고, 독립심을 향상시키며, 긍정적인 자아존중감을 촉진시켜 심리적으로 많은 이점을 가져온다. 즐거움을 동반한 치료 레크리에이션 활동은 사회적, 정신적, 신체적, 정서적인 기능회복을 도모하며, 여가활동 속에서 지속적으로 자신을 표현하는 적극성을 보이게 된다.

⑦ 환경요법적 접근

환경요법은 치료적 환경의 조성이 필수적이다. 평온한 환경의 여러 국면을 명확히 하거나 강조함으로써 노인의 불안, 지남력 장애, 혼란을 감소시킬 수 있다. 예컨대,

· 시설직원의 낮은 목소리
· 낮은 전화 초인종 소리
· 감성적 음악의 이용

- 색채를 달리하여 구분을 쉽게 하기
- 페인트의 번쩍임을 없애기
- 충분한 밝기와 조절 가능한 조명
- 기억기능을 강화하는 상징물, 표시, 장식물
- 기능을 향상시킬 수 있는 환경의 조건 등

이러한 치료적 활동요법을 통해 성취할 수 있는 효과에는 자가 간호기술의 증가, 문제행동의 감소, 전체적 활동량의 증가, 특정 활동요법의 참여율의 증가, 다른 사람과의 상호관계 증진 등이 있다.

제 2 부

노인상담의 기초

제4장 | 노인상담의 개념과 접근 영역

제5장 | 노인 개인상담 : 사례경험적 접근

노인은 여러 가지 신체적, 심리사회적 문제들로 인해 고통받는 하나의 거대한 상담 대상층임이 틀림없다. 그러나 실제 노인상담은 활발하게 이뤄지고 있지 못한 실정이다. 제2부에서는 먼저 노인상담의 필요성에 대해 생각해 보고, 노인상담의 기본개념들 및 생명윤리적 문제를 짚어 본다. 여기에서는 상담심리학적 접근뿐 아니라 사회복지학적 접근도 함께 소개하기로 한다.

그리고 노인문제의 주요 영역이라 할 수 있는 우울, 치매, 학대, 성상담에 대해 개관하고, 개인상담 사례들을 제시했으며, 한 사례에 대해서는 축어록과 논평을 수록하여 상담 실제에 도움이 되도록 했다.

제 4 장

노인상담의 개념과 접근 영역

4.1 노인상담의 필요성

우리나라는 고령화사회가 되어 2010년에 65세 이상 노인인구가 약 650만 명으로 전체인구의 11%를 상회하고 있다. 이 고령화 현상은 우리나라에서 는 2000년 이후 최근의 일로 알려지고 있으나 선진 서구사회에서는 진작부 터 진행되어온 현상이기도 하다. 즉 고대 그리스 로마시대에 평균수명이 40 대였던 것에 비해 오늘날은 대부분의 서구 국가들에서 70대 이상의 평균수 명을 기록하고 있다. 다시 말해서 전체인구의 10분의 1이상이 40~60대의 중장년층을 이루고 있을 뿐만 아니라 60대 이상의 노년기 고령층도 전체인 구의 10%이상을 차지하게 되었다.

회갑부터 '노인'으로 불리던 옛날과 달리 지금은 75세까지를 '젊은 노 인', 75~80세까지는 '중노인', 80세 이후를 '고령노인'으로 호칭하는 것이

"난 고령자가 아니다!"

사회적으로 소외된 계층의 고용을 촉진하기 위한 법이 우리 사회에 있다. 대상은 장애인과 나이든 사람이다. 이중 나이든 사람과 관련된 '고령자고용촉진법' 정부 개정안이 현재 국회에 계류 중이다.

고령자고용촉진법은 1991년에 제정됐다. 우리 사회가 2000년에 노령화 사회에 들어선 것을 놓고 볼 때 꽤 적절한 시기에 준비됐으며 개정도 필요하다. 그러나 현재의 개정안에 부족한 점이 많다. 문제점들을 살펴보자.

첫째, 개정안에 있는 준고령자, 고령자라는 용어가 문제다. 준고령자는 50세에서 55세 미만을, 고령자는 55세 이상을 말한다.

평균 수명 80세를 곧 돌파하고, '노년'에 대한 자기 인지 나이가 70세 이상으로 높아지고 있는 이 시대에 50세를 중늙은이라고 하면 모두가 웃을 일이다. 노인복지법은 65세 이상을 노인으로 규정하고 있다. 일본식 표현이라는 지적도 있다. 적절한 용어로 교체해야 한다.

둘째, 연령 차별 금지에 관한 의무 이행 규정을 넣어야 한다. 정부는 2002년 말 고용촉진법 4조 2항에 50세 이상의 근로자에 대한 채용과 해고에 차별을 금지한다는 조항을 신설했다. 그렇지만 의무 이행 규정이 없고, 이런 법이 있다는 사실조차 제대로 홍보되지 않아 있으나 마나 한 법이 됐다. 유럽연합 모든 회원국은 올해 말까지 연령 차별 금지 규정을 제정하기로 했다.

셋째, 고용촉진법 19조를 보면 '사업주는 정년을 60세 이상이 되도록 노력해야 한다'로 돼 있다. 정년 연장은 세계적인 추세다. 유럽이 65~70세를 정년으로 정하고 있고 일본도 우리보다 정년이 높다. 노령화 추세에 맞춰 60세 정년을 의무화하고 점진적으로 65세까지 높여야 한다.

나이 든 사람에 대한 고용 개선 노력은 적극적이어야 하며 시대적 요구와 문화적 배경, 나아가 당사자들의 욕구에 걸맞아야 한다.

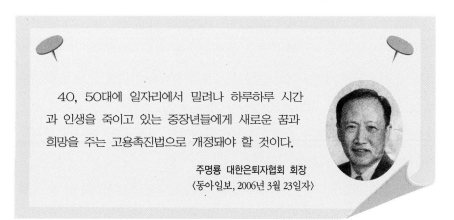

40, 50대에 일자리에서 밀려나 하루하루 시간과 인생을 죽이고 있는 중장년들에게 새로운 꿈과 희망을 주는 고용촉진법으로 개정돼야 할 것이다.

주명룡 대한은퇴자협회 회장
〈동아일보, 2006년 3월 23일자〉

자연스러워진 실정이다. 지금은 죽는 날까지 삶의 대소 목표를 위해 긍정적으로 살고 꾸준히 노력하는 노인이 '성공적인 노인'으로 간주되고, 또한 '활발한 생활의 노인'(old people with active life; opal)으로 존경받을 수 있다. 대체로 이들은 "힘든 시기를 잘 견뎌서 살아남은 것처럼 앞으로도 괜찮을 것이다." 또는 "이렇게 산 나는 괜찮은 사람이야!"(So, I am OK!)의 관점을 지니고 있는 경향이다. 현재의 40, 50대 장년층이 60, 70대에 이르는 때에는, 가히 '신 노인시대'가 될 것으로 전망되기도 한다. 즉 성적 매력이 발산되는 60대 여성의 TV장면과 80대 노인이 인라인스케이트를 즐기는 공원 풍경도 그리 생소하지 않은 사회가 올 것이다.

그러나 노인문제는 최근까지만 해도 성인에 관한 대부분의 연구에서 하나의 부수적인 자료보고로 그쳤고, 장년기 이후 인간발달론적 고찰도 거의 도외시되거나 연구접근이 이루어지지 않은 형편이다. 대개의 사람들이 아직도 노인을 단지 시간의 흐름에 따른 생물학적 퇴화, 죽음을 앞둔 상태의 존재로만 인식하는 경향이 있기 때문에 장년기 및 노년기 인간발달 문제와 생활측면의 여러 가지 첨예화된 문제들이 그대로 방치되고 있는 셈이다. '오래 산 사람' 또는 '그저 나이 많은 사람들'(seniors)은 단지 그들의 연령으로 인해 주요한 사회활동에서 배제되고 분리되어 있다. 즉 현대사회는 젊은 이와 젊음을 물신화(초자연적 힘이 있는 것으로 믿는 경향)하면서 젊음, 유연성 및 적응성을 사회참여의 중심적 가치로 생각하게 되었고, 전체적인 사회 흐름은 노인들을 사회집단 속에서 계속 분리, 소외시키는 분위기이다. 다시 말해서 노인세대는 생물학적으로 죽어가고 있을 뿐만 아니라 사회적 죽음까지 재촉받고 있는 것이다.

노인들에 대한 이러한 '사회적 추방' 현상은 노인복지시설들을 많이 설립한다고 해서 극복되는 것이 아니다. 이러한 복지시설 직원들조차 시설 노인들이란 많은 개인문제가 있고 시설 내에서 끊임없이 대인갈등을 일으키고 있다고 보고하고 있음에 주목할 필요가 있다. 오늘날 사회인식 면에서 노인을 쇠약하고 노망들기 직전의 고령자로만 대할 것이 아니고, 노인층도 사회의 유용한 인간자원임을 단계적으로 입증하기 위해서라도 노인봉사단 등의 활동을 확대해 나가야 할 시점이다.

4.2 노인복지시설과 노인상담

많은 노인복지시설은 신체적 질환의 노인들이 치료와 보호를 받도록 설치되기 시작했고 정신적 문제를 지닌 노인들도 정신병원에서 노인복지시설로 이송되기도 했으나, 불행하게도 이런 시설에서의 심리상담은 거의 이루어지지 않고 있다. 시설노인들에 대한 전문적 심리치료의 필요성에 관한 많은 증거에도 불구하고 이러한 필요 조치는 현재까지 요원한 과제로 남아있다. 우선 전문 상담자의 상시 고용이 힘들 경우 정규 치료활동을 위한 비상임 전문 상담자의 채용이 제도화되어야 할 단계인데도, 사회 일각에서는 노인 계층 보호, 부양을 위한 일반 국민의 기초 사회적 부담 증가를 우려하고 있는 형편이다.

많은 노인들에게 있어서 노인복지시설은 의존적이며 소외감 경험의 공동 수용소이며 좋든 싫든 그곳에서 인생의 종말을 고하게 될 '마지막 정착지'가 되고 있다. 즉 각자에게 맞는 심리상담을 받는 대신 주로 약물에 의해 그들의 정서장애 문제행동이 통제, 관리되고 있다. 요컨대, 강요된 고립, 삶의 종말이 다가오고 있다는 두려움, 의사소통 및 대인 친밀감의 욕구 등은 심리적 혼란, 기억력 쇠퇴, 무관심과 우울, 절망감과 무력감 등을 가중시키게 마련이다. 특히 시설노인들의 경우 고립과 외로움으로 죽음을 원하게 되는 경우가 많은 것으로 나타나고 있다.

노인들 중 과거에는 힘들고 바쁘게 지냈어도 현재 비교적 건강하고 생활보장이 되어 있는 노인층은 '여유층 노인' 또는 '보장된 노인'으로 살아갈 수 있는 반면에, 노인문제의 주요 대상은 아마도 건강이 좋지 못한 중산층 및 기초생활비 수급자를 포함한 하층 빈곤 노인들일 것이다. 현재 35만여 명 이상의 치매노인, 생활 습관병 및 각종 노인병을 앓고 있는 노인 환자층과 빈곤생활 노인층에 대해서는 정부 및 노인복지기관의 정책적 지원이 특히 요구된다고 한다면, 그 밖의 여유계층 및 중산층 노인들의 여가생활계획, 가족관계 갈등, 역할보장 및 소외감극복 등의 정서문제와, 100만여 명에 이르고 있는 치매노인 가족들에 대한 가족상담은 훈련받은 노인상담자들의 몫이라고 생각된다.

노인들이 겪는 고통을 흔히 '3고'(병고, 빈고, 독고)로 압축하여 표현하지만, 이 3고와 무관하지 않으면서도 상담심리 차원에서 특히 주목되고 강조되어야 할 영역이 앞에서 말한 노년층의 정서적(심리적) 고통일 것이다. 이 정서적 고통은 '불안-우울-분노'로, 이와 관련된 심리적 고통은 무력감-무망감-소외감('2무1소')으로 집약될지도 모르겠다. 불치병 환자들은 마치 마라톤 주자가 마라톤 자체를 가치 있게 여기는 것만큼이나 자신의 투병 자체를 가치 있게 여길 수 있다고 한다. 삶의 노년기는 그 자체로 의의를 지니고 있으며 중요한 것은 세대 통합적인 '함께 살기'와 '함께 느끼기'일 것임에 틀림없다. 따라서 노인상담은 고령화 추세의 우리 사회에서 소외 노인층을 끌어안는 세대 통합적 사회정책에 부합될 뿐만 아니라, 확대일로의 노인문제 해결 면에서 큰 몫을 담당할 전문영역인 것이다.

4.3 노인상담의 기본개념

1. 노인상담의 정의

일반적으로 상담은 대화와는 달리 전문적 훈련을 받은 상담자와 문제를 지닌 내담자 간에 이루어지는 전문적 협력관계라는 특징이 있다. 즉 상담은 일상적인 대화나 일상적인 인간관계와는 다르며, 주로 직접적 대면을 통한 '전문적 조력관계'이다.

이러한 맥락에서 노인상담을 정의하면, 노인상담이란 "도움을 구하는 노인 및 가족과 상담자(노인상담심리사, 노인정신과의사, 노인사회복지사 등) 간의 전문적 대면관계를 통하여 일상생활의 부적응 문제를 해결 또는 예방하기 위한 조력과정"이라고 말할 수 있다.

2. 노인상담의 특징

노인상담은 노인의 특징에서 비롯되는, 일반적 상담과 다른 다음과 같은 몇 가지 특징들이 있다.

① 노인 내담자는 신체적 · 사회심리적 노화과정을 겪고 있는 사람이다. 따라서 더 많은 인내심과 기술, 그리고 내담자 중심의 이해력과 수용을 요한다.

② 사고 및 감정배경의 탐색과 행동 변화의 추구보다는 지금-여기의 생활 향상에 대한 지지과정에 우선적 중점을 둔다.

③ 노인상담의 접근 기법 면에서는 직면, 도전 등의 직접형 접근 방법보다 경청, 명료화적 질문 및 해설식 언급 등의 완만한 간접형 접근법이 바람직하다.

④ 노인상담에서 권장되고 있는 '생애 회고 요법'(life review therapy)은 과거의 긍정적 자아상과 현재의 삶을 동일시(통합)함으로써 상실감, 우울, 죄책감 등을 감소시킬 수 있다.

⑤ 타 연령층에 비해 임종 및 의료 · 요양시설에 입원하는 경우가 많으므로 상담의 종결과정에서 변화에의 불안 완화 등 세심한 배려와 종결 후 추수 점검의 노력이 필요하다.

이러한 특징의 노인상담에서 유념해야 할 상담지침은 노인의 욕구와 신체적 · 심리사회적 특성에 대한 이해가 바탕에 깔려 있어야 하겠다. 다음에 노인상담의 지침을 살펴보기로 하자.

① 노인이 최대한의 주도권과 결정권을 갖도록 하여 통제력과 독립성을 유지할 수 있도록 돕는다.

② 초기면접에 보다 많은 시간을 투자하면서 노인의 구체적인 욕구를 명확하게 파악한다.

③ 노인의 언어적, 비언어적인 메시지를 명확하게 이해하고 상담자의 메시지는 간단하고 반복적으로 (가까운 거리에서) 전달하는 것이 유익하다.

④ 회상을 통해 과거를 더 잘 이해하고 미해결된 갈등을 해결함으로써 여생 동안 자신에 대해 만족하게 한다.

⑤ 노인은 후손과의 관계에서 만족감을 얻으려는 욕구가 강하고 가족의 관심과 지지는 자존감 회복에 중요하므로 가족 간의 관계 강화를 돕는다.

⑥ 우리나라는 정신적 학대나 방임 등 외형적으로 드러나지 않는 유형의 학대가 많고, 학대에 대해 노인 스스로의 체념이나 가정문제라는 인식 때문에 피학대 사실이 알려지지 않는 경우가 많으므로, 학대 발생 가능성에 유의해야 한다.

⑦ 노인은 삶의 경험을 말하고 싶어 하고 그렇지 못할 때 불만과 소외감을 느끼므로, 적극적인 경청을 통해 심리적 지지를 제공하고, 이로써 노인의 상황을 더 잘 이해할 수 있다(박차상 등, 2005).

그러나 노인상담에 있어서 우리가 일반적으로 가지고 있는 믿음 중에 수정해야 할 것들이 있다. 노인층에서 우울증상, 고령에 따른 인지장애를 흔히 호소하는 것은 사실이지만, 고령노인의 대부분은 치매증상과 우울증세가 없는 것으로 밝혀지고 있다. 미국의 경우, 신체적으로 건강한 노인집단은 성인층에서 가장 낮은 정도의 불안, 우울 및 물질남용 빈도를 나타내고 있는 것으로 보고되었다(Kennedy et al., 1990). 많은 환자들과, 전문 활동가 및 사회정책 입안자들에 이르기까지 노화에 관련된 통념을 아직 믿고 있는데, 다음이 상담자가 시정해야 할 '통념'들의 예가 될 것이다.

① 늙은 나이는 병이고 노인은 병자나 다름없다.

② 질병과 불구는 유전적으로 결정된다.

③ 노인에게 기능장애는 피할 수 없는 현상이며 점점 더 심해진다.

④ 사회적 유대가 끊기면 노인은 고립된다.

⑤ 대부분의 노인은 우울증, 의존증 및 치매증상이 있다.

⑥ 고령노인들은 비슷한 욕구와 잠재력이 있다.

⑦ 노화와 죽음은 같은 말이다.

⑧ 환자(내담자)가 고령일수록 치료비가 많이 든다.

그러면 성공적인 노인상담을 위해 상담자가 갖추어야 할 특성에는 어떤 것들이 있을까? 고령노인들의 욕구와 기호는 점차 더욱 다양해지는 추세이다. 노인층에게는 종합적 돌보기가 포함되는 임상적 관계의 유지가 가장 바람직할 것이다. 그런 가운데서도 노인상담에서 적용되어야 할 개인적 특성들은 다음과 같다(Kennedy, 2000, p. 16).

① 국부적인 초점의 개입보다는 넓은 배경 접근의 위로가 필요하다.

② 고령노인의 건강 및 안녕에서의 사회적 요인들을 고려한다.

③ 노인층 내담자와의 접촉에서 소요되는 시간 및 관련된 복합적 속성들을 인내한다.

④ 노인가족의 자기중심적 젊은 세대와 상담자 자신의 경험부족에 접했을 때, 당황하지 않는다.

⑤ 가족 및 다른 노인도우미들과의 협동적 활동 및 상호 지지의 준비가 되어 있다.

⑥ 노인의 생존적 측면보다는 삶의 질, 재활 및 기능향상에 초점을 맞춘다.

⑦ 노인층의 생리학적 다양성뿐만 아니라 사회문화적 다양성 및 이질성을 인식한다.

⑧ 노인 내담자와 신체적 접촉의 용의가 있고 구체적 '건강 충고'를 한다.

⑨ 노인 내담자의 의존성을 인내하면서도 적당한 자율성을 발휘하도록 안
  내한다.

  노인상담의 이론적 접근방법에 있어서도 유의할 점이 있는다. 그것은 어
떤 이론형태를 따르든 대체로 심리교육적 요소가 뚜렷한 '문제 초점, 이곳-
현재 중심'의 접근이라고 말할 수 있다. 특히 젊은 세대(예 : 대학생집단)
상담에 익숙해 있는 상담자들은, 노인 내담자의 감각 및 인지손상 측면의
평가와 가족 및 다른 전문도우미들과의 협동절차에 익숙할 필요가 있다. 또
한 상담목표로서의 노인의 기능향상 및 증상완화 개념 등에 익숙해지거나
적응될 필요가 있다고 하겠다.
  고령층 성인 심리치료에 관해서 많은 것을 알려주는 Niederehe(1996)의
연구결과를 요약하면 다음과 같다.

  첫째, 노화와 고령 자체는 치료의 장애가 아니며, 낮은 치료효과의 원인
도 아니다.
  둘째, 인지손상 및 신체적 질병 같은 연령 관련 건강 문제들이 치료를 힘
들게 하며, 치료결과의 성과를 불분명하게 하는 원인이다.
  셋째, 심리치료 기법의 선택은 노인 내담자의 인지능력, 인지융통성 및
선호희망에 맞추어야 한다.
  넷째, 노인 환자 가족의 역할을 결코 과소평가해서는 안 된다.
  다섯째, 투약치료와 병행하는 심리사회적 치료가 거의 필수적이다.
  여섯째, 노인심리치료의 목표는 증상의 단순 완화 및 제거보다는 사회기
능의 향상, 자율성 확대 등과 같은 넓은 영역으로 설정되어야 한다.

3. 노인상담의 목적

노인상담의 목적은 노년기의 발달과업인 '자아통합'을 이루기 위한 조력(원조)이다. 이것은 문제해결과 치료목적의 전통적인 의료모델로부터 발달과업의 성취를 강조하는 현재중심의 상담이론 추세를 반영하는 것이기도 하다. 성공적인 노화를 이루기 위한 발달과업 수행이 노인상담의 궁극적 목적이라고 말할 수 있을 것이다. 몇몇 학자들이 말하는 성공적인 노화를 위한 노인상담의 목적을 요약하면 다음과 같다.

① 필요한 의료적·사회적·정서적 지원을 효과적으로 이용하도록 원조한다.
② 신체적 자원을 강화하고 건강약화에 적응하도록 원조한다. 적절한 자기보호를 위한 적응과 자기 권리 주장을 조력한다.
③ 보호 및 주거에 대한 생활욕구가 충족되도록 돕는다.
④ 지역사회에서 새로운 역할수행을 하도록 자문하고 원조한다.
⑤ 친족(손자녀, 친척 등) 관계와 지역사회 속의 인간관계를 '수정'하도록 원조한다.
⑥ 배우자 등 중요 주변인물의 상실과, 은퇴를 포함한 재정적 변화에 대처하도록 원조한다.
⑦ 필요 정보제공과 기술교육을 통해 노인 내담자로 하여금 삶의 통제력을 유지하도록 원조한다.

노인상담은 성공적인 노화와 즐거움이 있는 노년기 삶을 위한 것이다. 노인의 삶은 무가치하거나 기대가 없는 삶이 아니라 미래가 있는 삶이며, 여생을 만족스럽고 성공적으로 영위하기 위해 노인상담은 '희망상담'이어야 한다는 제언이 있다(이호선, 2012). 희망상담의 과정은 회상을 통해 과거의 희망관련 경험을 살펴보는 것으로부터 시작해서 생의 희망을 이루기 위한 목표 실행까지 여러 단계로 구성될 수 있다.

4. 노인상담의 종류

(1) 대상자 형태에 따른 분류

노인상담은 대상자 형태에 따라 일반적으로 개인상담, 가족상담, 집단상담으로 분류할 수 있다. 여기서는 면담을 포함하는 사회적 원조 차원의 사회복지학 접근에서 말하는 개별원조(case work)[1]와 집단원조(group work)[2]를 먼저 살펴보기로 한다.

① 개별원조

노인에게 원조가 필요한 원인은 노화로 인한 각종변화, 즉 심신 활동능력의 약화나 경제적 불안정, 인간관계의 상실 등이다. 그러나 원조에 있어 유의할 것은 개별화의 원칙에 입각한 욕구충족이라는 점이다. 다시 말해 한 인간으로서의 노인, 일반화된 특성이 아니라 개별적 특성을 지닌 노인에 대한 원조라는 개념으로 사회복지를 실천하는 한 가지 방법이 개별원조이다.

가. 개별원조와 노인

개별원조란 개인과 그 사회 환경 간의 개별적인 의식적 조정을 통해서 그 사람의 인격발달을 도모하는 제반과정이고, 사람들이 사회적 기능을 함에 있어서 자신의 문제를 보다 효과적으로 대처해 나가도록 개인을 도와주는 사회복지기관에서의 활동 과정이다.

---

1), 2) 사회복지학 분야에서는 아직 케이스워크(case work)및 그룹워크(group work)라는 용어를 사용하는 경향이 있다. 본서에서는 '원조' 의 활동 성격과 한글표기의 취지에서 개별원조 및 집단원조로 표기한다.

기본적 요소로 사람(person), 문제(problem), 장소(place), 과정(process) 등 4P의 개념으로 설명된다. 문제를 가진 개인 및 그 가족을 대상으로 전문가가 실시하고, 개별적이며 의식적이고 계속적인 노력이 필요하다. 개별원조자(case worker)와 내담자(client)와의 인간관계가 중요하며, 예방이라기보다는 재조정 또는 해결 측면에 중점을 두며 개인과 사회환경과의 상호작용이 중시된다. 요컨대 노인을 위한 개별원조는 보다 나은 건강과 사회생활을 계속 유지할 수 있도록 도와주는 전문적인 방법이다.

그런데 노인의 경우는 노화에 의한 심신의 변화는 물론 사회 환경적 관계의 변화로 인해 사회적 적응이나 사회적 기능상의 장애를 경험하고 있으므로 자기의 잠재능력을 최대한으로 발휘하여 적절한 사회생활을 영위할 수 있도록 사회복지기관이나 시설에서 원조를 제공해 주는 것이다. 노인 자신이 주체적으로 문제에 대처해 갈 수 있도록 돕는 것이 목적이지만, 노화로 인해 주체적인 문제해결이 불가능한 경우 지역 사회적 보호와 시설적 보호 등의 사회적 원조를 받을 수 있도록 각종의 서비스를 제공하게 되는, 원조 전반에 걸친 활동이 개별원조의 목적이며 내용이라 하겠다.

나. 개별원조의 이론적 모델

개별원조의 이론적 모델로는 심리·사회적 접근법, 기능적 접근법, 문제해결 접근법, 행동수정 접근법, 가족집단 치료 접근법, 위기지양 단기치료 접근법, 성인 사회화 접근법이 있으며 최근에는 시스템 접근법, 실존주의적 개별원조, 과제중심적 개별원조 등이 이론화 되고 있다. 또한 이러한 제 이론의 통합적·절충적 접근법도 주장되고 있다. 이렇게 다양한 모델들 중에 노인의 특징적 행동유형, 생활주기, 사회관계, 위기, 슬픔, 상실 등에 중점을 두거나 임상적 경험을 통해 그 효과가 실증되는 모델들을 고려한다면, 심리사회적 모델이나 위기 모델, 시스템 모델과 행동수정 모델 및 생태체계론적 생활 모델 등이 적절한 개별원조 모델이라 할 수 있다. 이들 모델에 대해 간략하게 살펴보기로 한다.

심리사회적 모델은 인간발달은 여러 요인에 의해 영향을 받는 것으로 보며 치료목표는 심리사회적 성장을 촉진시키는 것이다. 개인뿐 아니라 환경과의 상호작용을 이해할 필요가 있다는 것과 사회체계 간의 상호관계의 복합성을 강조한다. 내담자(client)들과 그들의 중요한 환경을 사정하는 데 있어 치료자의 책임을 강조하며, 관련 자료의 수집과 진단과정이 필수적이다.

시스템 모델은 사람과 사회환경 간의 상호작용관계를 중시한다. 이 상호작용 관계는 생활의 과제, 고통의 완화, 열망이나 가치의 실현을 달성하고자 하는 인간 능력에 영향을 끼친다. 그러므로 시스템 모델의 목적은 문제해결 능력 및 대처능력의 조장, 자원, 서비스, 기회를 제공할 시스템과 사람들과의 연계, 그리고 시스템의 효율적 · 인도적 운영 등을 촉진하는 데 기여하는 것이다. 계획적 변화과정은 문제 인식, 자료 수집, 진단, 개입, 종결과 평가로 분류되며, 이러한 과정은 문제의 처리상 접촉, 계약 및 종결이라는 3단계로 구분된다. 이 과정에서 복지사의 기본적 역할은 자료 수집, 자료 분석과

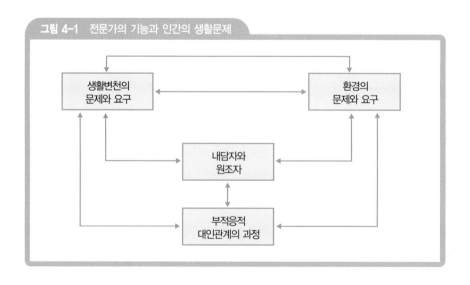

그림 4-1 전문가의 기능과 인간의 생활문제

의사결정 및 개입 등이다.

　　행동수정 모델의 특징은 이 모델이 지닌 과학성에 있다. 즉 사전평가와 그에 의해 수립된 원조계획 간의 명확한 윤리적 관련성, 능률적이고 융통성 있는 절차의 제공 등이 강조되고 있다. 내담자 자신에 의한 자기치료 촉진적 원리와 절차 등이 구비되고 있으므로 개별원조 발달에 공헌하고 있다.

　　생활모델은 생태학에 기반을 둔 접근 방법으로 인간은 환경과 적절한 적응관계를 유지해야 한다고 본다. 환경과의 상호교류가 제대로 되지 않으면 생활의 변천, 환경의 압박, 대인관계 과정이라는 세 가지 상호 관련된 생활 영역에서 긴장과 혼란이 일어난다고 해석한다.

다. 개별원조의 원칙

첫째, 내담자에 대해 개별적 차이를 지닌 특정한 인간으로서 처우되어야 한다는 입장에서, 자기감정(특히 부정적인 감정)을 자유로이 표현하려는 내담자의 욕구를 인식한다. 둘째, 의도적으로 경청하며, 내담자의 감정표현을 낙담시키거나 비난하지 않음을 원칙으로 하되 개별원조상 필요할 경우 자극을 주고 격려를 해 주어야 한다. 셋째, 스스로 선택하고 결정을 내릴 수 있는 자유로운 권리와 욕구를 갖고 있다는 점을 인식하면서 결정을 존중하며, 그 잠재력을 자극해서 활동할 수 있도록 도와주어야 한다. 넷째, 노인들은 특히 자신의 불우한 가족 문제 등을 수치로 여기는 의식이 있으므로 개인 및 가족문제에 관한 비밀보장을 준수한다. 즉 내담자와의 협의가 없이는 개인적 비밀을 결코 누설하지 않는다.

라. 문제해결 과정으로서의 개별원조

초기 접촉 단계에서 내담자가 자신이 보고 느끼는 문제를 그대로 털어 놓도록 하여 과제를 규명한다. 다음 단계인 사정, 계획 단계에서는 문제에 관한 정보 수집을 통해 과업의 내용, 시간계획, 관련된 사람들, 활용될 방법 및 구체적 목표가 결정된다. 그 다음의 개입 행동 단계에서는 원조자(또는 상담자)가 구체화된 목표 달성을 위해 중개자, 대변자, 가능하게 하는 자, 교사로서의 역할을 하는 것이 바람직하다. 또한 원조자(또는 상담자)의 개입 방법과 기술로는 격려, 의역(환언), 명료화와 성찰, 지각점검과 초점화, 요약과 해석, 정보제공, 행동, 직면 등이 있다. 문제해결 과정의 마지막 단계는 종결, 평가 단계로서 노인 내담자의 경우 만족스러운 종결이 되도록 특히 유의해야 할 것이다.

② 집단원조

노인의 특징 중 하나는 사회적 관계가 점차 감소되는 데에서 오는 외로움이라고 한다. 인간관계 상실에 의한 고립 위기에 직면해 있는 것이다. 오늘날과 같이 철저한 핵가족 사회에서는 노인의 인간관계 유지는 실로 어려운 실정이다. 따라서 이에 대한 적절한 문제해결 방법이 개발되어야 한다는 의미에서 집단원조(집단상담 프로그램 등)가 적절하다 하겠다.

가. 집단원조와 노인

집단원조는 의도적인 집단경험을 통해 개인의 사회적 기능을 향상하고, 개인, 집단, 지역사회들의 당면 문제들에 대해 보다 효과적으로 대처해 나갈 수 있도록 도움을 주는 것이다. 상호작용을 지도하는 원조자(또는 집단상담자)의 도움으로 타인과의 결합이나 성장의 경험을 쌓도록 하며, 나아가서는 개인, 집단, 지역사회의 성장과 발전을 도모하고자 하는 것이다.

집단원조는 사회적 기능의 유지 욕구를 실현시키며, 개인, 집단, 지역사회의 제문제에 보다 능동적으로 대처해 나갈 수 있도록 소집단활동을 통해서 의도적으로 실시하는 원조과정이다. 집단원조를 통해 스스로의 자아상과 자기 확신을 유지하고, 급격한 시간의 전환이나 사회적 차별 등을 감수하도록 하는 동년배들의 지지를 경험하게 된다. 요컨대 집단경험은 노인들이 겪는 고독과 분리감을 메워 줄 수 있다.

나. 집단원조의 이론적 모델

집단원조의 이론적 모델로는 사회적 집단지도 모델인 사회적 목표 모델, 치료적 모델, 그리고 상호작용 모델이 있다. 이들은 본질적으로는 유사하나 목적, 집단유형, 개입방법 등에서 약간의 차이가 있다.

사회적 목표 모델은 사회적 기능의 강화와 자아의 활용을 도모하고, 사회참여와 사회적 행동을 지향하며, 사회적 행동의 부차적 효과로서 개인적 치료를 달성하고자 하는 것이다. 즉 노인에게 단순한 보호나 급부를 제공하는 것을 넘어 집단을 통한 자아의식의 확립으로 사회적 요구를 충족시키고자 한다.

치료적 모델은 집단이 치료 수단인 동시에 치료환경이 된다는 특징이 있다. 따라서 원조자(또는 집단상담자)는 불건전한 상태에 있는 집단원의 개선을 목표로 집단 조직 및 과정에 의도적으로 개입하고 변화 촉진자로서 개입전략에 따른 역할을 적극적으로 해야 하는 전문적인 사회복지 실천가이다.

상호작용 모델은 개인과 집단을 공생적 상호작용 체계로 보며, 상부상조 체계 내에서 집단원들의 만남에 초점을 둔다. 그리하여 원조자(또는 집단상담자)는 집단원들의 요구 간 공통적 기반을 찾아내고 이것의 달성을 위한 일반적 목표를 강조하며, 목표달성 촉진의 집단 활동의 진행을 조력한다.

다. 집단원조의 원칙

집단원조 실천의 원칙에는 개인에 대해 집단 내에서의 개별화, 집단 자체의 개별화, 장점과 단점의 순수한 동시 수용, 의도적인 원조관계 수립, 협력적인 관계 조성, 집단 과정에의 적절한 수정, 문제해결 과정에의 자발적 관여 등이 있다. 이 원칙들은 원조자의 감정이입능력, 융통성, 분석 및 평가능력 뿐만 아니라 대인관계를 조정할 수 있는 능력, 창의력과 상상력의 자질 등을 갖출 것을 전제로 한다. 원조자의 기본적인 기능은 생산적인 상호관계 맺기, 집단의 상황분석하기, 감정 다루기, 협력하게 하기, 프로그램을 발전시키기, 단체 및 지역사회의 자원 활용하기, 평가하기 등으로 기술된다.

라. 문제해결 과정으로서의 집단원조

초기 준비단계에서는 목표를 설정하고, 다음 단계에서 집단을 형성하며, 그 다음이 형성된 집단의 발달과정 단계이다. 집단원조자의 주요 원조내용은 그룹형성 과정에서 합의된 목표에 입각하여 활동이 이루어지도록 문제를 구체화하는 것이며 성원 간 상호보완이 문제해결에 도움이 되고 있음을 알리는 것이다. 또한 집단의 발달 과정에서의 원조자의 유의점은

- 노인은 자신의 생활이나 주위환경을 바꾸어갈 수 없다고 생각하는 의존적인 태도에 지나친 동조도 무시도 해서는 안 된다.
- 노인의 바람직하지 못한 언동에 대해 비현실적인 기대를 하지 말고 노인을 하나의 평범한 인간으로 대하며, 특히 노년기의 행동특성에 대해 민감하고도 객관적으로 반응해야 한다.
- 집단 내의 상호작용 관계에 있어 문제가 발생할 때 집단성원들이 스스로 직면하여 해결할 수 있도록 도와야 한다.

그리고 최종 단계가 종결과 평가 과정인데, 종결의 원인은 목적의 완성, 집단원조자의 퇴직이나 교체, 자연소멸 형태 등이다. 평가는 종결과정에서 뿐만 아니라 활동의 모든 과정에서 실시되어야 한다. 예를 들어 형성과정에

서는 집단의 참여 동기와 이유를 평가하고, 발달 과정중에는 '친구사귀기' 목표 등의 달성 정도를 평가해야 한다.

(2) 상담방법에 따른 분류

① 면접상담

노인들의 자발적인 내방상담은 아직 흔한 일이 아니다. 그러나 면접상담에서는 노인 내담자의 언어적 메시지뿐 아니라 비언어적 메시지와 그 밖의 상황에 대한 직접적인 관찰이 가능하고 다양한 상담기법의 적용이 가능하다. 노인은 상담 과정 중 언어적 표현력이 부족하므로 노인 내담자의 비언어적 메시지에 특히 예민할 필요가 있다.

② 전화상담

전화상담은 노인 체면을 신경쓰지 않아도 되는 개방통로이고 거동이 불편한 노인에게 적합하며 노인 수발 부양자(가족)에게 즉각적 정보 제공에 편리하다. 전화상담이 익명성, 편리성, 즉시성의 장점이 있지만, 전화를 통해자기 개인문제를 말하는 노인이 얼굴을 대하지 않는 전화상담자와 친밀감, 신뢰감의 상담관계를 경험하기는 쉽지 않다.

③ 전화방문 상담서비스

정기적 전화 문안 등을 통해 노인들의 가정적·사회적 단절과 소외를 해소하고, 필요한 전화상담 서비스로 연결할 수 있다. 또한 유사시 위기 상황을 관리할 수 있게 한다.

④ 사이버(인터넷)상담

홈페이지를 통한 개방형 상담과 비공개적 상담 또는 채팅을 이용한 실시간 상담 등 다양한 형태의 온라인 상담이다. 아직까지는 노인층의 제한된 정보화 능력으로 활성화되지 못하고 있으나, 홈페이지의 증가와 함께 앞으로 이용하는 노인의 수가 증가될 전망이다.

⑤ 시설거주 노인과의 상담

시설거주 노인은 일반 노인에 비해 사회적·경제적 상태와 건강 수준이 낮은 편이고 생활 만족도도 낮다. 일반가정 노인, 생활보호대상 재가노인, 기관이용노인 등과 차등화된 지침에 따른 상담접근이 필요하다.

시설노인의 공격적 행동 및 부적응적 성격특성을 감소시키려는 상담에서는 노인 자신의 변화와 환경조건의 변화조정 중 어느 쪽에 비중을 둘 것인지를 고려해야 할 것이다. 또한, 시설노인 인구 중 2/3 이상이 고령 여성 노인들(배우자 없는 빈곤, 상실감, 비교적 높은 유병률과 자녀의존도, 우울 성향 등의)임에 유의할 필요가 있다.

5. 노인상담에서 활용될 면접기법

상담면접을 성과 있게 이끌어 가는 방법은 상담자의 개성과 상담 장면의 성질에 따라 다양하겠는데, 이중 유용한 방법으로 인정되는 것들을 소개하기로 한다. 기억할 것은, 기법은 상담자로서의 태도와 상담이론에 대한 이해의 바탕 위에 활용되어야 한다는 점이며, 특히 내담자와 만남에서의 첫 과제는 신뢰감을 형성하는 것이므로 여러가지 기법의 적용보다는 수용적이고 온화한 태도로 일관적 관심을 나타내는 것이 극히 중요하다.

상담의 시작 단계에서는 상담자가 가벼운 화제를 꺼내 내담자가 편안하

게 이야기할 수 있도록 해 주고, 상담실의 물리적 배치에도 신경을 써야 한
다. 또한 상담에 대한 내담자의 기대나 생각 등을 물어 상담에 임하는 태도
를 알아보고 상담과정을 설명해 줄 필요가 있으며, 내담자의 개인적인 정보
와 상담 내용에 대한 비밀보장을 확인시키는 것이 바람직하다.

(1) 공감

내담자의 심정(내면세계) 속으로 들어가 그가 경험한 것을 같이 경험하고자
하는 것이고, 나아가 이해한 바를 내담자에게 전달하는 과정이다. 공감반응
은 궁극적으로 내담자의 자기수용과 자율성 회복을 돕는다. 또 친밀관계를
형성하여 진실성과 개방성을 갖게 하며, 문제 상황 탐구에 도움을 준다. 공
감은 내담자의 느낌에 의해 생긴
내 느낌이 아닌, 내담자의 느
낌에 초점을 맞춰 내담자
와 함께 느끼는 것임을
유념해야 한다. 예를 들
어 내담자가 "이젠
예전 같지 않아서 정
신 집중이 잘 안 돼. 그
래서 책을 오래 볼 수도
없고, 읽은 내용도 곧 잊게 돼."

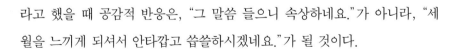

라고 했을 때 공감적 반응은, "그 말씀 들으니 속상하네요."가 아니라, "세
월을 느끼게 되셔서 안타깝고 씁쓸하시겠네요."가 될 것이다.

(2) 반영

내담자의 말에서 표현된 기본적인 태도, 주요 감정의 내용을 상담자가 다른

참신한 말로 부연해 주는 것이다. 이로써 내담자의 자기 이해를 돕고 자기가 이해받고 있음을 인식하게 되므로 내담자는 안심하며 더욱 개방할 수 있게 된다. 표면감정뿐 아니라 내면감정을 파악하여 전달하고, 말뿐만 아니라 행동 및 태도에 의해 표현되는 것도 반영할 필요가 있다. 반영할 때는 상투적인 문구를 지양하고 반영의 시의성을 살려 느낌을 선별적으로 하는 것에 유의해야 한다. 표현방식의 예로는 "어르신은…… 라고 느끼고 계시군요." 혹은 "어르신은…… 을 중요하게 생각하고 계신 것 같네요." 등이다.

(3) 수용

짧은 문구로 상담자가 내담자에게 주목하고 있고, 내담자의 말을 받아들이고 있음을 나타내는 것이다. 이는 내담자로 하여금 자기가 수용되고 존중되고 있음을 알게 하므로 내담자가 이야기를 계속하도록 하는 강화의 효과가 있고, 대화나 의논이 부드럽게 되어간다는 느낌을 갖게 한다. 수용의 요소에는 시선, 안면 표정과 고개 끄덕임, 자세 기울기, 어조와 억양 등이 있는데, 상담자는 자신의 작은 행동단서라도 유의해야 한다. 표현방식에는 "음~", "예~", "그랬군요.", "계속하시지요." 등이 있다.

(4) 구조화

상담과정의 본질, 제한조건 및 방향에 대해 상담자가 정의를 내려주는 것이다. 상담의 방향을 알리는 노선 표시로서 상담에서의 성취 가능한 범위와 제한점에 대해 내담자를 교육하는 것이라 볼 수 있다. 구조화의 원칙은 최소화, 비처벌, 행동규범의 구체화이며, 구조화를 불충분하게 하면 내담자가 자기방어와 소극적인 태도를 보이게 된다. 구조화의 유형에는 시간제한, 내담자 행동제한, 상담자 역할의 구조화, 내담자 역할의 구조화, 과정 및 목표의 구조화 등이 있다.

(5) 바꾸어 말하기

내담자가 말하는 것을 상담자가 바꾸어 말하여 주는 것으로 이를 통해 내담자의 입장을 이해하려고 노력하고 있음을 알리고, 내담자의 생각을 구체화(재확인)시키고, 내담자의 말을 상담자가 제대로 이해했는지 확인할 수 있다. 반영이 내담자의 말과 행동의 정서적인 측면에 초점을 맞추는 반면, 바꾸어 말하기는 인지적인 측면과 내용을 강조한다. 표현 요령으로는 요점의 분명화, 주제나 초점의 부각, 전개내용의 요약화 등이 있다. 예를 들어 내담자가 "나는 내 며느리에 대해 판단을 잘 못하겠어. 어떤 때는 한없이 좋은 며느리다가 또 어떤 때는 형편없어."라고 한다면, "며느님이 일관성이 없다는 말씀이시네요."라고 반응하는 것이다.

(6) 경청

내담자의 말과 행동을 단순히 듣는 것이 아니라 의미, 즉 내담자의 입장과 느낌을 주목하여 듣는 것이다. 이로써 내담자가 생각이나 감정을 자유롭게 표현하고, 자기방식으로 문제를 탐색하며, 상담에 대한 책임감을 느끼게 한다. 그리고 일상 대화에서의 경청과 다른 점은 선택적으로 주목해서 내담자가 특정문제에 대해 탐색하도록 한다. 경청의 요소에는 상담자의 시선, 자세, 몸짓, 상담자의 언어반응 등이 있다. 예를 들면 경청에서의 언어반응은 "어르신이 말씀하시는 바를 알겠습니다.", "어르신이 어떤 일을 겪었는지 이해하겠습니다.", "그 점이 문제였군요." 등이 있다.

(7) 요약

내담자의 여러 생각과 감정을 하나로 묶어 정리하는 것이다. 요약의 기본은 내용과 감정의 요체, 일반적 줄거리를 잡아내고 상담의 올바른 진행을 파악하여 반응하는 것이다. 그 목적은 상담의 올바른 진행, 연속성을 기하면서 내담자가 미처 의식하지 못한 측면을 명료하게 의식화시키기 위해서이다. 요약 과정은 ① 내담자의 말 중 중요한 내용과 감정에 주의를 기울인다. ② 파악된 주된 내용과 감정을 통합해서 전달한다. ③ 상담자 자신의 새로운 견해를 추가하지 않도록 한다. ④ 상담자와 내담자 중 누가 요약하는 것이 좋을지 결정한다. 요약반응의 예로는 "어르신이 자녀에 대해 말씀하시는 것을 들으니 섭섭함과 허무함을 느끼고 계시군요.", "오늘 우리가 나눈 이야기를 종합한다면 어떻게 말할 수 있을까요?"를 들 수 있겠다.

(8) 명료화

내담자의 말 중에서 모호한 점을 내담자가 확실히 알도록 해 주는 것이다. 상담자가 내담자의 반응을 이해할 수 없을 때는 "그 부분을 예를 들어 다시 말씀해 주시겠어요?"라고 분명히 다시 말할 것을 요청하기도 하는데, 내담자가 자기 말을 요약하거나 예를 들거나 새롭게 표현하도록 함으로써 이야기의 의미를 보다 분명히 한다. 이것은 자기탐색 과정의 선명화, 구체화로써 상담과정을 촉진시킨다. 명료화의 지침은 ① 내담자의 말이 모호하거나 잘 이해되지 않았음을 밝히고 ② 내담자 스스로 자기 말을 재음미하거나 구체적인 예를 들어 명확히 하도록 요청하며 ③ 내담자 진술에 대한 상담자의 반응을 통해 내담자의 발언내용을 명료화한다. ④ 상담자의 반응은 개인적 반응이 되지 않도록 하며, 직면처럼 직접적이고 강렬하지 않도록 해야 한다.

(9) 해석

내담자로 하여금 자기의 문제를 새로운 각도에서 이해하도록 그의 생활경험과 행동의 의미를 설명하는 것이다. 내담자의 무의식 과정을 의식화하는 과정이며 내담자에게 새로운 참조체계를 제공한다. 해석은 내담자가 말한 내용의 초점을 요약하면서 상담자가 타당하다고 여기는 다른 자료를 덧붙여 설명하는 것이라 할 수 있으며, 상담자의 이론적 입장과 상담의 진행방향에 따라 표현내용이 달라진다. 내담자의 "완쾌되지 않고 이렇게 오래 앓으니 불안해져요."라는 말에 대해 "편찮으셔서 보살핌을 받아야 되고 치료비가 많이 드니까 자식들에게 짐이 되지 않을까 걱정이 되시는군요."라고 한다면 해석적 반응이다.

(10) 직면

내담자가 모르고 있거나 인정하기를 거부하는 생각과 느낌에 대해 주목하도록 하는 것이다. 직면은 ① 내담자의 말이나 행동에서 불일치가 발견될 때 ② 내담자가 자기의 상황을 자신의 욕구에 의해서만이 아니라 있는 그대로 볼 수 있도록 할 때 사용된다. 직면은 내담자의 변화와 성장을 증진시킬 수 있는 반면, 심리적인 위협과 상처를 줄 수도 있을 만큼 강력한 것이므로 시의성을 고려해야 한다. 주의할 것은 직면반응에는 내담자가 미처 깨닫지 못했거나 사용하지 않은 능력과 자원에 주목하게 하는 것도 포함된다는 점이다. 직면의 예로 내담자의 말과 말 사이에 불일치가 보일 때 "자녀들의 독립성을 인정한다 하시면서 매사를 어르신과 의논하길 바라시는군요."라고 말해 주는 것이다.

(11) 질문

면접의 주요기법은 질문을 통한 탐색이라고 생각하기 쉽다. 그러나 중요한 것은 어떤 질문을 어떻게 하느냐이고 질문의 유용성에는 한계가 있다는 점이다. 질문과 답변 형식이나 많은 질문의 상담은 상담과 상담관계에 대한 오해를 불러일으켜 내담자의 문제해결에 도움이 되지 않는다. 바람직한 질문 방법의 유의사항은 다음과 같다.

① 개방적 질문은 바람직한 촉진관계를 열어 놓는다.

② 간접 질문은 내담자에게 위협을 주지 않는다.

③ 이중 질문은 내담자를 혼란스럽게 한다.

④ 질문 공세는 문제의 검토에 도움이 되지 않는다.

⑤ 내담자가 질문하면 질문 이면의 생각이나 감정을 이해하고 말머리를 내담자에게 돌린다.

⑥ '왜'라는 질문은 비난으로 받아들일 수 있으므로 가능한 한 피해야 한다.

질문 후에는 내담자가 심리적 압박감을 받지 않고 의미 있는 답변을 할 수 있게끔 잠시 멈춰 기다리면서 내담자에게 귀를 기울여야 한다. 질문의 시기로는 다음과 같은 경우가 있다.

① 상담자가 내담자의 말을 들을 수 없었거나, 잘못 들었거나, 이해할 수 없을 때

② 내담자가 상담자의 말을 이해했는지 알아볼 때

③ 내담자가 지금까지 표현해 온 생각이나 감정을 보다 명확하게 탐색하도록 할 때

④ 내담자를 보다 충분히 이해하기 위하여 상담자가 자세한 정보를 필요로 할 때

⑤ 더 말하고 싶으나 계속 말하기 어려워하는 내담자를 격려할 때

4.4 노인상담과 생명윤리적 문제

노인상담 전문가는 노인 내담자 및 환자와의 관계에서 많은 윤리적 갈등문

제에 부딪히면서 이에 대처해야 한다. 따라서 노인상담자는 노인 내담자 측 자기결정권과 안녕가치 지향의 '노인 자율성, 의사결정능력의 평가, 생명윤리적 자문 및 중재 방법 등'을 알아 둘 필요가 있다. 질병퇴치와 인간생명 연장에 크게 기여한 현대 의학의 발전과 노인요양시설들의 상업화 등으로 인하여 환자와 치료자 간의 적절한 윤리행위가 어떤 것인가에 관해 여러 가지를 재검토하게 되었다. 특히, 제2차 세계대전 직후 Nuremberg Code 이래 종래의 의료 전문가 측의 '가부장적' 권위가 축소되고, 환자 측 선호 및 자율성에 비중이 더 주어지는 '환자중심 접근'으로 힘의 균형이 바뀌고 있는 추세에 유의할 것이다(Kennedy, 2000).

　　진료수가에 따른 치료시설에서의 진료 서비스과정에서도 윤리문제가 있을 수 있지만, 임상연구 및 의료진 훈련과정에서 환자 측 자율성, 의사결정 능력 관련의 생명윤리적 문제가 흔히 발생할 수 있을 것이다. 임상연구와 의료진 훈련과정에 환자집단이 적극 참여해 주지 않으면, 최적 치료기술이 마련되지 않은 영역에서는 의료발전이 그만큼 지연될 수밖에 없다는 딜레마의 소지를 처음부터 내포하고 있기 때문이다. 요컨대, 현대는 전문가-내담자 간 불평등 및 불공정 치료행위에 대한 사회적 감시와 비판적 압력이 확대되어 있는 가운데, 치료과정의 투명성과 (환자 측) 의사결정의 명료성이 요구되는 시대이다.

　　여기서는 환자 측의 의사결정 능력을 평가할 때 고려되어야 할 원칙들과 생명윤리 자문 시 기본이 되는 지침들을 중심으로 살펴보기로 하자.

1. 결정능력 평가의 원리

내담자 및 환자 측의 치료관련 선택 및 의사결정 능력의 평가를 위해서는 다음의 여섯 가지 원칙들이 참조되어야 할 것으로 사료된다(Kennedy, 2000).

(1) 수행기능(competence)과 능력(capacity)은 호환적으로 사용되지만, 임상장면에서의 우선적 고려사항은 능력 쪽이다.

(2) 결정의 능력은 환경에 따른 특수성이 고려되어야 한다.

(3) 결정능력을 갖춘 사람은 다음 여건들에 해당되는 사람이다.

    ① 전문가 측으로부터 선택하도록 권유받고 있음을 이해하고 일관적인 선택을 표현한다.

    ② 진단, 예후 및 가능한 치료 등에 대해 인식하고 있다.

    ③ 여러 선택들 간의 부담, 혜택 및 모험성을 비교 고려할 수 있다.

    ④ 자기 선택의 배경적 논리(또는 이유)를 말할 수 있다.

(4) 자기의 선택으로 모험적 결과를 초래할 수도 있음을 인식하고 있다.

(5) 결정능력이 문제시 될 경우에는 정신의학적 평가가 바람직하다.

(6) 능력을 결정하기 힘든 경우에는 보호자, 가족 등 환자 외 요소들을 고려한다.

2. 생명윤리적 자문의 기본 지침

생명윤리적 자문(bioethic consultation)의 목적은 치료과정의 윤리적 갈등 해결과 환자 측의 건강돌보기 결정을 지지, 보호하는 데 있다. 자문은 치료결정을 적용함에 있어서 환자 측 이익, 책임, 환자 및 가족과 치료제공자 및 시설 측의 권리들 간의 균형에 초점을 둘 것이다. 자문역의 능력 및 활동한계 관련 지침은 다음과 같이 요약될 수 있다.

① 자문역(또는 자문위원)은 자문을 요청한 측과 사례의 맥락을 토의하여야 할 것이다.

② 치료결정의 윤리적 분석을 위해서는 먼저 환자 측 결정능력의 완전성을

고려해야 한다.

③ 자문역은 환자와 가족 측이 의학적 사실, 진단, 예후 및 치료적 선택들을 인지하도록 확인한다.

④ 어떤 원칙의 해결이 모색되든, 관련 인사(또는 기관)들이 누가 적정한 법적 의사결정자인지를 이해하도록 한다.

⑤ 윤리적 갈등해결의 진전이 없을 경우, 그러한 교착상태를 인지함과 아울러 사법당국의 결정 필요성을 가족 측에 통보할 수 있다.

⑥ '불일치에 동의'(agreement to disagree)하거나 법정 판결을 기다리는 동안 과도기적 치료동맹의 형성으로 치료절차가 지속될 수 있도록 한다.

요컨대, 의료 및 심리치료 전문인들의 생명윤리 문제들에 대한 올바른 이해가 있을 때 생명과학 발전의 희망을 기약할 수 있을 것이다. 그리고 환자 측 개인 자율성과 전문적 돌보기역 간의 현실적 균형을 실현하는 일은 건강 사회 정책의 결정적 주요 과제임이 분명하다.

4.5 노인우울과 상담

1. 노인우울의 원인

노인우울장애에 관련되는 요인은 여성, 이혼, 별거, 친밀한 사람과의 사별, 낮은 사회경제 수준, 부족한 사회적 지지, 낮은 교육수준, 예기치 않은 최근의 불행한 사건 등이다. 그리고 기능 상실을 초래하는 심각한 내과적 질병, 신경학적 질환과 내분비질환, 만성폐쇄성폐질환, 심근경색증, 악성종양 등도 우울장애의 높은 발생률과 유관하다. 한편 유전적 요인은 노년기에 발생하는 우울장애에는 거의 영향을 미치지 않는다.

우울증상을 보이는 노인은 전체 노인 인구의 약 15% 정도로 보고되고 있지만, 우울증의 진단 기준에 따른 조사에서는 65세 이상 노인에서 주요 우울장애의 유병률은 1%에 그친다. 이렇게 노인의 우울증상 유병률이 젊은 성인에 비해 상대적으로 낮게 측정되는 이유로는 노인이 정신과적 증상을 표현하기 꺼리거나 우울을 신체적 증상으로 바꾸어 표현하는 경향 때문이다. 즉, '우울증은 정상적인 노화과정의 일부'라는 잘못된 인식의 영향으로 생각해 볼 수 있다. 치매문제의 경우 치매환자인 노인으로 인해 가족을 비롯한 주변 사람이 겪는 고통과 피해가 크기 때문에 문제 개선을 위해 적극적으로 노력하는 것과 극히 대조적인 것이다. 다시 말해서 노인은 젊은이보다 일반적으로 더 우울하고, 노인우울은 생물학적 노화에 대한 정상적 반응이라는 생각 때문에 별다른 문제로 여기지 않는 경향이다.

또한 65세 이상의 노인들은 다른 연령층에 비해 정신건강 관련 의료 서비스를 상대적으로 덜 받기 때문에 우울장애 빈도나 자살률을 적절히 평가하기 어려운 면도 있다. 우울장애와 기분장애를 나타내는 사람들은 자살의 위험이 높기 때문에 이들의 치료와 보호가 중요하다. 자살을 시도하는 대부분의 사람들은 죽기 몇 달 전에 일반 의사들을 찾아가는 경향이 있다 (Goodwin & Jamison, 1990). 이는 이들이 문제를 경험하면서 도움을 구하려 하지만 자신이 힘들어하는 것을 분명하게 표현하지 못한다는 것을 시사한다. 노인의 경우 자살을 하기 전에 가족이나 친구에게 자신의 자살의사를 미리 표현하기 때문에 이에 대한 주의 깊은 관찰을 통해 자살사고를 예방할 수도 있을 것이다.

2. 노인우울의 증상

노년기 우울증상은 우울증의 일반적인 주요증상인 우울과 슬픔, 자기가치감의 상실, 의욕 및 동기의 저하, 피로감 등으로 별 차이가 없으나, 젊은이의 우울증에 비해 수면장애, 신체증상의 호소와 초조감을 보이는 경우가 더 많다. 또한 죄책감, 적대감, 자살사고가 적은 대신 정신운동 지체와 체중감소가 더 많고, 실제적인 기능저하와는 무관하게 주의집중력과 기억력 등 인지기능의 저하를 호소하는 경우가 많다.

우울증의 증상을 기술하면 다음과 같다(권석만 & 민병배, 2000).

① 우울한 기분
우울하고 슬픈 기분을 느끼며 그러한 기분이 상황에 의해서 크게 영향을 받지 않는다. 기분은 하루 중에도 다소 변화를 보일 수 있는데, 많은 경우 아침에 기분이 더 저조한 것이 특징이다.

② 흥미의 상실
이전에는 재미있었던 활동이 더 이상 흥미를 끌지 않으며 인생에서 즐거운 일이 없는 듯 느껴진다. 가족이나 친구들과의 관계를 피하고 이전에 즐거움을 주었던 활동들을 소홀히 하게 된다.

③ 활력의 감소와 피로감
힘든 일을 하지 않았음에도 불구하고 지속적인 피로감을 경험하며, 사소한 일조차도 완수하기 어렵다고 느끼고, 동기와 활력이 감소한다. 정신운동 속도의 지체가 나타나는데, 신체동작이 느리며 말도 느려지고 단조로우며 말수가 적어진다. 한편, 활동의 감소와 정신운동지체보다 초조감이 더 현저하게 나타나는 경우도 있다. 이때는 한 자리에 가만히 앉아 있기가 힘들고, 안절부절못하여 이리저리 왔다 갔다 하고, 손발을 흔들며 무엇인가를 집었다 놓았다 하기도 한다.

④ 주의집중력의 감소

노력을 요하는 과제에 주의를 집중하기가 어렵고, 기억력의 감퇴를 호소하며, 우유부단함을 보인다.

⑤ 자존감과 자신감의 감소

자기 자신을 부정적으로 생각하며, 타인은 어렵지 않다고 맡기는 과제를 전혀 해낼 수 없을 것처럼 느낀다.

⑥ 죄책감과 무가치감

자신을 나쁜 사람 혹은 무가치한 사람이라 생각한다. 부정적인 결과에 대해 자신의 탓으로 돌리며 자책한다.

⑦ 미래에 대한 비관적 견해

현재의 상황이 미래에도 변화하지 않을 것이라고 생각하며, 미래 역시 즐거움과 희망이 없을 것으로 생각한다. 치료를 받는다고 해서 자신이 변화될 것이라고는 생각하지 않으며 무력감과 절망감을 느낀다.

⑧ 자해, 자살생각, 행동

우울증이 심각한 사람들은 종종 더 이상 아무런 희망이 없다고 느끼며 죽음만이 현재의 고통을 종식시킬 수 있을 것으로 생각한다. 자해 혹은 자살을 생각하고 때로 자해나 자살을 기도하기도 한다.

⑨ 수면장애

잠들기 어렵거나, 깊이 잠들지 못하고 도중에 자주 깨거나, 혹은 새벽에 일찍 깨서 더 이상 잠들지 못하는 등의 수면장애가 나타난다. 평소보다 두 시간 이상 일찍 깨서 더 자고 싶어도 더 이상 잠들지 못하는 경우 심한 우울증일 가능성이 높다.

⑩ 식욕의 감퇴

식욕이 없고 식사량이 줄어 들며 종종 체중이 감소한다.

3. 노인우울검사

다음은 한국형 노인우울검사(Geriatric Depression Screening Scale; GDS-K)이다.

1. 쓸데없는 생각들이 자꾸 떠올라 괴롭다.	예	아니요
2. 아무것도 할 수 없을 것처럼 무기력하게 느껴진다.	예	아니요
3. 안절부절못하고 초조할 때가 자주 있다.	예	아니요
4. 밖에 나가기보다는 주로 집에 있으려 한다.	예	아니요
5. 앞날에 대해 걱정할 때가 많다.	예	아니요
6. 지금 내가 살아 있다는 것이 참 기쁘다.	예	아니요
7. 인생은 즐거운 것이다.	예	아니요
8. 아침에 기분 좋게 일어난다.	예	아니요
9. 예전처럼 정신이 맑다.	예	아니요
10. 건강에 대해서는 걱정하는 일이 별로 없다.	예	아니요
11. 내 판단력은 여전히 좋다.	예	아니요
12. 내 나이의 다른 사람들 못지않게 건강하다.	예	아니요

13. 사람들과 잘 어울린다.	예	아니요
14. 정말 자신이 없다.	예	아니요
15. 즐겁고 행복하다.	예	아니요
16. 내 기억력은 괜찮을 것 같다.	예	아니요
17. 미쳐버리지나 않을까 걱정된다.	예	아니요
18. 별일 없이 얼굴이 화끈거리고 진땀이 날 때가 있다.	예	아니요
19. 농담을 들어도 재미가 없다.	예	아니요
20. 예전에 좋아하던 일들을 여전히 즐긴다.	예	아니요
21. 기분이 좋은 편이다.	예	아니요
22. 앞날에 대해 희망적으로 느낀다.	예	아니요
23. 사람들이 나를 싫어한다고 느낀다.	예	아니요
24. 나의 잘못에 대하여 항상 나 자신을 탓한다.	예	아니요
25. 전보다 화가 나고 짜증이 날 때가 많다.	예	아니요
26. 전보다 내 모습(외모)이 추해졌다고 생각한다.	예	아니요
27. 어떤 일을 시작하면 예전보다 힘이 많이 든다.	예	아니요
28. 어떤 일을 하든지 곧 피곤해진다.	예	아니요
29. 요즈음 몸무게가 많이 줄었다.	예	아니요
30. 이성에 대해 여전히 관심이 있다.	예	아니요

＊ **채점 방법**
1~5, 14, 17~19, 23~29번은 '예'에 1점씩
6~13, 15~16, 20~22, 30번은 '아니요'에 1점씩

＊ **평가기준**
14~18점 : 약한 우울증
19~21점 : 중간 정도의 우울증
22점 이상 : 심한 우울증

출처 : 정인과 등(1997). 한국형 노인우울검사 표준화 연구. 노인정신의학 1-1, pp.61-72.

4. 노인우울의 치료적 개입

앞서 노인우울의 원인에서 보았듯이 노년기 우울증은 신체적 · 심리적 · 사회적 요인들이 복합적으로 작용해서 나타나기 때문에 치료 역시 복합적 개

입이 필요하다. 신체적 질병이 동반되는 경우가 많은 노년기 우울의 특성상 포괄적인 의학적 검진과 치료가 필요하고, 신체적 질병과 우울증과의 관계도 살펴보아야 한다. 심한 우울증인 경우에는 약물치료로 증상의 호전을 볼 수 있는데, 약물치료가 곤란하거나 반응하지 않는 경우, 자살 위험이 있는 경우, 우울로 인해 신체적 상태가 매우 염려스러운 경우 등에는 전기경련치료(ECT)가 선택된다.

우울에 대한 심리치료로는 인지행동치료가 주로 활용된다. 최근 생물학적인 근거를 둔 약물치료와 심리치료의 유용성을 비교한 연구에서 치료말기에 나타나는 결과를 볼 때 두 가지 치료 간에 차이가 거의 없었다(Elkin et al., 1989; Hollon et al., 1992). 그러나 오랜 기간이 지난 뒤 추후연구에서는 인지치료를 받았던 환자들이 우울증 재발이 덜한 것으로 나타났다. 이는 치료를 더 이상 받지 않은 후에는 새로운 우울 혹은 재발에 대한 예방 면에서 인지적 접근으로 치료받은 것이 더 효과가 있음을 말해 준다.

인지행동적 접근에서는 우울장애를 지속시키는 부정적 사고와 행동을 알아내어 인지적 재구성 및 강화를 통해 우울사고와 행동의 악순환을 끊도록 돕는다. 그리고 우울증상을 감소시키는 행동을 정적 강화하는 한편 우울증상을 유발하는 행동을 부적 강화한다. 다시 말해서 노인 우울증 환자들의 '나는 더 이상 희망이 없고 쓸모없는 존재이다.' 라는 자신에 대한 비관적 생각을 수정하고 사회적 철퇴행위를 하지 않도록 상담자가 조력하는 것이다.

지지치료 또한 적응장애나 특정상황으로 인한 불쾌감과 같은 가벼운 우울장애인 경우에 도움이 된다. 노인이 상실감이나 스트레스에 적응하도록 도와주는 데에는 지지치료만으로 충분한 경우도 있다. 우울한 노인의 상실감, 외로움, 고립감 등은 가족을 비롯한 가까운 사람들의 관심과 정서적 지지로 줄어들 수 있으며, 종교모임, 경로당, 노인회관, 노인복지관 등도 좋은 지지원천이 된다. 그러므로 상담자는 노인이 애도과정을 충분히 경험하도록 돕고, 내담자의 지지원천에 대해 알아보고 그들이 정서적 지지를 제공할 수 있도록 돕는 것이 필요하다.

우울증의 완화나 예방을 위해 상담자가 노인 내담자에게 권장하는 유의사항은 다음과 같다(이호선, 2012).

- 오랜 기간 집에만 머물지 않도록 한다.
- 규칙적인 식사와 운동을 한다.
- 운동, 영화, 종교생활과 같은 사회활동을 한다.
- 다른 사람과 함께 지낸다.
- 갑자기 우울증세가 좋아질 것이라고 생각하지 않는다.
- 말없이 참지 않는다.
- 자신이 가지고 있는 부정적인 생각을 그대로 받아들이지 않는다.

복지관 운동회 모습

- 스트레스를 줄인다.
- 잠이 오지 않는 경우 억지로 자려고 하지 말고 산책을 하거나 다른 일을 한다.
- 집 안에만 있지 말고 밖으로 나와 햇볕을 많이 쬔다.
- 즐거운 생각을 한다.
- 자녀에 대한 기대감이나 실망감에 크게 흔들리지 않도록 한다.
- 취미생활을 즐긴다.
- 잔뜩 웅크린 자세를 피하고 자세를 바로 갖는다.
- 카페인이 많은 커피와 같은 음식을 피하고 충분한 수분을 섭취한다.

4.6 노인치매와 상담

치매 노인을 부양하는 가족들이 겪는 스트레스 수준은 매우 높으며 심각한 가족문제가 되고 있다. 노인 간호역할을 동시에 담당하고 있는 부양자가족의 고통은 더욱 커질 수밖에 없다. 그러나 상담의 욕구가 높다하더라도 치매전문상담기관의 제한과 부양자의 사회적 활동기회 제약 등으로 인하여 현실적으로 전문상담을 받는 경우가 매우 적다. 따라서 치매가족을 위한 상담은 직접적 대면상담보다는 전화상담이나 인터넷상담과 같은 비대면적 상담이 주류를 이루며, 대체로 치매노인 대상의 전문적 개인상담보다는 가족교육과 가족지원서비스에 초점을 두는 경향이다. 이러한 치매가족상담의 현실적 특성을 고려하여 몇 가지 치매노인 상담의 접근방법을 살펴보기로 하자.

1. 전화상담

전화상담은 치매와 관련된 상담유형 중에서 가장 활용도가 높은 상담유형
이다. 그 이유는 정신장애에 대한 공개적 낙인을 피할 수 있고, 사회적 활동
에 제한을 받는 쪽의 상담 접근성이 높기 때문이다. 즉 치매가족 부양자의
경우 상담을 목적으로 한 외출이 거의 불가능하기 때문에 유선으로 심리적
문제, 치매 간호방법, 시설입소 상담 등을 요청해 오게 된다.

　치매가족 전화상담자는 전화상담, 치매간호기술 등에 대한 전문교육을
이수할 필요가 있다. 특히 전화상담에서는 전화질문에 대한 즉각적이고 정
확한 응답이 상담자 측의 전문성을 결정하고 상담내용의 신뢰성을 결정하
는 중요한 요소이다. 따라서, 전화상담자는 치매에 대한 임상적 지식뿐만
아니라 간호방법, 전국의 치매시설에 대한 정확한 정보파일을 갖고 있어야
한다. 특히 치매시설 입소에 관한 전화상담이 많으므로, 전국 치매전문 의
료기관과 시설의 입소 자격, 입소 보증금, 월 입소비 및 특별 간호비, 입원
비 그리고 제공하는 서비스에 대한 구체적인 자료를 확보하고 있어야 할 것
이다.

2. 사이버(인터넷)상담

정보화시대의 도래로 유명 검색사이트에 치매 관련 주소가 2006년에 이미
120여 개에 이를 정도로 치매 관련 상담과 정보를 제공하는 웹사이트들이
급격하게 늘어나고 있다.

　웹사이트를 이용한 상담은 시간적 간격을 두고 진행되는 상담이지만, 역
시 즉각적이고 신속한 회신 및 교신이 바람직한 원칙일 것이다. 그리고 웹
사이트를 이용한 실시간 정보제공과 치매간호교육이 가능하며, 전국 시설에

대한 정보서비스도 가능하다. 그러나 이러한 웹사이트 중에는 정확하지 않은 치매관련 정보를 올려놓은 곳들도 간혹 있으므로, 치매전문기관에서 이들 사이트에 대한 자료수정 요구의 책임을 수행할 필요가 있다.

서울시 치매노인종합상담센터 http://www.alz.or.kr

3. 가족치료

(1) 치매 가족치료의 범위

치매가족 대상의 전통적 가족치료는 많은 한계를 지니고 있다. 치매가족의 경우 치매환자로 인한 간호 부담 때문에 가족 측에서 가족치료 전문기관을 방문한다는 것이 매우 어렵기 때문이다. 따라서 치매가족에 대한 가족치료는 가정을 방문하여 시행하는 것이 바람직한 접근방법이 된다. 또한, 가족 중의 일부를 면담하거나 전화상담을 병행하는 치료적 개입도 바람직한 가족치료적 접근이 될 수 있을 것이다. 가족치료과정에서는 면접을 통한 가족관계 및 가족역동의 변화를 모색하는 것도 의미가 있지만, 그보다는 가족역할의 재조정, 가정 내의 협력체계 구축 등 보다 현실적이고 구체적인 지원서비스가 더 큰 의미를 지닌다.

치매가족의 경우 부양역할부담이 가족성원 중 한 명에게 가중되는 경향이 많다. 따라서, 가족과의 치료모임을 통하여 이러한 가족성원 간의 역할을 재조정하는 것이 바람직하며, 어느 한 성원에게 과중한 역할이 가중되는 것을 방지 또는 완화시켜야 할 것이다. 이를 위해서는 가족체계 내의 역할분담 방식을 구체적으로 조사하여 개인의 역할수행능력에 맞게 재조정해 나가야 할 것이다. 이러한 역할 조정을 위해서 '생활시간 관리기법'이 유용하게 활용될 수 있다.

(2) 치매가족 상담의 원칙

가족성원이 치매증상을 보이는 것은 전체 가족의 적응과 가족관계의 재조정을 요구하는 위기상황이다. 가족이 이 위기상황에 효과적으로 적응할 경우에는 가족 결속력의 증진, 부양자 측의 자기 존중감 및 유능성 증진과 같은 긍정적 결과를 낳는 경우도 있다. 그러나 많은 경우 위기상황에 적절하게 대처하지 못하고 가족관계를 재조정하지 못함으로써 갈등적인 가족관계에 직면하게 된다.

가족 내에서 이러한 역기능적 상호작용의 연쇄과정이 반복되지 않게 하기 위해서는 부양자를 비롯한 가족성원 모두가 상대방에 대한 역할기대를 하향조정하고, 지속적인 가족 간의 대화와 치매노인 간호활동에의 공동참여를 통해서 치매노인 부양태도나 부양방법에 대한 의견차이의 발생을 예방할 필요가 있다. 그리고 가족성원들 간에 상호이해의 도모와 역할재조정을 통하여 가족 내 협동적 분위기를 창출해야 한다. 갈등이 심한 경우에는 가족관계 강화 프로그램에 참여하거나, 가족상담·가족치료를 받음으로써 가족갈등이 만성화되는 것을 예방 또는 조기 해결을 모색하여야 한다. 이러한 노력의 치매가족 상담프로그램에는 가족갈등의 연쇄과정을 파악하여 그 연결고리를 단절시키는 가족치료적 개입기법이 포함되어 있다.

4. 치매가족을 위한 집단적 개입

(1) 집단 프로그램의 유형

치매부양가족이라는 동질적 집단을 대상으로 한 '교육적·지지적 집단 프로그램'이 치매가족에게 매우 효과적인 것으로 알려져 있다. 현재 우리나라 노인복지기관의 전문 인력과 재정부족 현상을 감안할 때, 집단상담 및 사회복지적 집단 프로그램이 효과적일 것으로 보인다. 이러한 집단 프로그램은 치매에 대한 의학적 이해, 치매노인의 증상과 기능저하에 대한 대처방법, 노인과의 효과적 관계형성 방법, 자기보존전략 등에 대한 교육 및 정보제공 등을 주 내용으로 한다. 아울러, 집단성원들의 부양부담경험을 공유하고 상호 지지하는 목적을 동시에 성취할 수 있는 '교육적·지지적 집단 프로그램의 성격'을 띠는 것이 가장 적절한 접근일 것이다.

'교육적·지지적 집단 프로그램'은 특히 치매노인의 부양자들을 대상으로 한 프로그램으로, 대체로 '가족모임'이라는 명칭으로 활용될 수 있다. 현재 우리나라에서 치매가족모임이 아직 활성화되어 있지 않은 형편이고, 참여하는 가족 수가 적기 때문에 치매노인의 특성이나 가족특성에 따른 동질적 소집단 운영이 활성화되지 않고 있다. 치매노인 부양가족이라는 점은 같지만 여타 특성들은 각기 다른 이질적 집단을 구성하여 운용되고 있다. 그보다는 가족의 부양부담 차원과, 치매노인의 치매 정도 등을 고려하여 가능한 한 동질적 집단을 구성하는 것이 바람직할 것이다. 그 이유는 동질성이 높은 집단일수록 집단 성원들 간의 정서적 결속력이 높고, 보다 활발한 상호작용과 상호지지가 이루어지기 때문이다.

교육적·지지적 집단에서 다루어져야 할 주요 의제로는 치매와 치매노인의 기능변화에 대한 의학적 이해, 치매증상별 대처방법과 간호방법 외에, 치매노인을 위한 각종 치료방법(인지요법, 작업요법, 미술요법, 음악요법,

문예요법, 원예요법, 회상요법, 운동요법, 물리치료 등), 가족생활환경의 정비 및 효과적 가족관계형성 방법, 부양자의 건강 및 스트레스 관리기법, 시설 및 재가서비스에 대한 정보제공 등이 있다(권중돈, 1996).

(2) 집단모임의 운영

집단성원에 대한 교육 및 정보제공 목적의 집단모임은 전문강사가 있기 때문에 1명의 집단사회복지사(또는 집단상담자)가 진행하는 것이 가능하다. 그러나 부양부담경험의 공유와 정서적 지지에 초점을 둔 집단모임에서는 2명의 지도자가 참여하는 것이 바람직할 것이다. 부양부담경험에 관련된 정서적 감정을 공유하는 과정에서 특정 성원이 과도한 감정표현을 할 경우, 한 명의 집단사회복지사가 그 성원의 감정처리를 위한 개입을 하고, 다른 한 명의 지도자가 전체 집단 성원들의 상호작용을 포함한 집단과정을 이끌어갈 수 있는 공조체제가 가능하기 때문이다. 그리고 집단 프로그램 이후의 자조(自助)집단의 형성을 위하여 집단 내의 자생적 지도력을 미리 개발하는 것이 필요하다. 특히 치매노인을 부양한 경험이 있는 부양자를 가족모임(자조집단)의 자생적 지도자로 활약하도록 하는 것이 매우 유익하다.

교육적·지지적 집단에서는 소집단과 대집단을 모두 활용할 수 있지만, 성원들 간의 정서적 지지와 상호지지라는 목적을 달성하기 위해서는 폐쇄형의 소집단 접근이 보다 적절할 것이다. 교육 및 정보제공의 목적을 달성하기 위해서는 보다 구조화된 지도자 중심의 집단이 적절한 반면, 집단성원들 간의 정서적 공유와 상호지지가 목적이라면 보다 비구조화된 성원 중심의 집단이 보다 유익할 것이다.

치매노인 주 부양자들의 경우 장시간의 집단모임 진행은 집단참여뿐만 아니라 주 부양자의 부양역할 수행에도 부정적 영향을 미칠 수 있기 때문에 집단모임의 시간은 1시간 내외로 제한하는 것이 바람직할 것이다. 만약 교육적 · 지지적 집단 프로그램을 실시하는 기관에서 치매노인을 위한 주간 보호서비스나 가정봉사원 파견서비스를 제공할 수 있다면 집단모임의 길이 는 좀 더 연장해도 무방할 것으로 보인다. 그리고 전체 회합의 횟수는 8회 정도로 진행되는 것이 바람직할 것이며, 모임빈도는 집단성원들의 시간적 편의를 최대한 고려하여 결정하여야 할 것이다. 모임장소는 집단의 크기에 따라 달라질 수 있으나, 모임의 목적이 교육과 정보제공일 경우에는 강당이 나 회의실도 무방하지만 정서적 공유와 지지에 초점을 둔 모임에서는 특히 조용한 물리적 환경의 집단상담실(또는 회의실)이 적절할 것이다.

4.7 노인학대와 상담

1. 노인학대의 개념

노인학대라 함은 노인에 대하여 신체적 · 정신적 · 성적 폭력 및 경제적 착 취 또는 가혹행위를 하거나 유기 또는 방임하는 것을 말한다(노인복지법 제 1조의 2 제3호). 노인학대는 노인의 가족 또는 타인이 노인에게 신체적, 언 어 · 정서적, 성적, 경제적으로 고통이나 장해를 주는 행위, 또는 노인에게 필요한 최소한의 적절한 보호조차 제공하지 않는 방임, 자기방임 및 유기를 의미한다.

최근의 연구(권중돈, 2012)에 의하면 노인학대 발생률이 30.8%에 이를 정도로, 노인인구가 늘고 노인부양에 대한 부담이 늘어나면서 노인학대의 발생률도 증가하고 있다. 치매노인을 부양한다는 사실은 가족들에게 스트레 스가 되거나 긴장을 야기하는 요인이 되므로, 대안적 부양자나 지원이 없으 면 부양자와 노인 중 어느 쪽이 가해자이고 어느쪽이 피해자인지 분류하기 어려워진다. 따라서 학대의 악순환을 막을 수 있도록 가해자와 피해자 모두를 위한 상담이 필요하다.

노인학대의 유형과 유형별 노인학대의 구체적인 행위는 〈부록 10〉에 일목요연하게 작성되어 있으니 참고하기 바란다.

2. 노인학대상담의 개입방향

어느 상담에서나 내담자가 자신의 문제를 있는 그대로 잘 드러내는 것이 중요한데, 위축과 우울을 동반하기 쉬운 학대 받는 노인의 경우 두려움이나 무력감으로 말을 하지 않을 가능성이 많다. 그러므로 상담자는 내담자가 안전함과 편안함을 느끼는 가운데 자신의 이야기를 할 수 있도록 정서적 지지를 충분히 해 주어야 한다. 나아가 학대 받는 노인뿐 아니라 학대하는 가해자를 비롯한 가족을 대상으로 가족치료를 병행하는 것이 더욱 바람직할 것이다. 또한 학대의 정도가 심한 경우에는 노인 및 가족의 욕구와 상황 파악, 사례의 위급성, 노인의 안전 여부 등을 고려하여 필요한 경우 관련기관에 법적인 보호를 받도록 돕고 사후관리도 해야 한다.

노인학대에 대한 상담적 개입을 언급하기 전에 노인학대의 특성을 살펴볼 필요가 있다. 우선, 실태조사에 의하면 우리나라는 신체적 학대보다 심리·정서적 학대가 많음에도 불구하고 가시적이며 물리적 증거가 있는 것을 중심으로 학대를 인식하기 때문에 학대에 대한 사회적 공감대가 형성되어 있지 않다. 또 학대는 한 가지 원인이 아닌 여러 원인들이 복합적으로 작용해 일어나고, 학대상황이 장기적이고 지속적으로 진행되는 경향이 있으며, 학대의 주된 가해자가 아들, 며느리 등 직계가족이므로 학대사실이 외부에 알려지지 않도록 은폐하기 쉽다.

노인학대의 이러한 특성들을 고려할 때 상담의 개입방향에 대한 이호선

그림 4-2 노인학대에 대한 업무처리도

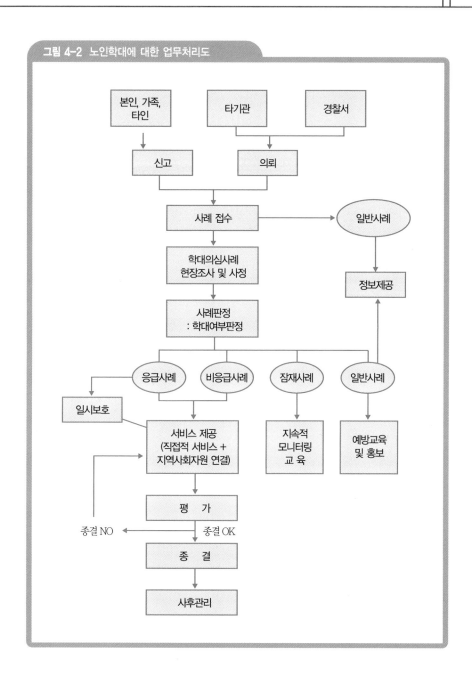

(2012)의 다음 견해에 저자도 뜻을 같이 한다.

① 학대 받는 노인은 상담자에 대해 충분히 신뢰한 후에야 자신의 감정에 대한 심리적 반응을 나타내므로 내담자에 대해 충분히 지지·격려하고 안도감을 느끼도록 하여 신뢰관계를 확보한다.

② 학대의 내용과 그로 인한 신체적·심리적 피해, 학대의 시작 시기, 현재의 학대 정도, 학대에 연루되어 있는 사람, 학대당할 때의 도피처 여부 등 학대에 관련된 다양한 정보를 구체적으로 파악한다.

③ 노인이 학대의 원인을 외부에서 찾는 경우 그 내용과 경위에 대한 심리적 평가를 살펴보아야 한다. 그리고 자신의 내부에서 원인을 찾을 때에는 가해자가 자녀인 경우가 많기 때문에 자신이 양육을 잘못했다거나 잘해 주지 못했기 때문이라는 등 학대의 근본적인 원인을 피해자인 자신에게 돌리기 쉽다. 이로 인해 우울감, 자책감, 수치심을 느끼게 되므로 상담자는 그러한 감정의 정도를 파악하고 그에 대해 애도할 시간을 충분히 갖도록 한다.

④ 학대 받는 상황에서 스스로 어쩔 수 없다고 느끼게 되면 무기력감이나 자살충동을 느낄 수 있다. 상담자는 이러한 정서를 신중히 살펴 자살 가능성이 있을 때에는 슈퍼바이저에게 알린다.

⑤ 학대 받는 노인들은 가족의 지지를 받지 못하고 고립감을 느끼는 경우가 많으므로 심리적·정서적 지지를 통해 자존감을 갖도록 돕는다.

⑥ 가해자 이외에 자녀, 가해자에게 영향을 미칠 수 있는 사람, 절친한 친구 등 학대 상황에서 벗어나도록 개입할 수 있는 지지망을 형성해 주도록 한다.

4.8 노인 성생활 상담

장수노인의 증가와 더불어 건강한 노년기 시간이 증가하고 있는 현대사회에서도 노인층의 성생활을 긍정적으로 보지 않는 경향이 남아 있다. 노인의 이미지는 '백발, 돋보기, 옹고집' 등 부정적인 것들이 대부분이며 건강한 노인층이 확대된 현재에도 이러한 인식이 변화하지 않은 가운데, 실제 성생활은 노년기까지 지속적으로 진행되고 있으며 성을 즐기는 노인인구 역시 늘어나고 있는 추세이다. 이제 노년기의 성문제도 상담의 중요한 영역으로 인식되어야 할 시점에 있다.

오진주와 신은영(1998) 등 최근 연구에 의하면 노인의 이성교제나 성적 문제에 대한 관심은 연령 및 건강상태와 무관한 것으로 나타나 있다. 성적 욕구는 식욕과 함께 인간의 가장 기본 욕구이다. 실제로 노후에도 성생활이 활발하고 관심도 대단한 것이 사실이라면, 노년기 성문제에 대한 긍정적 논의와 관심 표현은 노년기 삶의 질을 높일 수 있는 하나의 대안이 될 수 있다 (박차상 등, 2005).

1. 노년기 성생활 실태

연령 증가에 따라 성적 능력이 대체로 저하하면서도 나이가 들수록 성을 즐길 수 있는 지식과 기술은 증가한다. 또한 이성에 대한 관심과 욕구는 식욕과 마찬가지로 임종에 이르기까지 지속되는 것으로 연구결과들에서 입증되고 있다. 표본크기의 제한과 솔직한 응답을 기대하기 어려운 점 등 때문에 많은 연구가 이루어지지 않았으나, 기존의 조사연구들을 바탕으로 노인의

성생활 실태를 요약하면 다음과 같다(강지연 & 박부진, 2003).

① 대부분의 노인들이 70대까지 성에 대한 관심이 보통 이상으로 유지되고
   있으며 성생활을 중시하고 있다.
② 노인의 선호 성행위 유형은 성교 외에 포옹, 키스, 자위행위 등 젊은이
   들과 대체로 비슷한 유형으로 나타나고 있는 가운데, 배우자가 없는 노
   인의 과반수가 자위행위를 하고 있다.
③ 건강하고 원만한 부부관계의 노인인 경우는 성생활의 빈도에 있어서 젊
   은 층과 거의 차이가 없다.
④ 남녀 모두 성 지식은 매우 낮은 편이고 오랄 섹스에 대해서는 대부분 모
   르거나 부정적으로 인식하고 있으며, 이성에 대한 성지식의 부족과 자
   기중심적인 성행위로 인하여 배우자와의 성관계가 대체로 만족스럽지
   못한 사례가 많은 것으로 나타났다.

2. 노년기 성상담 개입방향

성생활이 노년기 삶의 질을 좌우하는 한 요인임을 감안할 때, 노년기 성생
활 적응을 위한 개입방향을 정리, 인식해 둘 필요가 있다. 즉

① 노년기 성적 지식, 정보를 향상(현실화 등)시킴으로써 생리적 노화에 따
   른 대처가 가능하게 하고, 비현실적 과잉기대를 방지하도록 한다. 이를
   위해 전문상담기관 또는 노인복지관에서 노년기 성문제 관련 교육프로
   그램을 운영할 수 있을 것이다.
② 지역사회 전체 구성원들을 대상으로 한 계몽 교육을 통해 노인의 성욕구
   와 성생활 실태를 알리고, 긍정적인 시각과 자세로 전환하도록 시도할

필요가 있다.

③ 시설 거주 노인이나 배우자와 사별한 노인들의 성적 욕구 해소를 위해 시설 종사자 및 가족들의 관심이 중요하다. 김홍란(2003)은 시설노인들도 환경적 여건이 적절할 경우 건강한 성을 누릴 수 있음을 시설관계자들이 인식해야 한다고 주장한다.

따라서 노인시설에는 공동의 방뿐만 아니라 개인 방이 있도록 하고, 남녀 노인 간의 만남을 단절시키지 않는 구조로 시설이 건립, 운영되도록 권유하는 입장이 바람직할 것이다. 요컨대, 상담자의 입장에서는 노인 내담자의 친밀감 욕구를 해소할 수 있도록 자문해 주고, 노인 및 시설관계자들을 대상으로 노인 성생활 관련교육 프로그램의 운영을 지원할 필요가 있다.

4.9 노년기 위기상담

1. 위기의 개념

노인문제에서 위기로 분류될 수 있는 구체적인 세 가지 상황은 첫째, 내담자의 인지적 손상이 매우 심해서 운전이나 독립적인 생활을 한다는 것이 치명적이라고 판단되는 경우다. 둘째는 우울하거나 희망이 없다고 느끼는 경우로 자살 위험이 있는 상태다. 셋째는 내담자가 학대 혹은 방임을 당하고 있는 경우다. 상담자는 심리치료전문가로서 내담자가 자신이나 타인을 위험에 빠뜨릴 수 있다는 확신이 들면 그들을 보호할 의무가 있고 필요에 따라 관할 기관에 보고해야 한다.

2. 위기상담 개입방향

인지손상이 경미한 정도를 넘어 중등도 이상인 노인의 경우, 자동차를 조작하는 것은 자신이나 타인에게 위험할 수 있다. 또 내담자가 자금관리, 식사준비, 응급상황 대처, 전화사용 같은 일상생활 활동을 할 수 없는 경우도 위험하다. 이런 경우에는 가족과 접촉하여 내담자의 상태를 설명하고 안전을 위한 협의를 하는 것이 필요하다. 가족이 없다면 노인 보호 담당 기관에 접촉하여 안전한 시설에서 생활할 수 있도록 조치해야 할 것이다.

자살충동이 있는 노인내담자에 대해서는 상담자가 더욱 기민하게 살피고 대처해야 한다. 연구결과에 의하면 자살한 노인 중 많은 사람이 자살하기 얼마 전 자신의 주치의를 방문했다고 한다. 약 75%가 그달 안에, 20%는 24시간 이내에 의사를 찾아갔다는 사실은 상담자가 노인내담자의 자살 잠재성을 경계해야 한다는 것을 시사한다. 노인상담에서 노인우울검사를 기본적으로 실시하는 것은 필요한 활동으로 생각된다.

내담자가 자살을 생각하거나 계획한다는 것을 발견하면 다음의 질문을 차례로 하는 것이 좋다.

① "어르신, 지난 2주간 기분이 어떠셨습니까?"
② "최근에 하시는 일에 흥미를 잃었습니까?"
③ "인생이 살 만한 가치가 없다는 생각을 하셨습니까?"

노인내담자는 이 질문들에 대해 다음과 같은 반응을 보일 수 있다.

"우리 가족은 내가 없는 게 더 좋을지 몰라요."
"나는 질병과 통증 때문에 내일을 기대하지 않아요."

"내 상황은 희망이 없다는 생각이 종종 들어요."

이런 경우에는 자살 가능성의 심각성을 결정하기 위해 다음의 질문으로 자살사고 패턴의 빈도와 강도를 평가한다.

"어르신은 이런 생각을 얼마나 자주 하십니까?"
"이렇게 느끼신 지 얼마나 됐습니까?"
"내가 없는 편이 우리 가족에게 더 좋을 거라고 생각하는 특별한 상황이 있습니까?"

그다음 질문은 긴박성과 치사성을 묻는 것이다.

"어르신은 자살을 계획한 적이 있습니까?"
"자살을 어떻게 시도하려 합니까?"
"자살하려고 약물이나 위험한 도구를 가지고 다니십니까?"

내담자가 자살생각을 갖고 있지만 급박하지 않다고 판단되면 우울해질 때 상담자에게 전화를 하겠다는 약속을 받고, 가족 또는 주변인과 접촉하여 지지-감시 체계를 세우는 것이 필요하다. 최악의 경우는 우울한 노인내담자가 자살계획과 자살의도가 모두 있는 상태다. 이때는 강제 입원이 필요할 수도 있다.

앞서 기술한 노인 학대와 노인 방임 역시 노인의 안위에 관계된다. 상담자는 정서적 지지를 통해 내담자가 자존감을 회복할 수 있도록 도와주는 한편, 내담자의 가족 및 주변인들로 지지망을 형성하도록 하고 필요한 경우에는 관련 기관에 보고하여 보호 받을 수 있도록 조치한다.

노년기 위기

통계청에 따르면 2010년 우리나라 총 인구 중 65세 이상 고령인구 비중이 11.3%로 5년 전에 비해 24.3%나 급증한 것으로 나타났다. 전국 시·도의 고령인구 비율이 7%를 넘어서며 본격적인 고령화 사회에 진입한 것이다. 노인 가구가 크게 증가하면서 가족들과 함께 사는 가구(47.3%)보다 노인 혼자 살거나 부부끼리만 따로 사는 가구(52.3%)가 더 많은 것으로 나타났다. 특히 여성 노인가구가 남성 노인가구에 비해 4배 가까이 많았다. 이와 같이 본격적인 고령화 사회에 접어들었고 인구 고령화가 급속하게 진행되고 있지만 그 모습은 빈곤, 자살, 학대 등으로 우울하다.

우리나라의 노인 빈곤율은 2010년 45.1%로 OECD 회원국 중 1위로 노인 2명 중 1명이 가난에 허덕이고 있다. 이는 OECD 평균 13.3%의 3.4배에 이르는 수치며 일본 22%, 그리스 23%, 미국 24%의 두 배에 달한다. 정부가 우리 사회의 급속한 고령화를 고려해 근로자 정년 연장을 통해 은퇴자들의 노후 준비 기간을 늘리는 방안을 추진키로 했으나, 이 같은 조치가 국민연금 납부시기 및 향후 받을 연금액을 늘려 2060년으로 예상되는 국민연금 고갈시기를 오히려 앞당길 것이라는 우려도 있다. 이러한 빈곤문제와 건강, 가족에 대한 정신적 부담, 상실감과 사회적 고립 등은 자살률과 관련이 있다. 우리나라의 자살률은 OECD 회원국 가운데 1위인데, 인구 10만 명당 65~74세 노인자살은 81.8명으로 일본 17.9명, 미국 14.1명의 4~5배에 이른다. 75세 이상 자살률은 무려 160명이 넘는다. IMF 외환위기 이후 사회양극화가 빠르게 진행되면서 경제력을 상실한 노인들이 설 곳을 잃고 있으며 핵가족화 상황에서 자녀들에게 부담을 주지 않기 위해 극단적인 결정을 하고 있는 것이라고 분석되기도 한다.

학대를 받는 경우도 급증하여 2005년 연간 2,038건이던 노인 학대 신고건수는 2010년 3,068건으로 2005년 대비 50% 이상 증가했다. 학대의 대부분은 아들, 딸, 배우자, 며느리, 사위, 손자손녀 등에 의해 벌어지고 있는데, 특히 신속한 개입이 필요한 신체학대 사례가 급증하는 모습을 보여 2005년 665건에 비해 2010년에는 2배에 달하는 1,304건으로 증가했다. 학대 상담건수는 이보다 훨씬 많아 2005년 1만 3,836건에서 2010년 4만 7,988건으로 3.5배나 늘었다.

문제는 기존에 전통적으로 가족의 부양을 받아왔던 노인들이 독립된 가구로 생활을 하게 되면서 경제적 수단을 확보하지 못해 노인 빈곤 가구로 전락할 확률이 높아진다는 것이며, 특히 여성 노인 가구의 빈곤화 우려가 높다. 부양가족이 있더라도 다양한 형태의 학대로 인해 괴로움을 겪고 있는 경우가 점차 늘어가고 있어 한국에서 노인으로 산다는 것은 참으로 고달픈 일이 되어 버렸다. 노인문제 해결을 위해서는 인식 전환 및 제도적 장치가 필요하다. 노인의 인권보호를 위해서는 일반 시민과 노인복지종사자의 노인 인권에 대한 인식을 증진시켜야 하며, 노인 학대 및 빈곤의 원인을 근원적으로 제거하기 위한 복지정책을 강화해야 한다.

4.10 중노년기 은퇴상담

1. 은퇴의 개념

은퇴에 대해서는 전일제 근무를 하는지 여부, 은퇴연금을 받는지 여부에 초점을 둔 경제적 정의가 있고, 은퇴의 의미와 상징에 초점을 둔 사회적 정의도 있으며, 사회현상학적 정의에 의하면 은퇴의 의미는 은퇴자의 주관적인 인식에 따라 개인마다 다르다. 이와 같이 관점에 따라 정의는 다양하지만 은퇴는 직업적인 일을 중단하고 특별한 직업이 없는 생활을 시작하는 전환점이 되며, 한 역할에서 다른 역할로의 전이를 의미한다. 따라서 은퇴는 생애 주요 변화이고 지위, 역할, 경제에 영향을 끼치므로 은퇴 전후로 상담을 통해 무기력감, 상실감, 우울감 등 부정적 정서를 다루는 것이 필요하다. 또한 일상적인 문제를 해결하며 상황에 제대로 대처할 수 있고 자신에게 적절한 대안을 찾을 수 있도록 도움을 받는 것이 바람직하다.

2. 은퇴상담 개입방향

내담자가 경험하는 은퇴상황, 문제의 범위, 은퇴과정, 그 과정의 경험 강도에 따라 상담자의 개입전략은 달라지지만 일반적으로 은퇴상담은 세 가지 단계, 즉 경청단계, 평가단계, 개입단계를 거친다.

(1) 은퇴 전 상담

은퇴 전 단계는 언제 은퇴할 것인지, 미래에 무엇을 할 것인지 등을 생각하기 시작하는 단계로 은퇴 15년 전부터 시작된다. 대부분 중년기에 은퇴 전 단계를 경험하므로 은퇴 준비는 중년의 이슈로서 이 시기에 여러 가지 심리적, 생리적 변화가 일어난다.

① 경청단계에서는 내담자가 경험하는 슬픔, 분노, 죄책감, 불안 등 여러 감정을 표현할 수 있도록 하고 상담자는 공감적으로 내담자의 말을 주의 깊게 경청한다. 감정 해소의 촉진과 함께 이러한 감정 경험은 정상적이며 개인마다 은퇴에 대한 해석과 관점이 다르다는 것을 인식하도록 돕는다.
② 평가단계에서는 은퇴를 준비할 수 있는 내담자의 현재 능력, 은퇴 전의 문제 정도, 은퇴 계획 등을 알아보는 것이 중요하다. 상담자는 은퇴에 대한 정보를 제공하고 노화 및 노후에 대해 새롭게 인식하여 절망감을 극복하고 대안을 찾을 수 있도록 돕는다.

③ 개입단계에서는 내담자 문제의 심각성, 내담자의 감정, 적응력, 경제적 능력에 따라 비지시적, 지시적, 협력적 접근을 할 수 있다. 은퇴 전 상담은 개인상담으로 이뤄지기도 하지만 집단상담이 일반화되어 있는데, 대체로 2시간씩 10회기로 진행된다. 1회기는 은퇴 준비를 위한 이론 소개와 프리젠테이션, 토론 등을 하고, 2회기는 연금제도와 자격, 부채 등 경제적인 계획에 초점을 맞추고, 3회기에서는 토지, 신용 펀드, 변호사의 조력 등 법적 정보를 제공한다. 4회기는 노화에 따른 신체 및 인지기능의 변화를 다루고, 5회기에서는 주거와 생활유형을 조사하고 부동산을 어떻게 변환시킬 것인지를 검토한다. 6회기에서는 노인 관련 봉사단체와 다양한 조직과 협회에 대해 이야기하고, 7회기는 가족 및 친구관계의 중요성을 강조한다. 8회기는 은퇴 후 겪게 되는 심리적 변화를 다루며 9회기에서는 은퇴자의 취업 기회에 대해 알아보고 새 직장에 대한 긍정적, 부정적 측면을 조사한다. 마지막 회기에서는 봉사활동, 특히 요양시설과 노인을 위한 프로그램, 정신건강을 위한 활동, 레크리에이션 프로그램에 대해 교육한다. 회기 중에는 토론 시간이 포함되며 다양한 분야의 전문가들이 참가하게 된다.

(2) 은퇴 결정 상담

은퇴 결정 상담의 목적은 첫째, 내담자가 비자발적인 은퇴를 했다고 하더라도 퇴직 결정을 스스로 했다고 느끼도록 돕는 것이고 둘째는 은퇴를 언제, 어떻게 할 것인가에 대해 최선의 결정을 하도록 돕는 것이다.

① 경청단계에서는 내담자의 은퇴 결정, 특히 퇴직 시기와 상황에 대해 느끼는 여러 감정을 들어주고 공감해 주어야 한다. 은퇴를 결정하는 이런 전환기에서 가장 많이 경험하는 감정은 불안감이며 상황에 따라 슬픔이

나 흥분이 따를 수 있다. 비자발적 은퇴자의 경우에는 깊은 슬픔, 배신감, 우울감을 경험하게 된다. 상담자는 불확실성 대처를 어떻게 도울지를 평가하고 내담자 안심시키기, 감정을 말로 표현하도록 격려하기, 전환기에 관한 교육, 체계적 둔감법, 자기 기분전환 기법, 쓰기 등의 기술을 사용하여 중재한다.

② 평가단계에서는 은퇴의 선택사항 및 문제를 검토한다. 은퇴 결정과 관련하여 중요한 요소는 수입, 퇴직수당, 건강, 가족사항, 은퇴에 대한 자세, 성격 등이다. 상담자는 이러한 여러 요소를 고려하여 내담자가 어떻게 은퇴할 것인가(완전/부분은퇴)를 결정하는 데 도움을 줄 수 있고, 은퇴 후 어떻게 시간을 보낼 것인지를 계획하는 일도 중요한 논의 문제다.

③ 개입단계에서 상담자는 내담자를 도와 은퇴 상황을 재해석하고 주도적으로 결정하는 방식을 제시하는 것이 주요 역할이다. 내담자에 따라 상담의 접근 방법이 다르지만 대부분의 경우, 퇴직 결정 상담은 상담자가 내담자를 지원, 안내, 지지하는 비지시적 상담이다. 상담자의 역할은 내담자에게 중요한 퇴직 결정을 재검토하고 이야기하도록 하는 장(場)을 제공하는 것이다.

(3) 은퇴 적응 상담

은퇴 문제는 은퇴 후의 어느 시점에서도 발생할 수 있지만 대부분은 자원의 변화와 생활양식의 혼란이 가시화될 때인 은퇴 후 1년 동안 나타난다. 은퇴 후 6개월 동안 안녕감이 가장 크게 감퇴되고, 그 후로 개인에 따라 안녕감에 변화가 없거나 증가 또는 쇠퇴된다.

① 은퇴가 이미 이루어진 전환기에 처한 내담자는 은퇴 적응 문제를 겪으면서 대체로 불안과 우울을 경험한다. 경청단계에서 상담자는 대화를 통해

신뢰와 촉진적 관계를 확립하여 내담자가 자신의 감정을 관리, 수용, 통
제할 수 있도록 돕는다.

② 평가단계에서는 은퇴 적응에 영향을 미치는 자원들을 평가하는데, 은퇴
적응의 예측인자로는 수입, 직업적 지위, 건강, 결혼상태, 사회적 지지망,
대처 기술 등이 있다. 내담자의 성격 특성과 강점, 가족사, 상실 경험, 알
코올 남용 등에 관한 개인사도 고려되어야 한다. 또한 내담자의 은퇴 계
획이 오랫동안 잘 준비되고 실제적이었는지도 검토 대상이다.

③ 개입단계에서는 은퇴자가 당면하는 감정 중 가장 일반적인 불안을 비롯
한 부정적인 감정을 해소하도록 돕는다. 불안이 언제 나타나는지, 무엇
이 불안의 예측인자인지, 어떤 형태의 불안인지를 결정하고 내담자의 대
처능력, 사회적 지원, 성격, 가족사도 조사한다. 그러한 정보를 바탕으로
불안 감소에 사용하는 인지적 변화, 노출, 인지적 재구조화 등의 기법을
적용한다(은퇴상담에 대해서는 이장호 등, 2008, 은퇴상담 참조).

4.11 외래 노인내담자 상담의 첫걸음

1. 노인상담자의 준비와 자세

노인상담에서는 내담자가 노년기에 처해 있음으로써 경험하는 특수한 문제
뿐만 아니라 젊은이가 호소하는 것과 유사한 문제도 다룬다. 그러나 호소문
제의 이름은 분류상 젊은 내담자와 동일하다 하더라도 그 내용은 다르다.
그들의 문제를 이해하고 돕기 위해서 첫째로 노인상담자는 노년학 분야의
최신 연구결과를 공부할 필요가 있다. 특히 노화 관련의 의학적 연구와 행
동과학 영역의 최신 지식을 갖추고 있도록 노력해야 할 것이다. 둘째, 일반

그림 4-3 인간수명의 직사각형 구조화

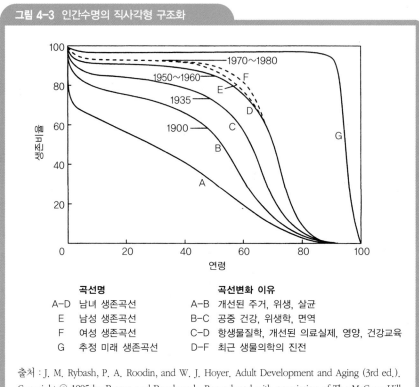

곡선명		곡선변화 이유	
A-D	남녀 생존곡선	A-B	개선된 주거, 위생, 살균
E	남성 생존곡선	B-C	공중 건강, 위생학, 면역
F	여성 생존곡선	C-D	항생물질학, 개선된 의료실제, 영양, 건강교육
G	추정 미래 생존곡선	D-F	최근 생물의학의 진전

출처 : J. M. Rybash, P. A. Roodin, and W. J. Hoyer. Adult Development and Aging (3rd ed.).
Copyright ⓒ 1995 by Brown and Benchmark. Reproduced with permission of The McGraw-Hill
Companies.
주 : 이 그래프는 예로부터 현재까지 인간의 생존동향을 나타낸다. 곡선들은 지난 180년 동안 직사
각형의 생존곡선에 빠르게 접근해 왔다는 것을 보여준다.

적으로 노인내담자는 상담자보다 연령이 높고 상담자와는 매우 다른 역사
를 가지고 있다. 노인이 경험했을 사회적인 사건과 그 당시의 인생경험에
대한 지식을 갖추면 그들과 공감적 관계를 맺는 데 도움이 된다. 셋째, 노인
상담자는 첫 회기부터 노인내담자들을 결코 교육 및 훈련의 대상으로 간주
해서는 안 되고, 그들의 경험을 듣고 이해하는 가운데 상담자가 오히려 배
우는 입장이 되거나 노인내담자의 경험내용에 대한 '합동적 정리자' 역할
을 수행해야 한다.

요컨대 노인의 역사적 배경을 이해하고 노인에게 영향을 끼칠 수 있는 신체, 심리 및 행동 특성에 대한 지식을 갖추고 노인에 대한 경외심으로 배움의 자세를 취하는 것이 필요하다. 그림 4-3에서 볼 수 있듯이 공중건강의 증진과 의료발전 등으로 수명이 극적으로 증가하여 멀지 않아 많은 사람이 생물학적 한계인 110~120세까지 살 것으로 예상된다. 앞으로 늘어날 노인상담 수요에 대비하여 준비된 상담자가 되어야 할 것이다.

2. 외래 노인상담의 의뢰경로

노인내담자가 상담 받도록 의뢰되는 첫 번째 경로는 노인내담자의 성인자녀 혹은 배우자 같은 가족 구성원이다. 상담을 의뢰한 성인자녀나 배우자는 노인내담자에 대한 정보를 주고 상담과정을 격려 및 촉진시키는 역할을 하는데, 첫 회기에 가족 구성원을 참여시키는 것도 좋은 방법이다. 경우에 따라 그들 간의 관계가 조속한 문제 해결에 방해가 되기도 하지만 대부분은 긍정적 영향을 끼친다. 둘째는 사회복지관의 노인복지담당 사회복지사나 실버타운을 포함한 노인시설의 관리자, 셋째로는 상담기관의 상담자를 통한 의뢰인데, 이들은 노인상담의 주 의뢰자이고 노인내담자에 대한 정보를 제공하므로 노인사회복지사 및 전문상담기관의 타 상담자들과 긴밀히 연락하고 협의 관계를 형성 및 유지하는 것이 중요하다. 넷째는 정신과의사의 의뢰인데, 이 경우는 노인내담자가 비현실적인 기대를 하지 않도록 첫 회기에 치료목표와 예후에 대해 충분히 의사소통하고, 의사와의 접촉을 통해 신체질병과 약물치료에 대한 정보를 얻는 것이 필요하다. 마지막으로 노인 본인이 의뢰하는 경우를 들 수 있다.

3. 노인내담자의 제시문제

젊은 내담자의 경우처럼 노인상담에서도 우울, 불안, 인간관계 갈등 등을 외래 노인 내담자들의 대표적 문제로 분류하여 말할 수 있을 것이다. 그러나 그 원인 및 배경 측면에서 그리고 의뢰 경로에서는 확연히 차이가 있음에 주목하여야 한다. 즉 노인층의 우울은 신체적 쇠약화에 따른 생리적 배경이 관련되어 있고, 심리적 불안문제의 큰 원인은 역할상실에 따른 정체위기감과 경제적 빈곤에 연계되며, 인간관계 갈등의 대상은 대체로 불화관계에 있는 자신의 성인자녀들인 것이다.

외래 노인내담자들이 제시하거나 호소하는 문제의 순위는 대체로 다음과 같이 집약될 수 있다.

(1) 성인자녀와의 갈등

우울이나 불안장애는 성인자녀의 현재 행동이 만족스럽지 못할 때 자녀양육에 대한 후회와 되돌릴 수 없다는 절망감과 관련이 있는 경우가 많다. 이런 경우 노인내담자 자신이 부모로서 장점과 약점이 무엇인지, 약점의 배경 및 원인이 무엇이었는지를 이해하도록 하는 작업을 통해 도움을 줄 수 있다. 또한 이러한 이해는 남은 시간의 대처에도 도움이 된다.

(2) 도우미의 고통

신체적으로 약하거나 치매를 앓고 있는 노인을 돌보는 도우미는 주로 배우자다. 이들은 우울을 경험하고 면역기능이 저하되는 등의 고통을 받는 비율이 높은데, 사회적 지지망을 확인하여 확장시키고 효과적인 도우미 행동법을 알려주고 도우미 역할을 해줄 수 있는 주간보호센터나 위탁간호, 도우미 지지집단에 대한 정보를 제공하는 것이 필요하다.

(3) 기억 · 인지기능의 저하

기억에 관한 호소는 노인내담자에게 흔하지만 불안이나 우울이 있을 때 호소 정도는 더 커지므로 호소의 본질을 살펴보는 것이 필요하다. 기억의 어려움을 호소하면 인지기능 평가를 실시하고 필요하면 기억훈련이 포함된 심리치료를 선택하는 것이 좋다. 역설적이게도 인지손상이 클수록 호소는 덜해지는 경향이 있다.

(4) 슬픔

노인은 배우자를 비롯하여 절친한 친구나 친척, 심지어 자녀나 손자손녀의 상실을 경험하게 되기도 한다. 이미 신체 및 인지적 기능이 취약해진 상태에서 사별이라는 큰 스트레스는 주요우울장애로 발전되기도 한다. 그리고 사랑하는 사람이 알츠하이머병과 같은 퇴행성 장애를 앓는 경우에는 또 다른 유형의 슬픔을 경험한다. 애도작업을 통해 사별한 사람에 대한 기억은 존중하되 남은 자는 독립된 개체로서 새로운 정체성을 정립하도록 도와주는 것이 필요하다.

(5) 생활기능 제약에 대한 보상

노인은 건강이나 기능 측면의 변화에 적응하고 결핍을 메울 수 있는 보상적 활동이 필요하다. 예를 들면 일상적인 일을 잊지 않기 위해 알림 전화를 받거나 외출 시 교통 수단을 잘 이용할 수 있도록 필요한 조치를 취하는 것이다. 첫 회기에 노인내담자가 보상이 필요한 상태인지, 보상을 위한 기술을 가지고 있는지를 평가할 필요가 있다.

(6) 죽음 관련 불안 및 공포

연소노인은 다가오는 죽음이 시기상조로 느껴지는 반면, 고령노인 및 초고령노인은 죽음을 수용하는 경향이 있다. 대부분의 노인내담자는 죽음 그 자체에 대해서는 평온해 하지만 죽기 전에 갈등관계에 있는 사람과의 관계 개선과 재정적인 일을 해결하기를 원한다. 죽음에 직면한 노인내담자와의 상담에서는 자아통합에 주의를 기울이며 지지적 개입을 해줄 수 있다.

4. 외래 노인내담자의 평가 및 진단

상담자가 노인상담의 첫 단계에서 수행해야 할 두 가지 주요과제는 신체 건강 상태에 대한 평가와 인지기능 수준에 대한 평가일 것이다. 대체로 노인상담의 첫 회기부터 이 두 영역에 대한 평가가 직접, 간접으로 이루어지게 된다.

(1) 인지기능에 대한 평가

"어머니가 가끔 화를 내시고 한참 동안 울곤 하시는데, 전에 없던 일입니다."
"혼자 살고 계신 엄마가 집에 불을 내지 않을까 겁이 날 정도로 가스레인지 관리를 제대로 안 하세요."

이러한 성인자녀의 불평식 호소가 있더라도 첫 회기에서 곧바로 노인내담자의 인지기능에 대한 정식 평가에 들어가는 것은 바람직하지 않다. 확인해야 할 여러 가지 관련요인들(최근의 자극적 경험의 유무, 가족구도의 영향 등)이 있고, 노인내담자가 자신의 약점이 노출된다고 느낌으로써 평가절차가 초기 상담관계형성의 장애물로 작용할 수도 있기 때문이다. 가능하면 상담기관의 다른 전문가가 정식 인지(기억)기능검사를 면담 전후에 시행하는 것이 바람직할 것이며, 상담자가 직접 평가를 해야 하는 경우에는 먼저 첫 면담 중에 간접적인 질문들("따님의 걱정은 어르신께서 가스레인지 불을 확실히 끄고 외출하시는지인데요……", "요즘 집 안팎 생활면에서 전과 다르게 힘들고 신경 쓰이는 일이 있는지요?")을 통해 점차적으로 평가하는 것이 현명할 것이다.

어렵지 않은 간단한 일(의사 또는 아들과의 약속이나 현직 국가원수의 이름 등)을 기억하는 데 시간이 오래 걸리거나 생각의 연결고리를 자주 잃는다면 상담자가 주목해야 할 측면으로서 노인내담자의 인지기능 저하상태를 시사하는 것이 될 것이나, 우울이나 국소 신경손상이 있는 경우에 인지적 문제와 비슷한 증상이 나타나므로 유의해야 한다.

내담자의 인지장애 유무와 장애의 수준에 대한 객관적인 평가를 위해서는 부록의 '간이정신상태검사(Mini-Mental State Examination: MMSE, 부록 11 참조)'와 '도구적 일상생활활동(Instrumental Activities of Daily Living: IADL, 부록 12 참조)' 척도를 활용할 수 있고 '인물회상검사(name-and-face recall task)'를 할 수도 있다. 인물회상검사는 12명의 이름 및 얼굴사진을 보여준 후 얼굴만 제시하고 이름을 기억해보도록 하는 것이다. 정확히 기억해내는 이름의 수가 치매환자가 아닌 정상노인의 기억과 유사할 때 인지기능은 정상으로 판단할 수 있다. 검사 점수가 정상범위에 속하면 내담자를 안심시키고, 인지손상을 의미한다면 철저한 치매검사를 받도록 한다.

(2) 신체상태의 확인

거의 대부분의 노인내담자는 한두 가지 만성적인 질병을 앓고 있다. 자주 부딪치게 되는 노인 내담자의 신체질병은 파킨슨병, 심장질환, 관절염, 호흡기 질환, 뇌졸중, 실금, 소화장애 등이다. 노인이 경험하는 전형적인 건강문제에 대한 지식을 갖추고 건강문제로 인한 어려움에 관심을 보이면 치료동맹을 구축하고 신체 상태에 맞는 치료계획을 세우는 데 도움이 된다. 그리고 의사와 협의를 통해 신체적 장애와 그 장애의 치료가 내담자의 문제와 어떤 관계가 있는지를 알 수 있다.

신체조건을 확인하기 위해서는 대체로 직선적인 탐문식 질문들을 해도 무방할 것이다. 예컨대, 첫 회기에 다음과 같은 질문을 할 수 있다.

"어르신께서는 어떤 신체적 문제가 있으신가요?"
"관절염 때문에 제대로 못 주무십니까?"
"복용하시는 약 때문에 두통 같은 부작용은 없습니까?"
"뇌졸중 후에 우울증을 경험하셨나요?"

(3) 임상심리학적 진단

임상심리학적 진단명(DSM-IV 포함)을 사용하는 데는 다소 조심해야 할 측면이 있다. 내담자가 자신의 문제를 이해하고 전문가 간 문제에 대한 의사소통을 간편하게 하기 위해서는 단일 진단명이 필요하지만, 실제 면에서는 단일 진단명으로는 결코 내담자 심리상태를 정확하고 포괄적으로 나타내지 못한다는 애로가 있다. 진단은 내담자뿐만 아니라 가족, 상담 및 치료 관련 기관 측 인사들과의 의사소통에 반드시 필요하고 유익한 면이 있다. 예컨대, "제가 이 문제를 여러 전문가에게 말했지만 걱정하지 말라고만 해서 답답했는데, 선생님께서 사회공포증이라 말씀하시고 그 증상이 제 문제와 잘 맞아떨어지니 시원합니다."라는 말은 드디어 누군가가 내 문제를 이해했다는 것을 의미한다. 내담자와 가족에게 그들이 미처 인식하지 못한 인지기능 장애 및 장애의 정도를 밝혀주는 노력은 노인상담자가 상담 및 임상심리전문가로서 당연히 해야 할 일이다.

한편, 진단절차의 단점은 첫째, 이것이 제3자 보고용(기관책임자, 보험업자 등)의 형식절차일 뿐이고 진단명이 내담자의 문제와 꼭 맞아떨어지지 않거나 재정적 이득 외에는 실제 상담에 이득이 없는 점이다. 둘째로는 진단 절차 후 그 진단명을 접하게 되는 건강관리 당국자 및 가족들과의 관계에서 내담자가 불편해진다는 것이다. 즉 내담자 비밀보장 윤리영역에까지 관련될 수 있다는 것이다.

5. 노인상담 첫 회기의 진행과 상담적 개입발언

신체 및 인지적 감퇴를 보이는 노인을 대상으로 하는 상담에서 상담자가 기본적으로 유의해야 할 점이 있다. 상담자는 약간 느린 속도로 단순한 구조의 문장을 사용하여 이야기하는 것이 좋다. 또 밝은 조명 아래서 개인 공간을 침해하지 않을 만큼 가까이 앉아 내담자가 상담자의 얼굴을, 특히 입을 볼 수 있도록 한 상태에서 분명한 발음으로 약간 목소리를 높여 말한다. 이동식 칠판을 이용하여 상담날짜나 상담과정에서 중요한 일을 기록하는 것도 좋고, 앞으로 진행될 상담회기에 대한 개요를 인쇄해 주거나 상담회기의 녹음 테이프를 제공할 수도 있다.

(1) 노인상담의 첫 회기 진행절차

상담의 첫 회기는 치료의 기초를 형성하고 성공적인 치료의 열쇠가 된다. 노인상담의 전형적인 첫 회기는 다음과 같은 절차로 진행된다.

① 비밀보장의 한계에 대한 언급
② 상담실 내담 배경에 대한 경청
③ 잠재적 상담치료 방향에 대한 설명
④ 상담 · 심리치료 과정(접근법)에 대한 안내 설명
⑤ 내담자(가족 포함) 실천 및 유의사항, 다음 회기부터의 진행계획

(2) 노인상담 첫 단계에서의 상담자 개입발언

상기한 노인상담 첫 면담단계의 다섯 개 절차에 따른 상담자의 개입발언 예를 다음에서 살펴보기로 한다.

① "우리가 시작하기 전에 말씀드려야 할 것이 있습니다. 우리가 여기서 하는 이야기는 우리만 알고 있고, 제가 다른 사람에게 절대로 말하지 않습니다. 이것이 개인 정보와 상담내용의 비밀보장입니다. 그런데 이 비밀보장에는 한계가 있습니다. 제가 어르신(또는 선생님)이나 어르신의 주변 사람에게 위험성이 있다고 믿으면 비밀보장의 약속을 어길 수밖에 없고, 어르신이나 관련된 사람을 보호하는 조치를 취하게 됩니다. 여기에 대해서 질문이 없으신가요?"

② "무슨 이야기부터 하시고 싶으신가요?"

"오늘은 어르신께서 여기 상담실로 오시게 된 배경에 관해서 제가 먼저 이해해야 될 것 같군요."

"어르신께 이곳을 추천해주신 가족(또는 의사, 노인시설 담당자 등)과 간단히 이야기를 나누었습니다만, 저는 오늘 어르신의 말씀을 직접 듣는 것이 중요하다고 생각합니다."

③ "제가 보는 바로는 어르신께서는 다소의 우울 증세와 신경과민의 문제를 겪고 계십니다. 그 문제를 해결하는 방법으로는 인지행동치료라고 부르는 상담 방법이 있는데, 이 방법은 어르신께서 말씀하신 문제들을 해소하는 데 상당한 효과가 있습니다. 또 다른 방법으로는 약을 드시는 것인데, 많은 의사와 상담전문가들이 약 복용과 상담의 병행을 추천하지요. 어르신께서 괜찮으시다면 약 복용과 관련해서 담당의사와 의논할 수 있습니다."

④ "이제 몇 분 동안 상담치료가 어떻게 진행될지를 말씀드리지요. 약 한

시간씩 매주 약속한 시간에 우리가 대화를 하게 됩니다. 우선은 어르신께서 말씀을 많이 하시고 제가 열심히 들을 겁니다. 그런 후에 어르신의 입장이 개선되도록 방안을 함께 마련할 것입니다. 어르신 쪽에서 많은 노력을 하시게 될지 모르겠습니다만, 상담 과정에 관련해서 궁금하신 것이 있으신가요?"

⑤ 첫 회기 이후의 진행과 관련해서 중요한 것은 내담자로 하여금 몇 회기 이상의 기본적인 시도기간(상담회기 수)을 약속하도록 하는 것이다. 내담자의 동기 및 문제영역에 따라 다양하게 언급되겠지만, 가령 불안문제가 있는 노인내담자의 경우에 다음과 같이 말할 수 있다. "보통 15회에서 20회에 걸쳐 상담이 진행됩니다만, 어르신의 경우 우선 5회기 진행을 원칙으로 시작해서 5회기에 가서 더 진행할 것인지를 함께 검토하기로 하면 어떨까요?" (외래 노인내담자 상담의 첫걸음에 관해서는 김영경, 2008, 노인상담의 첫걸음 참조)

4.12 우리나라 노인상담의 실태와 향후과제

개정 노인복지법에 의하면, 노인복지를 위한 상담 및 신고의무 담당을 위해 시, 군, 구에 노인상담원을 두어 노인 및 그 가족을 위한 상담, 노인복지에 필요한 환경조사, 시설 입소 상담, 노인 단체 활동 및 취업에 관한 상담 등을 하도록 되어 있다. 현재는 일반직 공무원이 노인복지상담원을 겸직하고 있어 업무과중으로 인해 노인복지상담 업무를 수행하지 못하는 실정이다(현외성 등, 2001).

서구 선진 국가들에서는 지역사회에서 발생하는 노인문제는 대체로 노인상담소에서 상담, 감별하여 가정에 귀가시키거나 재가복지시설, 노인요양원에 입소 혹은 보건 의료기관에 의뢰 조치하여 효율적인 서비스를 제공하고 있다. 이에 비하여 우리나라의 경우는 어떤가? 노인복지법 제28조(상담·입소 등의 조치) 규정은 있으나 상담소 설치규정이 없으며, 제29조(치매관리사업)규정은 있으나 운영재원 및 시설과 인력 등의 부재로 활성화되지 못하고 있음을 우리나라 사회복지학계에서 우려스럽게 지적하고 있다(박차상 등, 2005).

오래전 연구이기는 하나 우리나라 노인상담에 관련된 김태현(1989)의 조사연구는 다음과 같은 실태를 알려주고 있다. 즉 첫째, 조사대상 노인들의 49.8%가 노년기 문제에 대하여 가족과 상담한다고 응답했으며 혼자 해결이 36.2%, 친구, 친척, 이웃 등 비가족원이 14%로 나타났다. 둘째, 상담의 영역별로는 정서, 경제, 신체적 영역은 가족과 상담하는 경우가 압도적이고, 사회적·법률적 상담문제는 혼자서 해결하는 노인들이 40%나 되었다.

이와 같은 조사결과는 노년기 문제해결을 가족 또는 본인이 전담하는 경향과 노년기의 다양한 욕구 및 문제해결에 필요한 사회적 지지망으로서의 상담체제가 부재한 실정을 나타내는 것이다. 또한 우리나라의 전문적 상담문화 정착이 제대로 이루어지지 않은 상태, 특히 노인상담영역에서 노인들의 내향성과 수동성, 전문상담에 대한 인식부족 등이 이러한 현상의 배경이 되고 있는 것이다. 즉 같은 연구에서 영역별 전문상담원의 필요도가 경제영역 51%, 신체 서비스 및 사회적·법률적 영역이 각각 48%인 반면 정서적 영역은 44%로 나타난 사실은, 가족갈등에 대한 은폐 경향과 소극적 인식의 반영으로도 볼 수 있다.

우리나라는 현재의 '고령화사회'에서 10여 년 후부터는 노인 1명의 생계를 18~55세의 생산노동인구 4인이 뒷받침해야 하는 '고령사회'로 진입될 전망이다. 이 같은 추세 때문에 노인문제는 고도로 복잡하고 다양하게 전개될 것이며, 기존의 노인문제뿐만 아니라 지금껏 예측하지 못했던 다양한 영역에서의 전문상담원의 필요성이 제기될 것임이 틀림없다. 노인의 성 문제, 재혼, 자살, 알코올 중독 및 건강관리 영역들이 필수적 노인상담 영역 으로 자리 잡게 될 것이다.

이러한 추세와 전망과 관련하여 노인상담의 과제들을 몇 가지로 요약하면 다음과 같다.

첫째, 노인상담에 대한 사회 전체와 노인세대 자체의 인식이 제고될 필요가 있다. 우리나라가 OECD국가들 중 노인 자살률 1위라는 사실에 비추어서도 전체 국민의 노인상담에 대한 인식제고가 필요한 것이다.

둘째, 노인상담 전문기관의 양적 확대가 필요하다. 즉 일반적 노인복지 차원의 서비스 위주의 노인복지관들에도 노인문제 전문상담원 배치 및 관련 활동이 전개되어야 할 것이다.

셋째, 노인상담의 다양한 영역 서비스를 위한 통합적인 프로그램들이 개발됨으로써 이러한 서비스의 활용 및 노인층의 접근성을 높여야 할 것이다. 이것은 노인상담의 기본적 인프라 구축부분이 될 것이며, 관계 전문가 및 관련기관들의 연계적 접근 노력을 바탕으로 하여야 할 것이다.

넷째, 노인상담을 담당할 전문 인력의 양성이다. 예컨대, 노인복지관 등 복지시설이나 노인상담기관에서도 노인상담 종사인력의 훈련 및 양성에 참여할 필요가 있다. 노인상담요원의 양성은 노인복지 분야의 노인 케어요원 양성과 함께 연계될 수 있으며, 노인복지학과 노인상담심리학 분야의 팀워크 접근과 학제간 연구를 촉진하게 될 것이다.

제 5 장

노인 개인상담 : 사례경험적 접근

5.1 전화 및 사이버 상담사례

 노인 가족관계 문제 : 50대 며느리의 호소

시어머니는 80대 초반으로 2남 2녀를 두셨고 시아버지는 돌아가셨으며, 저는 50대인 큰며느리입니다. 남편인 큰아들은 직장생활을 하면서 그런대로 자리를 잡았지만 작은아들은 뚜렷한 직장 없이 동분서주하고 있는 것을 항상 가슴 아프게 생각하시던 시어머니는 당신이 가지고 계시던 집을 포함해서 몇 억 정도 되는 모든 재산을 둘째 아들에게 주었습니다.

이것을 기반으로 해서 둘째는 식당을 운영하면서 두 부부가 아침 일찍 나갔다 저녁 늦게 돌아오게 되니 자연스레 시어머니가 그 집에 들어가 살림을 해 주게 되었고 2남 1녀의 손자, 손녀의 양육이나 뒷바라지도 시어머니의 몫이 되었습니다. 그 세월이 20년이 넘게 되자 평소에 작은아들은 어머니는 끝까지 자기가 모셔야 한다고 했고, 시어머니도 '나는 이집에 있어야 한다.'고 입버릇처럼 말씀하셨습니다.

그러던 것이 2년 전에 둘째가 식당을 그만두고 다른 업종으로 바꾸면서 아침 11시에 나가는 시간 여유가 생기게 되고 자식들도 다 커서 군에 가고 보니, 평소 그렇게도 시어머니를 끝까지 모셔야 한다던 아들이 돌변해서는 "큰아들이 있는데 왜 내가 모셔야 하나.", "엄마는 우리 집에서 밥만 축내고 있다."는 식의 막말로 시어머니와 형에게 공격을 했고 효자인 큰아들은 쫓겨나는 시어머니를 모시고 저희 집으로 오셨습니다.

처음에는 며느리인 저에게 "네 보기 미안해서 어떻게 하나.", "나는 이제 오래 안 살련다."며 작은아들에 대한 실망과 함께 후회를 하시면서 큰며느리인 저에게 몹시 미안해 하셨습니다. 그러시던 시어머니가 평소 큰아들이 잘 해 드리고 모신지 1년가량이 지나자 과거를 잊으시고 큰며느리인 제가 하는 시시콜콜한 이야기까지 일러바치시는 모양으로 변했고, 이것으로 가정에 큰 문제가 생기는 것은 아니지만 그런 모습을 보고 있노라면 어떻게 저러실 수가 있나 해서 시어머니가 얄미워지려고 하는 때가 있습니다.

내 자신이 '이래서는 안 되지.' 하면서도 걷잡을 수 없는 감정이 생기기도 하면서 제 자신이 미워지기도 하는 이러한 때에 어떻게 해야 저 자신을 달랠 수 있을런지요?

[출처 : 한국노인의전화 21기 노인복지상담원교육 자료집(2006). p. 206]

상담자의 1차 반응 예

네, 큰며느리인 본인께서는 시어머니를 모시고 사는 데 있어 불만은 없으셨지만, 1년이 지난 지금 시시콜콜한 이야기까지 일러바치시는 시어머니를 보

고 있으면 얄미워지긴 하나 '내가 이래선 안 되는데……' 하는 죄책감이 생기신단 말씀이시죠?

일단 본인의 감정에 이래서는 안 되지 하는 마음이 생기는 것 자체가 시어머니를 그만큼 생각하고 계시다는 거잖아요. 그러니 시어머니가 얄미워지는 것에 대해 너무 죄책감을 느끼시지 말고 감정을 그대로 받아들일 필요가 있다고 생각합니다. 본인의 감정에 너무 치우쳐서 정말 나쁜 감정이 든다면 그건 문제가 있겠지만 지금처럼 자기감정에 충실한 것은 문제라고 생각하지 않습니다.

시시콜콜한 이야기를 일러바치시는 것을 한 번쯤 시어머니에게 서운하다고 털어놓는 것도 좋은 방법이라고 생각합니다. 그래서 얄미운 감정을 이해적 심정으로 바꾸어 왜 시어머니께서 남편 분께 이런 저런 이야기를 하신 것인지 생각해 보시고, 본인께서 그런 것은 조금 삼가주시길 바란다는 의사를 밝히면, 마음 한구석에 미움보다는 서로 간의 이해적 심정이 생길 것 같다는 생각을 해 봅니다.

감히 시어머니께 말을 꺼낼 용기가 나지 않는다면 몇 번이라도 연습을 해보시고, 말 가운데 서로 상처가 되지 않게 연습을 해 보셔도 좋을 것 같습니다. 지금처럼 시어머니에 대한 미안한 마음을 가지고 계시면서 시도해 보신다면, 해내실 수 있을 것이란 생각이 드는데요.

(상담심리전공 S씨)

노인 가족 부동산 문제 : 70대 노모의 호소

저는 70대 중반의 여자로서 50대의 아들이 둘 있고, 그 밑으로 손자, 손녀가 다섯 있으며, 남편은 상당기간을 투병하다가 몇 년 전에 작고했으며, 저는 현재 보증금 2천만 원에 월 30만 원 하는 월셋집에서 살고 있습니다.

우리 집에는 토지 3천여 평의 재산이 있는데 오히려 이것으로 인해 저희

집안은 몰락을 거듭하고 있는 형편으로 이 토지가 시에서 공원으로 확정된 지가 30년이 넘었습니다. 이것을 관에서 매입할 것이다 또는 언제쯤 일부 또는 전체가 해제될 것이다 하는 소문과 함께 이 토지만 어떻게 되면 무엇을 어떻게 할 것이라는 목마름을 가지고 지낸 지가 30여 년이 되고 보니, 남편은 기다리다 지쳐 화병으로 죽고 두 아들 역시 이 재산만 처분되면 나누어 받을 몫으로 무엇인가 계획했던 것이 하루, 이틀, 한 달, 두 달 해서 20대들이 50대가 되고 보니 이제는 몰골이 말이 아닙니다.

차라리 처음부터 해제 가능성이 전혀 없었다면 구멍가게라도 했을 것인데 이제 풀린다, 저제 매수할 것이다 하면서 날이면 날, 달이면 달마다 말들이 달라지고 또한 아무리 국가라도 개인 재산에 대한 행사권을 이렇게 할 수는 없지 않겠느냐 해서 새 정부가 들어설 때마다 희망을 걸어왔습니다만 결국 저도 백발과 주름진 모습으로 변하고 말았습니다. 가슴 한 가운데는 원통하고 분한 멍울이 깊게 자리 잡고 있습니다.

이렇게 해서 소유재산에 대한 일체의 권리를 행사하지 못하고 있는데도 종합토지세는 과세되고 있으며, 거기에 따라 의료보험료도 6만원 돈이나 나오고 있으니 이중 삼중고를 겪고 있습니다. 이것만이라도 지불하지 않을 수 있다면 큰 도움이 되겠습니다만 관과 협조를 하셔서 좋은 대책을 부탁드립니다.

[출처 : 한국노인의전화 21기 노인복지상담원교육 자료집(2006). p. 203]

상담자의 1차 반응 예

네, 할머니 말씀에서 30년이 넘는 세월동안 정말 얼마나 애타고 힘들었는지 짐작이 됩니다. 할머니께서 말씀하셨던 종합토지세라든지 의료보험료에 대해서 간단하게라도 도움을 드리자면 청와대 인터넷 홈페이지가 있습니다. 그곳 발언대에 투서를 하는 것과 각 해당행정기관을 방문하셔서 말씀드리는 것이 가장 빠른 방법 같습니다. 그러나 할머님께서 인터넷 부분과 여기저기 찾아다니시는 것이 힘드실 것으로 알고 있습니다. 그래서 손자, 손녀분들과 자제분들께 도움을 요청하시고 방도를 의논해 보시는 것이 좋을 것 같습니다.

또 한 가지는 할머니 말씀 중에도 언급된 바와 같이 그 땅으로 인해 집안이 몰락을 거듭하고 있다고 하셨는데요, 지금 할머님의 근본적인 문제가 세금이라는 생각은 안 듭니다. 할머니 말씀대로 20대에서 50대가 되어 버린 두 아들과 손자, 손녀가 있는데 이제는 있느니만 못한 그 땅에 대한 미련을 버리게 하시는 것이 우선이라는 생각입니다. 두 아들이 이제라도 가장으로서 손자, 손녀들에게는 아까운 세월을 낭비하지 않게 "나는 그렇게 못했으나 구멍가게라도 하며 열심히 사는 모습을 보여주길 소망한다."는 할머니의 심정을 말씀해 주시고, 할머니께서 "지금이라도 변화한다면 늦지 않다."고 격려해 주시면 가족들이 다시 한 번 일어설 수 있는 기회가 될 수 있을 것 같습니다. 힘을 내셔서 가족들에게 든든한 지지자가 되어 주시면서 할머니의 마음에 행복감을 다시 찾아나가시길 바랍니다.

(상담심리전공 S씨)

본 사례는 79세의 할머니가 혼자 세 들어 살고 있는 가옥주로부터 사회복지 기관에 의뢰되었다. 의뢰내용은 "할머니가 근 20년간 우리 집 2층(36평)을 임대하여 살고 있는데, 근자에 들어 연로해지면서 집 안팎 청소를 전혀 하지 않아 그 방에서 새어나오는 악취 때문에 인근 입주자들도 견디기 어렵다."는 호소였다. 집주인은 수차례에 걸쳐 집안 청소를 할 것과 원한다면 대신 청소를 해 주겠다는 이야기까지 했으며, 때로는 다른 곳으로 옮겨 달라고 요청했으나 이에 대해 전혀 반응이 없다는 것이었다. 그래서 집주인은 할머니가 독립하여 생활하기는 어려운 것 같으니 양로원 시설 등에 보호해 줄 수 없겠느냐는 조회를 해 왔다.

우선 기관에서 할머니에게 전화를 걸어 방문할 의사를 표명했으나, 할머니는 무엇 때문에 방문하려고 하느냐면서 자신은 기관의 도움이 필요 없다고 거절하였다. 그래도 일단 찾아뵙겠다고 말씀드리고 가정방문을 했으나 할머니는 외출하여 만날 수가 없었다. 언제 만날 수 있겠느냐고 재차 요구한 결과, 할머니로부터 다음날 10시에 방문하라는 구두 언약을 받았다.

그 다음 날 찾아가 노크했을 때 할머니는 문을 비스듬히 열고 워커(복지사)의 얼굴을 훔쳐보더니 마지못해 들어오라고 하였다. 복지사가 방안에 들어섰을 때 방안에는 옷가지, 신문, 잡지 등이 산더미처럼 쌓여 있었고, 먼지가 뽀얗게 앉아 있었으며, 음식물의 찌든 냄새 등으로 방안 공기가 매우 고약했다. 지저분한 물건들이 널려 있는 방 한구석에 침대와 조그만 탁자가 있고 그 위에 커피 잔들이 놓여 있었다. 우선 기관에서 나온 용건을 말해준 후, 청소나 취사가 어려우면 기관에서 적절한 도움을 줄 수 있다고 이야기해 주었다. 그러나 복지사의 판단으로, 홈 메이커 서비스보다는 시설적 서비스가 필요한 것 같아서 이를 위한 계획을 마련했다.

일주일 후에 다시 방문했을 때는 처음과 같이 강한 거절을 나타내지 않았다. 내키지는 않는 듯하였으나 복지사와 함께 장래계획 등을 의논했고, 기관에서 줄 수 있는 관련 시설 서비스의 정보를 제공했을 때는 조금씩 처음의 불안이나 공포가 사라져가는 듯했다. 다시 일주일이 지난 뒤 면접 때에는 인근의 시설을 견학하게 되었으며, 마침내 시설생활을 시작하게 되었다.

[최성재 & 장인협(2010). 『노인복지학』 pp. 595~596]

상담자와의 대화(역할연습) 축어록

상담자1 : 안녕하세요? 할머니 실례가 안 되신다면 제가 좀 들어가도 되겠습니까?

할머니1 : 귀찮아요. 나 지금 나가 봐야 돼요.

상2 : 네, 할머니 바쁘시고 한데 제가 이렇게 찾아와서 귀찮게 해드려서 죄송합니다. 혹시 그럼 다른 날에 할머니 시간이 언제가 괜찮으세요? 제가 언제 오는 게 편안하시겠어요?

할2 : 글쎄, 몰라요.

상3 : 할머니 그럼 제가 월요일 오전 10시 경에 다시 방문해도 괜찮으시겠어요?

할3 : 몰라요. 그때 내가 있을지 없을지도.

상4 : 할머니 그럼, 제가 할머니 없으면 그냥 돌아가더라도 그때쯤 방문하겠습니다. 괜찮으시겠지요?

할4 : 마음대로 하세요.

〈월요일〉

상5 : 할머니, 안녕하셨어요? 오늘은 시간 괜찮으세요?

할5 : 네.

상6 : 제가 좀 들어가도 괜찮으시겠습니까?

할6 : 마음대로 해요.

상7 : (지저분하고 냄새 나는 방을 둘러보고) 할머니 혼자서 살림하신다고 많이 힘드셔서 설거지 하는 것도 귀찮아서 저렇게 놓아두고 계시나 봐요. 지금 제가 간단하게라도 정리 좀 해 드려도 괜찮을까요?

할7 : 싫어. 내 물건에 손대지 말아요. 남이 내 물건에 손대는 거 싫어.

상8 : 할머니, 그래도 제가 조금이라도 치워 드리고 할머니랑 이야기를 조금 나누고 싶은데요. 귀찮게 해 드리지 않을 테니 허락해 주세요. 그렇게 해주시겠어요? 제가 얼른 정리해 놓고 올게요.

할8 : 원 참, 그럼 그러시든지.

상9 : (잠시 후) 할머니, 제가 이렇게 치우니까 어떠세요?

할9 : 몰라.

상10 : 우리 할머니는 주변에 관심 가지는 것도 귀찮으신가 보네요. 할머니 혼자 사신지 오래 되셨어요?

할10 : 몰라. 오래 됐어.

상11 : 얼마나 오래 되었어요? 가족들이나 자제분들이 언제 다녀가고 안 오셨어요?

할11 : 몰라, 기억 안 나.

상12 : 금년 들어서 자제분들 중 누구 얼굴을 보셨어요? …… 무슨 말씀이 있었는지 궁금하네요.

할12 : 아니, 없었어요.

상13 : 그럼 작년에는요?

할13 : 몰라.

상14 : 아이고 저런, 작년에 이어 금년까지 줄곧 혼자 계속 계셨구나. 할머니 외롭고 심심하시지요. 할머니 자식들이 너무 무심하네요.

할15 : 그런 것 나 몰라.

상16 : 외로움도 모르고 생활에 관심도 없을 정도로 힘들고 지치셨네요. 할머니 많이 힘드셨겠어요. 제가 안마 좀 해드릴까요?

할16 : 됐어.

상17 : (할머니 손을 잡고 쓰다듬으면서) 우리 할머니 모든 게 다 귀찮으신가 봐요. 식사는 어떻게 잘 드세요?

할17 : 장 봐다가 내가 해 먹지 뭐.

상18 : 시장에 다녀오실 기력이 아직 있으시네요. 이렇게 야위고 체구도 작고 힘없어 보이시는데.

할18 : 시장이 가까워.

상19 : 할머니 말동무가 있으시면 좋으실 텐데, 동네에 친구는 있으세요?

할19 : 없어.

상20 : 그럼 혼자 계실 때는 뭐하시지요?

할20 : 그냥 장보거나 정자(경로당)에 나가 앉아 있든지, 낮잠을 자지.

상21 : 할머니, 제가 이렇게 매주 와서 청소도 도와 드리고 하면서 말벗 해 드려도 되겠는지요. 그렇게 해 드려도 괜찮으시겠어요?

할21 : 몰라, 마음대로 해.

상22 : 할머니만 귀찮으시지 않으시면 전 그렇게 해 드리고 싶은데요. 할머니 제가 오는 것이 많이 불편하시겠어요? 전 매주 할머니 뵙고 이렇게 손도 잡고 이야기도 나누고 싶은데요.

할22 : 그러든지, 그럼.

상23 : 할머니 옛날 사진이나 앨범 같은 건 있으세요?

할23 : 있을 건데 몰라, 어디 있는지.

상24 : 할머니 매주 월요일, 이 시간쯤 제가 와서 같이 말벗하는 것이 괜찮으시겠어요? 내주 월요일 오후 2시쯤 이 시간엔 집에 계실 것 같으세요?

할24 : 그럴 거 같애.

상25 : 그럼 할머니, 다음 주 월요일에는 할머니 옛날 사진 찾아 보세요. 찾
       아 놓으시면 같이 사진보고 할머니의 옛날이야기도 하고 해요.

할25 : ……

상26 : 할머니, 혹시 전화번호를 가르쳐 주실 수 있나요? 제가 전화 드린 다
       음에 방문을 할게요. 여기 안 오는 날 문안전화를 드려도 되지요?

할26 : 난 전화해 본 지가 오래됐어. 그쪽에서 이리로 하는 것은 마음대로……

상27 : 여기 이것은 제 전화번호인데요, 무슨 일이 생기거나 제가 도와드릴
       일이 있으면 이리로 전화 주세요.

할27 : 글쎄.

상28 : 그럼 다음 주 월요일에 뵐 때까지 건강하게 계세요. 할머니 안녕히
       계세요.

할28 : (무응답)

저자 논평

위 독거노인 상담사례의 특징은 노인 쪽의 귀찮은 듯한 짧은 응답과 상담자
의 독거노인과의 피부접촉(상17) 및 '청소 도와드리고 말벗되기 제안' 등의
다가가기 접근(outreaching)일 것이다. 그리고 상담 · 치료적 방법으로서의
생애 회고 기법(life review technique)을 위해 독거노인의 앨범 또는 가족사
진을 찾아 두도록 권한 것이 주목된다.

　독거노인의 외로움을 달래고 최소한의 대외적 인간관계망 형성의 차원
에서 전화 문안 및 연락방법을 일러주는 기본 절차와 다음 면담 일시의 약
속이 비교적 짧은 대화(모두 28회의 문답) 중에 포함되어 있다. 이 독거노인
과의 상담관계 공고화를 위해 이동 전화기로 노인-상담자가 함께 찍은 사

진을 만들어 제공할 수 있겠고, 사회활동의 시작을 돕기 위해서 동네 비슷한 노인과의 만남을 주선하거나 인근 노인복지관에 동행 외출하는 것도 상담자의 또 다른 접근이 될 것이다.

5.2 노년기 고독문제 사례

본 축어록은 이장호의 지도 아래 한국전문심리치료원 임상목회지도자과정 임상사례 분석 강좌의 일환으로 진행된 자료이다. 한 고령 내담자에 대한 3명의 공동상담자들에 의한 상담사례 축어록이며, 이에 대한 지도교수의 토론 질문과 수강자 측(이영찬 목사)의 답변을 함께 싣는다. 그리고 본 사례에 대한 성 건강 상담 전문가 유외숙 박사와 저자의 논평을 첨부했다.

1. 노인 개인상담 실습 축어록

상담자 1 (남, 목사, 임상목회 연수중)– 상a
상담자 2 (여, 캐나다 상담전문가, 임상목회 연수중)– 상b
상담자 3 (남, 목사, 임상목회 연수중)– 상c
내담자 (남, 70세, 퇴직 공무원)– 내

상a1 : 이렇게 만나서 반갑습니다. 오늘 하고 싶은 말씀이 있다면 한 번 들려주시지요.
내 1 : 목사님들이니까 교회에 관련된 이야기를 하죠. 내 아내가 교회에 너무 헌신적으로 시간을 보내기 때문에 내가 거기에 대해 불만이 많거든요. 내 희망과는 상관없이, 자기의사와 자기가 결정하는 대로만 해서 부부라는 생각이 안 들고, 그래서 기분이 좋지 않아요. 이제 와서 황혼이혼을 할 수도 없고, 자기 여동생의 아들, 조카죠. 조카 결혼식이 미국에서 있는데 그 미국행 여비를 내가 마련해야 하고, 내가 여비를 마련해 주겠다고는 했지만, 기분이 좋지 않아요. 평소에 교회에 너무 시간을 소비하고 교회에 헌금하거나 십일조 내는 것에 대해서는 하나도 힘들어하지 않고 부담스러워 하지 않는 사람이, 집안의 대소사에 대해서는 내가 보기엔 상당히 짜다고 할까 인색해요. 그리고 전사람이 늙으면 안사람은 밖의 사람의 활동을 보조하는 것이 바람직하다고 믿는데, 자기가 하는 일은 이해하지만, 제가 하는 일의 보조역할을 하기는커녕 전보다 잔소리가 많아졌어요. 상당히 시끄러워졌어요. 그것이 나한테 상당히 스트레스를 줍니다. 이런 걸 해결하는 방법으로 40대 중반쯤의 여자친구가 있었으면 싶어요. 아내는 아내 활동대로 유지하는 것을 기본으로 하되, 나에게 정서적으로 빈 마음과 빈 구석을 위로해주고 채워줄 수 있는, 그런 여자친구를 찾고 있는 중인데요. 어떻게 생각하세요, 목사님은?

상a2 : 이제 말씀을 들으니까 목사의 한 사람으로서, 부인이 교회에 너무 치중함으로써 남편에 대해서 소홀히 대하는 것에 대한 아쉬움과 그런 걸로 인해서 부부간의 거리감도 느껴지고 그러면서 상대적으로 빈 구석이 느껴진다는 말씀을 하실 때, 충분히 가질 수 있는 그런 마음들을 가지고 계시구나 하는 생각이 들고, 또 한편에서는 목사로서 미안함 이랄까. 가족(부인)이 교회에 열중함으로써 다른 가족(남편)에게 좋지 않은 영향을 준 것 같아서, 들으면서 마음이 무거운 그런 느낌도 들구요. 그런 대안으로서 새로운 관계, 새로운 사람과의 관계를 찾고 계시다고 했는데, 속마음을 아내와 어느 정도 공유가 되고 있는지 아내는 얼마나 내 마음을 알고 나는 아내의 마음을 얼마나 알고 있는지 그

부분이 좀 더 알고 싶습니다.

내 2 : 그건 상당히 사적인 집안사항에 속하는데, 얼마나 비밀보장이 됩니까?

상a3 : 여기서 하신 말씀은 비밀이 지켜질 수 있도록 상담윤리를 준수하는 규약(commitment)을 가지고 있습니다.

내 3 : 아내는 모르지만 내가 가끔 전화로 말하는 40대 중반의 기혼녀가 있습니다. 이 사람은 한 달에 한두 번의 세미나 형식 모임에서 얼굴을 봅니다. 그런데 아내는 모릅니다. 어떤 여성에게 전화한다거나 전화소통이 있음을 알고는 있는데, 여자친구 같은 수준인지 또는 어느 정도의 호감을 갖는, 여자친구 후보로 생각하는 대상인지는 모르고 있어요. 그리고 내가 농담 형식으로 '여자친구가 있으면 좋겠다'고 말하면, 한 번씩의 농담으로 넘겨짚지, 나의 욕구를 이해하는 것 같지는 않아요. 이야기하자면 그렇고 굳이 더 이상의 신상정보를 이야기하고 싶지는 않습니다.

상b4 : 제가 듣기로는 여자친구가 갖고 싶을 만큼 사모님과 친밀한 관계를 갖고 싶은데, 그게 잘 안 되는 걸로 들리거든요. 여자친구 후보로 생각하시는 분이 부인에게 얻지 못하는 어떤 부분을 충족시켜 주는지 좀 말씀해 주실 수 있으신지요.

내 4 : 그것을 말해주면 나의 친구 관계를, 내가 원하는 관계를 만들어 줄 수 있나요?

상b5 : 글쎄요.

내 5 : 우선 젊으니까요. 내 아내는 교회에선 알아주고 또래의 지지집단이 있는지 모르지만 그 사람은 흔히 말하는 스킨십이란 걸 좋아하지 않아요. 폐경기 이후부터 부부 관계나 잠자리를 같이 한 적이 없습니다. 내가 옆에서 따뜻한 살결이나 손목을 만지고 싶어 하면 그 만지는 정도를 뿌리치는 사람이니까. 그래요, 나는 따뜻하고 부드러운 피부에 접촉을 원하는 충동이 있어요. '비만증'이 무엇인지 들으셨습니까? 비만증은 비비고 만지지 않으면 못 견디는 증세를 말한답니다. 그리고 '조강지처'가 무슨 뜻인지 아십니까? 조강지처는 조그만 일에도 강짜를 부려서 지겨운 처를 조강지처라고 그런답니다. 내 아내는 조강지처 격이고 나는 비만증 환자라고 비유할 수 있습니다. 우리 부부는 그런 관계지요. 그러니까 현재 내가 친구로 점찍고 있는 여성은 자기 가족이 있고, 직장에도 나가고 있는데, 한 달에 한 번씩의 모임 때 만나곤 했지요. 그 사람은 40대 초반인데 나를 선생님이라고 부르고, 나와 대화가 잘 되는 사이지요. 나는 대화가 되는 이를 원하지, 나하고 경쟁하고 나를 지배하려는 더군다나 늙은 여성은 나한테도 부담이 되지요. 아내가 나한테 시집와서 고생한 건 인정합니다. 고생했다고 지금의 나를 압박하고 지배하고 군림하는 것은 내가 감당 못하겠다는 거죠. 어떻게 대답이 되나요?

상c6 : 제 마음에 드는 것은 참 많이 외로웠을 것이다는, 그런 생각이 들거든요. 아까 사모님에게 경험되어져야 할 부부간의 따스한 정을 느끼지 못하고 상호 경쟁 속에서 많은 시간 동안 느꼈을 외로움, 지침, 안타까움이 내 마음에 느껴집니다. 언제부터 그런 것들에 대한 자각이 됐는지 말씀 들을 수 있겠습니까?

내 6 : 언제부터라고 솔직히 얘기하고 싶지 않구요. 아까 미안하고 무겁다는 그런 말씀 들으니까 그리고 지금 상담자께서 저의 소외감이 느껴진다고 하는 그게 실감 있게 들리질 않아요. 그리고 언제부터 그런 식이었냐고, 그걸 세세하게 이야길 해야 하는지 이야기하면 어떤 소용이 되는지, 그 생각이 먼저 떠오르는 거예요. 내가 이야기를 해서 도움이 될까요? 꼭 들으셔야 한다면 제가 이야기하겠습니다만. 우선 한 10년 이상 되었어요. 내가 바라는 따뜻하고 친근함이 아닌 현재의 형식적인 부부관계, 내가 만족하지 않은 채 빈 구석이 계속되어 온 상황은. 그러니까 시발점이 무슨 상관이 있겠냐구요. 오래 되어서요.

상b7 : 지금 심정은 어떠세요?

내 7 : 글쎄요. 내가 지금 쓸데없는 짓 하고 있는 것 아니냐는. 세 분과 상담을 하는 게 실속 없는 게임을 하고 있는 게 아닌가 하는 그런 생각이 들고……

상b8 : 불편감을 드려서 제가 미안한 마음이 들구요.

내 8 : 미안하다구요? 실감이 안 나네요. 왜 미안하나요? 미안할 이유가 없잖아요.

상b9 : 도움을 드려야 하는, 도움을 드리고 싶은데 제 마음이 전달이 안 된 거에 대해서

내 9 : 아니, 선생님은 도움을 줄 수 없어요. 제가 그걸 압니다. 어떻게 도움을 줄 수 있겠어요. 내가 필요한 만큼은 적어도 놓치지 않겠어요. 목사님은 지금 상담자의 입장이지만 계속해서 여러 번 상담해 주실 것도 아니구 미안해 하실 필요는 없어요. 그렇게 말씀하는 것은 형식적으로 들리는데요.

상b10 : 그럼 이 시간에 어떻게 제가 도움을 드려야 할까요? 어떤 도움을 받고 싶으신가요?

내 10 : 글쎄요, 제가 말씀드렸잖아요. 나는 이러한 상황의 갈등을 겪고 있는데 어떻게 해야 할지 모르겠어요. 마음이 편하질 않고 또 바라는 바는 이루어지질 않고, 교회나갈 때 어저께도 교회에 갔다 왔어요. 갔다 오면…… 교회 가서 기도하고 또 예배드리는 동안에는 그런 느낌이 없지만, 그 다음 나와서는 계속해서 허전함이랄까 빈구석이 살아나서 나에게 밀물처럼 다가오거든요. 빠지지 않는 밀물처럼. 그걸 그렇지 않은 척하고 태연자약한 모습으로 위장하면서요. 내 위선적인

모습이죠. (7초)

상a11 : 말씀을 들으면서 여러 가지 생각이 교차가 되는데, 지금 시점에서 선생님께서 가장 원하는 것이 정말 외로움에 대한 부분입니까? 아니면, 음, 내 가족 안에서 이루지 못했던 어떤 관계의 회복입니까? 이 둘 중에서 어디에 비중이 있을까 하는 의문이 들고, 제가 무게중심을 두기가 힘들어지는데, 어느 쪽이라고 생각하시나요?

내 11 : 뭐하고 뭐요?

상a12 : 새로운 관계를 형성하려는 것과 아내와의 관계를 회복해서 원만한 관계, 그 안에서 어떤 누릴 수 있는 안정감이랄까? 그런 남편 노릇을 그 모습을 찾는 것, 어떤 것을 더 희망하시는지……

내 12 : 아내는 계속 교회에 헌신하며 그렇게 신앙생활을 하는 것을 존중하면서, 내가 여자친구를 갖는 것을 이해해 주거나 묵인해 주기를, 아내 쪽에서 그렇게 해 주기를 바라고요. 그 다음에 나와 대화가 통한다고 볼 수 있는 그 40대 유부녀가 내가 원하는 만큼의 애정을 나한테 쏟아주길 바라는 그런 거죠.

상a13 : 현실적으로 그게 가능하지 않아서 고민이신가요? 아니면 될까봐 고민이신가요?

내 13 : 안 될까봐라는 고민 겸 희망도 갖지만 사실은 힘들 것 같아서요.(웃음) 겁이 날 정도는 아니고 묵인도 양해도 아내로부터는 안 될 것 같고, "당신 맘대로 하구려. 당신 정 그런 생각이라면 처신 잘 하시구려." 이런 정도지, 완전한 양해나 묵인을 원치 않아요. 그 쪽에선 "그런 당신을 양해한다. 당신 하고 싶은 대로 해라."라고 말하기도 힘들 것이고, 아내 입장이 그렇다는 것을 내가 알지요. 그 다음에 내가 생각하는 이쪽 여성은 나한테서 뭔가 배우거나 나를 대화상대로 여기는 정도일 뿐이고, 내가 원하는 애정적 교류에 대해서는 자기가

가정을 가진 여성이고 내가 노년의 선생님이니까 그럴 수 없다는 입
장인 것 같아요. 그쪽 부분이 난항이고 내 욕구차원에서 힘든 요소
가 있다고 볼 수 있죠. 내가 충동적이라고밖에 말할 수 없고 나잇값
을 모르는 분수 모르는 노망이랄까, 그렇게 느껴질 때도 있습니다만.
그러나 비유가 적절할지 모르나 75살에 25살짜리 처녀와 결혼했다
는 서양의 괴테라는 소설가 시인이 있었고, 피카소라는 화가도 그런
식의 연애와 결혼을 했다고 하지 않습니까? 나는 아직 75세가 안되
었으니 40대 여성과 연애를 못할 그렇게 못할 이유가 없잖아요, 그
렇지 않아요? 상담자 선생님 안 그래요?

상b14 : 그렇죠.

내 14 : 그렇긴 한데……

상b15 : 제가 듣기에는 그 여성분과의 관계를 통해서 남성성을 되찾고 싶은
   것으로 들리거든요?

내 15 : 어려운 말로 하지 말고 쉬운 말로 해 주세요.

상b16 : 나이가 들어가시면서 남성으로서의 힘이라든지 지위라든지 사회적
   으로 은퇴를 하셨고 부인과의 관계에서도 불균형이 왔고 위치의 변
   화와 신체적인 변화 등 그런 것들에 연관시켜 보신 적이 있는지요?

내 16 : 그거 연관시켜 볼 필요가 있어요? 선생님이 연관시켜서 나한테 설명
   을 잘 해 주면 되지요. 연관시켜 생각하라는 저한테 주는 과제인가요?

상b17 : 제가 느끼기에는 그 여성분과의 연애를 꿈꾸시는 것이 남자로서의
   자신의 모습을 찾고 싶은 것으로 보여지거든요.

내 17 : 그게 정신분석이라는 것입니까? 글쎄, 그렇게 분석적으로 해석적으
   로 말씀하는 것이 나한테는 도움이 되는 소리인지 머리를 복잡하게
   만드는군요. 선생님 동네에선 전문가들끼리 토론할 때 그런 식의 말
   씀이 필요하실지 몰라도 지금 나한테 필요한 것은 어떻게 했으면 좋

겠느냐 이거에요. 내가 한 달에 한 번 꼴로 만나는 여성도 나한테 정을 주지 않고, 육체관계는 결코 안 된다는, 당연한 그런 뜻을 밝히고 있는데, 이런 상황에서 어떻게 했으면 좋겠느냐는 이야기지요. 그렇게 무슨 평가하고 자꾸 그렇게 나오시면 나는 해골만 복잡해지는 거지요.(웃음)

상c18 : 선생님이 이제 혹시 그런 자신의 문제에 대하여……

내 18 : 예.

상c19 : 빨리 해결 받고 싶은 마음 같은 그런 게 있으신 것 같습니다. 혹시 그런 문제를 갖고 사모님하고 허심탄회하게 마음의 대화를 한 번 해 보셨는지요. 그렇게 말을 했을 때, (부정적 반응이) 두려워서 혹시 먼저 짐작하시고 그러셨는지 그런 모든 이야기를 함께 해 보셨으면 싶은데, 선생님은 어떠세요?

내 19 : 이야길 해 봄직하지요. 그렇게 이야기를, 제가 흡족할 정도로 충분히 못했는지는 모르겠어요. 그러나 저는 제 나름대로 이야기를 해 봤어요. 해 봤는데, 요점은 진지하지 않아요. 그 사람은 내가 뭔가를 진지하고 힘들게 말하는데, 뻔한 것 아니냐며 가볍게 넘기는 식이에요.

상c20 : 그것 때문에 서운하셨겠어요.

내 20 : 이야기가 통하지 않는다는 것부터.

상a21 : 몰라서 그랬구나.

내 21 : 그 사람한테 인정받고 싶지 않는데요. 그 사람이 내 마음을 알아주지 않는 데서 답답한 거지요. 대화가 통하지 않는 것. 대화가 최소한 소통되어야지 않겠어요? 내가 노력이 부족하다고 볼만한 측면도 있지만, 그쪽 태도 자체가 '뭘 그렇게 그런 것을 가지고, 나잇값도 못하고 뭐 그러는지, 시시하니 집어 치우자'고 이런 언어 수준이니까 그런 사람하고 이야기하고 싶지 않죠. 그래서 그냥 그런 상태이죠.

상c22 : 사모님이 믿어서 그렇게 하는 말이 아니고 '나에 대해서 관심이 없어서 저렇게 말하는구나, 그렇게 느끼셨나 봅니다.

내 22 : 나에 대한 관심이 없어서 그렇게 나온다, 그렇지요. 그렇게 이야기할 수 있죠.

상c23 : 그럴 때 느낌이 어떠셨어요?

내 23 : 이 사람이야말로 대화교육이 필요하다는, 내가 직접 대화 교육을 시키기에는 힘들고 귀찮고 어디 가서 교육 좀 받았으면 좋겠다는 생각이죠.

상c24 : 사모님이 선생님이 원하는 대로 해주기를 바라는데 되지 않으니까, 그런 것 때문에 마음이 속상하시고 또 그런 것들을 해결할 수 있는 방법이 내 자신 어떤 안에서 찾기 힘들고 많이 답답하시겠어요.

내 24 : 근데요. 저, 목사님, 상담자 선생님, 제가 느끼기에는 사람이 남의 마음을 알아주지 않아서 섭섭하거나 또는 대화가 통하지 않아서 답답하거나인데, 그런데 그런 경지를 넘어섰구요. 포기했다고나 할까, 잘 되지 않는 것이거든요. 그런대로 그 사람도 나이 든 할머닌데 성격이 변하리라고 기대할 수 없잖아요. 나도 어느 때는 고집불통이란 말을 들었고, 나이도 70살이 다 됐고, 나름대로 소통이 잘 안 된다는 것에 대해서는 이제 체념을 했어요. (10초 정도 침묵) 그런데도 문제는 남아 있다는 말이지요.

상c25 : 그래도 선생님 말씀을 들어보면, 제 마음에는 그 문제를 해결하고 싶은 욕구가 있고, 그래도 희망을 잃고 있는 것은 아닌 것 같이 느껴지거든요.

내 25 : (머뭇) 예.

상c26 : 그래서 부인과도 관계개선을 하고 싶은, 다른 사람을 통해 대리만족이 아니라 부인과 직접적인 관계를 통해서 부부간에 따뜻한, 정말

정을 느끼고, 정말 어떤 체감을 통해서 서로 간에 마음의 교감, 그런 부부간의 관계를 다시 회복하고 싶은데 현실적인 여건은 그렇게 되질 않으니까……

내 26 : 잠깐, 잠깐만요. 내가 다른 여성을 좋아하는데 잘 되지 않는다는 그 부분은, 어떻게 대리만족을 추구하는 걸로만 보시는 것에 대해서는 저의 저항이, 저항감이 느껴집니다.

상c27 : 네에, 그렇게 느끼셨어요?

내 27 : 그 사람에 대한, 저의 그 다른 여성에 대한 것은 나대로는 진지한 감정이구요. 거기에는 후회가 없습니다.

상c28 : 그러면 제가 하나 더 생각할 것은…

내 28 : 아내에게서 만족 안 되는 것을 여기서 만족하자는 그렇게 직선적으로 대리충족하려는 것은 아니라구요.

상c29 : 아, 예.

내 29 : 아내는 아내대로 그 스타일을 굳혔으면 그것을 존중한다는 것입니다.

상c30 : 예.

내 30 : 별 시비가 없으면 나름대로 이해를 하고, 나는 저쪽도 자연스럽게 동의하에 교제할 수 있는 그런 여성이 있다면 그러면 고맙고 친구도 되고 싶다는 것이죠. 아, 그리고 나의 어떤 노력은 아니지만, 아무튼 나는 그런 관계를 생각하고 있지만, 나는 부끄럽지 않다고 생각해요. 그게 부끄러운 것이 뭐 있습니까? 저는 어느 정도, 한 달에 한 번 꼴로 포르노 영화를 보면서 자위행위도 했거든요. 그리고 그런대로 상대방을 이해하지 않거나 멸시한다면 그건 그런 가족의 가치관이고, 나는 나대로의 생활 리듬이 있잖아요. 육체적 리듬, 정서적 리듬, 그 리듬이 맞는 다른 사람이 있으면, 이런 이야기를 나누어 봤으면 좋겠는데, 거 어디 시장이나 광장에 나가서 광고판을 들고 찾을 수도 없고, 나를 아는 한 여성에게 넌지시 그런 얘기를 했을 때, '아 선생님 같은 분이 안 되지요' 하면서, 자기는 가정주부이며 학교 직장에 나가서 안 되고, 생각할 수도 없다면서 정면으로 반대를 하고 나온다는 말이죠.

상c31 : 정말 실망하셨겠어요.

내 31 : 실망, 당연히 실망이 되요. 실망 다음에 어떻게 할 것이냐는 대답을 듣고 싶은 거죠.

상c32 : 그러면, 부부관계를 개선하고 싶으신 욕구도 있으신 거네요.

내 32 : 그렇지요. 지금 저한테 처가 있으니, 〈약 20초간 들리지 않는 녹음부분〉 (잠시 침묵) 그 참, 내가 이렇게 이야기를 해도 상담자 선생님들이 '그 참, 저 사람 나잇값도 못 하고 쓸데없는 공상이나 하고 염치도 없는 사람' 으로 단정하실 것 같아서, 오늘은 좀, 다음 기회가 있으면 시원하게 더 대답을 들려주시면 좋겠네요.

상a33 : 그렇게 생각한 것은 아닌데 그렇게 느끼셨다니까 그렇게 좀……

내 33 : 그렇지는 않았어요?

상a34 : 예.

내 34 : 조금도요?

상a35 : 전 진지하게 지금 선생님 문제만 아니라 다른 많은 노년에 계신 분들도 다 갖고 있는 문제같이 느껴지기 때문에 단순하게 한 사람만의 마음이다, 그렇게 생각하지 않고요. 이런 마음들을 그러면 우리가 어떻게 도와드릴 수 있나 하는, 아니면 그런 마음들을 잘 표현할 수 있게끔 사회적으로나 아니면 본인 스스로 마음에 부담이나 불편함이 없이 할 수 없는가 하는, 여러 가지 생각의 기회를 갖게 되었습니다. 그래서 지금 만나는 상대가 아닌 다른 상대, 필요할 때라든가 아니면 활동을 할 때라든가, 사교적인 그래서 다른 사람을 만나는 것이 부담스럽지 않게 만나보시면서 그 안에서도 가정이 없는 그런 파트너를 또 찾을 수 있고 하니까 좀 눈을 내 가까운 데 있는 사람들에만 보지 말고, 더 멀리 한 번 보고서요. 이미 아내와의 관계는 관계대로 기본을 존중하시니까 그런 관계대로 나름대로 본래의 삶을 윤택하게요. 우리가 남을 위해 사는 것이 아니잖아요? 나를 위해 사는 건데 그렇다고 남을 파괴하면서 내가 잘된다는 것은 또 아니지만, 또 그런 것들을 우리가 적절히 균형을 맞추어 나가면서 또 다른 사람과 내 남은 인생을 감정적인 교류도 하고, 또 내 마음을 같이 알아주기도 하고 같이 보듬기도 하고, 하여튼 인간이 가질 수 있는 가장 기본적인 그런 마음들, 그런 것들을 받아줄 수 있는 사람을 만난다는 게 얼마나 좋은 일인가, 저는 그렇게 생각을 합니다. 이왕이면 그 마음을 적극적으로 다른 모임에서도, 그런데 그렇다고 막 내가 그런 사람이요 식의 그런 의미는 아니구요, 사람을 개방적으로 봄으로써 상대방도 열린 마음으로 나를 보지 않을까 하는 그런 생각이 들어서 말씀을 드렸습니다.

내 35 : 저는 이제 어떻게 돼요?

상a36 : 그……

내 36 : 하여튼 멀리 보라구요? 목사님 앞이나 현재 나의 시야로 들어오는 사람만 보지 말고 다른 데서도 찾아보라구요?

상a37 : 예. 허허허 (상b) 하하하 (상c) 어쨌든 시간이 된 것 같습니다. 사회적인 나름대로의 배경도 있으시고, 연세도 있으시면서 상담자에게 노출하기가 쉽지 않으셨을 것 같아요. 근데 그런 고민을 진지하게 노출시켜 주시고 말씀해 주셔서, 선생님에 대하여 제 마음이 이렇게 신뢰도 되어지고, 또 한편에서는 그 문제를 함께 안고 고민하고 싶은 생각도 들거든요. 이렇게 마음을 이야기해 주셔서 감사하고 또 다음 기회에 한 번 진지하게 이런 문제를 안고 대화를 나눴으면 싶습니다.

내 37 : 다음에 보자는 사람들은 무섭지 않습디다.

상abc38 : 하하하

내 38 : 여하튼 오늘 감사합니다.

상a39 : 저는 상담을 통해서 제가 뭐 상담을 해 드리는 입장보다 제 자신의 문제일 것같이 보면서 같이 고민하는, 그렇게 할 수 있었다는 만남을 경험한 참 귀한 시간이었다는 생각입니다. 또 같이 말씀을 나누면서 제 문제도 같이 이야기하면서 서로의 공감대가 형성되고, 그러면서도 깊이 대화를 나눌 수 있는 그런 신뢰관계로도 나가지 않을까 하는 그런 마음이 들어서 감사했습니다.

2. 지도교수의 질문과 수강자의 답신

(1) 축어록의 상b9-내9 부분에서, 상담자의 [미안감(?), '도움의 마음이 전달되지 않음에'] 언급과, 내담자의 ['도움의 한계를 안다', '도움은 불가능할 것'] 반응에 대한 논의를 어떻게 할 수 있는가?

상담자는 내담자에게 어떤 도움을 주기를 원한다. 하지만 현실적으로 내담자가 원하는 도움은 줄 수 없다. 그러기에 상담자는 미안했다. 이 미안해하는 마음이 결과적으로 보면 오히려 내담자를 생각해서 한 말이기보다는 내담자가 "미안하다구요? 실감이 안 나네요. 왜 미안하나요. 미안할 이유가 없잖아요."라고 반응하는 것으로 볼 때 동정하는 것처럼 들렸을 수 있다고 생각한다.

상담자는 도움을 주고 싶은 마음을 표현하고 있다. 상담자가 도움을 드려야 한다는 의무감이 앞선다는 느낌이 든다. 상담자가 내놓고 도움을 드리고 싶은데…… 하면서 말꼬리를 흐리는 것은 어떤 도움을 드릴지 모르겠다는 느낌을 전해준다. 이렇게 자신도 알지도 못하는 도움을 운운하기보다는 내담자의 현재의 갈등에 대한 깊은 이해적 공감을 해주는 것이 오히려 내담자의 마음을 관심 있게 살피는 것이라 여겨진다.

내담자 역시 어떤 실제적인 도움을 기대하고 상담에 임했다고는 볼 수 없다. 내담자가 상담자의 도움의 한계를 지적하고 있으니 말이다. 내담자는 실제적인 도움이 아닌 내담자의 외로운 마음에 대한 지지를 원하고 있다고 느껴진다.

(2) 상b7, 상b10이 내담자에게 호의적으로 받아들여질 수 있고 사후 읽기에서도 유익한 언급이었다고 생각되는데, 이에 동의하는지?

상b7은 내담자의 현재의 심정을 묻는 질문으로서 내담자의 마음을 이해하려는 상담자의 자세를 보여주고 있다. 하지만 상b10은 내9에서 내담자가 '도움을 줄 수 없다'는데도 상담자가 집요하게 '어떤 도움을 드려야 하느냐, 어떤 도움을 받고 싶으냐?'라고 묻는 것은 상담자는 도움을 주어야 하고 내담자는 당연히 도움을 받아야 한다는 식으로 느껴져서 반감이 생긴다. 내10에서도 내담자가 불편한 심경을 노출하고 있다.

(3) 반면에, 상a13, 상a14, 상a15는 쉽게 닿지 않았고 다소의 내담자 쪽 저항감을 일으켰는데, 이런 것에 대한 논의는?

상a13의 질문은 내담자의 진심을 이해하려는 자세에서라기보다는 상담자가 짐작을 하면서 질문을 한다는 느낌이다. 진지성이 결여된 질문으

로 생각한다. 상담자는 질문을 하는 순간 잘못하고 있음을 알았다. 상
담자는 내담자의 소망이 현실성이 없다고 생각하고 있었는데, 무의식
적으로 나온 질문은 아닌지 생각하게 한다. 그래서 내담자가 저항감을
가지게 되었을 것이라 생각한다.

상b14의 상담자의 대답은 내담자에게 강요당해서 한 대답처럼 들린
다. 그래서 상담자는 공감이나 반영 없이 짧게 대답을 한 것으로 여겨
진다. 이때 상담자가 내담자의 말에 동의하거나 그에 대한 언급이 있었
으면 내담자의 반응이 달라졌을 것이다.

상b15에서 상담자가 "제가 듣기에는 그 여성분과의 관계를 통해서
남성성을 되찾고 싶은 것으로 들리거든요?" 하니까 내15에서 내담자가
"어려운 말로 하지 말고 쉬운 말로 해 주세요."라고 말한다. 여기서
상담자는 내담자를 '남성성'이라는 문제에 초점을 맞추고 있고, 내담자
는 쉬운 말로 해 달라고 요청하므로, 쉬운 말로 하면 "당신은 (그 나이
에) 남자가 되고 싶군요."가 될 것이다. 그러니까 이후의 상담 내용을
보면 내담자는 상담자에 대해서 상당한 저항감을 표현하고 있는 것이
라고 느껴진다.

(4) 상b17의 해석적 언급은 유익했다고 판단되면서도, 어법(표현)과 관련해
서 다소의 토론을 요한다고 생각되는데, 어떻게 생각하는지?

상b17에서 상담자는 "제가 느끼기에는 그 여성분과의 연애를 꿈꾸시는
것이 남자로서의 자신의 모습을 찾고 싶은 것으로 보여지거든요."라고
말하고 있는데 '연애를 꿈꾸시는'이라는 말이 내담자에게 직면 아닌
직면이 되어서 불편한 마음을 주었을 것으로 생각한다. 이 말의 분위기
를 그대로 살리면서 다시 한다면, "제가 느끼기에는 그 여성분과의 관

계를 통하여 남자의 외로움을 의지하고 싶은 것으로 보여지거든요"라
고 할 수 있을 것 같다.

(5) 상a21, 상c24, 상c25 부분에 관한 명료화적 토론을 필요로 하며, 상c32
는 상담자 측의 일관적 의도 때문인가?

상a21에서 상담자가 "몰라서 그랬구나."라고 단순하게 진술하는 것보
다는 무엇을 어떻게 몰라서 어떻게 했는지 명료하게 진술하지 못한 점
이 아쉽게 느껴진다.

상c24에서 상담자가 "사모님이 선생님이 원하는 대로 해주기를 바
라는데 되지 않으니까, 그런 것 때문에 마음이 속상하시고 또 그런 것
들을 해결할 수 있는 방법이 내 자신 어떤 안에서 찾기 힘들고 많이 답
답하시겠어요."라고 말하는데 상담자가 내담자를 정확하게 이해하고
있는지를 알려주려면 내담자가가 아내로부터 무엇을 어떻게 원하고 있
는지를 구체적으로 언급함으로써 명료화시키는 것이 바람직하다고 생
각한다.

상c25의 "그래도 선생님 말씀을 들어보면, 제 마음에는 그 문제를
해결하고 싶은 욕구가, 그래도 희망을 잃지 않고 있는 것같이 느껴지거
든요."에서 선생님 말씀에 대한 부분을 좀 더 명확하게 언급하는 것이
상담자가 내담자를 얼마나 정확하게 이해하고 있는지를 보여주는 대목
으로 여겨진다.

상c32(그러면 관계 개선도 하고 싶으신 욕구도 있으신 거네요.)는
내31(실망, 실망이죠. 당연히 실망이 되요. 실망 다음에 어떻게 할 거냐
는 조언을 듣고 싶은 거죠.)에 대한 상담자의 반응이다. 내담자가 사귀
고자 하는 여성으로부터 거절을 당한 실망 이후에 그러면 어떻게 했으

면 좋겠느냐는 질문에 대한 상담자의 대답인 것이다. 상담자는 내담자가 발전된 관계를 원하고 있다는 것을 알고 반응한 것인데, 이때 상담자는 내담자의 실망감을 좀 더 탐색하면서 그 마음을 공감하는 것이 내담자가 이해받는 느낌을 가지게 되리라 생각한다. 탐색적 질문을 할 때도 그때의 실망감을 현재로 끌고 와서 자기감정을 진지하고 깊이 있게 재경험을 할 수 있도록 도와주는 동기가 되어야 한다고 생각한다.

(6) 상a37, 상a39의 "귀한 시간······ 다음에······" 식의 언급 부분이 내담자로부터 '공감되지 않는데'(내37) 대한 사후 의견은 어떤지?

상담자가 어떤 내용의 만남이었기에 이 상담이 귀한 시간으로 여겨졌는지 표현되었는데, 내담자에게는 공감으로 느껴지지 않는 대목이다. '다음 기회'라는 말이 모호하게 들릴 수 있겠다. 상담자는 분명하게 다음 기회가 주어질지 몰라서 한 언급인데, 내담자는 다음 기회에 무엇을 하겠다는 언급이 있었으면 다음에 만날 수 있다고 말할 수도 있었겠다는 생각을 하게 된다.

(7) 상담면접 초기에 구조화 언급이 없었음과 종결부분 언급의 보다 간결화 필요성에 대해서는?

당연히 상담면접의 초기 구조화 언급이 없었음은 상담자들의 미숙함을 보여주는 대목이다. 그리고 종결부분의 언급이 다소 장황한 점은 상담자 스스로 상담의 질적인 면에서 매우 미흡함을 보완하려는 자기변명이 아니었을까 생각한다.

(8) 내담자의 입장에서 상담 받은 소감을 추측해보고, 상담자 역할의 개선 및 발전 감각을 정리(요약)한다면 어떻게 말할 수 있을 것인가?

내담자의 입장에서 상담을 반추해 보면 상담자가 자기를 이해하고 공감한다는 느낌을 갖지 못했을 것 같은 생각이 든다. 내담자는 이 상담이 무슨 소용이 있나 하는 등의 말로써 불만족 내지는 불편한 마음을 토로하고 있는 것이 그 방증이다.

상담자의 역할 개선점으로 내담자에 대한 공감적 이해 부족과 전문성의 결여를 생각할 수 있다. 공감적 이해의 부분에서는 내담자의 감정을 이야기하게 하지 못하고 사실 탐색에만 매달리고 있다는 느낌이 들고, 전문성의 결여 문제는 내담자의 말에 대한 상대자의 반영이나 명료화 등의 기술이 제대로 드러나지 않은 점이다. 그리고 상담자가 내담자를 이끌어서 문제를 해결하는데 도와주어야 한다는 전제가 있는 것이 개선되어야 할 점이라고 생각한다. 왜냐하면 상담자는 내담자가 보지 못하는 것을 보고 스스로 그 문제를 해결할 수 있는 관점을 키워주어야 한다고 믿기 때문이다.

3. 성 건강상담 전문가의 논평

(1) 내담자의 주 호소 문제 혹은 원하는 바(wants)가 무엇인가?

① 현실상황의 갈등을 해결하고 싶다 — 부인과의 정서적, 성적, 경제적인 갈등 등 부부간의 진솔한 소통이 차단됨. 이를 변화시킬 수 없다는 무력감. 기대하는 여자친구(파트너)에 대한 좌절감과 섭섭함, 분노 감정, 포기할 수 없는 정서적ㆍ신체적인 친밀감. 부부관계 통제에 대한 욕구, 힘을 회복하고자 하는 갈망

호소 — "힘 안들이고 문제를 해결할 방법을 알고 싶어요."

② 변화를 기대할 수 없지만 그래도 포기할 수 없는(하고 싶지 않은) 갈망들로 압도됨

③ 전반적으로 노년기에서 경험하는 실존의 문제(외로움, 진정한 소통을 통한 일치감이나 자기 진정성에 대한 불확실성, 진정한 도움에 대한 불안 등)에 직면하고 있는 불안감정

④ 소망을 가진 자신을 허용해 줄 대상자를 간절히 원함

호소 — "죄책감이나 불안 없이 욕구충족을 할 수 있는 방법이 없나요?"
　　　 "이런 내 욕구가 잘못인가요?"

(2) 내담자의 문제

① 발달단계별로 경험하게 되는 현실문제에 대한 심리적 준비와 적응문제가 있는가?

② 젊은 여자에 대한 갈망, 그 의미는? — 나의 젊음을 확인하는 방편인가? 에너지인가? 도피인가? 등 의미파악 — 자각의식이 필요한가?

늙은 여성에 대한 전반적인 이미지는? 늙음의 이미지는? — 아마도 직면하고 싶지 않은 지점과 맞물려 있는 것은 아닌지?

젊고 늙음의 문제는 아닌데도 불구하고 다르게 지각하고 있는 부분이 있다면 그 부분에 초점맞추기를 할 필요성은?

③ 따스함에 대한 결핍이 있는가? 친밀감 형성의 어려움들이 문제의 본질인가?

④ 원초적인 갈망들을 해결하는 방식이 현실적이고 경제적인가?

위험을 감수하고 있는 부분은? 친밀감 형성과 대상에 따른 수준이해에 있어서 현실지각 능력이 미숙한 것은 아닌가?

⑤ 자유로운 자신이고 싶은데도 불구하고 스스로 옭아매는 부분들은?

허약한 나를 왜 드러내면 안 되나? 드러내 보긴 했는가? 어떤 방식으로? 그 반응은? 등을 구체적으로 직면하는 기회를 가졌던가? 특히 부인과의 관계에서.

⑥ 변하고 싶다는 소망의 본질이 탐색되어야 하는데, 정말 무엇을 원하는가에 대한 자각이 있었는가?

(3) 상담자 반응

① 내담자가 원하는 것에 우선적으로 초점을 맞추고 있었는가?

② 상담자 개인의 호기심으로 질문하게 되는 경우 내담자 문제를 평가하기 위한 질문이 되지 못하고 특히, 성문제나 외도 문제에 있어서는 상담자의 호기심으로 인한 질문 등으로 상담의 방향이 바뀔 가능성이 많음(상c6)

③ 내담자의 감정에 전혀 공감을 해 주고 있지 않다는 느낌, 내담자의 원하는 바를 무시한 반응(상a13, 내27에 대한 상c28)

④ 상담자 개인의 의견으로 단정을 하려는 부분들(상b17, 상a21, 상c32)

⑤ 상담자의 말로가 아니라 내담자의 말로 표현되어지게 해야 할 곳(상c23)

⑥ 상담자는 애매모호한 전달이 아니라 좀 더 구체적인 방식으로 얘기할 수 있어야 한다(상a35의 15행부터). "……적절히 균형을 맞추어 나가면서……" — 내담자가 이것이 잘 안 되어서 상담을 하고 있다는 점을 상담자는 인식하고, 내담자와 내담자의 처의 구체적인 행동반응양식과 그 과정에서 경험하는 내담자의 감정을 구체화시켜 좀 더 현실적인 접근을 위한 평가와 전략을 주는 것이 실제로 내담자를 돕는 작업이 될 것이다.

⑦ 상담자가 대안을 제시하는 것은 아주 무책임하거나 위험할 수 있다는 사실을 상담자가 인지하여야 한다(상a35의 9행부터 "……가정이 없는

그런 파트너를 찾을 수도 있고……"). 내담자가 생각한 대안(출구)이 있는지, 그리고 그 대안이 현실 가능한지, 어떤 어려움 때문에 대안을 선택하고 있지 않은지, 그 대안에 대한 위험평가능력이 객관적이고 합리적인지 등을 통하여 내담자가 자신의 욕구 충족을 위해 큰 위험을 감수하지 않도록 어떻게 도울까하는 부분은 상담자가 진지하게 연구해야 할 부분이다.

(4) 전반적인 느낌

내담자가 상담과정에서 수용받지 못하고 비난받고 있다는 느낌과 내몰린다는 느낌으로 저항하고 화가 올라오는 것을 느낄 수가 있는데, 이는 상담의 목표 설정을 하지 않은 부분 때문일 것으로 보인다. 상담과정을 통하여 내담자가 자신의 원하는 바를 좀 더 구체화할 수 있고 그 원하는 바를 해결할 수 있는 방법들을 충분히 검토하여 구체적인 계획을 스스로 생각해 볼 수 있게 하는 정도가 된다면 상담의 효과는 있다고 볼 수 있지 않을까? 단회기 상담이라도 한 부분에 초점을 맞추면 일정부분 내담자의 원하는 바를 좀 더 구체화해 보는 것이 가능할 것 같은데 여러 상담자와 같이 하는 상황이고, 안전한 환경이 못 되어 내담자의 저항이 두드러지게 나타났을 것이라고 여겨진다.

(5) 추후 상담에서의 방향을 잡아 본다면?

① 내담자의 포기할 수 없는 갈망에 대해 상담자가 허용적 자세를 취해 주는 것이 선행되어야 한다.
② 내담자가 오랫동안(폐경 이후) 부인과 소원한 관계를 유지하고 있는데 아마도 반복되는 사이클이 있는 것 같다. 이 고리를 내담자가 끊을 수 있도록 돕는 작업이 있어야 하며, 내담자 스스로 그 고리를 끊을 수 있

고 그 결과가 자신이 원하는 것을 얻을 수 있다는 확신이 들게 되면, 어려움이나 관계 긴장의 일부를 감수하고라도 그 사이클을 끊고 싶은 동기가 부여될 것이다. 상담 과정에서 본인이 원하는 것을 얻을 수 있고 그것을 위해 위험을 감수하고자 하는 동기 부여를 어떻게 해 줄 것인가가 상담의 키포인트인 것 같다.

③ 이 내담자는 자신이 원하는 친밀한 관계, 따스한 관계를 위해 충분히 학습하거나 이를 위해 구체적으로 투자한 것들이 무엇인지, 지금이라도 투자하면 어떤 보상이 있는지에 대해 그리고 이미 포기한 부분이 무엇인지 등에 대한 자기 탐색과정을 할 필요가 있지 않을까?

④ 위험이 높은데도 불구하고 낮게 평가해서 본의 아니게 자신을 해치는 상황이 없도록 돕기 위해서 안전한 관계 안에서 욕구를 점차적으로 충족할 수 있는 구체적인 방안을 함께 검토해 보는 작업이 포함되어야 할 것 같다.

〈유외숙 성건강연구소장, 2006. 5〉

4. 저자 논평

① 비록 실습 교육장면에 초빙된 내담자이지만 노년기 성문제와 가정 내 약화된 입지 및 배우자관계에서의 힘의 역할전도를 경험하고 있는 전형적인 노인문제를 비교적 솔직하게 토로하고 있음이 우선 눈에 띈다. 이 내담자는 육체관계를 원하고 있으면서도 이에 거부적인 배우자의 성격 태도가 변화되지 않을 것으로 체념하고 있는 듯하다. 노인에게도 성 욕망, 성문제가 있음을 일깨워 주는 사례이다.

② 상담자 측의 접근은 '사고 및 감정배경의 탐색과 잠재의식의 해석보다는 노인 내담자의 입장을 수용, 존중하며 현실적·현재적 희망사항에 초

점을 맞춘다'는 노인상담 원칙을 다소 또는 크게 벗어나고 있는 부분들이 아쉽게 느껴진다. 언제부터인가를 탐색하는 상c6, 내담자의 여성친구 관련 생각을 남성성의 회복동기로 해석하는 상b15가 그 예일 것이다.

　　내담자는 육체관계를 포함한 본격적인 이성 친구를 갖고 싶다고 부끄럼 없이 말한다면서도(내17) 상담자 측의 부정적 시각을 우려하는 듯한 나중 발언(내32)의 의미를 충분히 공감 받지 못한 채 가정주부가 아닌 (안전한) 파트너를 찾아보도록 권고 받는 미숙한 진행이 엿보이고 있다. 배우자와의 관계회복이냐 아니면 여자친구 찾기이냐 식의 면담 방향을 묻는 부분(상a12)도 같은 맥락의 검토를 요한다고 하겠다.

③ 상c19, 상c20부분에서 내담자의 부부간 대화의 역할연습을 시도했더라면 보다 밀도 있는 진행이 가능했으리라고 사료된다.

④ 한편, 초반부(상a2) '충분히 그런 마음일 것이고 목사로서 무거운 마음이며, 아내와 속마음의 대화가 있었는지'의 관심 반응과, 내담자의 현재 느낌의 질문(상b7) 및 후반부(상a37, 상a39) 상담자 반응 등은 상담자로서의 '수준급 기본기'를 나타낸 진행부분들이라고 말할 수 있겠다.

⑤ 내담자는 상담 전반부 여러 곳에서(내2, 내4, 내6, 내7, 내8, 내9) 상담과 상담자에 대한 불편함과 불신을 드러내고 있다. 이러한 부정적 측면이 상담 종반부(내32)에서도 변함없이 나타나고 있는 것은, 어느 내담자나 상담 초반에 갖기 쉬운 불안과 의구심을 상담자가 적절하게 다루지 못한 때문이라 생각된다. 이를 방증하는 것이 '내10, 내24'에 대한 상담자의 반응이다. 내10과 내24에서 느껴지는 내담자의 부정적 정서는 아주 깊어 보임에도 불구하고 상담자는 공감해 주고 있지 못하다. 탐색보다 충분한 공감이 우선되어야 할 것이고, 그래야 탐색도 순조로울 수 있을 것이다.

⑥ 상c26의 해석적 언급은 내담자의 즉각적이고 직접적인 저항을 사고 있

다. 이는 내담자에 대한 상담자의 공감과 이해 부족이 그 원인으로 보이는데, 이런 경우에는 내담자가 충분히 자신에 대해 설명할 수 있도록 하는 것이 필요할 것이다. 상c28로 내담자의 이야기가 끊길 수도 있었으나 내담자가 그에 대한 부연설명을 계속하는 것으로도 그 필요성을 알 수 있다. 그런 후에 상담자는 내담자의 이성 친구에 대한 생각뿐 아니라 그 생각을 제대로 전달하려 한 태도까지 이해된다는 것을 내담자에게 표현할 필요가 있었다고 생각된다. "제가 선생님의 생각을 잘 이해하지 못한 것이 참 답답하고 속상하셨겠네요."와 같은 것이 그 예가 될 것이다.

⑦ 상c32는 생경한 언급이다. 이러한 언급이 가능했던 것은 내담자의 문제에 대해 '부부관계 개선 대 이성 친구 사귀기'의 양자택일이라는 사고가 상담자에게 있었기 때문일 것이다. 내담자의 "어떻게 할까요?" 속에는 어떻게 하면 좋을지 모르겠다는 난감함만 있는 것은 아니다. 그 속에 "어떻게 하고 싶다."가 있을 수 있기 때문에 상담자가 "어떻게 하고 싶으세요?"를 물어 보는 것이 필요한 과정이라 여겨진다. 경우에 따라 "어떻게 하겠다"가 이미 내담자의 머릿속에 있으면서 그것을 상담자로부터 지지받고 싶을 수도 있을 것이다.

⑧ 많은 내담자들이 이 내담자와 같이 상담자로부터 해답을 요구하면서 상담은 1회로 충분하다고 생각하는 경향이 있고, 실제로 여러 가지 제약으로 인해 충분한 회기의 상담이 될 수 없는 경우도 있을 수 있다. 이럴 때 상담자가 충분한 설명으로 상담에 대한 이해를 높여 문제해결에 필요한 상담회기를 확보해야 할 것이고, 시간적 제약에 쫓겨 상담자가 내담자를 끌고 가지 않도록 유의하면서 내담자의 욕구, 동기를 기반으로 한 실제적인 도움을 줄 수 있어야 할 것이다.

⑨ 노인상담에서 내담자는 대개 상담자보다 연장자이므로 '상담자는 나를

잘 이해하지 못할 것' 이라는 선입견을 가질 수 있고, 자신의 고충을 이 야기함으로써 자손에게 흉이 되거나 자신의 체면을 손상시킬 것을 염려 하여 상담 자체를 꺼리거나 드러내기를 주저할 수 있다. 그러므로 모든 상담에서 그러하지만 노인상담에 있어서는 특히 상담자가 상담에 앞서 내담자의 권리에 대한 상담윤리(내담자는 내2에서 비밀보장을 확인하고 있다.)를 언급하고, 적극적 경청과 공감의 중요성을 항상 인식하여 내담 자가 안심하고 편안하게 이야기할 수 있도록 해야 할 것이다.

⑩ 이 사례가 비록 강좌의 일부로 이뤄진 상담실습이기는 하지만 내담자가 솔직하게 자신의 문제를 드러내고 해결책을 구하고 있는 이상, 사후 만 남을 약속하여 안정감을 가질 수 있도록 사후조치가 있었어야 했다. 그 리고 문제의 성격상 세 명의 상담자와의 상담이 아닌, 1:1의 상담이 더 적절했을 것이라 생각된다.

5.3 노인 부부문제 상담사례

1. 사례의 배경

필자가 지도한 집단상담의 일원(여, 33세)이 자기의 시어머니(70세)가 상담 이 필요하며 본인이 상담자를 만날 용의가 있음을 피력했다고 알려왔다. 2006년 5월 00일의 첫 면담이 이루어지기까지 2개월여 동안 가족 측에서 상 담예정 계획을 철회했다가 상담실 내방 1주 전에 다시 상담의사를 밝혀 와 서 첫 면담이 이루어졌다.

2회 면담 시 상담자의 요청에 의해 내담자 노인의 동거 아들(상담의뢰인 의 남편, 44세)이 약 30분 늦게 면담과정에 합류했으며, 면전의 자기 어머니

그림 5-1 내담자(ct)의 가계도

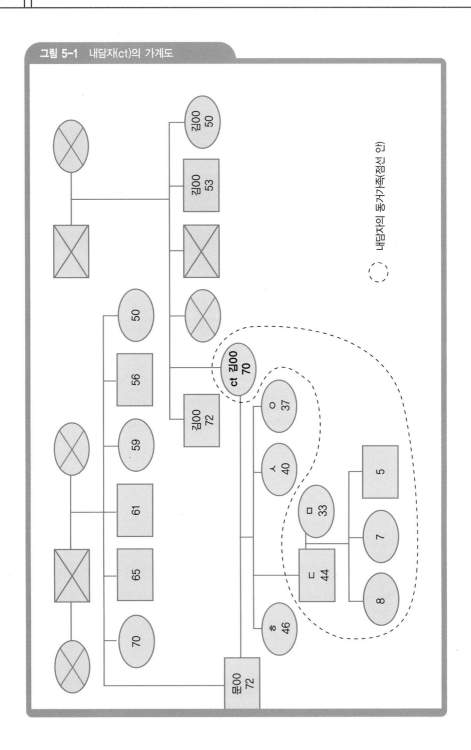

보다는 지방 도시에서 별거 중인 아버지의 성품 및 입장을 이해하는 듯한 아들의 발언에 불쾌해진 내담자가 "남자가 문제인데…… 끝났다! 상담하러 오지 않겠다."고 반발한 후 2개월 이상 상담이 재개되지 않고 있다. 중도탈락의 종결사례로 판단되기도 하고, 한동안의 휴식기간 후 앞으로 재개될 수도 있는 '잠재적 생존사례'로 분류될 수도 있겠다.

내담노인은 3년 전 두 차례에 걸친 뇌졸중 치료와 입원 경력이 있고, 4각 보행 보조기와 며느리(상담의뢰인)의 부축으로 상담실 건물 계단과 복도를 왕래했다. 면담중의 발언은 대체로 불분명한 음성 때문에 수차 동석한 며느리의 요약적 확인이 필요했고, 다음의 1, 2회 면담 기록은 상담자가 면담 중 메모한 것을 토대로 작성한 후 며느리의 기억과 MP3 녹음내용에 의한 사후확인을 거친 요약자료이다.

2. 면담 내용

(1) 1회 면담 내용 요약

며느리(이하 '미'로 칭함)1 : 시어머니는 남편과 살고 싶어한다. 시아버지는 지금 몇 년째 지방(C시)에서 따로 혼자 살고 있다. 시어머니가 3년 전 뇌졸중으로 두 번 치료 받았으며, 퇴원하면서부터 아들 가족인 우리와 동거해 왔다.

상담자(이하 '상')1 : 시부모님들이 어떻게 떨어져 살고 있나?

미2 : 서로 무시하고 마음이 안 맞는 것 같다. 3년 전 욕조 물에 자살소동을 일으켜, 아들인 남편이 우리 집으로 모셔 왔다.

상2 : 어머님의 말씀을 듣고 싶습니다만.

내1 : …… 62년 3월 18일에 시집왔다. (불분명한 음성 부분을 생략) 자기는 대졸이라고, 자기만 잘났다고 하는 사람이다. 그와 맏딸(ㅎ, 46)은 한 패

거리이다. ……새 시모는 무당이고, 헛개비 집에 있다……

상3 : 제가 00시에 가서 남편인 ㅁ씨를 만나면 어떨까요?

내2 : 반대다. 아니다. …… (그 사람이) 연금을 조금 받고 있다.……

상4 : 김여사님은 남편과 따로 사시니 외로우시겠어요.

내3 : (눈물을 닦는다) 작년 여름 친어머니가 세상 떴다. 기일에 그와 같이 (산소에) 가고 싶다 ……

미3 : 거의 매일 아침 00시 시아버지에게 전화를 한다. 아들인 남편이 전화로 문안드리기도 한다. 시어머니는 1년 전까지는 H대병원을 다니다가 S대병원(정신과)으로 옮겨 현재는 2개월에 한 번씩 다닌다. 우울증 진단을 받은 것으로 알고 있다. 우울증을 보일 때는 팔이 마비된 듯한 몸짓을 보이신다.

내4 : ……(음성 불확실 부분) 자기만 잘났다고 하고…… (음성 불확실 부분을 생략)

(면담이 시작된 지 1시간 반이 경과된 시점에서도 내담자는 더 이야기를 하고 싶은 자세이다.)

(2) 2회 면담 내용 요약

상1 : 작년에 친어머니가 돌아가셨다고 말씀했지요?

내1 : (눈물 글썽이고, 수건으로 눈을 닦는다.) 시아버지 쪽은 우후죽순 식의 가풍이다. 모두 제 잘났다고 하는 식. 한일자식으로 입 다물고 결심하는 모습으로, 막 야단치고……

상2 : 저 며느리에겐 시어머니께서 야단을 안 치셨으면 좋겠네요.

내2 : 안 친다.

상3 : 그건 잘하시고 있네요. 반가운 말씀이에요.

내3 : 내 시가와 남편은 '너 때문에 우리 집안이 이렇게……' 라고 나에게 뒤

집어 씌웠다. 선생님한테 실수했다. 박정희…… 박대통령이라고 말했어
야 했는데. 동서들도 김영삼 대통령이라고 말해야 하는데 '영삼'이라고
들 말했어요. 그러면 안 되잖아요.…… (발음 불분명 부분)

상4 : 지금도 무슨 아픈 심정이신가 봅니다.

내4 : 시동생 생각에…… 남편이 막내 동생(56세, 작년 10월 작고)을 압박할
때 '그런 법이 어딨냐'고 대항했더니, 나를 때려서 입에 피가 날 정도였
다. 사실은 재산 문제로 두 형제가 싸운 것이 아니고, 형(내담자의 남편)
의 통솔력이 없어서이다. 시아버지가 잘했더라면…… 그의 작고 후 집안
이 풍비박산됐다. 큰 시동생(65세)이 8.15 전에 일제 형사 노릇하며 집안
을 흔들어 놓았다. 여러 시형제, 시식구들 중 한 사람이라도 심정이 통했
었으면…… 참고 살다 보니 내 심정은 아무도 모른다! (발음 불분명 부
분) 이것은 며느리한테도 말 안 했다.

(이하 발음 불분명한 부분 생략)

내담자 아들 ㄷ씨의 언급내용

ㅎ누님과 ㅅ, ㅇ 두 여동생들이 다 미국에 가 있다. 매부는 ○○○○ 한국연
락관이었고, ㅅ는 ○○신문 기자로 미국 연수중이다. 단기 체재이다. ㅇ는
미국 대학에서 발달심리학으로 박사후 A대학의 교수직으로 있으면서 중국
남자와 동거중이다. 나는 ○○회사 사원이다. 8년 근무했다. 원래부터 교사
나 연구직에 적성이 있다.

부모 사이는 싸움의 골이 깊어 화합은 가망성이 없다고 생각한다. 원인
은 잘 모른다. 아버지는 집안이 더 잘 되었으면 하는 욕심이 있고, 어머니는
'좋은 게 좋다'는 식의 차이가 있다. 친조모(ㅋ, 40여세 사망)는 ○○씨 가
문과 ○○, ○○ 사이로 왕래하셨고, 친조부는 중농 급이었다. 장자인 아버

지는 다혈질의 즉흥적 성품이고 자랑하기 좋아하시는 분이다. 아버지는 집안 리더역할을 원하시는 편인데, 어머니는 다르게 생각하시고 있다. 어머니는 지지리 고생하셨으나 인정을 못 받는 형이라고 볼 수 있다. 양 부모의 불화원인은 세계관 차이와 서로 원망이 많기 때문이다.

아버지도 두 번(1993년, 2001년)이나 뇌졸중으로 쓰러져 지방 국립대병원에서 치료받으셨으나 운동으로 95%까지 회복하신 분이다. 어머니는 중졸 정도(전수학교) 학력이고 즉흥적 발언이시나 편집증 정도로 치밀한 면이 있다. 그 당시는 먹고 살기가 최우선의 시기가 아니었는가 싶다. 양 부모가 출신동네 및 집안 면에서 나름대로 최고급이었다고 들었고, 제대로 지원받을 수 있었으면 자식들이 더 성공할 수 있었을 것이다. 친가는 독립적이라면 외가 쪽은 다르다. 나도 아버지 기질을 닮아서, 사춘기 때 반항 형으로 나갔다. C시 C고교를 졸업했는데, 나는 아버지 전철을 밟고 싶지는 않다.

[상5 : 부인의 S사이버대 인간복지 분야공부를 외조하시는 것에 박수를 보내는 마음입니다. 부모, 집안 문제에 관련해 앞으로의 대책에 관한 생각은?]
어머니는 내가 책임지고, 아버지는 재혼하시는 것을 원한다.

[상6 : 어머니에게는 집 안팎의 적절한 신체운동이 되시도록 하는 도움이 필요할 텐데요.] 어머니는 무댓보식이다. 기분 좋으시면 3, 4시간의 걷기 운동을 하셨다. 조금씩의 운동이 원칙일 텐데, 대부분은 계속 누워 계신다. 어머니가 아들 이야기를 듣지 않으신다.
[상7 : 어머니가 아들 말을 듣지 않는 데는 아들 책임도 일부 어떤 면이 있을까 생각해 봅시다.]
운동은 않고 아프다는 명분으로 눕기만 하시니……

[상8 : 아프시다는 것은 '기력이 약하다'는 것 외의…?]

　　퇴행성관절염은 없다. 실은 병원 퇴원하실 때보다 지금이 더 악화된 상
　　태이다. 복지관 가시는 것도 그만 두고……

내5 : (아들에게) 할 말 다 했나?

상9 : 어머니께서 말씀하시지요.

내6 : (분노의 음성으로) 첫째로 중요한 것이 사람의 인간성이지 않나. 건방
　　지게시리. 두 번째는 (아들이) 아버지 편이고 어미 입장을 이해 않는다.
　　죽고 싶지, 살고 싶지 않다. (슬픈 음성으로 변화) 그 사람(남편) 짐승이
　　지 사람인가?

상10 : 하기 싫으셔도 어머니가 운동이 필요하다는 아들의 말이 옳은 것 같
　　은데요.

내7 : (아들이) 내가 무슨 약을 먹는지도 모르고……

[상담자는 가족 중 어느 편을 옹호하는 입장이 아니고, 내담자 복지 및 가족
간 화해노력을 위해 아들과의 면담 필요성을 포함한 상담의 구조화
(restructuring)를 언급하고, 아들의 이동전화 번호를 받아 둠.]

아들 : 기분변동의 말씀이니, 기분변화에 따라 약효가 무력화되는 것 같아
　　요. 한편으로 수영장이나 찜질방으로 가시는 적 있어도, 거기는 힘들고
　　진이 빠지는 곳이 아닌가요. "다 귀찮다!"는 노인심리가 나오고 있다. 4
　　년 전 부모가 동거하실 때 구체적인 세부 절차를 마련했어야 하는데, 나
　　에게 일부 책임이 있다. 책임감을 느낀다. 부모 양측이 피해의식이 있다.
　　정식으로 공개적 말씀은 없지만 그렇다고 생각한다. 아버지는 '재혼할
　　사람이 아니라고 본다.'

상11 : (내담자에게) 지금 남편의 재혼 가능성을 말하고 있는데?

내8 : 반대다. 끝났다! (발음이 불분명한 부분) 남자가 문제인데, 상담을 더 하고 싶지 않다!

(다음은 아들이 내담자와 부인을 응접실에 먼저 나가 있도록 하고, 상담자에게 별도로 알려주고 싶다고 하여 말한 내용의 요지이다.)

"어머니가 2년 전 6촌 동생 댁에 다녀오신 후부터 달라지셨다. 그 곳은 목욕을 시켜드리는 등 분위기의 차이가 있었던 것 같다. 몸은 더 나빠지셨는데, 한방의원이나 복지관 행차도 두어 번 가시고는 중단하고 계신다. 왜 그러시는지 모르겠다."

3. 내담자 가족 측과의 협의

(다음은 상담자의 요청(질의)에 따라 내담자의 며느리가 답신해온 내담자 및 가족 측의 반응과 의견이다.)

내담자 며느리의 1차 회신

● 0월 00일(2회 상담일)

상담을 마치고 집에 오셔서, 점심도 잡수시지 않으시고 하루종일 누워 계셨습니다. 말씀도 없으시고, 울기만 하시면서, 빛이 보이지 않는다고, 희망이 보이지 않는다는 말씀만 하셨답니다. 저녁도 밥을 반 공기 정도 드셨고, 계속 누워 계시다가 전화로 남편과 말다툼을 하셨습니다. 어머님께선 "내가

버젓이 살아있는데, 어떻게 재혼 소리가 나오냐. 내가 미쳤지. 시집와서 이
때까지 어떻게 살았는데. 내가 이혼하지. 서류 갖고 와. 내가 도장 찍지. 죽
어야지 살아서 뭣해." 하시면서 큰 소리로 우시고 항상 말씀하시던 시아버
지(시할아버지)와 아버님을 향해 욕도 하시고, 집안에서 사용하는 워커도 던
지시고 거실 바닥에 누워 몸부림치며 우셨습니다. 남편은 큰 소리로 지긋지
긋하다며, 평생 아버지가 얼마나 고생하셨는지 알겠다고, 어머니만 변하면
가족이 다 편안한데, 왜 그러느냐며 무식해서 그렇다고 이야기를 했습니다.

● **0월 0일**

진지도 조금만 드시고, 하루종일 누워계셨습니다. 제가 말을 붙여도 대답도
안 하시고, 거실 소파에 앉으셔서도 멍하니 먼 산만 바라보시다가 방으로
들어가셨습니다. 밤에 주무시기 전, 얼른 죽고 싶다며 더 살아서 뭐 하냐고
말씀하셨습니다.

● **0월 0일**

아침 8시 20분쯤 거실에서 어머님이 C시에 있는 아버님께 전화를 거셨습니
다. 첫 마디는 "이혼해. 이혼해 줄 테니까 갖고 와. 도장 찍어 줄게." 저는
아이들 선교원 버스 탈 시간이어서 아이들 데리고 밖으로 나갔고, 자세한
이야기는 모르겠습니다. 아이들을 보내고 집으로 들어와 보니 거실에 부엌
칼이 있었고, 어머님께서 걸으실 때 사용하시는 워커도 쓰러져있고, 거실바
닥에 침 자욱이 있었습니다. 전 놀라서 "어머님, 왜 칼이 여기 있어요?" 하고
물으니 어머님은 "손목에 그으려 했는데, 안 그어지더라. 목에 하려다 못했
다. 죽고 싶다."고 말씀하셨습니다. 제가 거실을 정리하는 동안 어머님은 방
으로 들어가셔서 침대에 누우셨습니다. 어머님말로는 아버님께서 전화를 끊
으셨고, 그 후로 계속 전화를 걸었는데, 수화기를 내려놓아서 통화중이었다

고 합니다. 그 날 아버님은 오후까지도 전화를 받지 않으셨습니다.

그리고 오후 2시 넘어서 막내를 재우다가 제가 잠이 들었는데, 큰아이가 "엄마, 할머니 운동가세요."라고 해서 밖에 바람 쐬러 가시나 보다고 생각 했습니다. 3시쯤 경비실에서 연락이 왔어요. 거기 할머니 워커 밀고 다니시냐고, 00동 길가에 누워 계신다고 빨리 내려오라는 연락이 와서 갔습니다. 제가 갔을 땐, 어머님은 아파트 담 옆에 자른 나뭇가지더미 위에 누워 계셨습니다. 집으로 가자고 하니, 어머님은 "안가. ○○○데려 와! 나 죽을 거야." 하며

어머님을 부축하려는 저와 경비아저씨들을 주먹으로 때리시며 소리 지르고 눕기만 하셨습니다. 경비아저씨 세 분이 어머님을 들어서 차에 태우고 집으로 왔습니다. 물론 집 앞에서도 저랑 실랑이를 한참 하셨지요. 막무가내로 앞뒤가 섞여서 옛날이야기를 하셨습니다. 집안까지 들어오는 데 한 시간 반이 걸렸습니다.

그리고 또 누워만 계셨습니다. 저녁은 조금만 잡수시고요. 저녁에 이부자리 봐 드리려고 어머님 방에 들어갔는데, 주머니에서 가느다란 끈(운동화 끈 같은), 스타킹 긴 것, 속옷(브래지어)을 꺼내서 저에게 주셨습니다. 저는 "어머님, 이게 뭐예요?" 하니 어머님은 "산에 가서 목매달아 죽을라고. 산으로 가려다가 길을 몰라서……" 어머님은 저의 집 앞과 놀이터의 길만 아셔서, 산으로 올라가는 길을 찾다가 ○○○동 쪽으로 가셨나 봅니다. 참 다행이었지요.

내담자 며느리의 2차 답신

---

(1) 내담자의 남편에 대한 생각, 감정 및 "장차 희망"

어머님께선 상담을 그만 하시겠다고 하십니다. 남편(시부)에 대해 모두 포기했다고 말씀하시네요. 아버님은 아버님대로, 어머님은 어머님대로 따로 사시는 것으로 생각하고 계십니다. 더 이상 벌여 놓아야 좋을 것이 없다고 말씀하시고 계십니다. 내가 죄인이니, 아들이 죽을 때까지 책임진다고 하니, 그냥 이대로 사시겠다고 말씀하셨습니다. 아버님도 어머님도 모두 불쌍한 사람이고, 장차 희망관계는 모두 포기하고 사시겠다고 하십니다.

(2) 부모관계에 대한 아들-가족의 입장 및 의견

① 아들(남편) : 2회에 걸쳐 가족의 치부(?)를 모두 드러낸 이상, 어머님께서 상담을 계속 받으셨으면 합니다.

② 며느리(미) : 어머님께서 상담을 계속 받으셔서 마음이 전보다 가벼워지셨으면 좋겠습니다. 말씀으로는 아버님을 포기했다고 하시지만, 일정 시간이 지나면 또 다시 전과 같은 상황이 벌어질 거라 예상됩니다. 두 달에 한두 번 정도는 우울증이 심해지시면 공격적 행동과 거친 언어표현도 하셨습니다. 이번 경우는 가장 심한 경우(자살충동)였구요. 어머님 자신의 마음 통제가 불가능하셔서 자꾸 그런 행동이 나온다고 생각합니다. 아버님으로부터 자유로워지시면 보다 나은 생활(운동, 신앙생활)을 하실 수 있다고 저는 생각됩니다. 한 영혼이 천하보다 귀하다는 성경말씀처럼 어머님께서 어머님 자신을 사랑하며 남은 삶을 사셨으면 합니다. 어머님의 거친 행동은 자신을 학대함으로써 가족(아버님)의 관심을 끌려는 표현은 아닌지요.

③ 큰딸(ㅎ) : 어머님은 상담을 해도 좋아지지 않을 거라 생각된다고 합니다. 아버님과 함께 부부 상담을 받지 않는 이상 효과가 없을 거라 이야기합니다. 아버님과 어머님은 생각의 차이가 너무 크고 맞질 않아서, 관계회복은 어렵게 생각하고 두 분 중 한 분이 돌아가셔야 해결된다고 합니다. (오늘 6월 00일 오전에 통화한 내용의 일부입니다.)

(3) 2차 면담 후 "다시 오지 않겠다!"는 내담자 태도에 대한 가족 측 의견

심한 우울증이 어느 정도 해결되어 안정된 시기 같지만, 마음에 해결되지 않은, 억압된 감정들을 상담을 통해 어느 정도 마음의 평안을 찾고, 객관적 시각에서 생활하실 수 있는 안목을 키우셨으면 합니다.

(4) 상담자의 '가정방문 상담' 용의에 대한 가족 측 의견

아들(남편)은 어머님의 의견을 먼저 존중하지만 바램은 지속적인 내방(상담실)상담을 원합니다.

(5) 상담지 속의 효능성에 관련된 가족 측의 의견

상담을 통해 어머님 마음의 평안을 되찾고(단기간은 어렵겠지만요), 지속적인 상담으로 어머님을 도와드리고 싶습니다. 내일 다시 설득해보고 선생님께 전화 드리겠습니다. 제가 보기엔 저의 어머님은 끈기가 좀 부족하십니다. 처음엔 하려는 욕구로 시작하시지만, 한두 번 하시면 안 하시는 경우가 많습니다. 복지관에 다니실 때, 재활치료 받으실 때도 몇 번 하시다가 포기하시는 경우가 많았습니다.

그리고 노인상담 책에 (저희 집 상담 자료가) "인용돼도 무방하다(신상정보를 밝히지 않는 전제)"에 동의합니다.

4. 상담자 후기 : 종합적 소감

(1) 노년기 내담자의 희소성

노년기 '내담자'를 만나기도 힘들고 면담하기도 힘들다는 사실을 체험한 사례이다. 우리나라의 노년층 인구가 480여만 명에 이르고 이들의 대부분이 당뇨, 고혈압, 관절염 등의 '병고'와 안정적인 연금이 없거나 가족들의 충분한 보조가 없는 '빈고', 그리고 사회적 역할상실에 따른 소외감, 우울증 등에 시달리는 '독고' 등 3가지 대표적 고통만으로도 심리 상담이 필요할 것으로 생각된다. 그러나 병들고 가난한 것은 병원의사와 사회복지 시설의 도움을 받을 수 없을 때는 어쩔 수 없는 일이고, 소외감 및 우울증 등의 심리적·정서적 문제도 세상을 떠날 때까지 대체로 참고 견딜 수밖에 없다는 것이 본인과 가족 측의 일반적 인식인 것이다. 그래서 "노인이 무슨 상담이 필요하겠냐?"는 반응을 여러 번 접했다.

　본 사례는 필자가 65세 이상 노인. 어르신을 위한 무료상담실 공간을 마련하고 '노인 내담자를 소개. 천거하도록' 두루 공지한 지 반년 만에 이루어졌다. 이 사례는 상담자의 강의를 듣고 또 집단상담을 지도받은 사이버대학 재학생(인간복지 분야 전공)이 뇌졸중 경력의 시어머니를 자동차로 모셔왔기 때문에 시작될 수 있었다. 며느리가 자기의 가족 관계문제 상담의 필요성을 먼저 인식하고, 남편과 시어머니를 설득한 후 상담소까지 보행이 여의치 않은 노인을 모셔왔다는 점에서, 상담의 출발 및 진행 측면에서는 며느리의 성실성과 인내력이 거의 절대적인 기여를 하고 있었다.

(2) 노인 내담자의 인지능력 및 대화 소통력의 문제

70세 중졸 학력에 뇌졸중 치료 경력의 노인이므로 인지능력 평가와 대화소통 여부가 상담자의 당초 관심사였다. 내담자 상담자 양쪽의 상호 적응 때문에서인지 1회 면담 때에 비해서 2회 면담에서의 대화 소통 정도에 큰 곤란이 없어 보였다. 간혹 발음이 여전히 불분명한 부분에 접했으나, 상담자의 명료화적 질문 및 수용적 확인반응으로 순조로운 회기진행이 예상될 수 있었다. 노인 내담자로서 아들이 자기입장에 대한 이해표시가 없이 평소 대결적인 남편의 입장을 옹호하는 듯한 말에 발끈하면서 '더 이상의 상담은 안 한다'고 선언한 것은 자기중심적이고 우울증의 노인 상담에서 충분히 있을 수 있는 장면일 것이다. 그래서 상담자는 2, 3개월 후쯤 내담자가 마음을 돌이키거나하여 면담이 재개될 수 있으리라는 전망으로 (내담자와의 직접 면담이 없는 동안) 가족 측의 애로 완화와 외부지원망의 형성에 관심과 노력을 경주하기로 했다.

내담자의 인지기능 및 기억력 평가가 노인상담 일반에서 반드시 고려되어야 하고 특히, 내담자와 같이 뇌졸중 치료배경과 정신과 우울증 진단을 받은 배경의 경우는 더욱 그러할 것이다. 본 사례의 경우, 면담의 시작단계에서부터 정신기능 검사를 도입하는 것은 내담자의 저항과 상담분위기의 경직화를 초래할 것으로 예견되었고, 또 초기 심리검사가 그렇게 시급한 일이 아닌 것으로 판단되었다. 상담자는 표준화 간이정신상태 검사문항(MMSE)보다는 주제통각검사(TAT)같은 것으로 내담자의 욕구체계를 파악하는 것이 보다 유익할 것으로 생각하고 있었다.

(3) 노인상담을 위한 가족 및 외부지원망 형성의 촉진

본 사례는 정신기능 및 행동반경의 주체성과 자율성을 유지하는 일반 대학생집단의 경우와는 다르게 접근되어야 할 것이다. 본 사례의 내담자는 이해 결핍의 남편과 생이별 상태이고 '시댁 식구들 어느 누구와도 심정적 소통이 없었고 지금의 외아들마저도 남편인 아버지 입장만을 이해한다고 말하니, 자기로서는 더 살아야 할 여지가 없다.'고 호소하고 있으므로, 가족적 이해와 외부지원망 형성의 필요성이 더욱 고려되어야 할 것이다.

　진행과정상 시기상조의 제안이었기에 받아들여지지 않았지만, 상담자의 '지방거주 남편 방문면담 제안'과 '현 내담자 가정 출장면담 용의 표시'는 그러한 지원망 필요성 맥락에서 언급된 것이었다. 상담자는 당장 수용 안 되었어도 그러한 적극적 제안의 종국적 실효성에 관해서도 의문이 다소 느껴지게 되었다. 아마도 내담자가 2개월마다 통원 치료 중인 S대병원 정신과 담당 의사를 전화 또는 인터넷으로 접속하여 협의하거나, 내담자 가정 인근의 노인복지관 이용을 재개하도록 복지관 담당 사회복지사와의 연락, 협의하거나, 또 동네 거주 또래노인과의 친교형성의 요령을 며느리에게 설명, 격려해 주는 등의 상담자 측 노력이 더 생산적이고 유익할지도 모르겠다.

(4) 노인상담소의 전문적 체제 갖추기

앞에서 노년층 및 주변인들의 인식부족과 상담동기 결핍의 현실을 지적했다. 그러면서도 상담자 측에서는 노년기내담자 맞춤형 전문 활동 체제를 갖추는 것이 중요함을 체험하게 되었다. 노인 맞춤형 상담체제 갖추기에는 노인 맞춤형 상담 인력의 교육이 선행 문제일 것이다. 뿐만 아니라, 노인 내담자들의 통행에 편리한 2층 이하의 평면 복도형 공간 및 위치 등을 포함한 노인상담소의 시설 조건들도 관련된다. 그리고 노인상담을 위해서는 노년기 정신건강 전문의사와 노인종합복지관 사회복지사들과 긴밀한 협의. 지원가능의 유대관계 형성이 필수적임을 실감하게 되었다.

5.4 독거노인의 우울증 상담사례

1. 사례의 배경

내담자(여, 82세)는 상담자가 2006년 여름 서울시내 ㅂ종합사회복지관 상담 봉사자(주 1일 오후)의 입장에서 복지관 측의 의뢰로 복지관 상담실에서 면 담하게 된 사례였다.

(1) 내담자의 주요 신상자료

- 거주지 : 복지관에서 약 15분 도보 지점의 다가구형 빌라의 지하층.
- 가족관계 : 5남매(4남, 1여) 막내로 출신 가정의 빈곤 때문에 13세에 가출, 방직공장에 입사하여 직장생활을 시작했다. 운전사 직업의 남편(사별)과 슬하에 3남1녀의 자식들을 두었는데, 큰아들(60세, 전 운전사) 쪽으로 2 남1녀의 손자, 손녀가 있으며, 둘째 아들은 병사했고, 셋째 아들과는 거 의 연락이 없고, 시 외곽 동네 거주 막내딸과는 가끔 연락이 있다. 큰 아 들 쪽으로부터의 친손녀(hs)에게 제일 친근감을 느끼며, 그의 엄마인 큰 며느리는 '성격이 강하며, 노시모를 모시지 못해 미안해하고 있다.'고 내담자가 말했다.

(2) 상담의뢰 이유

함께 외출하고 복지관 노인 프로그램에 동행하던 연하의(60대 말) 동생뻘 친구(Lgj)가 약 2개월 전 사고사한 후, 심한 우울증에 걸렸고 죽음에 관련된 공포감을 느끼고 있다고 했다. 사례를 의뢰한 복지관 재가노인담당 사회복 지사는, 내담자가 '자기 자신의 죽음도 수용할 수 있게 되고, 동생뻘 친구의 상실감 (후유증)을 극복하는 것'을 상담의 성과로 기대한다고 상담자에게 말했다. 그리고 내담자는 주 1회의 노인 텃밭 가꾸기 프로그램에 열심히 참여하고 있음을 내담자의 긍정적인 측면으로 평가하고, 인지기능 장애나 치매 증세가 없다고 했다.

2. 면담 내용

(1) 1회 면담 내용 요약

내 이름을 그대로 불러도 좋다. 고맙다. 나는 5남매의 가정(출신)이다. 막내 ES는 ㄱ동에 산다. 현재 내가 사는 이 지역에만 32년째이다. 아들 셋에 딸 하나인데, 효자였던 둘째 아들은 6년 전 45살에 죽고, J동에 사는 첫째 아들네에 장가 갈 손자(jk)가 있다. 그 아들은 버스 운전사를 했다. 폐지 등을 수집해서 파는 일로 살아왔다. 지금은 그 일이 적고, 고작 23,000원 정도 수입은 전기세 등에 충당하고 있다. gj가 죽은 후 힘들었다. 우울증 등으로이다. 금년 초 올케가 죽은 영향도 조금 있을 것이다. 그 앤 아침식사 음주도 같이 하던 친구였다. 금방 방으로 인사하며 들어 온 것 같은데 아니고…… 그렇게 헷갈렸고, 내 심장 뛰는 것이 내려앉은 것 같고. 그 앤 길도 잘 찾았고 해서 같이 다니면 참 좋았다. 남과 정들면 (이렇게) 좋지 않다. 죽은 후 생각이 자꾸 나서…… 죽은 다음에 장판 밑에서 돈 300만원이 발견됐다는데, 한순간에 죽는 것도 모르고 그렇게도…… 홀로세대로 생활한 지 32년째인데, 밀가루 한 번 받은 것 이외는 외부 도움을 받은 기억이 없다. 요즈음은 금요일마다 복지관에서 반찬을 갖다 주는데 다 고맙더라. 여름은 살기가 괜찮다. 쌀 10kg으로 2개월 정도는 생활하고, 목요일엔 텃밭에서 상추 같은 것을 솎아 오기도 하니까. 큰아들네와는 동거가 불가능하다. 현재 사는 이 지역에는 구면이 많고 해서 그냥저냥 생활할 수 있다.

나도 항상 사는 것은 아니지만, 노인은 쉽게 죽지 않는다. 주르륵 병원엘

가면 되니까. 그러나 젊은이들은 갑자기 아프기도 하고, 아파도 병원엘 잘 가지 않는다. 큰오빠네 두 아들이 충청도 Y시에 사는데, 딸은 전라도 E시에 살아서 너무 멀다. (내담자가 이 시점에서 특히 더욱 다변스러웠고 상담자의 개입발언이 필요했음)

다음 주에도 만나겠다. 만나는 것이 보탬이 될 것이다. (다시 자기중심적 일방발언이 진행) 목 디스크 때문에 오른손이 아팠다. 많이 썼기 때문일 것이다. 인대가 늘어난 건지도 모르겠다. 의사가 "괜찮을 겁니다."고 해서 걱정은 안 한다. 아플 때를 대비해서 소방서 119 연락망이 되어 있다. 생활을 (돈 부족으로) 마음대로 못하는 것이 유일한 걱정일 것이다. 13살부터 객지생활을 해 왔다. 방직공장 직공으로 일하기 시작했다. 한 번의 결혼은 I시에서였다. 얌전한 색시라는 말은 못 들었어도 양반 식이라는 소리는 들었다. 다음에 복지관 측의 연락으로 또 만나겠다.

(약 55분간의 면담시간 진행 후, 1회 상담이 종료되다.)

(2) 2회 면담 내용 요약

옆의 노인네들이 "왜 (상담자를) 만나는가?"를 물어 왔다. 그럭저럭 대답해 주었다. 죽은 그 애 Lgj의 아들(34세)을 만나 보았다. 전에 비해 폐인처럼 되어 있는 것 같았다. 월 30만 원짜리 고시원에 입주해 있다고 했다. 손자 같아서 "낙심 그만하고, 열심히 살라."고 말해 주었다. 집안물건은 정리가 되어 있었다.

죽는다는 것이 그리 대단한 일이 아니다. 사는 날까지 건강하다는 마음이 중요할 것이다. 상담자와의 대화가 도움이 될 것이다. 큰아들네 손녀 hs가 나에게 제일 친근하다. 미스 코리아 급의 좋은 인물이다. 며느리는 성품이 강하다. "(나를) 모시지 못해 미안하다."고 말했다. 자기의 오래비(오빠)

는 S시에서 호텔을 운영하고, 남동생은 은행 지점장으로 잘 사는 친정인 셈
이다.

돈의 아쉬움이 있다. 가끔 2만 원 또는 5만 원 정도를 손녀로부터 받아
썼다. 겨울을 살려면 15만 원 정도가 필요한데…… 상경해서 44살 이래 홀
로 산다. 식당 등에서 일했다. 남편은 운전사였는데 병을 얻어 세상 떠났다.
지금껏 큰 문제는 없었다. 큰아들은 국민(초등)학교 졸업인데 자식들 공부
를 못 시킨 것이 한이다. 둘째 아들이 뷔페식 칠순 잔치를 해주었다.

(상 : 가족사진을 한 번 보여주시면서 말씀을 들었으면 합니다.) 글쎄, 집
의 어디 구석에 옛날 것이 있기는 할 텐데, 찾기도 쉽지 않을 거고……
(상 : 제가 사시는 댁을 방문해서 같이 찾아 보는 방법도 있겠구요……) 글
쎄다. 죽은 친구에 관련한 걱정은 많이 가라앉았다. 문 두드리는 소리 같은
것이나 방에 들어오는 모습 같은 것들이 이제는 많이 가라앉았다. (상 : 오
늘 지금까지 우리의 이야기를 요약한다면, 어떻게 말씀하시겠어요?) 글쎄,
(발언을 주저함) 죽는 것이 두렵지 않다. 살 만큼 살았고 하니…… 그런데
이 달 그믐께 시모제사 때 그리로 갈 예정이다. (상 : 혹시 교회에 나가시는
가요? 무슨 종교인지 알고 싶습니다.) J성결교회에 나간다. 11시 예배에 참
석한다. 집에서 그리 멀지 않다. 거기서 나를 '명예권사'로 부르는 것을 좋
아하지 않는다. 믿음이 적고 열심히 나갈 수도 없는데…… (상 : 명예권사 호
칭은 영예롭고 존경해서 그리하는 것으로 생각되는데요. 제가 OOO씨라고
부르기보다, O권사님 또는 제가 연하니까 '권사누님'이라고 부르도록 허락
해 주시지요.)

(이에 반대도 동의도 않고, 내담자가 먼저 상담시간이 다 됐음을 상기시
켜 주었다.)

(비정기적 안부전화를 교환할 수 있도록 내담자의 거택 전화와 이동식

전화번호를 물어 적고, 상담자의 전화번호도 별도 종이쪽지에 적어 내담자에게 건네준 후 다음 주부터는 주례가 아닌 월례상담으로 전환키로 합의하고, 약 60분간의 면담을 종료하다.)

3. 상담사례의 '중간' 평가 및 상담자 후기

(1) 상담사례의 종결 시기

아직 완전한 종결이 아니고, 매주 면담에서 월례 면담에 주례 안부전화를 하는 것으로 전환된 것이다. 옛날 의지인물(object relation)의 상실감에 따른 우울증과 죽음의 공포감정이 정신과병원 입원조치를 요할 정도의 심각한 상태가 아니고, 임박한 자살기도의 가능성이 예견될만한 근거를 발견할 수 없었다.

(2) 1,2회 면담의 성과

내담자 참여의 노인 프로그램을 주관하는 사회복지관 측 기대, 즉 상실감 관련 우울증과 죽음 공포의 극복은, 1차적(현실적) 단계와 2차적(지지적) 단계로 구분될 수 있는 지속적 대처노력이 필요할 것이다. 1, 2회 면담에서 내담자가 상실감 및 우울증의 원인자인 '옛 친구'의 아들을 만나 "열심히 살라."는 격려를 했다는 사실, 면담 중 죽음 관련 내담자 발언내용과 표정 등에 비추어 상담의 1차적 목표는 성취되었고 2차적 장기목표로의 지지적 단계에 진입된 것으로 판단된다.

(3) 상담자의 진행 소감

첫째, 직면과 해석을 피하며 수용·이해적 반응 위주로 진행한다는 노인상담 원칙에 충실하려해도 내담자의 간헐적인 다변식 '일방 발언의 조정'이

쉽지 않았다. 둘째, 내담자의 자택을 방문하여 가족사진 등을 활용한 과거 회상식 심리치료는 노인 상담자의 당연 활동으로 인식되면서도, 주례 안부전화 등의 노인 내담자 돌보기의 과외활동은 새로운 부담요소로 느껴지기도 한다. 사회복지관 담당전문가(정신보건사회복지사)와의 정기적 협의 등을 통해서 사례관리 면의 조언 및 지원을 받을 필요가 있음을 인식하게 되었다.

제 3 부

노인
집단상담
프로그램

집단상담은 집단구성원 간의 상호작용에 의해 개인의 문제해결 및 변화가 이루어지는 집단적 접근방법이다. 개별상담으로는 얻기 어려운 학습내용을 집단과정 속에서 경험할 수 있다는 것이 이 접근법의 장점이라 하겠다. 제3부는 어느 지역 노인복지관에서 인간발달에서의 최종 과업이라 할 수 있는 '자아통합'을 주제로 실시한 집단상담 프로그램에 대한 기록이다. 10회기로 구성된 프로그램의 각 회기 진행 및 상담일지는 물론, 프로그램의 구성에서부터 평가에 이르는 기록을 통해 집단 프로그램의 실행에 도움을 주고자 하였다. 이 기록이 노인을 위한 집단 프로그램의 필요성과 가치를 일깨우고 활성화되는 초석이 되길 바란다.

6.1 집단상담의 이해

1. 집단상담이란

인간은 가족, 학교, 직장, 지역사회, 취미단체, 봉사단체, 국가 등 여러 집단의 구성원으로 살아가고 있다. 집단을 떠난 개인을 생각할 수 없으며, Maslow의 욕구위계에서 볼 수 있듯이 다른 사람과의 관계에서 사랑하고 사랑 받으며 함께 어울리고 인정받고 존중 받고 싶어 한다. 다시 말해 우리는 집단을 통해 다른 사람과 친근한 관계 속에서 소속감, 일체감, 안전함, 정체감, 자존감 등을 느끼며 상호 편의와 위안을 주고받는다. 이와 같이 집단은 우리와 밀접하고 중요하다는 점을 생각할 때 집단상담은 집단 속의 자신과 타인을 이해하고 개인 간 상호작용을 이해하며 바람직한 방향으로 개선할 수 있는 유용한 장(場)을 제공한다.

집단상담은 생활 과정상의 문제를 해결하고 보다 바람직한 성장, 발달을 위하여 전문적으로 훈련 받은 상담자의 지도와 동료들의 역동적인 상호교류를 통하여 각자의 감정, 태도, 생각 및 행동양식 등을 탐색하고 이해하여 보다 성숙한 수준으로 향상시키는 과정이다(윤관현 등, 2006). 집단상담의 정의에서 알 수 있듯이 집단상담의 목표는 개인의 태도 및 행동의 변화 혹은 생활 문제의 해결을 통한 개인의 성장과 인간관계 능력의 발달이라고 할 수 있다. 집단상담의 촉진자는 개인상담에 필요한 자질 외에 집단을 책임 있게 이끌어가기 위해서 집단 역학에 대한 이해가 필요하고, 본인이 집단원으로서의 경험뿐만 아니라 선배 집단 상담자의 지도하에 실습 및 수련 과정을 거쳐야 한다. 또한 집단상담은 집단원 간 신뢰할 만하고 수용적인 분위기에서 자기 노출, 자기 발견이 이뤄지며 상호교류를 통해 의미 있는 상호관계를 경험하는 역동적인 대인관계 과정이다. 이러한 과정에서 집단원은 자신의 감정, 태도, 생각, 행동양식 등이 명료화되고 수정됨으로써 보다 성숙한 개체로 나아갈 수 있다.

집단상담 과정을 통해 집단원은 ① 나뿐만 아니라 동료들도 비슷한 문제를 가지고 있다는 사실, ② 자신의 부족함이나 결함에도 불구하고 그것 때문에 동료들에게서 배척당하지 않는다는 사실, ③ 다른 집단원들은 자신을 이해하지 못하더라도 상담자를 포함해서 적어도 한 사람은 자기를 이해하고 수용해 준다는 사실, ④ 자기도 동료들을 이해하고 수용해 준다는 사실, ⑤ 자기 자신과 타인에 관한 솔직한 느낌을 이야기하고 들음으로써 자신과 타인을 좀 더 잘 이해하고 수용하게 된다는 사실을 학습하게 된다(윤관현 등, 2006). 개인 및 문제에 따라 다르지만 사람들은 대개 개인상담보다는 집단상담을 쉽게 받아들인다. 특히 노인의 경우 대체로 자신보다 어린 상담자에게 자신의 욕구, 가족 간의 갈등, 부정적인 감정 등을 드러내어 이야기하는 것을 꺼리고, 노년기 문제는 그저 감내할 수밖에 없는 것으로 인식하는 등의 이유로 개인상담에 접근하기가 어렵다. 그 반면, 집단상담은 접근이 보다 용이하고 집단상담에서 현실적이고 실제생활에 근접한 사회장면을 제공받아 노인 동료들의 집단적인 의견을 듣고 받아들일 수 있다는 점을 고려하면 노인에게 집단상담의 장점은 더욱 크다고 할 수 있다. 그와 더불어 노인은 교육 형식으로 된 상담을 더 잘 수용하고(Lewis & Butler, 1974), 교육적 접근이 노인의 심리적 장애의 발생을 방지하고 발달을 최적화하는 적절한 방법이라는(Bocknek, 1980) 점에 유의하여 교육적 집단 노인 프로그램 개발에 노력을 기울여야 할 것이다.

2. 집단상담자의 자세 및 역할

집단상담을 효과적으로 이끌기 위해 집단 촉진자가 갖추어야 할 인간적인 특성으로는 다음과 같은 것들이 있다. 우선, 촉진자 자신과 집단원에게 개방적이어야 한다. 자신의 가치관을 고집하거나 선입견이나 고정관념에 사로잡히지 않고 집단원의 가치와 생활양식을 수용하는 태도가 필요하다. 이러한 태도를 갖추게 되면 집단원을 '있는 그대로' 바라볼 수 있게 된다. 둘째는 집단원의 언어적 및 비언어적 메시지에 대해 민감하여 그들의 욕구, 감정, 갈등, 의심 등을 잘 알아차리고, 그에 대한 정확한 이해를 바탕으로 상호 교류할 수 있는 능력이 필요하다. 셋째, 상담에서 정확한 공감 능력은 아주 중요한데, 공감한다는 것은 촉진자가 집단원의 입장에서 집단원이 지각하는 것과 같은 방식으로 그의 내면세계를 보는 것이라고 할 수 있다. 넷째, 촉진자는 자칫 자신의 의도대로 집단을 통제, 지배할 수 있다. 촉진자는 집단원이 혼란을 겪거나 불안해 할 때 해석이나 지시로 집단 목적에 맞게 유도하기보다는 비지시적인 태도로 자신을 잘 바라볼 수 있는 기회를 주도록 한다. 다섯째는 공감과 함께 Rogers가 중요하게 여긴 치료 요인으로서의 진실성을 들 수 있다. 진실성이란 관계 속에서 자신의 역할이나 지위에 의해 가식적인 언행을 하지 않고 자유롭게 온전히 자기 자신이 되는 것이다. 여섯째, 촉진자는 안전성을 유지해야 한다. 촉진자가 불안정하면 집단원의 정서를 순수하게 받아들여 객관적인 입장에서 도와주기보다는 방어적으로 행동하거나 감정적으로 대응할 가능성이 있다. 마지막으로 촉진자는 자기 자신에 대해 올바로 이해해야 한다. 자신의 장점, 한계, 가치, 정서, 동기, 목표 등을 정확히 알고 그것이 집단에 미칠 영향을 항상 인식하며 유의하여야 한다. 촉진자가 앞서 기술한 자세를 갖추고 있을 때 좋은 모델로 작용하게 되어 집단원들은 신뢰할 수 있는 편안한 분위기에서 자기를 개방하며 의미 있는 상호작용을 통해 성장해 갈 수 있다.

효과적인 집단상담이 되는지 여부는 집단 촉진자가 자신의 역할이 무엇인지를 충분히 알고 효율적으로 수행하는가에 달려 있다. 집단 촉진자는 집단의 목적, 촉진자의 이론적 배경 등에 따라 다르지만 크게 다음의 역할을 맡는다. ① 집단 활동의 시작을 돕는다. ② 집단의 방향을 제시하고 규범을 설정한다. ③ 집단의 분위기를 조성한다. ④ 집단원의 의사소통 및 상호작용을 촉진한다. ⑤ 집단 활동의 종결을 돕는다.

집단상담을 처음 시작할 때 어색한 분위기에서 집단 촉진자는 솔선하여 자신의 느낌을 내어 놓거나 조직적인 활동을 도입함으로써 집단원이 갖는 불안, 긴장, 수줍음, 갈등 등을 말할 수 있도록 한다. 또한 집단 초기에 집단 촉진자는 집단상담의 목적과 목표, 이론을 집단원들에게 이야기해 주고 집단원이 집단에서 느끼고 행동해야 할 규준을 발달시킴으로써 집단의 목표를 달성하고 집단 자체를 유지·발달시켜 집단상담을 효과적으로 운영할 수 있다. 집단 속에서 집단원이 자기를 탐색하고 새로운 행동을 시도하는 것은 안전하고 신뢰할 수 있는 분위기에서 가능하다. 그러므로 집단 촉진자는 권위적인 태도를 버리고 집단원의 느낌과 생각을 이해하고 촉진자와 다른 의견을 존중하며 사실에 초점을 두어 집단 활동을 하도록 격려한다. 집단 활동이 원활하게 되려면 촉진자는 집단원의 언어 및 비언어적 메시지를 정확하게 파악하여 의사소통을 방해하는 요인을 극복하고 상호관계를 발달시키도록 도와야 한다. 집단 촉진자는 매 회기 집단상담을 정한 시각에 시작하고 종결함으로써 신뢰감 형성과 집단 규범을 유지하는 역할을 수행해야 한다. 마지막으로 집단상담을 종결할 때는 집단원이 집단에서 학습한 것을 종결 후에도 실제적인 생활에 적용하도록 노력을 촉구하고, 추수 집단 모임을 계획하고, 종결 후 개인상담을 받을 수 있음을 시사해 줄 수 있다. 윤관현 등(2005)은 집단 촉진자가 담당해야 할 기본적인 역할을 생산적인 집단 풍토를 형성하는 산파역, 집단원의 지각과 탈락을 방지하는 수문장, 집단원 간의 상호교류와 탐색이 원활히 이루어지도록 하는 교통센터의 역할에 비유할 수 있다고 하였다.

3. 집단상담의 기술

집단 촉진자의 역할을 제대로 수행하기 위해서는 전문적인 기술이 필요하다. 본서 제4장 제3절에서 상담의 면접기법을 소개하였다. 여기에서는 이미 소개한 기법 외에 집단상담에 필요한 기법을 추가적으로 몇 가지 기술한다.

(1) 연결하기

집단원 간의 관계가 중요한 집단상담에서 집단 촉진자는 연결하기 기법을 많이 사용한다. 연결하기란 한 집단원의 말과 행동을 다른 집단원의 관심사와 관련 짓는 방식을 찾아내는 능력을 말한다. 이는 집단 촉진자가 집단원의 공통 관심사에 유의하여 민감하게 포착함으로써 가능하다. 예컨대 두 사람의 집단원 간에 공통 관심사가 있다는 것을 통찰력으로 포착하면 두 사람이 자신의 감정을 표출하며 상호작용하도록 조장한다.

(2) 피드백 주고받기

피드백은 타인의 행동에 대한 자신의 반응을 상호 솔직하게 이야기하는 과정을 말한다. 피드백을 통해 집단원은 다른 사람이 자신을 어떻게 보는지, 자신이 어떻게 반응하는지를 학습하게 된다. 피드백은 유용한 기법이지만 잘못 사용하면 상대의 마음을 상하게 할 수 있으므로 다음과 같은 점에 유의해야 한다. 피드백을 주고받을 때는 도덕적 가치판단으로 행동변화를 요구해서는 안 되고 자신의 생각이나 느낌을 표현하기만 해야 하며, 피드백은 행동이 일어난 직후에 구체적이고 정직하게 해야 한다. 아무리 필요한 피드백이라 해도 받는 사람이 받아들일 준비가 되어 있을 때 주는 것이 효과가 있다. 친근하고 신뢰하는 사람이 피드백을 주거나 한 사람보다 여러 사람이 줄 때 더 의미가 있을 것이다. 또한 피드백을 받는 사람 측에서는 상대의 피드백을 귀 기울여 감사하게 받고 그 의미를 생가해 보는 태도가 바람직하다.

(3) 행동 제한하기

집단원이 비생산적인 태도나 행동을 보일 때 집단 촉진자는 적절히 개입하여 조정함으로써 집단 과정이 바람직한 방향으로 흘러갈 수 있도록 한다. 제한이 필요한 경우는 집단원이 지나치게 질문만 계속하거나, 제 삼자의 험담을 할 때, 집단 외부의 이야기나 쓸데없는 이야기를 늘어놓을 때, 집단원의 사적인 비밀을 캐내려고 강요할 때 등이다. 이런 경우, 개입을 통해 질문 대신 직접 진술하도록 하고, 험담의 당사자와 일대일로 직접 이야기하도록 하고, 집단 내의 행동에 초점을 맞추고 현재의 사건 및 느낌과의 관련성을 말하도록 하며, 타 집단원에 대한 사적 영역의 침범을 지적하여 중단시켜야 한다.

4. 집단의 구성 및 집단상담의 과정

집단상담에서 바람직한 집단 크기는 참가자의 나이, 집단 형태, 집단 촉진자의 경험, 촉진자의 수 등에 따라 다르지만 성인의 경우 대체로 5~8명 정도가 바람직한 것으로 여겨진다. 촉진자가 두 명이면 집단과정에서 일어나는 일을 보다 잘 파악할 수 있고, 상호작용의 예를 보여줄 수 있는 장점이 있다. 집단상담은 대개 주 1회, 회기당 시간은 2시간 정도가 적절하며, 집단의 지속기간은 불필요하게 길기보다는 집단 응집력이 생기고 생산적인 상담이 될 만큼 충분하면 된다.

집단상담은 회기를 거치면서 변화를 보이게 되는데, 집단상담이 성공적인 경험이 되기 위해서는 단계별 과정을 면밀히 계획하여 실시해야 한다. 집단의 발달과정은 두 사람 이상의 사람들이 상호 영향을 미치면서 공동목

표를 향해 함께 움직여 나가고 있는 변화 혹은 발달 현상을 말한다. 집단상담의 과정은 학자에 따라 견해차가 있으나 도입단계-준비단계-작업단계-종결단계로 나누어 보기로 한다.

(1) 도입단계

도입단계의 주된 목표는 집단상담의 목적과 성격에 관한 오리엔테이션을 함으로써 집단원이 집단 경험을 자신의 성장을 위해 최대한 활용할 수 있도록 돕는 것이다. 이 단계에서 하는 일로는 첫째, 참여자를 소개하고 예기 불안을 취급하는 것이다. 집단 촉진자는 자신을 소개하고 경력 및 집단에 대한 열의와 기대 등을 말하고, 집단원들이 서로 인사하고 소개하는 시간이 필요하다. 새로운 집단을 시작할 때 경험하게 되는 불안과 두려움을 촉진자가 솔직하게 노출함으로써 안정된 분위기를 조성해야 한다. 둘째, 촉진자는 집단의 성격과 목적, 집단상담자의 역할, 집단의 규준 및 기타 유의사항을 말해 주고 집단을 구조화함으로써 집단원의 불안을 감소시키고 집단 응집성을 높여 자기노출, 피드백, 직면이 촉진된다. 셋째, 집단의 과정적 목표 및 집단원 개인의 목표를 구체적으로 설정하여 후에 목표 성취를 확인, 평가할 수 있도록 해야 한다.

(2) 준비단계

이 단계에서는 안정되고 신뢰할 수 있는 집단 분위기를 조성하여 다음 단계인 작업단계를 준비한다. 집단 촉진자는 집단의 분위기 조성과 집단원의 성장에 크게 손상을 주지 않는 한 집단원의 말과 행동을 신뢰, 수용, 격려해 주는 태도와 반응을 보여야 한다. 촉진자에게 의존성을 보이는 경우에는 우선 공감을 해준 후 반영을 통해 그가 집단원들보다 촉진자의 관심과 반응을 더 가치 있게 여기고 있음을 깨닫게 한다. 이를 통해 집단의 지도성은 촉진자에게만 있는 것이 아니라 집단원이 함께 나눠 갖는 것임을 학습시킬 수 있다. 어떤 집단원은 개인적인 이야기에 초점이 맞춰지는 것에 부담감과 불안을 느껴 집단 참여에 주저하고 저항적 반응을 보일 수 있다. 이런 경우, 저항을 집단과정의 필수정인 요소로 인정하고 함께 취급하는 것이 좋다. 또한 이 단계에 촉진자와 집단원 간, 집단원 상호 간에 갈등이 나타나기도 한다. 이 역시 필연적인 것으로 보고 잘 관리하면 오히려 신뢰성을 강화하고 갈등의 성공적인 취급을 경험할 수 있게 된다. 한편, 집단원들은 집단에 대해 소속감, 결속감, 일치감을 느껴 응집성이 생기게 된다. 촉진자는 집단의 응집성을 높이기 위해 모범을 보이기도 하고, 신뢰성과 응집성을 높여 주는 집단원의 행동을 강화한다.

(3) 작업단계

작업단계에서는 집단원들이 상호 도움을 주고받음으로써 행동변화를 촉진시킨다. 집단 촉진자는 집단원들이 각자의 문제를 노출하고 탐색하며 이해하고 수용하는 과정을 통해 바람직하지 못한 행동패턴을 버리고 생산적인 대안행동을 학습하도록 돕는다. 집단원은 사적으로 의미 있는 문제를 드러낼 때 공감을 통해 집단에서 충분히 이해 받고 수용되는 경험을 함으로써 부정적 감정의 응어리를 정화하게 된다. 또한 자신의 문제를 집단에서 취급하려 하는 집단원이 있으면 지금-여기의 문제로 전환하여 피드백과 직면을 통해 문제 상황에서 벗어나지 못하는 비효과적인 행동패턴을 탐색, 이해, 수용하도록 돕는다. 대안행동을 탐색할 때 집단원들이 자유롭게 제시하고 다각적인 측면에서 논의한 후 선정하도록 하는데, 대안행동의 학습은 역할놀이가 효과적이며 실행여부와 결과를 보고하는 것이 실천 가능성을 높여 준다.

(4) 종결단계

집단상담을 마무리하는 단계를 적절히 다루어야 집단원들이 집단에서 학습한 것을 잘 활용할 수 있다. 종결단계에서 대부분의 집단원은 집단 참여에 대한 긍정적 감정을 가지고 있는데, 자칫 부정적 감정을 지니고 떠나지 않도록 마무리하는 것이 중요하다. 이 단계에서는 전체 집단과정에서 특별히 자신에게 의미가 있거나 도움이 되었던 경험을 나누고, 집단을 시작하던 시점과 현재의 비교를 통해 집단원의 성장 및 변화에 대해 평가하고 그 적용 가능성도 알아보도록 돕는다. 집단 종료에 따르는 아쉬움을 공유하고 이것이 집단 밖의 새로운 시작임을 보게 하고, 미결과제는 효과적으로 취급하여 편안한 마음으로 떠날 수 있도록 한다. 종결단계에서의 피드백은 지금까지 관찰해 온 집단원의 행동변화에 대해 종합적으로 하되 구체적인 행동용어로 긍정적인 측면에 초점을 두는 것이 효과적이다. 마지막으로 최종 마무리를 할 때는 촉진자가 집단과 개인이 이룬 성과를 치하하고 학습한 행동을 실천하는 노력을 지속적으로 해야 함을 당부한다. 촉진자와 집단원들이 상호 언어 및 비언어적 반응을 교환하면서 작별 인사를 나누고 집단의 전과정을 마감한다.

5. 집단상담의 치료적 요인

집단상담을 통해 집단원은 긍정적 변화를 얻게 되는데, 이러한 결과를 가져오게 하는 것은 무엇일까? Yalom은 치료적 요인으로 ① 희망을 심어주기, ② 보편성, ③ 정보 전달, ④ 이타주의, ⑤ 초기가족의 교정적 재현, ⑥ 사회화 기술의 발달, ⑦ 모방행동, ⑧ 대인관계 학습, ⑨ 집단 응집력, ⑩ 정화, ⑪ 실존적 요인을 제시한다. 여기에서 말하는 '보편성'이란 집단상담을 통해 집단원은 자기의 고통이 자신만이 겪는 것이 아니라 다른 사람도 경험한다는 것을 알게 됨으로써 상당한 위안을 받는 것을 말한다. 인간이 가지고 있는 문제는 복잡하지만 그 속에는 공통성이 있고 집단원들은 그 유사성을 깨닫게 된다. 자신이 다른 사람과 비슷하다고 지각하면 관심을 나누게 되어 수용으로까지 갈 수 있게 된다. 그리고 '초기가족의 교정적 재현'의 의미는 이러하다. 집단원은 집단 속에서 각자 자신이 예전에 부모나 형제들과 상호 작용했던 것처럼 촉진자나 다른 집단원들과 상호작용하는데, 이때 초년기 가족 내 갈등, 욕구 등이 다시 나타나게 되고 교정이 필요한 행동은 집단 속 에서 탐색과 도전을 통해 새로운 행동의 학습으로 나아갈 수 있다. 집단상 담 치료요인으로 마지막에 제시된 '실존적 요인'은 간략히 이야기하면 인 간은 죽음, 고립, 자유, 불확실성, 책임, 무의미와 함께 갈 수밖에 없는 존재 임을 자각하고 불안을 직면하고 한계를 수용할 때 인간의 문제를 다른 관점 에서 볼 수 있고 무력감보다는 자유와 자율성을 더 경험하며 삶의 의미를 찾을 수도 있다.

지금까지 집단상담에 대해 간략히 살펴보았다. 다음부터 이어질 내용은 지역의 어느 노인복지관에서 실시한 집단상담 프로그램의 계획단계부터 실 시과정을 거쳐 실행 후기까지 기록한 것으로, 비교적 상세히 기술하여 독자 가 매뉴얼처럼 사용할 수 있도록 하였다.

6.2 프로그램 계획과 준비과정

상담분야에서 아동이나 청소년에 대한 프로그램은 많이 개발되어 있고 학 교나 수련회, 상담기관, 종교단체 등 현장에서 여러 형태로 프로그램이 실시 되고 있다. 그에 비해 노인에 대한 관심과 연구는 부진해서 이론서가 일부 있을 뿐 개인이든 집단이든 실제 상담은 잘 이뤄지지 않고 있는 실정이다.

이는 종합복지관의 경우 상담 사례 수에 있어서 노인상담은 아동, 청소년 상담과 비교할 바가 못 되고 노인복지관에서조차도 사정이 다를 바 없다는 점은 노인상담이 얼마나 부진한지를 잘 증명해 주고 있다. 오히려 '노인이 무슨 상담을……'이라는 인식으로 건강과 취미, 오락 위주의 프로그램이 실시되고 있다.

이러한 현실 아래 평균 수명의 연장과 함께 노인 문제가 더 심각해지면서 그들을 위한 상담의 필요성 또한 더욱 절실하다고 인식하여 풍경소리심리상담연구회(cafe.daum.net/2851275)는 자아통합이라는 주제로 노인을 위한 집단상담 프로그램을 만들기로 했다. 매주 1회 연구회 정기모임 시간에 이뤄지던 기존의 상담 및 마음공부 프로그램을 일시적으로 중단하고 준비과정에 들어갔다. 준비과정의 내용은 크게 세 가지로 나눠 볼 수 있는데, 우선 노인의 심리적 특성이나 노인의 불안, 죽음 등과 같은 노인에 대한 이해를 높이는 공부가 그 하나이고, 둘째는 집단의 역동적 과정, 집단의 지도성, 집단상담의 기술 등 집단상담 실제에 해당하는 부분을 공부하는 것이었으며, 나머지 한 가지는 노인에게 필요하다고 생각되는 여러 가지 집단상담 프로그램을 직접 실시해 봄으로써 그 적절성과 효과를 가늠하고 필요에 따라 그 내용이나 형식을 수정, 보완하는 작업이었다.

프로그램 구성에 있어 염두에 두었던 점은 자아통합이라는 주제에 적합한 내용을 다루되 구성원들이 집단상담의 경험이 없다는 점과 노인의 특성을 고려하여 너무 어렵거나 지루

하게 느끼지 않도록 해야 한다는 것이었다. 따라서 생각하기와 쓰기 위주를 지양하여 활동이 가미된 것이 프로그램 구성의 중요 원칙으로 작용했으며 미술치료와 음악치료적 요소를 포함시켰다. 그리고 공저자는 아동이나 청소년 대상의 집단상담에서 매회기 종료 이전에 그 날의 상담에 대한 소감문을 간단히 쓰게 하는 경우가 있는데, 이 역시 같은 이유로 본 노인상담에서는 생략하였다.

그리고 상담시간과는 별도로 상담 전에 몸 풀기와 상담 후 명상을 첨가했는데 몸 풀기는 일어서서 형식에 구애됨이 없이 손바닥으로 전신 두드리기와 팔, 다리, 목, 어깨, 허리 운동, 숨쉬기 등 노인에게 무리가 되지 않는 정도의 체조 동작을 하는 것이다. 혼자 하는 몸 풀기가 끝나면 집단원들이 한 줄로 서서 앞사람의 목, 어깨, 등을 풀어주고 쓸어주기를 한 후 뒤돌아서서 앞사람을 같은 방법으로 몸 풀기 해 준다. 몸 풀기에는 약 10분 정도 소요된다. 몸 풀기를 하기로 한 이유는 그것이 노인의 신체적 건강을 고려해 볼 때 필요하기도 하지만 몸이 유연할 때 사고도 유연해질 수 있으므로 상호작용이 활발하게 일어나야 하는 집단상담의 성격상 상담 전 긴장을 풀어 주고 집단원 간 신체 접촉을 통해 친밀감과 유대감을 높이고자 함이었다.

또한 명상은 상담이 끝난 후 긴장을 풀고 편안하게 의자에 앉은 상태로 등은 등받이에 기대지 않고 허리를 곧추 세우고 턱을 약간 아래로 당겨 뒷목을 펴게 한 후 눈을 감고 심호흡을 10여 차례 하게 한다. 이때 복식 호흡을 하는 것이 좋으나 익숙하지 않아 힘들고 불편하면 흉식 호흡이어도 무방하다. 심호흡 후에는 심호흡도 얕은 호흡도 아닌 편안한 호흡을 하게 하면서 "오늘 상담한 내용을 가만히 생각해 봅니다."라며 그 날의 중요 주제를 언급한 후 집단원들에게 각자 생각할 수 있는 시간을 주어 그 회기를 스스로 정리할 수 있게 한다. 그 정리에는 상담 주제와 관련하여 자신의 느낌과 생각을 돌아보는 것과 그것을 기반으로 한 자기 다짐이나 자기약속 같은 것 등이 포함될 것이다. 충분히 정리할 시간을 준 후 눈을 뜨게 하고 명상시간을 맺는데 촉진자의 경우에는 눈을 뜨기 전에 자비관(慈悲觀) 문구를 읽어 주었다. 이는 마음을 편안히 가라앉히고 스스로 조용히 상담내용을 정리하여 그로 인해 얻은 것이 자신뿐 아니라 더 넓은 대상으로 퍼져 나갈 수 있게 하기 위함이다. 자비관은 부록에 한 예시로 제시해 놓는다. 명상에 소요되는 시간도 약 10분이다. 자비관은 〈부록 4〉를 참조하기 바란다.

처음에 연구회가 구상한 것은 회기 당 90분씩 총 12회기였다. 연구회 내에서 회원들이 집단 구성원이 되어 실시해 봤을 때 어떤 주제를 막론하고 90분은 늘 부족한 시간이었으나 그렇게 정한 이유는 그 이상이면 노인들이 힘들어 할 것이라는 점과 또 한 가지 염려 때문이었는데, 그것은 노인 특유의 '다 그런 거지, 뭐'로 인해 구체적인 자기공개나 깊은 성찰이 잘 일어나지 않을지 모른다는 점이었다. 그러면서 다른 한 편으로는 노인들이 시간제한을 염두에 두지 않고 자신의 이야기를 오래 함으로써 상담 진행에 걸림돌이 될 가능성이 있고 이를 통제, 관리하기가 쉽지 않을 것이라는 염려도 있었다.

그리고 회기의 분량은 집단 응집력 형성이나 자신을 드러내고 볼 수 있기 위해서는 적어도 12회 정도가 되어야 한다고 생각했으나 실제적으로 복지관에서의 집단 구성이 예상보다 어렵고 늦어져서 상담기간을 조금 단축해야 할 필요성을 느껴 10회로 줄였다. 매 상담에 주 촉진자 1명과 보조 촉진자 1명이 함께 들어가기로 했으며 사전, 사후검사는 1988년 김정순이 개발한 자아통합검사가 선택되었는데 이 검사는 개발 당시 신뢰도 0.92였다. 자아통합검사는 '6. 사전사후 검사평가'에서 볼 수 있다. 프로그램 구성을 끝내고 집단이 만들어졌다는 복지관의 연락이 있을 때까지 대기하고 있었으며 총 준비기간은 약 3개월이었다.

마지막으로 이번 프로그램에서는 시행되지 못했으나 차후에 가능하다면

해 보고 싶은 것이 두 가지 있는데, 한 가지는 프로그램이 시작되기 전에 집단원의 가족을 초청해 프로그램에 대한 설명회를 갖는 것이다. 가족들에게 상담실을 둘러보게 하고 프로그램 실시의 의의, 필요성, 내용, 기간, 일시 등을 설명하면, 가족들의 프로그램에 대한 이해가 상담에 긍정적인 영향을 미칠 것이라 생각된다. 말하자면 설명회는 집단 구성원에 대한 가족관계 지원 성격을 띠게 되는 것이다. 그리고 다른 한 가지는 집단원들과 상담실 내에서 상담하는 것도 좋지만 한 회기 정도 나들이를 해서 정적인 실내 상황에서는 볼 수 없는 집단원들의 특성이나 상호작용을 보는 기회를 갖는 것도 바람직하다고 생각한다. 이는 또한 집단원들 간 그리고 집단원과 촉진자 간의 촉진적 관계나 친밀감 형성에도 도움이 될 것이다. 집단상담을 종결하고 뒤늦게 듣게 된 복지사의 전언은 7, 8회기쯤에 집단원들이 복지사에게 선생님과 집단원들이 함께 야유회를 가고 싶다며 복지관 측의 경비 지원 관계를 문의했다는 것이다. 시간과 경비가 미리 예정, 계획되어 있지 않았기 때문에 이번에는 실행되지 못했지만 차기에는 프로그램 속에 포함시킬 만하다고 생각한다.

6.3 집단 구성과 실시 배경

본 노인 집단상담 프로그램이 실시된 ○○노인종합복지관은 비교적 규모가 큰 복지관으로 노인을 위한 다양한 프로그램이 실행되고 있으며, 많은 노인들이 이용하는 기관임에도 불구하고 상담은 실시되고 있지 않은 형편이었으나, 집단상담의 필요성을 인식하고 있던 차에 풍경소리심리상담연구소에서 상담료를 요구하지 않고 자원하면서 집단 프로그램을 구성하기로 했다. 상담 준비물과 녹음기(집단원들로부터 녹음에 대한 동의를 얻음), 매회기

차와 첫 회기 및 마지막 회기의 다과는 복지관 측에서 제공하기로 했다.

　집단상담의 장은 마련된 셈이나 아직 일반적으로 상담에 대한 인식이 부족한 관계로 노인들이 별 반응을 보이지 않았고, 복지관 측 일부에서도 집단원들의 상담 결과에 대한 반응을 미리 염려하여 조심스러워 하는 면이 없잖아 있었다. 그럼에도 복지사가 열심히 홍보한 결과 신청자들이 나왔으나 이번에는 복지관에 나오는 분들은 기존에 참여하고 있던 프로그램이 있어서 상담 시간을 만들기 힘들다는 어려움이 있었다. 결국 때를 기다려 기존 프로그램이 모두 끝나는 여름방학에 시작하기로 했다. 신청자는 총 20명이었으므로 가능한 요일별로 두 집단으로 나누어 실시하기로 했고 10회를 하려면 2학기 프로그램 중 일부를 불참하게 될 가능성이 있었지만 복지사의 홍보 덕분인지 감수하겠다고 하여 진행하기로 했다. 본서에 기재된 상담사례는 두 번째 공저자가 주 촉진자를 맡았던 집단에 대한 기록이다.

　복지사의 상담 목표가 무엇이냐는 질문에 상담 목표는 자아통합으로 '지난 날을 돌아보고 자신과 자신의 삶의 부정적인 부분도 수용하고 현재를 긍정적으로 보며 행복한 죽음을 준비한다'고 했더니 매우 놀라며 죽음이란 말을 금기시했다. 노인들이 싫어한다는 것이 그 이유였고 상담이란 말 자체의 사용도 조심스러워했다. 복지사가 프로그램 홍보 시 죽음은 말하지 않았겠지만 노인에게 매우 중요한 문제이기 때문에 프로그램 후반부에 죽음과 관련된 주제인 '내가 살아야 하는 이유'와 '유언 남기기'

를 넣었다.

촉진자가 담당하기로 한 집단의 참여 희망자는 처음에는 11명이었으나 그 중 두 명은 부부로 신청만 했을 뿐 한 번도 참석하지 않았고, 한 명은 신앙생활에 따른 활동 시간상의 문제로 2회기까지 참석 후 불참했으며, 한 명 역시 첫 회기에는 참석했으나 장기간의 치아치료와 가족모임 등의 이유로 불참하게 되어 7명으로 상담이 진행되었다.

프로그램 진행기간은 2005년 7월 ×일부터 2005년 9월 ×일까지로 여름 휴가철인 8월 첫 주는 프로그램이 없었고 매주 월요일에 실시되었다. 월요일이 공휴일인 주가 2회 있어서 수요일로 옮겨 실시했다.

구성원을 살펴보면 성별은 7명 중 6명이 여성이고 한 명만이 남성이었다. 연령은 60대가 3명, 70대가 4명으로 최연소는 64세이며 최고령자는 77세였다. 학력은 무학부터 중졸, 고졸, 대졸까지 다양했는데 별도의 확인 절차 없이 본인이 기록한 대로 기재했다. 이 집단 구성원의 가장 큰 특징이라면 7명 중 2명을 제외한 5명이 배우자와 사별한 상태였는데, 주거형태를 보면 사별한 5명 중 독거가 2명, 아들 가족과의 생활이 2명, 미혼 아들과의 생활이 1명이었다. 1명은 부부가족이고 1명은 배우자가 있으나 생업 관계로 임시로 떨어져 살고 있으면서 자부, 손자와 함께 생활하고 있었다.

출석률은 10회 개근이 3명, 1회 결석이 1명, 2회 결석이 3명으로 평균 90%였고 결석의 이유는 가족의 병간호, 모친 방문, 형제 모임 등 가족 관련이 주였으며 1회의 병결과 1회의 옛 직장 관련모임이 있었다. 상담 매회기 전에 복지사가 집단원 한 분 한 분께 상담 일시를 알려 드리고 출석여부를 확인하는 수고를 해 준 것에 감사하고, 기억력 저하 현상을 보이는 노인들의 특성상 사전의 이런 알림 전화는 필요하다고 생각된다.

그리고 구성원과 관련해 한 가지 덧붙일 내용은, 복지사가 상담 내용을 알고 싶어 하고 담당자로서 상부에 보고해야 하는 임무 때문에 관찰자로서 집단상담에 참여하기를 원했으나, 집단에 관찰자가 있다는 것은 상담에 부정적 영향을 미쳐 집단원에게나 촉진자에게나 바람직하지 않다는 뜻을 전달해 참석하지 않기로 했다. 그러나 상담 중에 조용히 들어와 상담하고 있는 모습을 사진촬영하고 나가는 것에 대해서는 허용했고 매회기 집단상담 기록지를 작성하여 제출했다. 기록지는 〈부록 8〉에 첨부했다.

프로그램 장소는 1회기부터 4회기까지는 복지관 내 강의실에서 직사각형의 책상을 이어 붙여 서로 둘러 볼 수 있게 배치했다. 복지관의 방학이 끝나고 학기가 시작되면서 5회부터 10회까지는 서예실에서 실시했는데, 8회기 때는 서예실에서 복지관 행사가 열리는 관계로 도서실에서 시행했다. 서예실에서 할 때는 복지관 학기중이라 출입구에 상담을 알리는 설치물(표지판)이 있었음에도 불구하고 가끔 사람이 드나드는 경우가 있었고, 도서실 역시 외부의 차 소리 때문에 신경이 많이 쓰였다. 상담 전용 장소가 없었던 것이 문제였다고 하겠는데, 본 프로그램이 끝난 후 집단원들의 평이 좋았고 복지사의 설득 덕분에 상담 사업을 활성화하기로 하여 지역 자치단체 지원으로 복지관 내에 상담실을 만들고, 상담 부분에 대한 복지관 예산을 늘려 노인 상담원 양성 교육 강좌를 신설하고, 개인 및 집단상담을 실시하게 됐다는 소식은 무척 반갑고 고무적이다.

6.4 프로그램 일괄보기

1회기 : 방향제시와 자기소개

본 프로그램의 실시 목적 및 내용 소개를 통해 활동 참여의 동기를 유발시킨다.

2회기 : 풍경구성법(LMT)

그림검사의 일종이나 진단의 의미보다 풍경화를 그리면서 추억을 되살리고 자신의 현재 정서 상태나 욕구를 살펴 봄으로써 자기이해를 높인다.

3회기 : 내 인생의 3대 뉴스

자신의 삶에서 의미가 컸던 일들을 반추해 보고 오늘의 나를 이해하는 동시에 집단원들의 자기개방을 통해 구성원 간의 상호이해를 돕는다.

4회기 : 남이 보는 나

남에게 비쳐진 자신의 모습이 어떤지 인식하고 자신의 행동을 수정하는 계기로 삼는다.

5회기 : 장점 바라보기

자신의 장점을 적극적으로 찾아내어 동료 집단원들의 지지를 통해 긍정적인 자아관을 갖도록 하면서 타인에 대해서도 긍정적인 시각을 키우도록 한다.

 6회기 : 관심 기울이기

경청 역할 놀이를 통해 적극적 경청과 공감의 중요성을 깨닫고 집
단원 간에 보다 깊은 정서적 교류가 이루어지도록 한다.

 7회기 : 마음의 선물

노래로 자신의 특성을 알리고 타 구성원에게 마음의 선물과 노래
를 선사함으로써 사회성 교류 과정을 경험한다.

 8회기 : 내가 살아야 하는 이유

생명이 위급한 절박한 상황을 설정하여 자신이 살아야 하는 이유
를 적극적으로 찾고 그 이유를 일상생활 장면에 관련시켜 생각하
게 한다.

 9회기 : 유언 남기기

죽음이 닥친 순간을 상상하고 그때의 심정을 헤아리며 유언을 해
봄으로써 현재의 삶에 대한 태도를 생각하게 한다.

 10회기 : 마무리 및 소감교류

함께 한 시간을 되새기며 정리, 평가하고 상호 격려한다.

6.5 회기 진행과 상담일지

앞의 '프로그램 일괄보기'에서 10회기로 구성된 프로그램 각 회기의 주제와 목적을 일목요연하게 보았다. 여기에서는 각 회기별로 제목, 목표, 준비물, 활동을 포함한 진행절차, 과제 및 전달사항이 쓰인 표를 작성하여 제시하고, 각 회기 실시와 관련해 특별한 반응이나 유의점 등을 간단히 정리해 촉진자가 상담하는 데 실질적인 도움이 되도록 했으며, 집단원들의 발언내용과 반응을 중심으로 한 진행과정과 촉진자 진행 소감 등을 기록한 촉진자 일지를 소개한다.

 회기 : 방향제시와 자기소개

- "이 프로그램을 어떤 것으로 알고 계세요?"라는 촉진자의 물음에 "복지사님한테 얘길 듣긴 했는데 잘 모르겠어요."라고 답하여 "어르신들이 지금껏 살아오신 시간을 회상하면 좋았던 일, 힘들었던 일들이 떠오르실 겁니다. 그 일들을 돌아보면서 지난날의 어려움, 괴로움을 돌이켜보고 나의 좋은 점, 부족한 점도 함께 인정하면서 긍정적인 시각으로 즐겁게 열심히 살기 위한 겁니다."라고 설명해 주었다.

- 집단 참여 방법의 내용에 대해 흡족해 했고 일상에서는 솔직한 대화를 나누는 것이 어렵다는 반응과 유인물을 복사해서 갖고 싶다는 반응이 있었다.

- 별칭 짓기를 재미있어 하며 자신의 별명, 좋아하는 것, 원하는 것을 선택했는데 꽃 이름이 많았다.

- 두 명씩 짝을 지어 대화하는 순서에서 집단원들은 자리 이동 없이 옆 사람과 짝 짓기를 원했고 초면의 이성 집단원과는 짝이 되는 것을 부담스러워 했다.

- 발언시간이 긴 집단원에 대해 다른 집단원들이 불편함을 언어로 직접 표현하지

는 못하고 표정이나 웃음으로 드러내었다.

● 상담 경험이 없고 교육 프로그램을 주로 받아왔기 때문에, 촉진자에게 "좋은 거
많이 가르쳐 주세요." 라는 요구가 있었다.

〈1회기 진행과정〉

제 목	방향제시와 자기소개		
목 표	• 집단상담의 개념, 목적, 진행방법, 유의사항을 이해한다. • 자신의 특징을 확인함으로써 자기이해, 집단원 간의 이해를 돕는다. • 상담과정에 대한 불안감 해소, 기대 및 참여의욕을 고취시킨다.		
준 비 물	집단참여방법 설명서, 서약서, 명찰, 매직펜		
진행절차	활 동 내 용	시 간	비 고
촉진자 설명	① 첫 만남이라 어색할 수 있으나 부담없이 편한 마음으로 자신이 말할 수 있는 내용을 선택한다. ② 집단원 상호 간의 발언을 통해 상대뿐 아니라 자신에 대한 이해를 돕는다.	10분	집단참여방법 읽기, 서약서 기명
활 동	(1) 별칭 정하기 　① 명함종이와 비닐명찰, 매직펜을 나눠주고 별칭을 짓게 한다. 　② 명찰을 달고 희망자부터 별칭을 짓게 된 동기나 사연을 소개한다. 　③ 별칭 소개 도중 궁금한 점이나 묻고 싶은 점을 간략하게 묻는다. (2) 상대방 소개하기 　① 서로 잘 모르는 사이의 집단원 둘씩 짝을 짓는다. 　② 두 사람이 10분 동안 대화하게 한다. 　③ 대화하는 동안 상대방의 이름, 별명, 가족관계, 취미, 참여동기, 가치관 등을 파악한다. 　④ 10분 후 자신이 파악한 짝을 대신 소개한다.	60분	
정 리	① 활동 시작 전과 도중, 끝난 후를 관련지어 자신의 느낌이나 경험한 사실에 대해 발언하게 한다. ② 활동을 통해 새롭게 발견한 것이나 깨달은 점 또는 집단원들에게 하고 싶은 말을 한 마디씩 하게 한다.	15분	
과제 및 전달사항	① 나는 어떤 사람으로 소개될 수 있는가?	5분	

1회기 촉진자 일지

〈1회 : 2005. 7. ×〉

참여 집단원

B (행복) : 여. 66세. 고졸. 사별, 아들가족과 동거
C (석곡) : 남. 77세. 대졸. 아내와 동거
D (꽃님) : 여. 66세. 초졸. 사별, 독거
E (동백아가씨) : 여. 63세. 사별, 독거
F (백합) : 여. 71세. 초졸. 사별, 아들가족과 동거
G (장미) : 여. 66세. 사별, 독거
H (코스모스) : 여. 64세. 고졸. 자부, 손녀와 동거
I (벚꽃) : 여. 71세. 무학. 사별, 미혼 아들과 동거

상담을 하기로 한 복지관 3층 강의실로 가니 강의실 문 앞에 삼각가가 놓여 있었는데 그 위에 얹혀 있는 알림 글에는 '인생의 멋진 마무리를 열어주는 자아통합프로그램'이라는 제목 아래 '♥ 프로그램명 : 우듬지를 꿈꾸며 ♥ 시간 : 오전 10시 30분~낮 12시 ♥ 장소 : ××노인종합복지회관 제4강의실'이라고 쓰여 있었다. 강의실로 들어가자 이른 시간이었는데도 이미 몇 분이 와 계셨고 복지사는 강의실 앞쪽 벽에 복지관에서 마련한, 프로그램 이름이 쓰여진 플랭카드를 걸고 있는 중이었다. 반갑게 인사를 나누고 복지사가 준비해 둔 준비물을 챙겨 보았다.

첫 시간이라 그런지 시작 시각을 잘못 알고 계셨던 분도 있었고 시작 시각이 되어 가는데도 오기로 한 인원이 다 도착하지 않아 복지사가 확인 전화를 했다. 인원이 어느 정도 될 때까지 기다리느라 시작이 다소 지체되었다.

C와 I를 제외한 분들은 복지관을 이용하며 서로 안면이 있는 처지이라 첫 회기임에도 불구하고 아주 어색하거나 불편해 하거나 조용한 분위기는 아니었다. 남자 구성원이 두 분밖에 되지 않아 불편해 하지는 않을까 염려

했으나 C는 스스럼없이 말씀을 잘 해서 다행이었고 E와는 복지관의 노래교실을 함께 수강한 적이 있어 얼굴은 익힌 상태였다. 복지사의 말에 따르면 I는 남자친구를 소개해 달라고 했다는데 애석하게도 우리 집단에는 독신남이 없어 집단 프로그램을 통해 스스로 남자친구를 사귈 수 있는 힘을 키우길 바란다. 그리고 A가 아들의 퇴원 때문에 불참하고, 상담 신청을 한 부부한 쌍은 상담일을 잊어버려 오지 못하게 되었다는 말을 복지사로부터 전해들었다. 프로그램의 진행중 그 부부의 역동이 어떻게 될지 궁금하다.

사전사후 검사로 채택된 자아통합검사는 프로그램이 시작되기 전 기초지식이 전혀 없는 상태에서 하는 것이 좋으므로 프로그램 전 필요한 검사가있다며 솔직하게 잠깐 작성해 줄 것을 부탁했다. 집단에 문맹은 없었으나시력이 좋지 않거나 문항 내용을 잘 이해하지 못하는 분들을 위해 촉진자들이 개별적으로 검사응답을 도왔다.

프로그램 시작 무렵에 프로그램 경험 여부를 물었더니 경험자는 아무도없었고 이 프로그램이 어떤 것으로 알고 있느냐는 질문에 복지사로부터 얘기는 들었으나 잘 모르겠다는 답이었다. '지나온 시간을 돌이켜 보고 좋은일, 궂은 일 또 나의 좋은 점, 부족한 점을 다 받아들이고 앞으로의 삶도 긍정적으로 보고 열심히 살아갈 수 있도록 돕는 작업들을 하게 될 것'이라고간단하고 쉽게 설명했더니 고개를 끄덕였다. 이어서 집단원들이 이해하기쉽도록 내용을 축약해 간단히 작성한「집단 참여 방법」을 "어느 분이 좀 읽어 주시겠습니까?"라고 해서 B가 자발적으로 읽었다. 그 내용을 설명하자쓰여진 내용의 필요성에 대해 동의했고 C는 내용이 마음에 든다며 한 부 갖고 싶다고 복사를 부탁했다. 서약서 역시 한 분에게 읽게 한 후 각자 서명하게 했다. B가 일상대화에서 솔직히 이야기하는 것이 쉽지 않다는 말을 꺼내자 다른 집단원들도 동감을 표했다. 상담의 실제 진행 과정에서도 스스로혹은 서로 '솔직하게'나 '숨김없이'와 같은 말을 사용하면서 있는 그대로를 표현하도록 독려하는 분위기였다. 집단 참여 방법과 서약서는 각각 〈부록 1〉과 〈부록 2〉에서 볼 수 있다.

별칭에 대해 말하고 별칭 짓기를 하게 하자 흥미로워 하며 각자 작명에 열중했으며 다른 집단원들의 별칭에 관심을 보였다. 각자의 별칭을 나눠 준 명찰에 쓰게 하고 옷에 부착해서 서로의 별칭을 잘 보고 익힐 수 있게 했으며 매시간 명찰 부착을 부탁했다. 여자 구성원의 별칭으로는 꽃 이름이 많았고 산과 수석을 좋아하는 C는 석곡이라 지었는데, 별칭 익히기를 할 필요도 없이 함께 차례대로 부르며 외웠다. 그리고 각자 자신의 소개를 하는 것보다는 집단원들이 더 친근해질 수 있는 기회를 주기 위해 두 사람씩 짝 지어 상대방을 소개하는 방법을 택했는데, 두 사람이라는 촉진자의 말에 자연스럽게 옆 사람과 하는 것으로 생각해서 그렇게 하기로 했다. 다만 E가 남성인 C와 짝이 되자 C 모르게 좀 불편해 하는 내색을 했다. 두 사람의 대화 내용으로 상대의 성격, 가족관계, 취미, 특기, 인생관 등을 제시했지만 자유롭게 하도록 했다. B와 D는 아는 사이라 주문한 활동을 한다기보다 휴식시간에 담소를 나누는 듯해 보였다. 그러나 짝을 지어 이야기하다 보니 다년간 복지관을 함께 드나든 관계임에도 불구하고 그간 서로 몰랐던 가족관계를 알게 되기도 했다. 주 촉진자와 부 촉진자도 짝이 되어 서로를 소개했는데, 소개가 끝나자 집단원들이 촉진자들에게 좋은 것 많이 가르쳐 달라는 주문을 잊지 않았다.

전직 교사인 C는 첫 대면에서 내어 놓기 힘든 내용인, 자신이 사교춤을 오래전에 배워 지금까지 하고 있다는 이야기를 솔직하게 공개해 다른 집단원들이 다소 의아해하기도 하고 재미있어 하기도 했다. 발언 소요 시간이 길었으나 지적하지는 않고 새로운 화제로 넘어가기 전 얼른 다음 분의 별칭 소개 순서로 넘어가도록 안내했다. 그러나 두 명씩 짝지어 대화할 때 C가 일방적으로 이야기하는 모습에 촉진자는 E에 대해 알아두셔야 된다고 개입을 했고, C의 발표 차례에 간단히 말씀하도록 당부했다. 적절하게 끝냈으나 조금 길어질 기미가 보이자 다음 차례의 E가 알아서 끊고 자기 차례로 돌려 발표했다. 가볍게 언질을 주면 조절 가능할 것으로 생각되고, C가 시간 조절을 잘하게 된다면 시간관리와 배려를 학습한 것이 되므로 그것이 성공적 상담의 한 지표가 될 수도 있겠다.

반대로 I는 좀 내성적, 소극적으로 보였는데 저항이 아닌 원래의 성격과 초면이라는 상황 때문인 듯했다. 이 집단에는 자발적 참여이고 스스로 "내가 말할 땐 잘한다."며 표정이 밝았다. I에게는 의도적으로 말할 기회를 더 챙겨 주었는데 회기가 거듭될수록 좀 더 적극적이길 기대한다. I의 대화 상대였던 H도 상대방 소개 때 I가 조용하고 차분하고 여성적인 것 같다는 자기 생각을 표현했다.

정리 시간에는 본 회기의 주제와 관련해 일주일간 생각해야 할 문제로 '나는 어떤 사람으로 소개(설명)될 수 있는가?'를 제시했고 다음 회기 내용은 미리 알기보다는 그때 바로 생각해서 하는 편이 더 좋을 것 같아 언급하지 않았다. 2회기에서 오랜만에 그림 그리는 기분이 괜찮을 것으로 짐작한다.

정리 시간에 이어 명상을 했는데 명상을 해 본 적이 있는 사람은 아무도 없었지만 지시에 잘 따랐다. 오늘의 상담 내용을 떠올려 정리하게 한 후 마음을 평온하게 하기 위해 자비관(부록 4. 자비관의 각주 참조)을 실시했다.

스스로 복지관을 찾아 프로그램에 참여하며 좋은 이야기를 많이 듣고 밝고 활기 있게 살려고 노력하는 분들이라 "우리는 살 날보다 산 날이 더 많아 하루하루 죽어 가고 있는 상태의 사람이다."라는 표현을 하면서도 표정이나 태도가 어둡지 않고 밝았다. 어느 도시에나 노인들이 하릴없이 많이 모이는 공원이 있기 마련인데, 촉진자는 그런 장소에서 노인 몇 분과 인터뷰 한 적이 있다. 집단의 구성원들은 '죽지 못해 사는' 그분들의 분위기와는 사뭇 다른 분들이었다. 상담이 끝난 후 상담실을 나가면서 집단원들이 이젠 복지관 방학이라 집에 우두커니 혼자 있을 텐데, 이 프로그램에 참여하려고 시간 맞춰 아침에 옷 챙겨 입고 화장하고 나와서 이렇게 하니 얼마나 좋고 고맙냐는 말을 했다. D가 상담 중에 부족하지만 현 상태에 만족하면서 즐겁게 지내려고 한다고 해서 촉진자가 웃으며 "이 팀은 상담할 필요가 없겠다."고 말해 주었다. 불참한 집단원이 있어 그분들이 어떤 분일지 궁금하지만 오신 분들로 봐서는 프로그램 내용들을 잘 소화할 것 같다. 촉진자가 오히려 집단원들로부터 경험적 지혜를 많이 얻을 것 같아 감사한 마음이다.

회기 : 풍경구성법(LMT)

- LMT의 항목 순서대로 그려 나가다 보니 구성원 자신이 성장하거나 결혼 후 거주했던 곳을 연상하게 되어 자연히 자신의 지나온 시간을 돌이켜 보는 계기가 되었다.

- 그림 그리는 것을 부담스러워 하면서도 좀 더 완성도 높은, 스스로 만족할 만한 그림을 그리기 위해 노력하고 그 과정을 즐기는 면도 있었다.

- 앞에 나가 자신의 그림을 보여 주는 것을 쑥스러워 하기도 했지만 집단원들 앞에서 짧은 동안이라도 자신의 이야기를 한다는 것 자체가 집단원들에게는 특별한 경험이었다.

- 다른 집단원이 발표하는 동안 자신의 그림을 손질하는 경우가 있어 발표 내용에 대한 집단원들의 집중이 떨어지고 진행을 방해하는 경향이 있었다.

- 그림 설명 중 자손과 함께 사는 것에 대한 이야기가 나오자 관심을 보이며 상호작용이 일어나기도 했다. 그러나 아직 집단원들 간에 신뢰감이 형성되지 않아 상대가 자신의 생각과 다른 내용을 말할 때 끝까지 듣고 수용, 공감하기보다는 방어적으로 자신을 설명하여 이해시키려 했다.

- 다음 회기 프로그램 내용에 대한 질문이 있었다.

- 그림을 그리는 백지의 크기는 집단원들의 에너지와 성향에 따라 결정하면 되겠으나, 백지가 크면 여백을 채워야 한다는 심리적 부담감을 느끼고 그림완성에 소요되는 시간이 많아지므로 A4 용지가 적절할 것으로 생각된다.

〈2회기 진행과정〉

제 목	풍경구성법(LMT)		
목 표	• 풍경화를 그리면서 이와 관련된 추억을 되새긴다. • 추억 속의 욕구나 좌절경험을 상기하면서 자신의 현재 정서 상태, 기대, 희망 등을 살펴본다.		
준 비 물	검은 색 사인펜, 색연필(파스텔, 크레파스 등도 가능), 백지(A4 용지나 8절 도화지)		
진행절차	활 동 내 용	시 간	비 고
촉진자 설 명	① 그림에는 자신의 경험에 관련된 정서, 욕구 , 좌절 등이 들어있다. 편안하게 그리고 싶은 대로 그리면 된다. ② 과정진행 및 도구사용법에 관해 설명한다.	10분	
활 동	① 촉진자가 네 면에 테두리를 그린 후 도화지를 집단원들에게 준다. ② 촉진자가 강-산-밭-길-집-나무-사람-꽃-동물-돌의 순서로 그림을 그리게 하고 기타 첨가하고 싶은 것을 더 그리게 한다. ③ 모두 그린 후 색을 칠하게 한다. ④ 촉진자의 지도 언어나 행동은 진행의 흐름을 방해하지 않도록 배려한다. ⑤ 특이한 모양이나 구성은 타 집단원에게 방해되지 않도록 배려하며 즉각적 질문으로 정보를 수집한다. ⑥ 그리지 못하는 항목에 대해서는 글로 표현하는 것도 허용한다. ⑦ 각 항목에 대한 기본적인 의미를 고려하여 집단원의 작품을 이해할 수도 있지만 진행과정의 자연스런 활동에 초점을 둔다. ⑧ 자기 그림에 제목을 붙인 후 작품에 대한 느낌을 발표하고 그 느낌을 집단원들과 나눈다.	60분	
정 리	① 활동 시작 전과 도중, 끝난 후를 관련지어 자신의 느낌이나 경험한 사실에 대해 발언하게 한다. ② 활동을 통해 새롭게 발견한 것이나 깨달은 점 또는 집단원들에게 하고 싶은 말을 한 마디씩 하게 한다.	15분	
과 제 및 전달사항	① 오늘의 활동으로 본 나는 어떤 모습이며 내가 지향하는 것은 무엇인가?	5분	

2회기 촉진자 일지

〈2회 : 2005. 7. ×〉

참여집단원

A (미스 권) : 여. 70세. 중졸. 사별, 아들가족과 동거
B (행복) : 여. 66세. 고졸. 사별, 아들가족과 동거
C (석곡) : 남. 77세. 대졸. 아내와 동거
F (백합) : 여. 71세. 초졸. 사별, 아들가족과 동거
G (장미) : 여. 66세. 사별, 독거
H (코스모스) : 여. 64세. 고졸. 자부, 손녀와 동거
I (벚꽃) : 여. 71세. 무학. 사별, 미혼 아들과 동거

1회기에 불참했던 세 분 중 부부는 특별한 일 때문에 또 불참해 아쉬웠고 A가 처음으로 참석했다. A 역시 남편과 사별한 분으로 복지관을 이용하면서 여러 집단원들과 면식 관계여서 어색해 하지 않았고 밝고 씩씩해 보였다. 프로그램 시작 전에 보조 촉진자와 함께 사전검사를 했다. 프로그램 시작 때 집단원 전체가 참여방법과 서약서 내용을 한 번 더 새기는 것이 필요하다고 보아 다시 그 내용을 함께 읽게 했다. 처음 참석한 A로부터 서약서에 서명을 받고 별칭을 생각하게 한 후 A에 대한 별도의 소개 없이 자신의 그림 발표 때 별칭소개와 같이 듣기로 하고 진행했다.

풍경구성법(LMT; Landscape Montage Technique)은 미술치료에서 사용하는 것으로 원래는 1969년 나까이히사오 교수가 정신분열증 환자를 주 대상으로 모래상자 요법의 적용 가능성을 결정하는 예비검사로 고안했는데, 독자적인 가치가 인정되고 이론적 분석을 거쳐 치료적으로도 많이 활용되고 있다. 본 상담회기에서는 LMT를 진단도구로 사용하기보다는 풍경화를 과거 경험이나 현재 생활을 반영하는 매개체로 자신의 그림에 대한 내용과

느낌을 이야기하고 그 속에서 자신의 욕구, 좌절, 희망, 기대 등을 살펴보며 그것들을 집단원들과 함께 나누려는 의도로 사용했다.

촉진자는 미술을 치료나 상담에 있어 하나의 도구로 보는 견해(art in therapy)에 동의하고 본 회기에서도 자신을 보게 하는 하나의 도구로 이용했다. 막상 LMT를 실시하면서 예상 이상으로 집단원들이 그림 그리는 과정을 즐거워하면서 그림의 완성도를 높이려는 노력을 보여 미술과정 자체를 치료로 보는(art as therapy) 가능성도 생각해 보게 되었다. 집단원 모두 학창시절 그림을 그려본 이후로 그림 매체를 전혀 접해보지 않았기 때문에 풍경화를 그릴 것이라는 촉진자의 말에 '당황스럽다.', '엄두가 안 난다.', '이럴 줄 알았으면 미술학원 갔다 올 걸.' 등의 걱정 섞인 말을 하면서도 그리는 과정을 재미있어 했고 시종 진지한 태도를 보였다. 미진한 대로 나름의 작품을 완성하면서 성취감을 느끼는 것도 부가적 소득이 될 수 있을 것이다.

촉진자가 '진단'이라는 말을 하지 않았음에도 불구하고 몇몇 집단원들이 대중매체를 통해 들었다며 그림을 통한 심리분석에 대해 언급했다. 자칫 검사로 생각하고 긴장하거나 방어할 가능성이 있어 '원래는 검사 도구이나 오늘은 그림으로 자신의 경험, 추억을 이야기할 것'이라 설명하고 편안하게 원하는 대로 그릴 수 있게 유도했다. 그리고 진행은 한 사람씩 자기 그림을 가지고 앞으로 나오면 촉진자가 화이트보드에 그림을 붙이고 이야기를 나누었다. 우선 자신의 그림에 대한 설명을 하고 나면 촉진자와 집단원들이 질문이나 하고 싶은 이야기를 하고 자신의 그림에 제목을 붙이도록 했다. 순서는 촉진자가 정하지 않고 집단원이 원하는 대로 했다. 한 그림에 집중하게 하기 위해 순서가 끝나면 그 그림을 떼어 내고 다음 순서의 그림을 붙이는 방식을 취했다. 각 집단원이 그린 그림의 제목과 함께 그림 설명에서 나온 이야기를 소개하면 아래와 같다.

● I : (제목을 붙이지 않았음) 우선, 1회기에서 소극적으로 보였던 I가 가
장 먼저 발표를 자청하고 나서 반가웠다. 그림을 보이는 대로만 아주 간
단히 설명했는데, 그림 그릴 때의 기분을 묻자 처음 하는 거라 그냥 짐작
가는 대로 그렸고 엄두가 나지 않았다며 웃었다. 경험을 끌어내려 했으
나 바다를 좋아해 그리면서 바다에 가고 싶었고 토끼에 대해서 키워 본
적이 있다고 했을 뿐 자신의 이야기를 들려주지 않았다. 그림을 잘못 그
려 부끄럽다는 말을 덧붙이며 자리로 들어갔다.

벚꽃

● G : (고향생각) "그림 그릴 줄 몰라서……"라는 말로 겸연쩍어 하면서 옛
날에 돼지, 소 키우며 살던 시골을 그렸으며 지금도 생각난다고 했다. 시
집도 시골로 갔는데 워낙 산중이라 무서웠고 산골에서 힘들게 살았던 때
라 생각하기 싫다며 그때를 회상했다. 그림 속의 집에는 남편과 아이들

이 살고 있고 강과 산 건너엔 또 다른 마을이 있다고 했다.

장미 (고향생각)

● B : (전원주택) "예쁘게 그렸죠?"로 시작하여 남편 생존 시 함께 살던 동
네와 집에 대해 이야기했다. 그 시절에 아주 행복했는데 사별한 후 추억
이 많은 집에 혼자 사는 것이 너무 고통스러워 집을 옮겼고, 그리울 때
가끔 그 곳에 가서 맴돈다고 했다. 혼자 있기 외로워서 자식한테 가서 같

이 살면서 육신이 건강하니까 손자와 가사를 돌봐주고 내 시간엔 나와서 활동한다고 했다. 그림 그리라고 해서 당황했는데 그리다 보니 내가 살던 곳을 그리게 되더라고 하면서 아들네와 살게 된 이야기, 살고 있는 이야기를 하게 되었고 이 문제에 대해 집단원들 간에 대화가 오갔는데 특히 C가 관심을 보이며 원만하게 살고 있는 B를 칭송했다.

행복 (전원주택)

● A : (옛 생각이 그리운 집) 예전에 살던 곳을 그렸다며 그 곳의 기후, 경
치, 그리고 남편과 아이들이 함께 살던 집을 묘사했다. 남편이 26년 전 3
남매를 남겨 두고 먼저 죽어서 혼자 키우느라 내가 남자인지 여자인지도
모른다며 환경에 따른 자신의 성격을 말하고, 혼자 살다 아들네와 합쳐
사니 내 시간을 못 가지는 점이 있고 잠을 잘 못 자고 세대차이가 나는
어려운 점이 있지만 즐거운 점이 많다고 했다. 그 곳에서 가족이 모두 함
께 살 당시 행복했겠다는 말에 "난 지금까지도 행복해요. 내 행복은 내
가 찾기 때문에 내가 즐겁게 지내."라고 답하고 그릴 때의 기분을 물으
니 어린 시절로 돌아간 것 같고 애기들 키울 때가 생각났다고 했다. 자신
이 외동으로 귀하게 컸고 꽃을 좋아해 집에 꽃이 많았기 때문에 사람들
이 자기 집을 꽃집이라 하면 미스 권이라 부르게 했다고 별칭 소개도 자
연스럽게 하게 됐다. 이야기 도중 F가 그 부근에 살았다며 잠깐 반갑게
이야기를 나누기도 했다.

미스 권 (옛 생각이 그리운 집)

● H : (언덕 위의 하얀 집) 시댁이 있는 고향을 그렸는데 그곳에서 아들이 운영하고 있는 연수원을 자세히 소개했다. 개를 좋아하는 남편이 산책하고 있는 모습을 설명하고 자신이 코스모스를 좋아해 남편이 연수원 입구에 코스모스 심은 이야기를 하면서 촉진자들을 언제 한 번 초대하겠다는 말을 건네 와 고마움을 전했다. 12대 종부로 살면서 힘들었으니 여생은 나를 위해 살고 싶다며 고향일은 남편과 자녀들에게 맡겨 놓고 이곳에 나와 있으면서 복지관에 열심히 나오고 있는데, 미안한 마음에 가끔 가서 일을 봐준다고 했다. 남편이 고향에 와서 같이 살기를 바라지만 기대하지 말라는 말을 했더니 이젠 체념 상태이고, 현재 자부, 손녀와 함께 살고 있는 자신의 상황을 이야기했다. 시댁이 너무 산골이라 처음 도착해서 울었다며 고생한 이야기를 하려면 한도 없다는 말로 끝을 맺었다.

코스모스 (언덕 위의 하얀 집)

● F : (어느 여름날의 오후) 아무 구상 없이 강에서 아이들이 목욕 감는 것, 밭의 식물, 사과나무에 사과가 달린 것, 길가의 꽃, 강 근처의 집 등을 어느 동네라 지목하지 않고 그냥 생각나는 대로 그렸다고 설명했다. 집은 혼자 사는 집이며, 자신은 외동딸로 엄마가 일찍 돌아가셔서 외롭게 살았고 지금도 외롭다고 했다. 아들네와는 따로 살다 작년 가을부터 같이 사는데 따로 사는 게 더 나을 것 같다고 하자 G가 같이 살아도 외로우냐고 반문했고, 이에 B는 외로움은 죽을 때까지 마찬가지이고 자식들은 그것을 알 수 없다고 했으나, G가 다시 F의 경우엔 며느리가 대화를 하지 않아 소외감을 느낀다며 F를 대변했다. 며느리가 직장생활을 해 별로 부딪히지는 않고 자신은 집안일을 조금 도와주고 있으며 같이 사니 뭐든지 도움이 되어주고 싶다고 했다. 며칠 전 생일에는 자식들이 다 모여 1박 2일로 놀러 갔다 왔는데 애들이 모이니까 흐뭇했다는 그날의 기분을 전해 주었다.

백합 (어느 여름날의 오후)

● C : (바람과 구름) "내 이야기 녹음 들어가요?"라는 질문으로 녹음에 대해 신경을 쓰는 눈치였으나 막상 이야기가 시작되자 의식하지 않았다. 자신은 누나들 밑에 얻은 아들이어서 귀하게 자라고 성장하는 동안 몇 번의 죽을 고비를 넘긴 이야기를 했다. 장티푸스 앓은 일, 6.25때 대학생 신분이라 의용군으로 가지 않아도 됐지만 집안의 독자인 조카 대신 의용군으로 갔다가 운 좋게 살아온 일, 부모가 정해 준 규수를 거절한 일, 직장 관련 스트레스로 몸이 많이 아팠던 일 등을 회상했다. 또 자신은 산, 꽃을 좋아하고 하늘, 구름에 대한 시도 많이 썼다며 자신의 유년 시절부터 현재까지 많은 이야기를 그림에 담았다.

석곡 (바람과 구름)

집단원들은 아무 생각 없이 촉진자가 하라는 대로 그렸다고 했지만 그리다 보니 자신의 고향이나 결혼해서 살았던 곳이 되었고, 설사 특정 장소를

염두에 두지 않고 그렸어도 촉진자의 질문에 답하다 보면 자신의 살던 곳을 떠올리게 되어 그 장소에서의 경험들을 풀어 놓고 현재생활까지 연결하게 됨으로써 자신을 보는 데에 그림이 좋은 매개가 될 수 있음을 다시 확인했다. 추억 되새기기의 면에서 본 회기의 의의가 적지 않다고 하겠다. 또 못 그렸다고 주저하며 그림을 들고 나와 두 손을 앞에 모으고 수줍게 자기 그림에 대해, 또 자신에 대해 이야기하는 모습이 소녀처럼 예뻤다. 그림을 그리는 것과 마찬가지로 사람들 앞에 서서 말하는 경험도 학창시절 이후로는 드물기 때문에 발표의 기회를 제공한다는 것 자체로도 집단원들에게 의미가 있을 것으로 생각된다.

한편, 앞에 나가 자신의 그림을 보여 주는 것에 대한 부담 때문인지 앞에 나와 발표중인 다른 집단원의 말을 소홀히 듣고 자기 그림을 다듬는 일에 열중하는 일이 발생해 주의집중을 부탁했다. 그리고 그림에서 읽고 끄집어 내어 말하게 해야 할 내용들이 있다 보니 아무래도 한정된 시간이라 촉진자가 그림의 주인공과 말을 많이 하고 집단원들 간에 상호작용할 기회가 부족했던 점이 아쉬웠다. 그리고 본 회기에서 나온 이야기들 중에 단연 노후에 혼자 사는 것과 자녀 가족과 함께 사는 것에 대한 내용이 많았는데 그만큼 각자에게 이 문제가 중요한 관심거리이기 때문일 것이다. 그러나 관심을 보이고 자신의 생각을 표현하기는 하는데 상대의 마음이 편안해진다거나 위로 받는다는 느낌이 충분히 들 만큼 공감이 안 되고 있어 이후의 '관심 기울이기' 회기에 참고하려 한다.

그림 그리는 과정에서 집단원들이 좀 더 잘 그리기 위해 고민하고 공 들이다 보니 예정 시간을 초과하게 되었다. 그림을 통해 이야기하는 과정이 중요하기 때문에 시간을 좀 더 연장해도 되겠느냐고 양해를 구하고 계속 진행했다. 회기 종료 시 시간 초과에 대해 사과하고 다음 회기부터는 시간 조절에 힘쓰겠다고 말했다. 회기 종료 무렵에 G가 다음 회기 내용을 질문해서 그 관심에 기뻤는데, 다음 회기 내용은 '내 인생의 3대 뉴스'로 이 역시 미리 생각하고 정리해 오는 것보다는 그 순간에 떠오르는 것이 더 진실하고 중요한 사건일 것 같아 '재미있는 내용이고 지난 경험들을 이야기하게 될 것'이라고만 간단히 소개했다.

마지막으로 본회기 프로그램 전후의 일을 적는다. 1회기 때 부부의 결석으로 집단원 중 유일한 남자였던 C가 프로그램 시작 전에 남자 또 한 분이 있지 않느냐고 물어 다음 주부터 오실 것이라 했더니 안도하는 모습이었다. 말을 잘 하고 전혀 거리낌 없어 보였는데 불편했던 것 같다. C가 상담이 끝난 후에는 지난 회기 때 호감을 보였던 집단 참여법 인쇄물을 촉진자에게 보여 주며 '미진한 감정은 즉시 푼다'는 내용을 손가락으로 가리키고는 이것 때문에 안 좋은 일이 있었던 친구와 마음을 풀게 됐다고 했다. 나는 반색하며 "잘 하셨네요. 감사합니다."는 말을 했지만 우리가 프로그램에서 하는 하나하나의 일들이 직접, 간접적으로 집단원들의 생활에 영향을 미친다는 점에서 한 번 더 책임감을 느끼게 되었고 그 영향이 긍정적으로 간 것에 진심으로 고마움을 느꼈다.

LMT의 도입배경

본 프로그램에 LMT를 넣은 이유는 그림을 통해 집단원들을 진단하기 위해서가 아니라 예시된 각 항목에 맞춰 그림을 그리다 보면 자신의 과거 경험을 떠올려 그와 관련된 그림을 그리게 될 것이며 자신의 그림 내용을 발표하고 촉진자나 집단원들과의 대화를 통해 자신의 경험을 정리, 공개하고 현재와 연결해 보는 계기를 제공하려는 목적 때문이었다. 그리고 LMT를 프로그램 초반인 2회기에 넣은 이유는 평소에 해 볼 기회가 드문 그림 그리기를 함으로써 프로그램에 대한 흥미를 높이고 자신을 돌아보는 일뿐만 아니라

집단에서 부담스럽지 않은 내용으로 자신을 공개함으로써 집단원 간 상호
이해를 높이고 이것이 집단 응집력으로 이어질 수 있도록 하기 위함이었다.

실시 결과 소기의 목적은 달성했다고 생각된다. 2회기 본 목적에 따라
집단원들에게는 촉진자가 진단용 LMT에서 보여지는 것들을 공개하지 않았
지만 그림이 10회기의 상담을 통해 드러나는 그 개인의 생활사나 현재와 어
떻게 연결해 볼 수 있는지를 보여 주기 위해 여기에서는 일부 집단원의 그
림을 LMT 본래 목적에 의거해 소개하기로 한다. 프로그램 초기에 LMT를
실시하여 그림에서 보여지는 것들을 참고한다면 촉진자가 집단원을 이해하
는 데 요긴한 자료가 될 수 있을 것이다.

가장 눈에 띄는 그림은 I의 그림인데, 그 이유는 검은 사인펜으로 밑그림
을 그릴 때 실선으로 그리지 못하고 점선으로 그렸고 사물의 형태가 단순하
고 각 항목들이 조화를 이루지 못한 채 그림 속에서 각기 놓여 있으면서 연
결이 안 되고 있기 때문이다. 특히 산의 윤곽선을 그린 후 하늘에 해당하는
부분에 풀과 나무를 그린 것으로 보아 인지적 결함이 의심된다. 집 그림이
따뜻하거나 푸근한 느낌을 주지 못하고 있는 것은 두 번의 결혼생활에서 남
편의 사랑과 보살핌을 받지 못하고 자신이 생활을 꾸려 가야 했던 고단한
삶과 관련지어 생각해 볼 수 있겠다. 그림 속의 집에 누가 사느냐는 촉진자
의 질문에 혼자 산다고 답하고, 그림 속의 동물인 토끼를 좋아하는 이유를
묻자 온순하고 먹는 것이 항상 예쁘다고 답해 I의 에너지 수준을 짐작케 한
다. 다행히 산이 높으냐는 질문에 높지 않다고 답했으나 강가에 눈에 띄는
돌 셋이 자리 잡고 있어 이 돌들을 빚 갚기, 아들 장가보내기 등과 같은 I의
숙제거리와 연결해 볼 수 있겠다.

A의 경우엔 그릴 때 어린 시절로 돌아간 기분이었다며 남편, 아이들과
함께 살던 집을 그렸는데, 그리면서 아직 그리지 않은 다음 항목들을 생각
하며 공간을 계획한 점과 산 속의 나무며 길가의 나무, 지붕의 기와, 기러기

떼, 물결, 밭작물 등에서 다분히 강박적 성향이 드러나고 있다. 이는 A가 꼼꼼함을 요구하는 한복 짓는 일을 생업으로 했다는 것, 평소 늘 단정하고 깔끔한 옷차림인 점과 연결해 볼 수 있고, 5회기에서 자신의 장점을 기술할 때 '꼭, 항상, 규칙, 습관, 해야 한다, 해 낸다' 등의 말을 자주 쓰며 그 내용 또한 강박적인 성격을 띠어 상통한다 하겠다. 그리고 높은 산이 그림의 거의 절반 정도를 차지하고 있는데, 이는 8회기와 9회기에서 나타났듯이 부군이 일찍 작고함으로써 자녀들에게 아빠가 해 주어야 할 몫을 자신이 더 해야 한다며 자녀를 위해 여전히 해 주어야 할 일이 많다고 했던 것과 연결된다.

F의 그림도 마음이 쓰이는 경우인데, 본인은 처음에 아무 생각 없이, 어느 동네, 어느 고향이라는 생각 없이 그렸다고 했지만 "집이 세 채인데 누구 집이에요?"라는 질문에 "고향 생각하면 친척 집도 살고 우리 집도 살고."라고 답했다. 집이 세 채이어도 포근하다거나 안전한 느낌보다는 공허감 같은 것이 느껴지는 것은 F가 무남독녀에 일찍 어머니를 잃은 성장배경, 함께 사는 며느리와의 소통단절, 초기발견으로 회복되긴 했으나 뇌경색을 앓았던 경험 등에서 오는 외로움, 소외감, 우울감이 표현됐다고 볼 수 있으며, 그림 솜씨가 없어 생각나는 병아리를 그렸다고 했지만 유순하고 나약한 병아리는 F가 자신에 대해 느끼는 성격 특성과 유관해 보인다. 먹 감는 아이는 누구냐는 질문에 "그냥 아이"라고 답했는데 물놀이 하고 있는 아이의 모습이 즐겁거나 편안해 보이지 않는다는 점, 사람 근처의 많은 돌들도 F가 느끼는 장애처럼 느껴진다는 점, 강이 갑자기 끊기고 집이 늘어서 있는 것도 인지적 수준에서 마음에 걸리는 부분이다. 그림의 계절과 시간에 대한 촉진자의 질문에 쓸쓸한 느낌의 '겨울의 저녁'이 아닌 밝고 생명력이 느껴지는 '여름, 한낮'이라는 답을 위로 삼아야 할 것 같다.

회기 : 내 인생의 3대 뉴스

● 활동 중 쓰는 것에 대해 또 내용에 대해 거부감을 보이며 전체적인 프로그램에 대한 불만을 드러내는 집단원이 있었다. "그냥 담화나 나누다 가지."라는 말에서 어렵고 힘든 것보다는 가볍고 편안하고 즐거운 프로그램을 원한다는 것을 읽을 수 있었다.

● 뉴스거리로 나에게 의미가 컸고 내게 영향을 크게 끼친 일이나 사람에 관련된 것이라고 말하자 "기뻤던 일만 해당하는 거예요?"라는 질문이 있었다.

● 일부 집단원들이 쓰기를 힘들어 하거나 뉴스 선정 자체를 힘들어 하여 쓰지 않고 머릿속으로 뉴스 생각하기를 하게 했다. 뉴스를 쓴 경우에는 쓴 대로만 발표를 간단히 해 촉진자가 이야기를 더 끌어내야 했고, 쓰지 않은 경우에는 내용은 다양하게 나왔으나 이야기가 광범위하고 장황하게 되는 경향이 있었다.

● 3대 뉴스로 꼽힌 것으로는 결혼, 자녀, 사별에 관한 내용이 주를 이뤘다. 정년퇴직 때까지 직장생활을 했던 집단원만 직업과 관련된 뉴스를 순위에 넣었다.

● 다른 집단원의 뉴스가 자신과 관련이 있거나 놀라운 뉴스가 아닌 경우에는 별로 관심을 갖지 않고 궁금한 점에 대한 질문도 거의 없었다.

● "오늘은 그 동안 살아온 얘기를 하니까 기분이 이상해."라며 심란해 하는 집단원도 있었다. 그러나 종결 시 이 회기가 자신의 삶을 전체적으로 돌아볼 수 있었다는 평가가 있었다.

〈3회기 진행과정〉

제 목	내 인생의 3대 뉴스		
목 표	• 지나온 삶을 돌아보며 자신에게 의미가 컸던 일들을 정리해 본다. • 과거 경험들의 의미를 탐색하고 이를 통해 오늘의 나를 더욱 이해한다. • 자기개방을 통해 집단원들 간의 이해를 높인다.		
준 비 물	백지(A4 용지), 필기구		
진행절차	활 동 내 용	시 간	비 고
촉진자 설 명	① 개인의 고유 경험들은 그 사람을 설명하는 자료가 된다. ② 좋았던 일과 마찬가지로 궂은 일도 나름의 의미를 가지며 오늘의 나를 이루고 성장시키는 데 도움이 된다. ③ 출생 후부터 지금까지 긍정적인 경험들을 많이 생각해 본다.	10분	
활 동	① 눈을 감고 잠시 자신의 삶을 돌이켜보며 특별한 기억들을 떠올린다. ② 8절지에 중요한 순서대로 또는 시간 순서대로 자신에게 의미 있는 사건들을 글로 옮겨 적거나 그림으로 표현한다. ③ 희망자 순으로 모두 돌아가며 발표한다. ④ 발표 후 자유롭게 궁금한 점을 묻고 답한다.	60분	집단원의 인원과 특성에 맞춰 뉴스의 수를 늘여 실시한다.
정 리	① 활동 시작 전과 도중, 끝난 후를 관련지어 자신의 느낌이나 경험한 사실에 대해 발언하게 한다. ② 활동을 통해 새롭게 발견한 것이나 깨달은 점 또는 집단원들에게 하고 싶은 말을 한 마디씩 하게 한다.	15분	
과 제 및 전달사항	① 후회스러운 일이 있더라도 그 의미를 찾고 마음을 편안히 유지하기	5분	

3회기 촉진자 일지

〈3회 : 2005. 8. ×〉

참여집단원

A (미스 권) : 여. 70세. 중졸. 사별, 아들가족과 동거

B (행복) : 여. 66세. 고졸. 사별, 아들가족과 동거

C (석곡) : 남. 77세. 대졸. 아내와 동거

D (꽃님) : 여. 66세. 초졸. 사별, 독거

F (백합) : 여. 71세. 초졸. 사별, 아들가족과 동거

H (코스모스) : 여. 64세. 고졸. 자부, 손녀와 동거

I (벚꽃) : 여. 71세. 무학. 사별, 미혼 아들과 동거

원래는 3회기 상담이 일주일 전인 8월 ×일에 하기로 되어 있었으나 그 날
은 복지사가 하계휴가 기간인 상태에서 사전 연락도 없이 다섯 분이 불참하
여 A와 C만 출석했었다. 그래서 A와 C, 보조 촉진자와 촉진자 이렇게 네 사
람이 당일의 프로그램을 유보하고 각자 자신의 근황이나 휴가 등에 관해 차
를 마시며 편안하게 환담했다. C는 10번의 집단상담 프로그램이 끝나면 선
생님들을 못 만나는 거냐며 아쉬워했다. 사전 통보나 이유 설명 없는 집단
불참에 대해 지금이 여름휴가 절정기라는 점을 이유로 떠올렸으나 혹시 저
항이 아닐까 하는 염려로 촉진자의 마음이 무거웠다. 그러다 며칠 후 휴
가에서 돌아온 복지사로부터 집단원 몇 분이 함께 나들이를 가느라 불참했
다는 연락을 받았다.

2회기에 불참했던 D는 촉진자를 보자마자 결석에 대해 미안해하며 며느
리의 교통사고로 아들집에 다녀왔다고 그간의 힘들었던 상황을 이야기해
공감해 주었다. 한 가지 덧붙인다면 C에 대한 D의 반응이다. 지난 주에 결
원으로 상담을 못했을 때 C에게 혼자 남자이어서 불편하냐고 물었더니 "나

는 괜찮은데 여자분들이 불편해 할까봐 그러지. 나는 아무렇지도 않아요." 라고 했다. 오늘은 C가 오기 전에 D가 "말 많은 양반 아직 안 왔네. 할 얘기만 하지 그런 것까진 말할 거 없잖아. 근데 또 들으면 재미는 있어."라고 말을 꺼냈다. 내가 D에게도 역시 같은 질문인 남자분이어서 불편하냐고 하자 "이제 이 나이에 그런 거 없어요."라고 답했다. 스스럼없이 솔직하게 말하는 것을 이상하면서도 재미있게 생각하는 듯했는데, 회기가 거듭되면서 집단원 상호 간에 있는 그대로를 받아들일 수 있게 되어 이런 이상함도 편안히 느낄 수 있는 집단 분위기가 조성되길 바란다.

함께 야유회 가느라 불참했던 B, D, F, H 중 B가 "선생님한테 놀러 가서 빠진다는 이야기 어렵고 미안해서 말 못했어요. 연락처를 몰라 전화도 못하고……"라고 해서 미리 이야기했으면 시간 조정을 해 볼 수도 있었을 것이라 말하고 모든 집단원에게 촉진자의 휴대전화 번호를 알려 주었다. 첫 회기에 소개하면서 전화번호를 알리지 않은 것이 나의 불찰로 여겨졌다. 불참 사실을 미리 말하지 않은 것에 대해 A가 농담처럼 B를 나무라는 말을 했다. 그리고 집단상담 프로그램을 신청했던 그 부부는 복지사에 의하면 하지 않겠다는 말은 없었다고 하지만 한 번도 출석하지 않아 참석하지 않을 것으로 보인다.

한 주를 건너뛴 상태였고, 집단원들의 기분 전환 겸 상담 분위기의 활성화를 위해 '인생은 일흔 살부터'라는 노래를 가르쳐 드리는 것으로 시작했다. 이 노래는 옛날의 '학도가' 멜로디에 개사한 것으로 프로그램 구상 당시 매회기 초에 부르고 시작하기로 계획했던 것이었다. 가사는 〈부록 5〉에 실려 있다. 모두 가사 내용을 재미있어 했는데 D는 들어 본 적이 있는 것 같다고 했다. 가사에 대해 "결국 안 죽을 거라는 얘기네."하며 웃고는, 지금이 자기 생애의 전성기라면서 아이들 다 키우고 하고 싶은 것 하면서 즐겁게 산다고 하자 A는 시간이 참 빨리 가서 아쉽다는 말을 했다.

몸 풀기를 한 후 오늘의 주제를 말하고 백지와 펜을 드리면서 지금까지 살아오면서 나에게 의미가 컸고, 내게 영향을 크게 끼친 일이나 사람에 관련된 것을 세 가지 꼽아서 '내 인생의 3대 뉴스'를 써 보라고 하자, A는 우리가 쓴 글을 보관하는지 묻고는 농담하듯 "어려운 거 시키면 안 올래. 난 안 쓸래."라고 하자 H도 "그냥 담화나 나누다 가지."라며 이에 동조했다. A는 풍경화를 그릴 때도 이와 비슷한 말을 했지만 훌륭한 그림을 그렸고 막상 자신의 이야기를 할 때는 거리낌 없이 잘 한 것으로 보아 자신이 쓴 글이 남는 것을 부담스러워 하는 것으로 생각되었다. D는 지시가 떨어지자마자 써 내려가기 시작했고, I는 글씨 쓰기가 서툴기 때문에 도와주려 했으나 뉴스 선정 자체를 힘들어했으며, F 역시 무엇을 써야 할지 모르겠다고 해 A, F, I는 그들의 심적 부담을 줄여 주기 위해 "쓰지는 않더라도 무슨 이야기를 하실 건지 생각해 두세요."라고 융통성 있게 진행했다. "쓸 게 없다."와 "참 많지."라는 반응이 함께 나왔으며 "기뻤던 일만 해당하는 거예요?"라는 질문이 나와 기쁜 일이든 슬픈 일이든 나에게 영향을 크게 미치고 의미가 컸던 일을 쓰라고 답했다.

내 인생의 3대 뉴스를 프로그램에 넣은 이유는 기뻤던 일 및 사람이 떠오르는 경우에 다시 한 번 그 기쁨을 만끽하며 삶의 풍요로운 부분을 음미하게 하고, 부정적인 것을 떠올리는 경우에는 그것을 집단에 공개하여 집단 내에서 보편성을 발견하거나 집단원들로부터 공감과 정서적 지지를 받음으로써 그것을 스스로 정리하고 편안하게 수용할 수 있는 기회를 제공하기 위해서였다.

각 집단원들이 꼽은 자신의 3대 뉴스는 아래와 같다.

- A : ① 내 나이 서른넷에 사랑하는 어머니가 돌아가셨다. 그리고 홍역으로 형제, 자매를 잃고 무남독녀로 자랐다.

② 남편이 3남매를 두고 심장마비로 갑자기 돌아가셨다.

③ 첫 손녀 본지 12년 만에 둘째 본 일

- C : ① ×××고 교감 때 문제 교사의 경찰서 투서로 교장, 교감, 교사가 조사 받고 그로 인해 교장, 서무과장, 서무차석이 파면된 사건

② 6.25 사변 당시 독자인 장조카가 의용군으로 가게 되어 대신 의용군에 자원하였는데, 구사일생으로 살아남아 귀가한 일

③ ××중 교장 재직 시 화재사건, 학급감축으로 교사 5명을 타교로 전출시켰던 문제, 여학생 납치사건, 전교조 교사 사고 등 스트레스로 발병하여 고통 받은 일

- B : ① 사랑하는 남편을 만나 삼남매를 낳고 행복하게 살았고

② 우리 장남인 ××가 서울대를 들어갔을 때 마음이 즐거웠고

③ 우리 가정에 우환(남편의 발병과 죽음)이 생겨 마음이 슬프고 모든 것이 허물어지듯 괴로웠던 일

- D : ① 부푼 꿈으로 결혼하던 날

② 인생의 중반에 세 아이 데리고 혼자 됐던 큰 일

③ 노인만을 위한 복지시설이 생겨 인생의 황혼기를 활기차게 보낼 수 있고 많은 즐거움을 가질 수 있도록 노력하시는 여러 선생님들께 깊이 감사드리며 마지막을 아름답게 장식하려고 노력

- I : ① 16살에 타월 공장에 취직했다.

② 20살에 아버지가 돌아가시고 가장이 되었다.

③ 23살에 사기결혼을 당해 돌이 된 딸을 두고 서울로 도망가서 취직했다.

④ 26살에 재혼해서 2남2녀를 두었는데, 남편이 생활력이 없고 술타령만 했지만 자식을 위해 참고 살았다. 65세에 암으로 사별했다.

- F : ① 13살에 엄마가 돌아가시고 무남독녀로 자랐다.

② 20살에 결혼했고 내가 53살일 때 남편이 폐암으로 58세에 돌아가셨다.

③ 2년 전에 뇌경색을 앓았다. 일찍 발견해서 괜찮아졌지만 그때 이후로 우울하다.

- H : ① 결혼 1년만인 26세에 3대 독자인 첫 아들을 낳았을 때

② 큰아들이 공무원 시험에 합격했을 때

③ 작은아들이 조그마한 연수원을 차렸을 때

④ 땅과 종갓집 관계로 재판을 했을 때

일정한 순서 없이 진행된 발표는 가장 먼저 글쓰기를 끝낸 D로 시작했는데, 현재의 만족스런 황혼기에 비중을 크게 두고 말해서 과거 이야기를 더 끌어내도록 유도했다. 다음, C 차례에 촉진자가 발표시간 10분이라는 제한을 주

집단상담 사진

자 집단원들이 C 몰래 웃는 모습이 보였다. 기록했던 세 가지에 한 가지를 더 말했지만 시간 안배를 잘 해서 시간제한을 넘기지 않았고, 내용은 유일한 남자 집단원으로서 직장일과 관련된 사건 위주였다. 이성이고, 자신들과 다른 환경에 있으며, 말수가 많다는 점에서 이질감을 느끼는 듯한 집단원들이 C의 말에 귀 기울이지 않는 현상을 보였기 때문에 촉진자는 C의 발표 내용 중 모두가 공감할 수 있는, 스트레스와 건강에 관한 내용을 언급하여 화제로 꺼내었다. C는 상담 도중 피치 못할 제자와의 약속이 있다고 매우 미안해하며 자리에서 먼저 일어났는데, 가기 전에 백지에 자신의 3대 뉴스를 다시 깨끗하게 써서 제출했다.

대개 결혼, 출산, 자녀로 인해 기뻤던 일, 남편의 병이나 사별, 사별 후의 생활, 현재생활의 보람이 주를 이루었는데, 지난 시간에는 자녀양육과 생활에 바빠 외로움이나 괴로움을 느끼고 생각할 겨를이 없었다는 이야기가 공통적이었다. 사별한 지 오래되었고 현재에 큰 어려움이 없어서인지 비교적 담담하게 옛일을 회상했다. B는 늦게 사별을 했고 평소 금슬이 좋았기 때문에 남편이 병중이었어도 그때가 좋았다며 회고하는 것이 좀 힘들어 보였고 기분이 착잡하다는 말을 했다. A도 밝게 이야기했지만 남편의 죽음을 원통해 하며 좋은 일이 있을 때 생각나고 가여운 마음이 든다고 했다.

오늘의 주인공은 I라고 할 수 있는데 평소에 조용하고 내성적으로 보이던 분이 자신의 굴곡 많았던 삶을 찬찬히 가감 없이 들려줘 모두 그 이야기에 열중했다. 타 집단원들이 I에게 너무 힘들었겠다며 최선을 다해 산 것을 격려했고 촉진자는 개방하기 힘든 이야기를 해 준 것에 감사를 표했다. 한 사람씩 이야기할 때마다 궁금한 것은 묻기도 하고 함께 이야기하라고 했을 때 "그냥 듣는 거지 뭐."라고 했던 분들도 I의 이야기엔 관심을 갖고 자발적으로 대화에 참여했다. 또 F의 이야기 중 건강 문제가 나오자 그 무렵에 복지관 활동을 같이 했던 분들이 관심을 갖고 F가 말하지 않은, 그와 관련된 일들을 꺼내어 함께 이야기했다.

H는 타 집단원이 말할 때 "오늘은 그동안 살아온 이야기를 하니까 이상해."라며 심란해했고, 자신의 차례에는 써 두었던 네 가지를 말할 때 '드라마 같다' 는 표현을 하다가 '생략하기로 하고' 라면서 스스로 정리하여 이야기를 맺었다.

촉진자는 마무리하면서 오늘 프로그램의 의의에 대해 언급했다. 내 삶의 부정적인 사건들에서도 그 의미를 찾고 내 마음에서 그 일들을 편안히 보냈으면 하는 뜻에서 했다고 하자 "그렇지, 최선을 다했으면 된 거지."라는 말과 끄덕임으로 반응했다.

오늘의 프로그램을 진행해 보니 종이에 뉴스를 쓴 경우에는 그 사건에 대해 정리, 요약하여 말하는 것이 가능했지만 너무 간단해져서 촉진자가 이야기를 더 끌어내어야 했던 반면, 쓰지 않은 경우에는 내용은 다양하게 많이 나왔지만 요지를 잃고 이야기가 광범위하고 장황하게 되는 단점이 있었다.

다음 주 월요일은 공휴일이라 집단원들과 합의 후 수요일로 옮겨 실시하기로 했다. 그리고 '다음 주에는 다른 사람이 나를 어떻게 보느냐' 에 대해 알아보기로 하는데, 게임처럼 재미있을 거라는 말로 다음 회기 프로그램을 예고했다.

회기 : 남이 보는 나

- 활동에 대한 설명을 했음에도 불구하고 경험한 바 없는 일이라서 처음에는 주저하며 상담실 밖으로 나가려는 지원자가 얼른 나서지 않았으나 한 번 실시해 본 후에는 문제가 없었다.

- 집단원에 대해 주로 긍정적인 진술을 하여 그 본인이 과찬이라 하면서도 기뻐하고 만족해 했다. 한 집단원은 종결 시 평가에서 집단원들이 좋은 이야기만 해 준 것이 아쉬웠다는 반응을 보였다.

- 한 집단원의 특성을 표현하는 말 중에 대부분의 집단원들의 생각과 다른 의외의 내용이 나왔으나 본인이 이를 긍정하며 자신을 설명한 경우에서 그 사람의 잘 드러나지 않는 면에 대해 아는 기회가 되었다. 또 다른 집단원이 말해 준 특성에 대해 본인은 그렇지 않다는 것을 설명하는 동안 그 말을 인정하게 된 경우에서는 타인을 통해 자신을 보는 데 도움이 되었다.

- 상담실 밖에 나간 집단원 중 자리를 지키지 않고 복지관 내를 배회해서 찾으러 간 경우가 있었던 한편, 상담실 안의 활동 절차가 끝나지 않은 상태에서 들어와 보는 경우도 있었다.

- 시간상 모든 집단원들이 활동에 참여해 보지 못해 나머지 집단원들은 상담실 내에서 공개적으로 그 집단원에 대한 특성을 말하도록 했다.

〈4회기 진행과정〉

제 목	남이 보는 나		
목 표	• 남에게 비쳐진 자신의 모습이 어떠한지 인식함으로써 자신을 재인식한다. • 행동결과를 알 수 있고 자신의 행동을 수정할 수 있게 한다.		
준 비 물	없음		
진행절차	활 동 내 용	시 간	비 고
촉진자 설 명	① 피드백을 통해 자기를 재인식, 자신의 행동을 수정한다. ② 효과적인 피드백을 주고받기 위해서 유의해야 할 점을 인식한다. ③ 성공적인 피드백은 서로의 인간관계 발전을 더욱 향상시킨다.	10분	
활 동	(1) 누구일까? ① 한 사람을 선정(또는 자원)해 잠시 집단 밖으로 나가게 한다. ② 또 한 사람을 선정(또는 지원)해 두 번째 선정된 사람의 성격, 행동특성에 대한 집단원들의 의견을 모은다. ③ 밖에 나가 있던 집단원을 들어오게 하여 제시된 의견을 말해준 후 누구에 관한 얘기인지 알아맞히게 한다. ④ 끝나면 선정된 사람의 느낌을 들어보고 돌아가면서 같은 절차의 활동을 실시한다.	60분	
정 리	① 활동 시작 전과 도중, 끝난 후를 관련지어 자신의 느낌이나 경험한 사실에 대해 발언하게 한다. ② 활동을 통해 새롭게 발견한 것이나 깨달은 점 또는 집단원들에게 하고 싶은 말을 한 마디씩 하게 한다.	15분	
과 제 및 전달사항	① 남들에게 비춰지는 나의 장점 혹은 단점이 무엇일까? ② 자기의 장점 많이 생각해 오기	5분	

4회기 촉진자 일지

〈4회 : 2005. 8. ×〉

참여 집단원

A (미스 권) : 여. 70세. 중졸. 사별. 아들가족과 동거

B (행복) : 여. 66세. 고졸. 사별. 아들가족과 동거

C (석곡) : 남. 77세. 대졸. 아내와 동거

D (꽃님) : 여. 66세. 초졸. 사별. 독거

F (백합) : 여. 71세. 초졸. 사별. 아들가족과 동거

H (코스모스) : 여. 64세. 고졸. 자부, 손녀와 동거

I (벚꽃) : 여. 71세. 무학. 사별. 미혼 아들과 동거

출석상황을 보면 E는 가족모임 참여로 불참했고 G는 종교행사 참여로 불참했다. E는 첫 회기 이후로 4회기인 지금까지 계속 나오지 않아 참여의사가 없는 것으로 판단되고, G도 집단상담 프로그램에 관심을 보이기는 하지만 종교 활동 시간과 겹쳐 곤란해 했기 때문에 집단상담에 참여하지 않을 것 같다. 두 분 모두 의도적 불참이 아니어서 아쉽고, 복지사에 의하면 부부는 연락이 닿지 않고 있다고 해 집단 인원에서 완전히 제외시켰다.

상담실에 들어서니 B, C, D, F가 환담을 나누고 있었는데, 노후에 즐겁게 살아야 한다는 내용이었다. 시작 시각을 기다리는 동안 C가 집단원들에게 "내가 쓴 글인데 내 시집 속에 있는 겁니다."라며 인쇄물을 나눠 주었다. C가 다음에 자신의 시집을 가져오겠다고 말해 촉진자는 시집이 보고 싶으니 가지고 오시라 했다. 오랜 연륜 속에서 나온 사랑과 행복과 지혜로운 삶에 대한 글이었는데 큰 선물을 받은 느낌이다. 다른 집단원들이 그 글을 읽는 동안 프로그램 시작 시각이 되어 촉진자는 "나중에 꼭 읽어 보세요."라고 하고 '인생은 일흔 살부터' 노래를 함께 불렀다.

그런 후 몸풀기를 하고 오늘의 프로그램 내용을 말했다. 도입 부분에서는 상대가 설사 내 생각과 다른 말을 하더라도 일단 부정하기보다는 '나의 이런 점이 타인에게는 그렇게 보일 수도 있구나.'라고 생각하고 자신을 살펴보는 것이 나의 발전에 도움이 된다는 말을 함으로써 피드백을 받아들이는 방법에 대해서도 생각하게끔 했다. 활동을 위해 한 분이 자발적으로 상담실 밖으로 나가 줄 것을 말했으나 지원자가 없는 가운데 H가 약간 불만족스런 어투로 "이 프로그램은 긴장하게 만들어요. 지난 번엔 뭘 그리게 하고 생각해서 쓰게 하고." 그러자 옆 자리의 B가 "그러면서 재밌고."라고 덧붙여 주었다. 이 말에 H는 더 이상 말하지 않았는데 촉진자가 그런 B의 반응이 반가웠던 것은 그것이 프로그램 자체에 대한 긍정적인 평가이기도 했지만 지난 3회기에 B가 사별한 남편을 생각하고 좀 우울해 했던 모습이 마음에 걸렸기 때문이었다.

집단원들의 반응이 적극적이지 못한 것은 이번 회기의 활동을 한 번도 해 본 적이 없기 때문에 새로운 것을 처음 시행하려 할 때의 부담감이 원인이라 생각되었다. 그래서 이 활동은 촉진자도 상담소 회원들과 해 봤는데 참 좋았다며 어렵게 생각할 것 없이 재미있고 즐겁게 할 수 있는 활동이라 이야기했다. 이때 H가 촉진자 중 한 명이 나가면 되겠다고 말해 촉진자는 진행과정을 봐야 한다고 했다. 그러자 고맙게도 D가 자리에서 일어나며 나가겠다고 자원했다. 촉진자는 감사하다는 말과 함께 나가 있는 동안 앉을 의자를 내어 주고 돌아와 "이제 나에 대해 다른 사람들이 어떻게 보는지 궁금하신 분은요?"라고 하자 F가 곧 "내가 할게요."했다. 일단 활동이 시작된 후에는 편안한 분위기에서 순조롭게 진행되었다. 활동을 한 차례 하고 났을 때 지각한 A가 뒤늦게 들어오자 D가 자발적으로 A에게 활동 방법에 대해 잘 설명해 주었다.

각 집단원에 대한 타집단원들의 표현을 나열하면 아래와 같다.

- F : 여성스럽다, 예쁘다, 조용하다, 차분하다, 전형적인 어머니상, 활발하다, 생각이 많다, 외롭고 고독하다, 말수가 적다, 원만하다, 화내지 않는다, 편안하다, 이해심이 많다, 인자하다, 느긋하다, 답답하다, 둥글둥글하다, 표현하지 않는다, 인내심이 많다.

- B : 매사에 빈틈없고 철저하다, 완벽하다, 화통하다, 타인에게서 호감을 받는다, 쾌활하다, 밝다, 개방적이다, 솔직하다, 사교적이다, 미모를 갖췄다, 매력 있다, 모든 일을 잘 소화한다, 교양 있다, 할 말은 꼭 해야 한다, 신중하다, 상냥하다, 무엇이든 잘 할 것 같다, 자존심이 강하다, 마음은 여유 있으면서도 깐깐하다.

- I : 생활력이 강하다, 내성적이다, 말이 없다, 강하다, 속이 알차다, 고초를 잘 헤쳐 나간다, 대한의 어머니상이다, 현모양처, 조용하다, 세상 사람을 나와 같이 생각하고 믿는다, 내 몫은 완벽하게 할 것 같다, 편안해 보인다, 유순하고 약해 보이지만 강하고 대단하다, 차분하다, 빈틈없다, 남에게 피해 주지 않는다.

- D : 화통하다, 야무지다, 꼼꼼하다, 시원하다, 일처리를 잘 한다, 분명하다, 밝고 명랑하다, 현명하다, 사교적이다, 빈틈없다, 깐깐하다, 예절 바르다, 완벽하다, 지도력이 있다, 솜씨 좋다.

- H : 예쁘다, 건강하다, 깐깐하다, 명랑하다, 활달하다, 심신이 건강하다, 사교적이다, 인자하다, 씩씩하다, 멋을 안다, 절제력이 있다.

- A : 책임감이 강하다, 생활력이 강하다, 친절하다, 인상이 좋다, 명랑하다, 유머 있다, 이해력이 많다, 멋지다, 여장부이다, 강하다, 활발하다, 말을 잘 한다.

- C : 긍정적으로 재미있게 살려고 한다, 젊어지려고 발악한다, 멋있게 산다, 속마음에는 외로움이 많은 것 같다, 즐겁게 살려고 굉장히 노력한다.

F는 자신에 대해 '활발하다' 는 형용사가 나왔을 때 몇몇 집단원들이 그건 아닌 것 같다고 하자 원래는 활발했는데 노후의 환경으로 인해 좀 소극적으로 바뀌었다고 설명했다. 자신에 대한 궁금증을 푼 F가 두 번째 활동에서는 자진해서 나갔고 두 번째 주인공은 B가 하게 되었는데, 집단원들이 B와 성격이 비슷해 보이는 D와 혼동해 D라고 추측하는 분도 있었다. B는 자신에 대해 C가 한 말들을 듣고 "내 안에 들어왔다 간 것 같아요."라며 놀라워했다. 촉진자는 전 집단원의 참여를 위해 형용사 하나라도 말하게끔 모든 집단원들에게 말할 기회를 주었는데, C는 처음에 말하기를 꺼렸다. 왜냐하면 자신은 사람을 보면 대충 어떤 사람인지 알 수 있지만 타인을 평가한다거나 집단원들이 이성이기 때문에 오해를 살 수 있다는 염려 때문에 말을 삼가려 한다는 것이었다. 이에 촉진자는 이 작업은 타인을 판단해서 흉보거나 비난하는 것이 아니라 지금까지 상대방을 본 느낌이나 생각을 말하면 된다고 활동 참여를 독려해 말을 시작했다.

지난 회기에 I가 집중 조명을 받았다면 이번 회기의 주인공은 C가 아닐까 한다. 집단원들에 대한 파악을 나름대로 잘 하고 있었고 자신은 집단원들에 대해 긍정적으로 보고 있다는 점을 전달했다. 자신은 보기와는 참 다른 사람이라는 점을 강조했는데 자신을 깊이 알지 못하면 가벼운 사람으로 보기 쉽지만 사실은 까다롭다는 이야기였다. 집단원들이 C에 대해 말한 내용 중 B가 '외롭다' 는 형용사를 쓰자 그건 아니라고 말했던 C는, 집단원들의 말에 대한 자신의 느낌을 말하는 과정에서 "내가 까다로워서 나한테 맞는 사람이 없어요. 그러고 보니 외롭다는 말이 맞네. 잘 보셨어요."라고 했다. 자신은 인물, 수완, 말재주가 없고 소극적이고 몸도 약한데 열성과 진실 덕분에 살아왔다고 하자 I가 C에게 잘 생겼다는 말을 해 집단원들의 눈길을 끌었다. B는 자신의 성격을 잘 파악한 C의 관찰력에 놀란 후 이전보다 C의 말에 귀를 기울이는 모습을 보였다. 집단원들에게 나눠 준 시의 영향력을 다음 회기에 보는 것도 촉진자의 관심사가 되었다.

한편, 밖에 나가게 된 B는 상담실 밖 의자에 앉아 있지 않고 상담실이 있는 3층 여기저기를 다니고 있었기 때문에 보조 촉진자가 찾으러 가기도 했고, F는 상담실 안의 작업이 끝나기도 전에 문을 열고 들어와 보기도 했다. 대개 집단원들에게서 나온 이야기를 듣고 그 주인공을 맞출 때 한두 분을 후보로 두고 결정을 했는데, 그 성향과 특징을 잘 파악하는 것 같았다. B, D, F, H는 복지관에서 함께 활동을 했어도 서로 가족이나 성격 같은 이야기를 스스럼없이 하는 사적이고 깊은 사귐은 아니었다며 근래에 마음이 통할 것 같은 몇몇 사람들이 모임을 만들어 사교하고 있다고 했다. I 의 경우에는 함께 활동해 온 멤버가 아니고 이번 집단 프로그램에서 처음 만난 사이였는데, 지난 회기의 3대 뉴스에서 I 의 파란 많았던 삶에 대한 이야기를 듣고 깊은 인상을 받았던 집단원들이 '생활력이 강하다' 나 '고초를 잘 헤쳐 나간다' 는 등의 표현을 했으나 이는 지난 회기의 I 의 뉴스 내용으로 봤을 때 I 임을 두드러지게 하는 내용이어서 촉진자가 제외시켜 진행한 후 사후에 언급해 주었다.

프로그램 내용에 대해 긴장감을 느껴 불편함을 보였던 H는 활동이 진행됨에 따라 어려움이 없는 것임을 알고 편안해 보였는데 의도적으로 자신에 대해 말할 수 있는 기회를 길게 주었다. 2, 3회기에서 자신의 구체적인 이야기를 '드라마 같다.' 는 말로 간단히 대체했던 것과 달리 학창시절 엄격한 아버지 아래서 힘들었던 이야기를 곁들이며 지금까지보다 자신에 대해 비교적 많이 드러내었다. 이번 회기 이후의 프로그램 내용에 대한 H의 반응을 살펴보아야겠다.

활동을 세 차례 하고 난 후에는 퀴즈의 주인공이 되어보지 못한 집단원들에 대해서 상담실 밖으로 한 명을 내보내지는 않고 모두 참석한 자리에서 각각 그 집단원에 대한 성격, 특성에 대해 말하도록 하고 그에 대한 당사자의 느낌을 말하는 시간을 가졌다.

집단원들 간에 나온 이야기는 '답답하다, 생각이 많다(마음이 편치 않아 생각이 복잡하다는 의미), 외롭다, 깐깐하다, 자존심이 세다, 젊어지려고 발악한다' 정도를 제외하고는 거의 긍정적인 내용이었다. 활동중 B가 부족한 점도 듣고 싶다는 뜻에서 '좋은 말만 한다.'는 언급을 했다. 타 집단원들의 자신에 대한 느낌과 생각을 듣고 그에 대한 본인의 느낌을 말하는 순서에서도 몇몇 집단원이 좋은 점만 이야기했다며 과분하다는 자평을 하면서도 기분이 좋아 보였다.

이번 회기에 부정적인 내용들은 별로 나오지 않아 행동 수정의 기회까지는 되지 못하겠지만 자기의 어떤 점이 타인에게 장점으로 또는 단점으로 보일 수 있을지 생각해 보는 계기는 되었으리라 생각한다. 다음 회기에는 장점 바라보기를 하게 될 것이라 예고하고 일주일 동안 자신의 장점을 20가지 이상 많이 찾아오는 과제를 주었다. 오늘 타 집단원들이 말해 준 좋은 면들과 연결되는 시간이 될 것 같다.

상담 종결 후 의자에 앉은 자세에서 심호흡을 하게 하고 이번 회기의 상담 내용을 가만히 생각해 보도록 했다. 그런 후 자비관을 실행하고 마무리했다. B가 본 프로그램이 한시적인 것이냐는 질문을 해와 10회로 종결되는 것이라고 하자 '아쉽다'는 말을 해서 프로그램에 대한 긍정적 반응이 반가웠다.

회기 : 장점 바라보기

- 장점이 없다며 얼마간 시작을 못하여서 집단원들 간에 장점이 될 수 있는 것들에 대한 토의가 잠깐 이어졌고, 촉진자가 예를 들며 장점 찾기를 독려했다.

- 장점 목록에는 장점이면서 동시에 단점이 될 수도 있는 부분이 많이 나왔는데, 예를 들면 '정에 약하고 기분파이다, 항상 변하지 않는다, 항상 정돈해야 한다' 등이다.

- 다른 집단원의 장점을 쓴 내용 중에는 집단 초기에 부정적인 인상을 가지고 있다가 회기가 진행되어 더 이해하게 되면서 긍정적으로 바뀐 경우가 있었다. 예를 들면 '까다롭다, 도도하다' 가 '사교적이다' 로, '무뚝뚝하다' 가 '상냥하다, 이해심 많다' 로 변한 것이다.

- 장점들을 분류해 보면, 건강과 운동에 관한 것 / 어머니나 며느리로서의 역할 수행에 관한 것 / 편안함, 예절 바름, 인정 많음, 변함없음, 명랑함, 봉사정신과 같은 인성에 관한 것 / 남 흉보지 않기, 넓은 교우관계, 오해 풀기, 칭찬하기와 같은 인간관계에 관한 것 / 취미와 특기 / 스트레스 해소법 등에 관한 내용이었다.

- 한 사람이 발표하고 있는 동안 그 발표자에 대한 장점을 다른 집단원들이 용지를 돌려 가며 쓰게 했는데, 이는 발표 내용에 대한 집중을 방해하는 단점이 되었으므로 따로 진행하는 것이 바람직하다고 생각한다.

- 4회기까지 프로그램에 대해 부정적 피드백을 주었던 집단원이 만족해 하는 반응을 처음으로 보였다.

〈5회기 진행과정〉

제 목	장점 바라보기		
목 표	• 장점으로 보여지는 것들을 깊이 있고 솔직하게 주고받음으로써 명료화하고 개방한다. • 자신과 타인에 대해서 그리고 삶에 대해서 긍정적인 시각을 갖게 한다.		
준 비 물	백지(A4 용지), 필기구		
진행절차	활 동 내 용	시 간	비 고
촉진자 설 명	① 긍정적인 자아관을 위해 장점을 알고 수용하는 것은 중요하다. ② 다른 사람들의 관심과 성의에 감사하고 자신의 장점을 계발한다. ③ 타인을 보는 시각을 긍정적으로 갖게 된다.	10분	
활 동	① 전 회기에 과제로 내 준 자신의 장점 20가지를 기록한다. ② 한 명이 발표하면 다른 집단원들은 생각나는 대로 그 사람의 장점을 기록한다. ③ 각자 기록한 발표자의 장점을 돌아가며 얘기하고 기록지를 발표자에게 전달한다. ④ 발표자는 모든 집단원들의 얘기가 끝나면 감사하다는 반응을 보인다. ⑤ 자신이 쓴 장점과 집단원들이 쓴 장점을 비교하면서 느낌을 표현한다. ⑥ 모든 집단원들이 차례로 돌아가면서 발표 대상이 된다.	60분	
정 리	① 활동 시작 전과 도중, 끝난 후를 관련지어 자신의 느낌이나 경험한 사실에 대해 발언하게 한다. ② 활동을 통해 새롭게 발견한 것이나 깨달은 점 또는 집단원들에게 하고 싶은 말을 한 마디씩 하게 한다.	15분	
과 제 및 전달사항	① 자신과 타인에 대해 그리고 삶에 대해 지금까지 부정적으로 보았으나 긍정적으로 다시 볼 수 있는 것이 있는가?	5분	

5회기 촉진자 일지

〈5회 : 2005. 8. ×〉

참여 집단원

A (미스 권) : 여. 70세. 중졸. 사별, 아들가족과 동거
B (행복) : 여. 66세. 고졸. 사별, 아들가족과 동거
C (석곡) : 남. 77세. 대졸. 아내와 동거
F (백합) : 여. 71세. 초졸. 사별, 아들가족과 동거
H (코스모스) : 여. 64세. 고졸. 자부, 손녀와 동거

우선 출석 상황을 보면 D는 형제 모임, I는 친정 어머니 방문의 이유로 불참하여 다섯 분의 인원으로 진행되었는데, 촉진자로서 가장 흡족한 회기라 할 수 있다. 왜냐하면 상담에 대한 집단원의 긍정적 피드백은 이전부터 있어 왔으나 이번 회기에서는 지난 회기까지 불만족을 표했던 H가 "이 시간이 이런 얘기할 수 있어서 참 좋아."라고 말했고, 다른 집단원들도 이에 동의하며 상담의 필요성과 가치를 깨닫고 인정하는 모습을 볼 수 있었기 때문이다. 집단의 응집력도 좋아져 회기 종료 후에도 자리를 뜨지 않고 함께 대화를 나누었는데 지금까지 여성집단원들이 좀 거리를 두는 듯했던 C에게 B가 "뭐 그렇게 급하게 가시려구요? 앉아서 이야기하다 가세요."라고 자리를 청해서 대화 참여를 유도했으며 잠깐의 대화 후 복지관 1층 로비 원탁에 모두 모여 티타임을 갖고 있는 모습을 볼 수 있었다. 프로그램 회기중 스스로 집단 분위기가 좋아졌다는 이야기도 있었다. 집단의 분위기가 아주 좋았던 회기였다.

프로그램 회기가 시작되기 전에 H의 질문이 두 가지 있었는데, 하나는 자신들의 상담 자료를 어떻게 처리하는지에 관한 것이었고 다른 하나는 촉진자 개인에 대한 것으로 소속과 활동을 궁금해 했다. 두 가지 모두 첫 회기

에 언급했던 것이었으나 첫 번째 질문에 대해서는 상담을 통해 알게 된 집단원 개인에 대한 정보는 비밀보장이 됨을 다시 확인해 주었다. 상담내용을 보고서나 책 또는 교육현장에서 언급하더라도 개인적 신분이 노출되지 않도록 한다는 점과 상담 기록의 보관도 기관의 정해진 규율에 따른다는 점을 말했다. 두 번째 질문을 한 이유는 촉진자에 대해 확실히 알고 필요한 때 개인상담 가능 여부를 알고 싶어 했기 때문이었으므로 그에 충족할 답을 해 주었다.

지난 회기에 과제로 제시했던 '자신의 장점 20가지 생각해 오기'에 대해 언급하자 "생각해 봐도 장점이랄 게 없어."라든가 "잊어버렸네. 형제들한테 물어보면 잘 알 수 있을 텐데……"라는 반응을 보였다. 이에 촉진자는 중학생들과 '나의 장점 찾기' 주제로 진행한 집단상담 경험을 들려주었다. 아이들이 부모나 교사들로부터 잘하는 일, 좋은 점을 칭찬받기보다는 잘못하거나 부족한 점에 대해 지적을 받고 혼나는 일이 많기 때문에 자신의 장점을 찾는 데 어려움을 느끼고 단점은 쉽게 여러 가지를 나열했다는 말에 수긍을 했다. 장점이라 해서 대단히 특출한 특기나 기술을 말하는 것이 아니라 일상생활에서 당연하게 하고 있는 일들도 장점이 될 수 있고, 단점으로 생각하고 있는 것도 보기에 따라서는 장점이 될 수 있으니 잘 생각해 보고 가능한 한 장점을 많이 찾도록 했다.

그러자 집단원들 간에 자연스럽게 장점이 될 수 있는 것들에 대한 토의가 잠깐 있었는데 주로 자신의 성격에 대한 이야기들을 했다. A는 억척스럽게 혼자 무거운 가구를 옮겨 가면서 집안 정리, 청소하는 것을 단점인 듯, 장점인 듯 말을 하자 집단원들이 그것은 본인이나 주변 사람들을 피곤하게 할 수도 있지만 좋은 점이라며 지지해 주었다. 여전히 쓸 게 없다는 말이 나오기도 해서 촉진자가 구체적인 예로 자기 발전을 위해 복지관에 집단 프로그램을 하러 나오는 것, 건강해서 이렇게 활동할 수 있는 것 등을 말해 주었

다. 생각이 잘 나지 않으면 지난 회기에 타인이 나에 대해 좋게 본 점들과
연계해서 생각해 보라는 말도 했다. 이전 회기에서 글씨 쓰기를 꺼렸던 A
와 H도 말없이 써 나갔고, A는 촉진자가 장점의 수에 대해 부담을 주지 않
았음에도 불구하고 20가지를 채워 쓰려고 애썼다. 상대적으로 F가 장점 찾
기를 힘들어 해서 F가 오늘 상담실에 가장 먼저 온 것을 장점의 하나로 상
기시켰다.

집단원들이 각자 자신의 장점 쓰기 한 내용을 여기에 옮겨 쓴다.

- C : 집념이 강함, 기분파, 상대 칭찬, 원만한 인간관계, 믿는 사람이면 모
  든 것을 털어 놓는 것, 기분이 상하면 산에 간다든가 차 타고 멀리 떠나
  는 것, 낭만, 서로 오해가 있을 때 바로 화해하거나 잘못이 없어도 먼저
  사과, 다정다감하여 정에 약함, 인생관 확고.
- F : 누구와도 약속은 잘 지키는 편이다, 사람들이 편안하다고 한다, 항상
  변하지 않는다.
- H : 나의 건강을 위하여 열심히 운동을 하고 있다, 나는 12대 종부로서
  제수를 손수 만들어서 4대 제사를 열심히 모셨다, 매사에 제자리, 제위치
  를 지키고자 한다, 여러 사람을 알고 즐겁고 정답게 지내고 싶다, 고루한
  가정에서 자라서 예의범절이 몸에 배어 생활화되었고 정이든 물건이든
  많은 것을 받으면 꼭 기억하고 보답하는 마음을 갖고 있다, 남의 말을 하
  지 않고 한 번 알면 영원히 알고 지키고 싶다.
- B : 음악을 좋아한다, 남을 흉보지 않는다, 특이하게 자식 사랑이 많다,
  여행을 좋아한다, 남의 인권을 존중한다, 명랑한 성격이다.
- A : 나는 동네의 못 사는 사람들에게 기초생활비 수급자가 되기 위한 서
  류를 꼭 만들어 주고 싶은 습성이 있다, 하고 싶은 일은 꼭 이루고자 한
  다, 모든 운동을 좋아한다, 남이 못 하는 일은 꼭 해 낸다, 마음을 비우고

모든 사람에게 봉사하고 싶다, 항시 집안 살림도 정돈해야 한다, 집에 오는 사람을 좋아한다, 항상 규칙적인 생활을 한다, 손으로 만들기는 무엇이든지 다 좋아한다, 화가 나고 스트레스 받으면 일을 해서 푼다, 손자, 손녀들한테도 돈이 생기면 꼭 저축하라고 한다, 내일 할 일이 생각나면 잠을 못 잔다, 자녀들에게 서운함이 있으면 화도 안 내고 혼자서 푼다, 여생 동안 어떻게든 즐거움을 찾으려는 마음이 든다, 백화점에서 쇼핑하다가 예쁜 물건을 보면 꼭 사야 한다, 길을 가다가 예쁜 꽃이나 옷을 보면 꼭 만드는 습관이 있다.

다른 집단원들이 본 장점도 함께 소개한다.

- C : 석곡님은 멋진 인생을 사는 것 같다(F), 권위적이지 않고 낭만적이시다(보조 촉진자), 취미가 다양하시고 정이 많으신 것 같다(H), 정이 많으시네요(B), 석곡님은 외모와 전혀 다르다(A).
- F : 여성스럽습니다(H), 백합님은 항시 푸근하면서도 후한 편으로 보인다(A), 둥글둥글하고 원만한 성격, 말수가 적은 편이고 조용한 성격, 화를 안 내고 편안하게 살려는 것이 엿보임, 호감을 받고 남에게 칭찬을 받는다(C), 책임감이 강하고 가족들에게 헌신하신다(보조 촉진자).
- H : 꿋꿋하고 심지가 굳어 보이신다(보조 촉진자), 적극적인 것 같다(F), 처음 인상은 까다롭고 도도한 인상인데 몇 번 대해 보니 사교적인 사람 같다, 멋이 있고 세련된 성격, 명랑하고 쾌활한 성격, 보기에는 무뚝뚝한 것 같은데 상냥함과 이해심이 많은 것 같다, 사리에 밝고 매사 빈틈없이 처리하는 꼼꼼한 성격이다(C).
- B : 상냥하고 여성스러우시다(보조 촉진자), 명랑한 편이다(F), 정도로 생활한다(H), 미를 갖추고 멋있는 여성, 사교적이고 깔끔한 성격, 지성이 넘치고 매력이 있음, 활달하고 쾌활한 성격, 매사 빈틈없고 진실하고 솔

직한 성격, 매사 확실하게 처리, 자존심이 유달리 강한 것 같다, 처신을 잘 해 주위에서 칭찬을 받을 것 같다(C).

• A : 봉사정신, 사랑하는 마음이 있다(H), 열심히 살아 오셨네요(B), 매사에 완벽한 것 같다(F), 차분하면서도 명랑하시고 여성스러우면서도 씩씩하시다(보조 촉진자), 멋을 알고 단정한 옷차림처럼 깔끔한 성격, 사교적이고 화술이 좋은 편임, 남의 호감을 받을 것 같음, 유머감각이 뛰어나고 친근감을 주는 성격, 인정이 많으면서 맺고 끊는 성격이다(C).

집단원들이 쓴 장점들을 보면 건강과 운동에 관한 것 / 어머니나 며느리로서의 역할 수행에 관한 것 / 편안함, 예절 바름, 인정 많음, 변함없음, 명랑함, 봉사정신과 같은 인성에 관한 것 / 남 흉보지 않기, 넓은 교우관계, 오해 풀기, 칭찬하기와 같은 인간관계에 관한 것 / 취미와 특기 / 스트레스 해소법 등에 관한 내용이었다. 미처 생각하지 못했던 장점은 타 집단원의 발표를 들으며 생각해 내고 첨가해서 쓰기도 했다.

C는 낭만적이라든다 기분파라는 것을 장점으로 써 놓고도 발표 때는 단점으로 이야기했는데, 촉진자는 그의 그런 점이 시를 짓게 하고 젊고 열린 마음으로 사는 것을 가능하게 한다고 말했다. 또 타 집단원의 장점을 쓸 때 다른 사람들은 그 사람의 가장 특징적인 장점을 한 가지씩 적는 정도였는데, C는 뛰어난 관찰력으로 다른 집단원들에 대해 잘 파악하며 장점을 여러 가지 기술해 주었다. 이에 촉진자는 바로 그런 관찰력과 관심과 배려, 성의가 그의 장점이라는 말을 덧붙였다.

그런데 활동을 해 보니 한 사람이 자신의 장점을 발표하고 있는 동안 다른 집단원들이 그 발표자에 대한 장점을 쓰도록 하는 것은 지양되어야 할 문제점이라 생각된다. 왜냐하면 발표자의 발표내용을 집중해서 듣는 것을 방해하기도 하고 한 사람이 늦게 쓰게 되면 한꺼번에 써야 할 용지부분이

밀리게 되어 차분히 그 사람에 대해 깊이 생각하고 쓰기가 어려워지기 때문이다. 집단원들의 발표가 모두 끝난 다음 따로 시간을 잠깐 내어 쓰게 하는 것이 바람직할 것 같다.

다른 집단원이 자신에 대해 쓴 것을 받아 본 반응은 흐뭇해 하거나 제대로 잘 봤다는 것이다. 특히 H에 대한 C의 글을 통해 집단 초기에 C가 H에 대해 받았던 첫인상이 회기가 진행되면서 바뀐 것을 볼 수 있었다. H가 자신에 대한 첫인상을 그렇게 보는 사람이 많다며 C가 쓴 내용에 대해 재미있어 했으며 만족해 했다. 오늘 집단원들이 보여 준 친밀감의 원인이 바로 이런 서로에 대한 이해도가 높아졌다는 것과 자신의 좋은 점을 봐 준 것이라고 생각된다.

과제 전달 시간에 오늘의 프로그램 내용과 관련하여 일주일 동안 '나는 자신과 타인과 삶에 대해 긍정적으로 보고 긍정적으로 받아들이고 있는가?' 그리고 '지금까지 나에 대해 부정적으로 보고 있었지만 긍정적으로 새롭게 볼 수 있는 점이 있는가?' 를 생각해 보도록 했다.

회기 마무리로 하는 명상 시간에 오늘 상담한 내용에 대해 생각하게 한 다음, 용서와 자비관을 실시했다. 명상을 하는 것에 대한 의견을 물으니 마음이 차분해지면서 편안하다며 긍정적인 반응을 보였다.

회기 : 관심 기울이기

- 활동을 위한 두 사람 간의 대화 주제로는 며느리와의 갈등, 친정부모 봉양, 다루기 힘든 손자 등 가족에 관련된 어려움이었고, 한 집단원만 문제가 아닌 자신의 성장과정, 인생관, 시 쓰기 등에 관한 것이었다.

- 활동 ①의 '경청하기 역할'을 할 때 짧은 시간이었지만 동료상담의 효과가 있었다. 10회기 종결 시 본 회기에서 함께 짝이 되었던 일부 집단원들이 특별한 친밀감을 보이며 감사하다는 인사를 나누었다.

- 대화의 짝을 지을 때 현재 힘든 문제에 부딪히고 있어서 그 문제를 토로할 가능성이 있는 집단원인 경우에는 상담자 역할을 해 줄 수 있는 집단원과 연결시키고 활동 ②에서도 짝을 바꾸지 않고 동료상담이 계속될 수 있도록 하는 것이 바람직하다고 생각된다.

- 활동 ②에서 감독자의 역할을 맡은 사람이 감독해야 할 두 사람의 대화에 동참하거나 규칙 위반을 인지하고도 지적발언을 하지 않는 경향이 있었다.

- 과묵한 집단원인 경우 반대 성향보다 비슷한 성향인 사람과 짝을 지어 일방적 대화가 되지 않게 하거나, 반대 성향이라도 타인에 대한 관심과 경청으로 이야기를 잘 끌어내는 사람과 짝을 지어 차분한 분위기 속에서 상호작용이 일어나도록 하는 것이 좋겠다.

- 경청하지 않는 역할로는 딴청 피우며 시선 맞추지 않기, 야단치기, 무반응, 관심 없이 건성으로 반응하기, 퉁명스럽게 반응하기 등을 했고 그 결과 화자는 소외감, 화, 불쾌감, 서운함, 후회와 같은 정서를 느꼈다. 반면, 경청한 경우에는 신이 나서 생각하지 않았던 말까지 하게 되었다는 반응을 보였다.

〈6회기 진행과정〉

제 목	관심 기울이기 (경청)		
목 표	• 다른 사람과의 대화에 적절한 주의를 기울여 들을 수 있게 한다. • 표현하지 않은 상대방의 감정까지 직감할 수 있도록 돕는다.		
준 비 물	없음		
진행절차	활 동 내 용	시 간	비 고
촉진자 설 명	① 생산적인 인간관계의 형성, 발달은 경청에서 시작 된다. ② 경청은 상대방을 이해하는 데는 물론 자신의 성장에 큰 도움이 된다. ③ 적극적인 경청태도는 어떤 것인지 생각해 보게 한다.	10분	
활 동	(1) 경청하기 Ⅰ(두 사람씩 짝을 짓는다.) ＊ 경청하지 않는 역할하기 　① 자신에게 중요한 문제를 각자 1~2가지씩 생각한 　 다. 　② 듣는 사람은 과장된 행동으로 경청하지 않는 체한다. 　③ 역할을 바꾸어 체험해 본다. ＊ 경청하는 역할하기 　① 여러 가지 방법으로 경청하는 태도를 보인다. 　② 역할을 바꾸어 경험한다. (2) 경청하기 Ⅱ (세 사람씩 짝을 짓는다.) 　① 두 사람은 어떤 주제에 대해 논쟁하고 한 사람은 관 　 찰자가 된다. 　② 상대방의 말에 반응하려면 상대가 만족할 정도로 　 그의 말을 요약한 후 자기 의견을 말한다. 　③ 관찰자는 두 사람이 규칙을 어겼을 때 즉시 개입해 　 교정하며 그 외의 대화내용에는 참여하지 않는다.	60분	가능하면 잘 모르는 사람끼리 짝을 짓게 한다.
정 리	① 활동 시작 전과 도중, 끝난 후를 관련지어 자신의 느낌 이나 경험한 사실에 대해 발언하게 한다. ② 활동을 통해 새롭게 발견한 것이나 깨달은 점 또는 집 단원들에게 하고 싶은 말을 한 마디씩 하게 한다.	15분	
과 제 및 전달사항	① 나의 경청태도는 어떠하며 느낌이나 생각의 표현방법 은 어떠한가? ② 오늘의 활동에서 설정한 생활목표를 일주일간 실행에 옮기고 그 달성정도를 평가한다.	5분	

6회기 촉진자 일지

〈6회 : 2005. 8. ×〉

참여 집단원

B (행복) : 여. 66세. 고졸. 사별, 아들가족과 동거
C (석곡) : 남. 77세. 대졸. 아내와 동거
D (꽃님) : 여. 66세. 초졸. 사별, 독거
F (백합) : 여. 71세. 초졸. 사별, 아들가족과 동거
H (코스모스) : 여. 64세. 고졸. 자부, 손녀와 동거
I (벚꽃) : 여. 71세. 무학. 사별, 미혼 아들과 동거

상담실로 가는 버스 속에서 반갑게도 B를 만나 함께 갔다. 방학과 휴일에는 손자, 손녀 챙기느라 힘들다는 이야기, 참여하고 있는 복지관의 프로그램 이야기, 집단상담 계속하지 않고 10회로 끝난다니 아쉽다는 이야기 등을 나누었다. 함께 상담실에 들어서니 D가 와 있어 서로 반색하며 손을 잡고 인사했다. 지난 회기에는 오랜만의 형제모임에 참석하느라 못 왔다며 미안해 했다. 촉진자가 상담을 준비하는 동안 B와 D의 대화내용을 들을 수 있었는데, 그 내용이 E와 G에 관한 것이었다. 두 분에 대해 물으니 G는 상담 시간이 성당 일과 겹쳐 못 온다며 "자기 생활이 있고 종교생활도 해야지. 섭섭하다."는 말을 이구동성으로 했고, E에 대해서는 "치과치료중이긴 해도 특별한 일은 없는 걸로 알고 있는데 왜 안 오는지 모르겠어. 나처럼 혼자 사는데……"라며 함께 하지 못함을 아쉬워했다.

이때 C가 들어와 인사를 나눈 뒤 일전에 가져오겠다고 했던 시집을 보여주었다. 단순한 시집이 아니라 사진, 족보 등에다 시 내용도 다양하여 C의 역사책 같았고 본인도 자손에게 물려주기 위해 만들었노라 했다. 멋있게 늙는 것에 관한 자작시를 복사해 와 집단원들에게 나눠 주었다. 그리고 다음

주엔 전직 교장 모임에서 산업 시찰을 가기 때문에 어쩔 수 없이 참석하지 못한다는 사정을 이야기했다. C가 자신의 생활 주변 이야기를 하는 도중 여성에 관한 이야기가 나오자 D가 C에게 여기 여자들이 많은데 이 프로그램에서 우리와 같이 하는 기분이 어떠냐는 질문을 했다. 이에 C는 즐겁다는 말로 간단히 답하고 자신의 이야기를 계속했다.

역시 지난 회기에 불참했던 I는 멀리 친정어머니를 뵈러 고향에 며칠 다녀온 이야기를 했는데, 첫 회기에 소극적으로 보여 염려했던 것과 달리 참여도가 높아 다행이다. 밝고 고운 옷을 입고 와서 촉진자가 잘 어울리고 예쁘다고 하자 집단원들이 나이 들면 귀찮아도 고운 옷을 깨끗하게 입고 다녀야 된다며 I의 옷차림을 칭찬했다.

A가 불참한 상태에서 몸 풀기와 노래를 끝낸 뒤 도입 단계에서 경청의 중요성에 대해 말하고 경청태도에 어떤 것들이 있는지 함께 이야기했다. 경청한다는 것은 타인의 말을 잘 듣고 제대로 이해하는 것은 물론, 비언어적 메시지도 알아듣고 내가 이해하고 있음을 역시 언어적으로 또 비언어적으로 상대에게 표현한다는 의미이다. 이를 통해 인간관계가 바람직하게 발달되고 상호 성장할 수 있게 된다는 것이 요지였다. 오늘의 활동에 필요한 대화 내용을 먼저 정하기 위해 눈을 감고 잠시 각자 현재의 고민거리를 생각하게 했는데, 활동을 하면서 그 내용을 들어 보니, 며느리와의 갈등, 친정부모 봉양, 말 안 듣는 손자 등 가족에 관련된 어려움이었다. C만이 어떤 문제가 아닌 성장과정, 인생관, 시 쓰기 등에 관한 것이었다.

처음에 경청하지 않는 역할을 할 때 시선을 맞추지 않는다거나 퉁명스럽게 말한다거나 언어적 반응을 보이지 않는 연기를 했는데, H는 F의 손자 이야기가 자신에게도 관심 있는 내용이어서 관심을 보이지 않는 것이 힘들다고 했다. B는 자신의 문제를 D가 함께 이야기해 주었으면 했는데 시선도 마주치지 않고 다른 곳을 응시하자 "나 좀 쳐다봐."라며 D를 잡고 자기 쪽으로 몸을 돌려놓기도 했다. C는 경청하지 않는 역할에 대한 촉진자의 재설명에도 불구하고 I의 말에 대꾸는 하지 않았지만 열심히 듣는 자세는 계속 유지했다. 말하는 역할과 듣는 역할을 바꿔 할 차례가 되자 B는 "복수해야지."하며 열심히 딴청 피우는 행동을 했으며, F와 I도 별 표정 없이 자기 생각에 몰두하는 듯한 행동을 보였다. 집단원들은 자신들의 역할을 하면서도 다른 팀은 어떻게 하는지 또 무슨 내용의 대화를 하는지 궁금해 하며 관찰도 했다.

경청을 열심히 하는 역할을 하는 순서에서는 고부간의 문제를 H에게 이야기하던 F가 눈물을 흘려 곁에서 대화를 듣고 있던 보조 촉진자가 휴지를 건네는 것을 보고 촉진자가 가서 안아 주었다. 네 사람이 잠깐 그의 고민을 나누었다. 다른 조들도 진지하게 상대의 얘기를 듣고 반응해 주어 잠시 '동료상담' 시간이 되는 듯했다. 활동시간 끝부분에 I가 촉진자에게 조용히 F의 문제를 물어 왔다. 간단히 문제 내용을 전하자 진지하게 듣더니 "혼자 사는 게 낫겠네. 나는 혼자 사니까 편해."라고 했다.

세 사람씩 짝을 이루는 두 번째 활동에서는 C, D, I가 한 조를 이루고 B, F, H가 한 조를 이뤘는데 상대의 말을 정리, 요약한다는 것이 힘들어 보였고 관찰자 역할도 제대로 하는 것이 어려워 보였다. C가 I의 반응 내용에 대한 요약이나 피드백 없이 자신의 이야기를 계속해 나갔음에도 불구하고 관찰자 역할을 맡은 D가 지적하기가 부담스러워서인지 아무런 말을 하지 않아 촉진자가 개입했다. F와 H 간에도 상대의 말을 요약한다기보다 상대의 말에 대한 자신의 생각을 말하는 경향을 보였고, 관찰자인 B는 두 사람의 대화에 합류해 버리기도 했다.

활동을 마치고 소감을 묻는 시간에 H와 F는 상대가 자신의 말을 경청해 주지 않을 때 소외감을 느꼈다고 했다. H는 "나는 그게 나한테 고민이라고 말했는데 상대가 '애들이 철이 없어 그렇지, 뭐.' 라고 간단명료하게 말해 버리니까 더 이상 상의나 대화가 안 되는 거지. 이건 그냥 내가 스스로 알아서 해야 되겠다는 생각이 들었어."라고 하면서 더 이상 이야기하지 않게 되더라는 말을 했다. 촉진자가 F에게 "그런 느낌이 들 것이라 생각하고 일부러 그러신 거죠?"라고 물었더니 평소에도 그렇게 한다고 답했다. 그래서 그러한 반응이 말한 사람에게 어떤 감정과 생각을 일으키게 하는지에 대해 다함께 이야기를 나누었다. 그런 반응은 말한 사람으로 하여금 '내 이야기를 진지하게 받아들이지 않는다, 나를 잘 이해하지 못한다.'는 생각을 하게 만들고 H처럼 더 이상 말을 하지 않게 하는 결과를 가져온다는 점과 지시적인 조언이 줄 수 있는 거부감에 대해서도 생각해 보게 했다. 한편 F는 H가 내 이야기에 감동해 줄 때 좋았다고 말했다.

B는 "내 사생활에 대해 힘들고 고독한 이야기를 나누려고 했는데 들어주지 않으니까 화가 났어. 딴청하고 야단치면서 나에게 맞춰 주질 않더라구. 무시해서 섭섭했지. 무시받는다는 거, 그거 아주 기분이 나빠요." D도 "이게 연기라고 생각하고 하니까 괜찮은 거지, 실제로 그렇다면 기분 상하죠."라며 실제 상황에서의 불쾌감을 짐작했고 실제 그랬다면 상대가 왜 그러는지 생각해 봐야 한다는 말도 했다. 이와 관련해 B는 어떤 사람은 말이 너무 많고 같은 이야기를 반복해 아주 듣기 싫은 경우도 있다면서 말하는 사람의 문제를 제기함으로써 말하는 사람의 태도에 대해서도 잠깐 생각하게 되었다. H는 그런 경우에 "그 말 세 번째 하는 거야."라고 말해 준다며 자신의 방법도 일러 주었다.

I는 C가 잘 들어 줘서 좋았다고 했으며 그 짝인 C는 대인관계에서 받는 스트레스가 가장 큰데 그 중에 대화 스트레스가 크다는 말을 했다. 대화할 때 일방적으로 자기 이야기를 하거나 남의 말을 잘 안 듣는 사람이 있고 할 말, 안 할 말 가리는 것도 어렵다며 상대가 내 말을 들어주지 않을 때는 참 불쾌하다고 했다. 한편 상대가 열심히 경청할 때는 호응해 주니까 이야기할

기분이 들고 신나서 내 이야기를 더 하게 되며 생각지 않았던 말까지 하게 되더라는 것이 집단원들의 공통적인 의견이었다.

활동과 정리시간을 마무리하면서 대화에 있어 상대의 말을 듣는 자세가 주는 기분에 대해 이야기한 후 상대의 정서를 읽고, 상대가 진정으로 원하는 것이 무엇인가를 읽고, 내가 이해한 바를 반영해 주는 것의 필요성을 언급했다.

일주일간의 과제로 '평소에 다른 사람의 말을 듣는 나의 태도는 어떠했는가? 그리고 나의 느낌이나 생각을 표현하는 방법은 어떠했나?'를 생각해 보게 했다. 잘 듣는 것만큼 들은 것을 표현하는 것도 중요하다는 말을 하자 H가 "상대가 내 이야기를 잘 들어주면 후련하지."라며 거들었다.

상담을 끝내고 스스로 평가해 봤을 때 활동을 위한 짝짓기 문제가 제기되었다. 이번 회기에서 활동 ②를 할 때 동료상담이 더 깊어질 수 있도록 활

집단상담 사진

동 ①의 짝을 그대로 유지하는 방향에서 관찰자를 배정했는데, 하고 보니 F 와 H는 짝을 그대로 유지한 것은 적절했으되, C와 I는 교체시키는 것이 더 바람직했을 것이라는 생각이 들었다. 왜냐하면 I는 말이 없는 편인데 C가 자신의 얘기를 많이 하는 편이라 좀 더 원활한 대화연습과 경험이 되기 위해서는 재치 있고 달변인 D를 C나 I와 짝짓게 하는 것이 더 좋았을 것이라는 생각이 들었기 때문이다.

명상 후 촉진자는 상담실을 나가는 F에게 위로의 말을 건네고 상담실 정리를 끝낸 뒤 복도로 나가니 오늘도 집단원들이 모두 남아 C의 차 대접으로 대화의 시간을 보내고 있었다. 노년을 즐겁게 보내야 한다는 이야기며 무도장과 노래방 이야기도 나왔다. 촉진자들도 그들과 합류했으며 모두 다음 회기에 C가 불참하게 되어 노랫소리를 들을 수 없는 것을 아쉬워했다.

회기 : 마음의 선물

- 활동 ①에서 준비 단계 성격의 '노래하며 인사하기'를 했는데 노래하는 동안 계속 눈 마주침을 했지만 불편함이나 어색함을 느끼지 않았던 것으로 보아 그만큼의 친밀감은 충분히 형성된 것으로 보였다.

- 활동 ①의 시작하는 인사노래는 집단원들이 잘 따라부를 수 있도록 어느 노래이든지 짧고 쉬운 멜로디에 만나서 반갑다는 내용의 간단한 가사를 붙여 부르면 된다.

- 자신의 특성을 잘 설명할 수 있는 단어를 생각하게 했을 때 행복, 사랑, 코스모스, 백합, 섹시함 등이 선택되었다.

- 상대에게 줄 노래 선물은 자신이 부를 수 있는 것을 원칙으로 했다. 그러나 가사가 상대에게 적합하거나 두 사람 간의 관계에 어울려서 선물하고 싶은 노래이지만 부를 수는 없어서 편지에 쓴 노래와 실제 부르는 노래가 상이한 경우가 있었다. 일치하면 좋겠으나 마음을 담은, 주고 싶은 노래를 못할 경우에는 자신이 할 수 있는 곡으로 바꿔 부르게 했다.

- 본 회기에서는 기존의 활동지로 쓰던 A4 용지보다 실제 예쁜 편지지를 사용하면 집단원들이 편지를 더 성의 있게 쓸 것이라는 생각이 들었다.

- 상대에게 주는 마음의 선물로는 사랑, 즐거움, 행복, 우정, 솔직한 마음 등이었다. 마음의 선물을 중심으로 상대에게 주는 간단한 편지를 쓰게 했는데 너무 추상적이고 간략하게 써서 상대를 생각하는 마음이 좀 더 구체적으로 드러날 수 있었으면 하는 아쉬움이 있었다.

〈7회기 진행과정〉

제 목	마음의 선물		
목 표	• 자신의 특징을 간단명료하게 표현할 수 있도록 한다. • 다른 집단원의 특징을 알고 그를 배려할 수 있도록 하여 사회적 교류 기회를 경험한다.		
준 비 물	백지(A4 용지나 편지지), 필기구, 기타(연주가 불가능하면 없어도 무방하다.)		
진행절차	활 동 내 용	시 간	비 고
촉진자 설 명	① 자기이해를 통해 자기표현이 가능해진다. ② 다른 사람들에 대한 관심이 있을 때 그 사람의 특성이나 상황을 알고 이해하게 되어 배려가 가능하다.	10분	
활 동	(1) 자신을 알리기 　① 시작하는 인사노래 　② 자신을 잘 설명할 수 있는 단어를 생각하게 한다. 　③ '당신은 누구십니까?'라는 노래에 맞춰 촉진자가 질문하면, 집단원 한 명이 대답하고, 나머지 집단원들이 그 대답에 대한 느낌을 말한다. (2) 선물하기 ① 백지에 각자 자신의 이름을 적어 접은 뒤 바구니에 넣는다. ② 바구니를 돌려 무작위로 한 장씩 뽑는다. ③ 종이를 펼쳐보고 그 집단원에게 하고 싶은 마음의 선물과 전하고 싶은 노래를 적는다. 이때 그 선물을 하고 싶은 이유에 대한 설명을 함께 쓰고 노래는 자신이 할 수 있는 것으로 선택한다. ④ 한 사람씩 마음의 선물과 노래를 선사한다.	60분	
정 리	① 활동 시작 전과 도중, 끝난 후를 관련지어 자신의 느낌이나 경험한 사실에 대해 발언하게 한다. ② 활동을 통해 새롭게 발견한 것이나 깨달은 점 또는 집단원들에게 하고 싶은 말을 한 마디씩 하게 한다.	15분	
과 제 및 전달사항	① 지금 나에게 필요한 것은 무엇인가?	5분	

7회기 촉진자 일지

〈7회 : 2005. 9. ×〉

참여 집단원

A (미스 권) : 여. 70세. 중졸. 사별, 아들가족과 동거

B (행복) : 여. 66세. 고졸. 사별, 아들가족과 동거

D (꽃님) : 여. 66세. 초졸. 사별, 독거

F (백합) : 여. 71세. 초졸. 사별, 아들가족과 동거

H (코스모스) : 여. 64세. 고졸. 자부, 손녀와 동거

I (벚꽃) : 여. 71세. 무학. 사별, 미혼 아들과 동거

복지관 1층 로비에 들어서니 소파에 B, D, H가 모여 앉아 담소 중이어서 반갑게 인사했다. H가 복지관 오는 길에 C를 만났는데 오늘 전직 교장 모임에서 가는 산업 시찰이 있어 못 온다는 말을 했다고 전했다. 그리고 웃으면서 "그 아저씨는 무슨 할 말이 그렇게 많은지……"라고 덧붙였다. C의 불참사실과 이유는 이미 알고 있던 바였고, 상담 준비를 위해 먼저 가 있겠다며 상담실로 갔다.

상담실에 들어서니 늘 일찍 상담실에 도착하는 F가 와 있어 인사를 나누고 지난 회기에 힘들어 하며 말했던 가족문제에 대해 이야기를 나눴다. 혼자 살다 아들이 함께 살자고 해 아들네로 들어갔는데 며느리가 자기의 기본적인 할 도리는 하지만 꼭 필요한 말만 하고 다정한 대화가 전혀 없어 힘들어 하고 있었다. 아들도 며느리와의 관계를 알기는 하겠지만 말이 없고 아들에게 나가 살겠다는 말을 차마 할 수 없어 그냥 지내고 있는 상태인데, 또 그런 생각은 잠깐이고 자식이라 곧 잊어버리게 된다는 말이었다. 공감해 주며 평소 자기표현을 어떻게 하고 있는지 묻고 이야기하는 중에 집단원들이 들어와 멈추었다. C를 제외한 집단원 모두가 제 시간 안에 도착했다. 상담

시작 전에 D가 "오늘 C가 안 와서 조용하겠네."라고 해서 안 와서 좋으냐고 묻자 말은 많아도 재미있다고 답했고 다른 집단원들도 이구동성으로 재미있다고 했다. C가 처음에 비해 발언 시간 조절이 좀 되기도 하지만 프로그램 회기가 진행되면서 친화력이 높아져서 C에 대한 집단원들의 시선이 부드러워진 면이 있다. 그리고 D는 이전에도 C의 다변에 대해 발언한 적이 있는데 D가 이 문제에 민감한 이유는, D 자신이 달변이며 리더십이 있는 사람으로서 답답함을 느끼기도 했을 것이고 자기도 발언을 많이 하고 싶은 욕구를 가지고 있기 때문이 아닐까 생각된다. C에 대한 여성 집단원들의 반응은 4회기 이후 달라지기 시작하다 5회기를 지나면서 큰 변화를 보여 함께 있으나 섞이지 않는 것 같던 C를 그야말로 한 집단원으로 받아들이게 되었다. H가 참 이상하게도 남자가 섞여야 더 재미있다는 말을 하자 B도 남자가 셋 정도면 좋았을 것이라고 했다. 이 문제는 촉진자로서도 안타까운 부분인데 남성 집단원이 좀 더 있었으면 집단원들 간에 더 다양한 역동을 볼 수 있었을 것이고 집단원들 자신도 그런 조건에서 얻는 것이 더 많았을 것이라 생각되기 때문이다. 몸 풀기 체조 후에 오늘의 프로그램 내용이 노래로 진행되므로 발성연습 격으로 '인생은 일흔 살부터' 노래를 크게 부르도록 했다.

활동 ①에서 시작하는 노래인 '반가워요'를 촉진자가 선창하여 가르쳐 주었는데 금방 노래를 익혀 잘 따라 불렀다. 집단원들끼리 자기 앞사람이나 옆사람과 짝을 짓게 하여 노래를 하는 동안 손을 잡고 상대에게 시선을 떼지 말고 눈을 똑바로 응시하게 했다. 촉진자는 F와 짝이 됐는데 F가 어색해하거나 피하지 않고 눈 마주침을 잘 했으며 노래가 끝난 뒤 예정에 없던 포옹을 하자 다른 조들도 이를 보고 모두 포옹했다. 서로 안으며 '사랑해' 또는 '사랑해요'라는 말을 했다. 눈을 응시하는 것이 불편하지 않았느냐는 촉진자의 질문에 모두 아니라는 반응을 보였는데 C가 있었으면 어떠했을지 궁금했다.

'당신은 누구십니까?'의 진행 방법을 알려 주기 위해 촉진자와 보조 촉진자가 시범을 보였다. 자신을 특징적으로 잘 설명할 수 있는 단어를 생각하게 하자 각자 고민하면서 다른 집단원에 맞는 단어를 서로 말해 주기도 했고 단어 선택을 한 후에는 옆사람과 연습을 하기도 하며 즐거워했다. 행복, 사랑, 코스모스, 백합이라는 단어가 선택되었고 D는 섹시함이라고 불러 모두를 웃게 만들었다. 활동 ①은 프로그램 전반부에 더 적합하다는 생각이 없지 않으나 활동 ②를 위한 준비 단계로 여기면 좋을 듯하다.

본회기 프로그램으로 집단을 이끌어 갈 분들을 위해 이 과정의 진행방법을 예로 소개한다. 촉진자가 눈짓 또는 손짓으로 어느 한 집단원을 지목한 후 집단원들과 촉진자가 함께 '당신은 누구십니까?'를 부르면 지목당한 집단원이 '나는 북극곰'이라 대답한다. 그러면 다시 그를 제외한 집단원과 촉진자가 '그 이름 재미있구나.'라고 답한다. 이때 '재미있구나'는 통일하여 부를 필요가 없고, 각자 자신의 느낌을 자유롭게 가사로 만들면 된다. 집단원 모두를 대상으로 이 과정을 반복한다.

활동 ②를 위해 쪽지를 나눠 준 뒤 자신의 별칭을 써서 보이지 않게 접으라고 하자 쪽지의 주인이 누구인지 알 수 없게 쪽지를 접은 모양도 모두 같아야 한다며 자발적으로 접는 방법을 통일했고, 또 접은 쪽지들을 쟁반에 모은 뒤에는 잘 섞어야 한다는 주문을 했다. 자신이 뽑은 쪽지의 주인을 확인한 후 촉진자가 준비한 편지지에 어떤 선물을 줄 것인지 생각하고 써 나갔다. 그 사람에게 맞는 노래, 마음의 선물에 부합되는 노래를 선택하려 애쓰면서 노래 제목과 가사를 서로 묻고 알려 주는 등 도와 가며 편지를 썼다. 편지를 다 쓴 후에는 미리 노래를 조용히 불러 보기도 했다.

D가 A를 위해 자진하여 가장 먼저 일어나자 A는 "나도 일어나 받아야지."하며 일어섰고, D로부터 '진심 어린 솔직한 내 마음 전부'라는 마음의

선물과 '사는 동안' 이라는 노래 선물을 받고 고마워했다. 순서를 정할 것도 없이 F가 일어나 I에게 '사랑과 우정' 을, 그리고 D와 똑같은 '사는 동안' 이란 노래를 선물했다. 촉진자는 같은 노래지만 부르는 사람에 따라 다르게 들리는 것은 받는 사람과 주는 사람이 다르고 각 노래 속에 주는 이의 마음이 들어 있기 때문이라며 노래를 아무리 잘 하는 가수도 마음을 담은 이 노래들만큼은 못 할 거라는 말을 했다. 그러자 조금 전까지 그런 내색이 없던 A가 "조용하게 들으니까 눈물이 나네. 사연이 또, 내용이 그래서……"라고 운을 뗀 후 자신도 자신에게 선물을 준 D와 마찬가지로 일찍 남편과 사별하고 재봉일을 하며 살았다는 이야기를 하고는 눈물을 비쳤다.

다음엔 H가 B에게 지난 아픔은 잊고 즐겁게 같이 살아가자는 편지내용과 함께 '즐거움' 과 노래 '복사꽃' 을 선물했다. 가사를 잘 모른다며 아는 만큼만 불렀는데 노래가 끝나자 B도 고맙다, 눈물이 나오려고 한다는 말을 했다. H는 다른 집단원들의 도움을 받아 그 노래를 처음부터 끝까지 다시 불렀다. 노래를 미진하게 한 것이 마음에 걸렸는지 H가 '내가 잘 하는 노래는 따로 있다.' 는 말을 해 촉진자가 그 노래를 하게 했는데 '꿈은 사라지고' 라는 노래를 부르고 잠시 그 노래에 얽힌 학창시절의 추억을 떠올리며 그리워했다.

B는 D에게 "나 당신 만나 행복하고 즐거워요. 많이 사랑해요. 영원토록 행복하소서."라는 말을 정감 있게 낭독하고 노래선물 '만남' 을 주고 싶다고 했다. 또 복지관이 아니었던들 우리가 만나지 못했을 것이다, 이 만남으로 내가 행복하고, 내 삶을 많이 닦아주는 친구들이기 때문에 영원히 눈 감을 때까지 잊지 말자는 말을 D뿐만 아니라 집단원 모두를 지칭하며 했다. D는 고맙다, 감동적이라는 인사와 함께 "옛날 친구가 좋다지만 지금 이 시점에서 만난 친구가 아주 소중한 친구라고 생각해. 왜냐하면 우리 인생의 마지막 순간에서 만난 사람들이잖아. 그래서 아주 소중하게 엮어가야 돼."라고

말하자 모두 동감하는 분위기였다.

이때 A가 이 프로그램에 사람을 왜 조금만 모아서 하나 했더니 이렇게 하니까 너무 좋고 처음엔 몰랐는데 해 보니 참 좋다는 말을 꺼내자, D는 다른 시간에는 빠지면 그런가 보다 하는데 여긴 빠지면 불안하고 뭘 했나 싶어서 궁금하고 기대된다고 했다. 또 B가 이 프로그램이 교양 프로라고 하자 H도 동의하면서 이 시간에는 진실한 마음, 담아둔 마음을 서로 교환하게 된다는 말을 했다. A가 다시 집단프로그램 일이 끼어 있는 추석 연휴 때는 어떻게 되는지 물어 그 주는 수요일로 옮기기로 합의했다.

I는 F에게 마음의 선물 '사랑'과 노래선물 '사랑으로'를 조용히 전했고, 이에 F는 감동적이라는 말로 고마움을 전했다. I가 가사와 곡조에 자신 없는 듯 불러 집단원들이 조용히 따라 부르며 도와주었다. 마지막으로 A는 H에게 사랑하니까 마음의 큰 선물을 주고 싶다며 '고향의 봄'을 불렀다. A는 노래를 곱게 잘 했음에도 불구하고 자신은 예전엔 재봉하면서 노래도 곧잘 했는데 남편을 여의고 나서는 노래를 잃었다는 말을 덧붙였다.

자신이 쓴 편지를 받는 사람 본인에게 주게 했는데 모두 흐뭇한 표정으로 편지를 들여다보았다. 그리고 촉진자의 제의로 오늘 나왔던 노래 중 함께 부를 수 있는 '만남', '사랑으로', '고향의 봄'을 다 같이 부르고 활동을 마쳤다. 집단원들이 쓴 편지를 보니 너무 추상적이고 간략하게 쓰여 있어 상대를 생각하는 마음이 좀 더 구체적으로 드러날 수 있었으면 하는 아쉬움이 있었다. 편지지로는 그간 활동지로 계속 써 왔던 A4 용지에 촉진자가 색연필로 꽃무늬를 약간 그려 넣었는데 실제로 예쁜 편지지를 사용하면 더 진지하고 성의 있게 쓸지도 모른다는 생각이 들었다.

활동 중에 F가 노래를 하면 속이 후련해진다고 했듯이 목소리를 내고 가사를 생각하고 아름다운 곡을 부르는 것이 마음을 순화, 정화시키고 스트레스 해소의 효과도 있다고 생각된다. 회기가 갈수록 집단원 서로에 대한 이해가 깊어졌으며 진심어린 관심과 애정을 주는 모습이 좋았다. 집단원들이 복지관의 다른 프로그램들을 통해 서로 알고 지내기는 했지만 사적인 이야기를 깊이 나눈 적은 없는데 이런 기회에 자신에 대해 이야기하고 다른 사람들에 대해 잘 알게 되고 또 오늘처럼 자신의 마음을 전할 수 있어서 참 좋다는 이야기를 했다. 그러나 C와 I처럼 서로 전혀 모르는 상태에서 프로그램이 진행됐다면 집단 응집력의 생성과 발전을 더 명확하게 볼 수 있었을 것이라는 생각이 들었다. 집단원 중 상당수가 복지관의 가요반이나 합창반 단원으로 노래를 즐기고 잘 하기 때문에 본 회기에 대한 만족도가 더 컸을 수도 있겠다. 마음 따뜻한 회기였다. 마무리할 때 D의 말대로 C가 불참한 것이 아쉬웠다.

그리고 지난 회기에 촉진자가 소속된 상담소와 촉진자 개인의 활동 내용에 대해 질문했던 H가 상담소에 대해 다시 물어 와 촉진자의 명함을 건네주었다. 답답할 때 상담해 볼 의사를 내비쳤다. 집단 프로그램의 종결 후 B가 촉진자들에게 시어머니에게 잘 해 드리라는 당부를 했고, D는 촉진자에게 시어머니에게도 친정어머니 같은 친밀감을 느끼는지 물어 보면서 자신의 며느리들이 그렇기를 바라는 마음을 보였다. 또 집단상담 10회 종결 후에도 지금의 집단원들 그대로 프로그램을 계속하고 싶다는 말도 했다. 촉진자에게 상담내용과 별개로 자신의 사적인 관심사를 드러내어 이야기하는 것은 신뢰가 깔린 긍정적 현상이라 할 수 있을 것이다.

회기 : 내가 살아야 하는 이유

● 심각한 주제였으나 비현실적인 상황 설정으로 눈물과 웃음이 공존한 회기였다. 집단원들의 첫 반응은 내가 꼭 살아야 할 이유가 없다는 것이었지만 결국 삶에 대한 애정을 확인할 수 있었고, 자신과 주변 사람들에게 있어 자기 존재의 의미를 생각해 보는 계기가 되었다.

● 내가 살아야 하는 이유로는 자신의 즐거운 삶, 사회봉사, 아들 결혼, 빚 청산, 자식 돌보기, 즐거운 교우 등이 나왔다. 이유가 없다며 가장 저항이 컸던 집단원은 현재의 삶의 의미를 조명해 보자는 본 의도와는 달랐지만 젊은 때로 돌아가 사별 없이 오랫동안 행복한 가정을 꾸리고 싶다는 바람을 말했다.

● 이유에 대한 집단원들 간의 피드백에서는 '자신을 위해서'와 '자식을 위해서'로 의견이 양분되는 양상을 보였다.

● 유람선 침몰과 같은 생명이 위급한 절박한 상황으로 살아야 하는 이유를 찾게 했다면 좀 더 적극적으로 그 이유를 찾았을지 모르겠다는 생각이 들었다. 그러나 그런 특별한 상황에서의 이유를 일상생활과 연결시키는 문제가 남을 것 같다.

〈8회기 진행과정〉

제　목	내가 살아야 하는 이유		
목　표	• 내 삶에서 중요한 것들을 적극적으로 찾아 삶의 의미를 긍정적으로 갖게 한다. • 삶에 대한 태도를 재정비하고 오늘을 긍정적으로 또 열심히 살고자 하는 의욕을 고취시킨다.		
준 비 물	백지(A4 용지), 필기구		
진행절차	활　동　내　용	시 간	비 고
촉진자 설 명	① 의미 없는 삶이란 없으며 삶의 가치는 자신이 스스로 만드는 것이다. ② 사람마다 삶의 의미가 다를 수 있고 타인의 삶의 가치를 존중하는 태도가 필요하다.	10분	
활　동	① 생명이 위급한 절박한 가상적 상황을 부여한다. ② 부여된 상황 속에서 자신이 살아야 하는 이유를 최대한 많이 생각해 내도록 한다. ③ 상황을 만들고 실감나게 자기 주장을 하도록 한다. ④ 자기 주장을 제대로 못한 사람이 희생되는 것으로 하고 상황을 마친다. ⑤ 느낌을 전체적으로 나눈다. 내가 살아야 하는 이유를 일상 생활 장면에 관련시켜 생각하도록 한다.	60분	
정　리	① 활동 시작 전과 도중, 끝난 후를 관련지어 자신의 느낌이나 경험한 사실에 대해 발언하게 한다. ② 활동을 통해 새롭게 발견한 것이나 깨달은 점 또는 집단원들에게 하고 싶은 말을 한 마디씩 하게 한다.	15분	
과　제 및 전달사항	① 나의 삶에서 내가 중요하게 생각하는 것은 무엇인가?	5분	

8회기 촉진자 일지

〈8회 : 2005. 9. ×〉

참여 집단원

A (미스 권) : 여. 70세. 중졸. 사별, 아들가족과 동거

B (행복) : 여. 66세. 고졸. 사별, 아들가족과 동거

C (석곡) : 남. 77세. 대졸. 아내와 동거

D (꽃님) : 여. 66세. 초졸. 사별, 독거

F (백합) : 여. 71세. 초졸. 사별, 아들가족과 동거

H (코스모스) : 여. 64세. 고졸. 자부, 손녀와 동거

I (벚꽃) : 여. 71세. 무학. 사별, 미혼 아들과 동거

프로그램의 시작 전 D가 제수용으로 집에서 직접 만든 떡을 가져와 집단원들이 차와 함께 나눠 먹고 몸 풀기와 노래를 부른 후 프로그램 회기에 들어갔다.

도입 단계에서 집단원들에게 혹시 병이나 사고로 위험한 고비를 넘긴 적이 있는지 물어 그때의 느낌이나 생각을 들어 보려 했으나 경험자가 없었기 때문에 촉진자가 그런 분들은 새로운 삶, 덤으로 받은 삶이라는 마음으로 살 것 같다는 말로 시작했다. 사람마다 사는 의미가 다를 것이고 개개인의 의미를 존중하는 것이 필요하다는 언급을 한 뒤 오늘 우리가 해야 하는 활동의 상황을 설정해 주었다.

지금 이 순간에 병이나 사고로 염라대왕 앞에 불려 갔다고 가정하자. 그런데 염라대왕에게 내가 더 살아야 하는 이유를 잘 설명하면 다시 이승으로 돌려보내 주겠다고 했을 때 내가 살아야 하는 이유로 무엇을 말하겠는가? 절실한 이유를 많이 찾아 호소력 있게 잘 이야기해야 소원을 이룰 수 있다는 것을 강조했다.

활동에 대한 설명이 끝나자마자 D가 "근데 지금은 꼭 절실한 이유가 없

는데…… 여기까지 온 우리는 자녀들에 대해서 꼭 우리가 있어야 된다거나 하는 시기가 지났거든. 우리는 쉽게 이렇게 이야기해. 지금 우리는 있으나 마나한 존재라구. 있어도 그만, 없어도 그만이고 어디 한 군데 필요한 데가 없어."라고 해서 촉진자가 지금 D가 정작 안 계시면 이 자리의 다른 분들이 얼마나 슬퍼하겠느냐고 하자 그건 친구 간의 일이고 가족 간에는 그렇다고 했다. 그래서 가족뿐만 아니라 모든 면에서 어떤 작은 이유라도 찾아 설명을 잘 해보라고 말했다. 그러자 B가 D에게 "그래도 아직까지는 자식들을 위해서 봉사하잖아. 김치도 담가 주고 제사도 지내고. 아직까지 우리 나이에는 폐기처분이라는 건 맞지 않아."라고 반박했다. F는 재미있게도 저승사자에게 가는 걸 보니 오늘 집단상담이 마지막이냐고 물었다.

이때 보조 촉진자가 좀 더 긍정적이고 적극적으로 삶의 이유를 찾으라는 뜻에서 꼭 살아야 하는 절실한 이유가 없는 것으로 말하자면 젊은 자신도 마찬가지라고 하면서 "제가 지금 당장 죽는다면 아이들은 시어머니나 친정어머니가 봐 주실 수 있고 남편은 재혼할 거고……"라면서 말을 끝내기도 전에 D가 손자 봐주면 그건 망친 인생이라며 그와 관련된 지인에 대한 이야기를 했다. 이야기가 다른 방향으로 흘러가서 촉진자는 보조 촉진자 말의 의도를 짚어 주었고, 5회기 때 '장점 찾기'를 할 때도 처음에는 없다고 했으나 생각해보니 많았던 것처럼 이번에도 잘 찾아보라고 했다.

그럼에도 요즘 젊은이들은 우리의 존재를 부담으로 생각하지 필요한 사람으로 보지 않는다, 그래도 부모 마음은 오직 자식 생각이고 도움이 되고 싶어 한다, 자식들은 부모보다 자기 가족이 더 가깝다, 그런데 생각해 보면 우리 젊었을 때도 내 가족이 먼저이고 부모는 나중이었으니 한편 이해가 된다, 이 나이에도 자식이 우리를 돌보는 것이 아니라 부모가 자식을 위해 신경 쓴다, 고운 옷 입는 것도 자식 눈치 보인다 등 이야기가 계속되어 촉진자가 쓰기를 독려했다. 이렇게 이야기가 길어지는 것은 쓸 만한 이유를 찾지 못하기 때문으로 보여서 몇 가지 예를 들어 주었다. 여행을 간다거나 자연을 즐기고 싶다든가, 미운 사람 혼내 주겠다든가, 누군가에게 서운했던 일을 이야기하고 온다든지, 가족에게 사랑한다는 말을 하고 와야 된다든가, 뭔가를 배우고 싶은 것도 이유가 될 수 있다고 예를 들었음에도 그래도 이유를 잘 못 찾겠다는 말을 해서 촉진자가 "그러면 지금 당장 이렇게 죽음을 수긍하고 가실 수 있겠어요?"라고 하자 그건 억울하다고 했고 D도 "억울할까?"라고 자신에게 반문했다. 그때 촉진자는 바로 그 억울한 이유를 생각하라고 말했다. C는 내가 살아야 하는 이유는 나를 위해서지 자식을 위해서는 아니라며 글을 써 나갔다.

이때 H가 "여기서는 속에 있는 것도 털어 놓고 살아 온 것도 털어 놓고 그러니까 참 좋아."라고 말하자 다른 집단원들로부터도 스트레스 해소가 된다, 어울려 이야기하다 보면 흉이 될 수도 있는데 이건 흉이 아니고 대화를 나눌 수 있어서 좋다는 말이 나왔다.

D는 여전히 "나는 할 이야기 없고 그저 내가 한 것만큼, 뿌린 것만큼 나한테 주십사 그거밖에 할 말 없어."라고 말해 촉진자가 D에게 지금 만약 예를 들어 급체를 해서 갑자기 예상치도 않게 염라대왕 앞에 불려 갔다면 이대로 그냥 가서도 되겠느냐고 묻자 "살고 싶을 거야. 그러니까 왜 살아야 되는지 조건 없이 이 좋은 세상 더 살고 싶어."라고 말했다. 농담을 잘 하는 A는 이유를 꼭 쓰라고 하는 선생님들이 염라대왕보다 더 무섭다고 했고, 드디어 D가 "선생님들 아니면 어디 이런 걸 해봐?"라며 쓰기 시작했다.

한 분씩 발표할 때 발표하는 분은 염라대왕에게 이야기하듯이 하고 나머지 집단원들은 자신이 염라대왕이라 생각하고 반응해 줄 것을 주문했다. C가 먼저 발표하고 싶어하는 분위기였으므로 C를 시작으로 앉은 자리 순으로 진행했다.

- C는 부모로서, 자식으로서 도리를 다 했으니 이제 나 자신을 위해 마음 껏 즐기고 싶고, 나의 잘못을 참회하고 입은 은혜에 보답하는 뜻에서 사 회봉사를 하고 싶다고 했다. 그러자 A는 사회봉사의 뜻을 높이 사며 좋 은 이유라고 말해 주었다.

- I는 박복한 자신의 삶을 말하고 아들 결혼과 빚 청산을 이유로 사오년 후에 데리러 오면 가겠다고 하면서 울먹여 촉진자와 집단원들이 함께 울 기도 했다. 촉진자가 평소에 이런 생각을 했었느냐고 묻자 지금 쓰려니 까 이게 떠올랐다고 답했다.

- A는 남편이 일찍 가서 남편이 있었으면 자식에게 해 주었을 몫을 더 해 주고 싶다고 했는데, 이에 대해 D는 자기 자신을 위한 이유가 아니라서 보내 줄 수 없다고 했다. 그러자 A는 열심히 자신의 생각을 설명했고 이 에 촉진자는 A가 그 일을 괴롭고 힘든 일로 여기면 보내 줄 수 없겠지만 즐거움으로 여기니, 자신을 위한 즐거움도 찾아 해보라는 말과 함께 보 내 주겠다고 했다.

- D는 남편과 산 기간이 12년에 불과하다. 다시 기회를 준다면 여자로서 소박한 꿈인 아담한 가정과 평화롭게 살 수 있는 것을 위해 살겠고, 지금 이 시점에 왔지만 젊은 때로 보내 달라고 하겠다며 특별한 주문을 했다. 촉진자는 염라대왕과 협상을 잘 하면 가능할 수도 있겠다고 했고, 바라 는 것 없다더니 제일 큰 것 바란다는 말로 웃으며 순서를 넘겼다.

- F는 한 많고 설움 많은 세상, 지나온 삶이 억울하니 좋은 세상 조금만 더 머물다 가게 해 달라고 했다. 촉진자가 만약 염라대왕이 더 머물게 해 주 면 뭘 하고 싶으냐고 한다면 뭐라고 말할 것인지 묻자 "그냥 복지관 조 금 더 다니게 해 달라고."라고 말해 모두 웃었다. 올 데가 여기밖에 없고 여기서 친구들과 시간 보내는 게 좋다는 것이 그 이유였다. A가 저승에 도 여기보다 더 즐거운 곳이 있다고 한다면 어떻게 할 것이냐고 물었는

데, F는 저승이라는 것을 믿지 않으며 이승이 끝나면 그것으로 끝이라고
했다. 촉진자가 F의 말을 뒤집어 보면 그만큼 지금의 삶에 애정과 관심
이 있는 것으로 생각된다고 하면서, 지금까지 들어 본 이유 중 가장 간절
한 이유 같다는 말도 덧붙였다. 이에 다른 집단원들이 동의하며 보내는
것으로 결정했다.

• B는 사업하느라 고생하고 있는 자식을 더 보살펴 주어야 해서 아직 할
  일이 많이 있고 하고 싶은 것이 많다고 하자, D가 A 경우와 마찬가지로
  이유가 자신이 아닌 자식을 위한 것이므로 보내 줄 수 없다고 했다.

• H는 자신이 살아 온 시대와 문화를 비판하며 이제 모든 굴레를 벗어나
  날개 펴고 자신을 위한 삶을 더 살고 싶다고 말해 촉진자가 구체적인 것
  을 묻자 사랑하는 사람도 만나고 싶고, 자유롭고 싶고, 나를 이해해 주는
  사람도 만나고 싶다고 했다. 그러자 C가 자신의 부모도 그랬고 옛날 분
  들은 너무 자식을 위해서만 살았다며 가정에 대해 할 일은 하면서 내가
  하고 싶은 일을 하고 살아야 한다는 생각을 피력했고 그런 면에서 H의
  생각이 마음에 쏙 든다고 했다.

차례대로 발표가 끝나자 B가 우리가 이렇게 애원하는 것도 아직 젊으니까
하는 것이지 나이 더 많으면 자식을 위해서라는 말이 안 나온다, 건강하고
도움이 될 수 있으니까 자식 생각도 하는 것이라고 자식을 위해 더 살겠다
고 한 자신의 입장을 옹호하는 발언을 했다.

활동이 끝나고 촉진자가 오늘 저승사자 이야기가 나왔지만 우리가 죽고
싶어 한 이야기는 물론 아니었고 내가 살아야 할 이유를 적극적으로 찾아보
고 긍정적으로 살면 좋겠다는 의도에서 한 것이었다고 하자 모두 동감하며
좋은 주제였다는 반응을 보였다. 해 보니까 어떠시냐고 묻자 D가 처음에는
황당하고 생각도 안 나는 걸, 별 걸 다 쓰라고 한다 생각했다고 했고, B는

이렇게 썼어도 솔직히 더 살고 싶은 마음이 많다고 하자 D를 포함한 모두가 죽고 싶다는 것은 그냥 하는 말이고 더 살고 싶은 것이 본능이고 솔직한 마음이라고 했다.

이에 촉진자는 마무리에 이런 이야기들이 나와서 기쁘다고 하면서 오늘 한 내용으로 '내가 내 삶에서 중요하게 생각하는 것이 무엇인가? 앞으로 어떻게 생각하며 살아 갈 것인가?'를 생각해 보면 좋겠다고 했다. 명상을 하고 마무리했으나 오늘의 상담 내용으로 보아 '인생은 일흔 살부터'라는 노래를 부르는 것이 좋을 것 같아 노래를 부르고 종료했다. 본 회기가 촉진자로서 가장 진행하기 힘들었다고 할 수 있는데, 이는 5회기의 '장점 찾기'와는 달리 '삶의 이유'라는 중요한 문제에 있어 그 이유를 찾기 힘들어 했기 때문이었다. 그러나 바로 이 점이 노년기의 문제점이고 이 주제를 다룬 이유이다. 사는 이유를 찾기 힘들어 집단원들이 서글퍼하면서도 비현실적이고 연극적인 요소 때문에 재미도 느끼면서 할 수 있었던 활동이었다.

종료 후에도 촉진자가 상담실을 정리하는 동안 집단원들이 아무도 자리를 뜨지 않고 잠시 이야기를 더 나누었는데, A가 C에게 "C가 우리 팀에 있는 것이 좋아요. C도 우리들과 한 팀이 된 것을 영광으로 생각해야 돼요."라고 유쾌하게 말을 꺼내자, D도 C의 지난 회기 불참으로 우리 모두가 섭섭했다는 말을 했으며, 이에 C도 여성집단원들이 모두 마음에 든다고 응수했다. 대화가 집단상담으로 옮겨와 프로그램이 10회로 없어지는 것을 섭섭해했다. D는 "선생님들이 들어와서 주제를 정할 때는 거의 매번 당황해. 아무 것도 없는데 나를 답답하게 만드나 싶은데 시작을 하면 재미있어. 난 오늘 주제로 아무 것도 할 게 없어서 안 하려고 했어."라고 하자 다른 집단원들도 갈수록 깊이 있고 성과 있고 재미가 있다고 했다. 대화의 마지막은 오늘의 상담 내용과 관련하여 자식보다 이젠 '나'이고 '나'가 우선이라는 이야기로 정리하면서 자리를 떴다.

　　원래 프로그램을 구성할 때는 생명이 위급한 절박한 상황으로 '유람선의 침몰'을 가정했고 정원이 한정된 구명보트에 타기 위해 살아야 하는 이유를 말하는 것이었으나, 연구회 회원들을 대상으로 실시했을 때 내가 사는 대신 누군가가 죽을 수밖에 없다는 것 때문에 살아야 할 이유를 찾으려 하지 않아 문제점으로 지적되었다. 그래서 좀 더 일반적인 상황으로 타인에게 해가 되지 않는 상황을 설정할 필요가 있다고 판단되어 '염라대왕'이 대안으로 선택되었다. 어르신들이라 종교나 그 실체에 대해 문제 삼지 않고 염라대왕 앞에 서게 되는 것을 자연스럽게 받아들였으며, 일반적 상황이므로 일상생활 장면에 관련시켜 생각하는 데에 도움이 되는 것은 좋았다. 그러나 급박함에 있어서는 구명선에 미치지 못해 살려는 이유를 찾는 데 소극적인 면을 보이는 원인이 될 수 있다는 생각이 들었다.

　　그리고 한 가지 첨언하자면, 이번 회기는 복지관의 행사 관계로 상담 장소를 옮겨 도서실에서 진행했는데 창 밖으로 자동차 소리가 가끔 들려 촉진자로서 집중에 방해가 되고 신경이 많이 쓰였다. 상담 장소의 중요성에 대해 실감했다.

회기 : 유언 남기기

● 본 회기의 주제를 말했을 때 죽음을 생각해야 하므로 일부 집단원들은 '끔찍하다, 하기 싫다, 끝나는 마당에 슬프게 한다' 라며 부담스러워 했고 활동을 꺼리는 반응을 보였다.

● 죽음의 순간을 상상하고 그 장면에서 남기는 유언은 유언 내용의 폭을 좁게 할 가능성이 있다. 그러므로 급박하게 닥친 죽음의 순간이 아니라 단지 죽음을 앞두고 있다는 상황 하에서 유언을 쓰게 했다.

● 유언 내용은 모두 자녀들에게 하는 당부였는데 한 집단원만 재산관리에 대한 언급이 있었을 뿐 대부분은 건강, 우애, 화목, 행복을 바라는 내용이었다.

● 자신의 삶에 대한 태도에 대해 자부심을 가지고 그 점을 자녀들에게 하나의 본보기로 제시하는 집단원이 있었고, 한 집단원은 할 이야기가 없다며 오랫동안 유언 쓰기를 하지 못하다가 아들 내외에게 서운함을 드러내면서도 결국은 아들들을 위한 당부의 말을 썼다.

〈9회기 진행과정〉

제 목	유언 남기기		
목 표	• 지금까지의 삶을 재조명해 보고 보다 깊이 있는 자기이해를 도모한다. • 앞으로의 삶의 방향을 진지하게 탐색해 본다.		
준 비 물	백지(A4 용지), 필기구, 명상 음악		
진행절차	활 동 내 용	시 간	비 고
촉진자 설 명	① 우리가 가진 모든 것은 현재이며 현재는 가장 값진 것이다. ② 가급적 실제적인 죽음의 상황에 직면해 보는 경험이 도움이 된다.	10분	
활 동	(1) 유언하기 ① 집단원 각자 원하는 대로 죽음에 대한 순간을 상상하게 한다. ② 그 장면에서 남길 유언을 백지에 쓰게 한다. ③ 자원하는 사람부터 돌아가며 가정한 장면을 설명하고 유언장을 읽는다. ④ 이러한 상황 설정을 힘들어 하는 집단원에게는 가까운 사람에게 보내는 편지 형식의 유언장도 허용한다. (2) 내가 다시 산다면 ① 백지를 나눠 주어 내가 만약 다시 산다면 어떻게 살아갈 것인지 생각하여 쓴다. ② 새로이 살아갈 인생에 대해 이야기해 보고 그 느낌을 나눈다.	60분	활동 시간 동안 계속 (발표시간 제외) 명상 음악을 들려준다.
정 리	① 활동 시작 전과 도중, 끝난 후를 관련지어 자신의 느낌이나 경험한 사실에 대해 발언하게 한다. ② 활동을 통해 새롭게 발견한 것이나 깨달은 점 또는 집단원들에게 하고 싶은 말을 한 마디씩 하게 한다.	15분	
과 제 및 전달사항	① 앞으로의 삶을 위해 자신과 어떤 약속을 할 것인가?	5분	

9회기 촉진자 일지

〈9회 : 2005. 9. ×〉

참여 집단원

A (미스 권) : 여. 70세. 중졸. 사별, 아들가족과 동거

B (행복) : 여. 66세. 고졸. 사별, 아들가족과 동거

C (석곡) : 남. 77세. 대졸. 아내와 동거

D (꽃님) : 여. 66세. 초졸. 사별, 독거

F (백합) : 여. 71세. 초졸. 사별, 아들가족과 동거

H (코스모스) : 여. 64세. 고졸. 자부, 손녀와 동거

I (벚꽃) : 여. 71세. 무학. 사별, 미혼 아들과 동거

도입부에서 지난 회기의 내용과 의미를 상기하게 하고 현재의 중요성에 대해 언급한 후 오늘의 주제를 말했다. 누구나 죽음을 생각하지 않을 수 없고, 죽음을 생각하게 되면 어떻게 살아야 하는가에 대한 생각을 하게 된다는 말로 의의를 설명했다. 유쾌한 내용이 아니었으므로 B는 찡그리며 "아이고, 그거 하기 싫다."는 반응을 보였다. A는 염라대왕 앞에까지 가서 어렵게 말하고 살아났는데 또 유서 쓰라고 한다며 농담을 하기도 했다.

진솔한 유언 쓰기를 돕기 위해 막연한 상황보다는 각자 죽음의 순간을 상상해 보라고 하자, 잠시 집단원들 간에 유언 미리 써 놓기의 필요성에 대한 이야기들이 오고갔다. 집단원 자신의 부모나 지인의 예를 들며 정신이 맑을 때, 생각날 때 써야 해야 할 말, 하고 싶은 말을 제대로 다 할 수 있다는 쪽의 의견들을 내 놓았다. H는 공증까지 하면 확실하다는 말도 했고, A는 자식들이 모르고 있는 돈 이야기를 하기도 했다. B는 "나 죽고 나면 화장해."라는 유언내용을 스스로 예를 들며 "아이, 끔찍해."라고 말했다. 지금까지 듣고 있던 C도 너무 생활에 집착하지 말고 건강하게 즐거운 일, 하고 싶은 일 하는 것이 낫다며 집에서 어정어정 죽는 것은 비참하다는 말을 했다.

이에 촉진자는 죽음의 순간에 너무 얽매이지 말고 죽음을 앞둔 상황이라 할 때 재산뿐 아니라 남기고 싶은 말을 쓰라고 했다. 마음을 가라앉히고 조용히 생각하고 쓸 수 있도록 준비해 간 음악을 들려주자 "마음 울적하다, 마지막 장식을 울적하게 하네."라는 말을 했으나 잠시 후부터는 모두 조용히 글을 쓰기 시작했다.

발표는 촉진자의 옆사람부터 앉은 순서대로 진행해 나갔다.

- C : 주위의 호감, 신망 받고 남을 배려하는 사람이 돼라 / 화목한 가정 이루고 우애 있게 살고 베풀어라 / 자아 실현하라 / 멋지고 업적 있는 아름다운 삶을 살아라 / 진실하고 인간미 있고 사랑을 베풀어라 등 모두 자식에게 당부하는 글을 썼다.
- I : 죽음의 순간이 편안하기를 소원하는 말과 죽어서 자식들이 잘 살게 도와주고 싶다는 내용이었으며 평소의 특징대로 짧고 간략하게 이야기 했다. 집단원들이 편안한 죽음과 관련하여 대화를 나눴다.
- D : 자식들에게 나처럼 최선을 다하고 형제간 우애 있게 살아 후회 없는 삶을 마치도록 당부하는 내용이었는데, 유언을 읽은 후 자신이 잘했다는 것보다 자기가 가진 만큼 열심히 최선을 다했다는 말을 하며 매순간 최선을 다하라는 것을 강조했다. 촉진자는 자식들에게 부모인 자신을 본보기로 삼으라고 말할 수 있다는 것은 대단하다고 말하고 촉진자도 후에 그렇게 말할 수 있으면 좋겠다고 했다. C가 자녀들에게 엄마의 역할은 매우 크다는 것을 자신의 작은 집 예를 들어 말했고, A는 살아온 과정이나 생각에서 D와 동일한 점이 많다며 반가워했다. 촉진자의 말에 고무되었는지 D는 자신의 살아온 이야기를 더 풀어 놓았다.
- B : 자신이 자녀들에게 잘못했다거나 서운하게 했던 일이 있다면 풀고

용서하기 바란다며 건강과 단합과 행복을 비는 내용이었다. 읽는 도중 울먹이며 얼마간 말을 잇지 못했다. B의 발표 분위기가 그랬음에도 불구하고 B의 유언장 읽기가 끝나자 D가 B의 내용보다는 자신의 이야기를 했고 A도 자신의 이야기를 해 적절한 시기의 배려 있는 반응이 부족하다는 생각이 들었다. 촉진자가 B에게 유언 쓸 때의 마음을 묻자 내가 항상 생각하고 바라는 것을 썼다며 막상 죽기 직전에는 하고 싶은 말을 잘 못할 거라고 하자 A가 자신의 어머니 경우에는 돌아가시기 전 모든 것을 정리하고 빠짐없이 할 말을 다 했다고 B의 우려에 반하는 이야기를 들려주었다.

- H : 자녀들에게 아버지 봉양을 부탁하고, 형을 중심으로 우애와 사랑으로 지내고, 가진 땅의 관리를 당부했다. 촉진자가 유언 쓸 때의 기분을 묻자 마음이 좋지 않았다며 자신이 남편보다 먼저 죽을 것 같다고 하자 C가 "건강하게 사시는데요."라는 위안의 말을 건넸고, 남편과 일찍 사별한 A와 D는 여자가 남편 앞에 죽는 것이 복이라고 했다. B는 엄마의 마음은 자식의 허물을 덮고 잘 되기만을 바란다, C는 어머니의 마음은 아버지와는 또 다르고 사랑을 베푸는 건 어머니다, D도 내가 살아 있는 한은 자식을 보살핀다, B가 자식은 어머니 마음의 십분의 일 만큼도 못한다, A는 남편을 먼저 보낸 엄마 마음은 아빠의 몫까지 다 하려 하기 때문에 힘들다 등 한 주제에 대해 여러 사람이 상대의 말에 반응하면서 내용이 이어지는 것이 프로그램 회기 초반의 양상과는 달랐다.

- A : 자녀들을 아빠 없이 길러 출가할 때 집을 못해 준 것이 항시 죄스럽다며 울먹였다. 부모가 낳기만 하면 뭐하냐면서 자책하는 말을 하자 집단원들이 부모로서 그런 생각이 들 수 있다는 말도 하고 그만큼 잘 키웠으면 된 거라는 말도 하며 A를 다독였다. C는 엄마가 자식 생각만 하는 게 집사람과 같다고도 했다. 그 후에 A는 자녀들에게 엄마의 팔자는 닮지 말고 열심히 사는 태도는 닮으라는 말을 했다면서 성실하고 절약하는

"아름다운 삶, 마무리 연습해요"

서울 ○○동 '노인 죽음준비 학교'

상속 강의 듣고, 자식들에 영상 편지도

'죽음준비학교'에 등록한 노인들이 유언장 작성 방법을 배우고 있다.

"어르신들, 월요일에 보신 영화 어떠셨어요?"

"옛날 생각나더라고. 우리 어렸을 땐 호상이면 정말 잔칫집같은 분위기였는데, 요즘은 그런 모습 보기 어렵잖아."

"역시 처신을 잘하다 죽어야겠다는 마음이 들었어. 죽고 나면 그렇게 다 드러날 거 아냐."

10일 오전 11시 서울 노원구 중계동의 하름교회 청년회의실. 시립노원노인종합복지관의 '시니어 죽음 준비학교' 참가자 20명은 이틀 전에 함께 본 영화(학생부군신위)에 대한 소감을 이야기하고 있었다. 평균 연령 70세인 이들이 자신의 경험을 토대로 생생한 영화평을 쏟아냈다. 강사 유경(46 · 사회복지사)씨는 감탄사를 연발했다. 영화 제목의 정확한 뜻을 묻는 질문에는 이 학교 '최고령 학생'인 노영옥(80 · 노원구 상계동) 할아버지가 유씨 대신 나서서 칠판에 한자까지 써가며 설명했다.

"제가 가르쳐드리는 것보다 배우는 게 더 많아요. 어쨌든 제 강의를 통해 어르신들이 죽음에 대해 마음을 열고 즐겁게 받아들이게 되는 모습을 볼 수 있어 기쁘죠."(유 복지사)

참가자들도 만족스러워했다. "강의가 모두 즐겁고 재미있어. 전엔 죽는다는 게 두려웠는데 이렇게 같이 얘기하고 배워보니까 그럴 필요가 없다는 걸 알겠더라고."(최상희 할머니 · 70 · 서울 중계동)

김명순(69 · 서울 노원구 상계동) 할머니는 "오늘 강의에는 변호사 선생님이 와서 유언이나 상속에 관한 설명도 해주셨다"며 "남겨줄 재산은 없지만 자식들이 우애 있고 건강하게 살라고 유언을 써봐야겠다"고 말했다.

5주 단위로 16회에 걸쳐 진행될 예정인 이 학교의 키워드는 '해피엔딩'이다. 남성 4명, 여성 16명으로 이뤄진 참가자들은 지난달 28일 2박 3일간 경기도 가평으로 '한마음 캠프'도 다녀왔다. 캠프에서 참가자들에게 가장 인기있었던 프로그램은 역할극. 노인들은 옛날에 이루지 못한 짝사랑이나 잘못했던 일들을 떠올리며 연기에 몰두했다. 자녀들에게 보낼 '영상 편지'를 만들고, 주먹 등 자신의 신체 일부를 석고로 떠보기도 했다.

〈중앙일보, 2006년 5월 11일자〉

인생, 이렇게 정리해 보세요

내 사망기 써보기

(이름)은/는 ( )세를 일기로 세상을 떠났다. 그는 (원인)으로 사망했다. 남은 가족은 ( )이다. 그는 ( )한 사람으로 기억될 것이다. 그의 죽음을 가장 슬퍼할 사람은 ( )이다. 그리고 장례식은(구체적인 방식, 절차) 치러질 것이다.

자서전 써보기

- 연령대별로 삶을 짚어본다.
- 행복했던 때와 고통스러웠던 시절을 회상해 본다.
- 삶에서 내세울 만한 것을 생각해 본다.
- 가족과의 추억을 떠올려 본다.
- 잊을 수 없거나, 화해하고 싶은 사람. 용서해 주고 싶은 사람을 생각해 본다.
- 상속 문제 등 유언장에 담을 내용 외의 남기고 싶은 이야기를 써 본다.

자녀들 이야기를 자랑스럽게 했다.

• F : 다른 집단원들이 한창 유언 쓰기를 하고 있을 때도 쓸 이야기가 없다며 한참 동안 손을 못 대고 있었다. 읽기 전에 나는 아이들에게 서운한

게 많다는 말을 했고 읽는 중에 두 번 울먹였다. 끝내 다 읽지 못해 보조 촉진자가 나머지를 마저 읽어 주었고, 분명한 전달을 위해 촉진자가 유언의 내용을 처음부터 다시 읽고 F의 현생활의 어려움에 대해 집단원들에게 간단히 언급해 주었다. 집단원들도 위로의 말과 나름의 조언을 해 주었다. 유언에 서운함과 슬픔을 언급하기는 했지만 역시 자식을 위한 당부와 우애를 강조하고 있었다.

집단원 모두 발표가 끝나자, 오늘 한 이야기들은 부모로서 누구나가 다 하는 생각일 것이라는 B의 말에 모두 동의했다. A는 자식한테도 못할 말을 여기 와서는 한다고도 했다. 촉진자는 오늘 미처 생각이 나지 않아 못한 말도 있을 것이라며 찬찬히 잘 생각해 보고 다시 작성해 보도록 권했다. 오늘의 활동은 앞으로 어떻게 살아가야 할 것인가를 생각하기 위해서였다고 그 의의를 말하고 현재, 오늘의 중요함에 대해 언급했다. 다음 회기는 마지막 회기라며 전원 참석을 당부하고 외관에 마음 쓰실 분들을 위해 기념사진 촬영을 예고했다.

7회기 때 집단 프로그램이 종결하는 날에 촉진자가 집단원들에게 식사 대접을 하겠다는 말씀을 미리 드렸더니 대접은 우리가 해야 한다는 반응을 보였는데, 바로 다음 회기인 8회 때 예상치 않게 집단원들이 9회기 마친 후에는 자신들이 선생님들을 접대하기로 했다고 알려 왔었다. 그래서 종료 후 집단원들이 안내하는 곳으로 가서 점심식사를 함께 했다. 분위기를 보니 이 일의 추진을 앞에서 주도적으로 한 분은 D인 것으로 생각되었다. D가 식사 전 선생님들이 해 준 수고에는 미흡하나마 감사하는 마음으로 자리를 마련했다는 운을 뗐고 다른 집단원들도 감사하다는 말을 전했다. 촉진자들 역시 감사함을 표했고 식사중의 화제는 가족, 복지관 행사, 음식, 취미 등에 관한 것으로 편안하고 즐거운 대화였으며, 맞은편에 앉아 있던 I가 명함을 요구해 드렸다. I가 준비해 온 과일을 후식으로 식사모임을 파했다.

　　집단상담 프로그램 자료들을 정리하는 가운데 집단원들의 '유언 남기기' 활동지를 다시 읽어보았다. 쓰여진 글들이 우리말 맞춤법에 어긋나 군데군데 걸리면서도 죽음을 앞둔 상황에서 자녀들에게 남기는 사랑의 마음만은 거침없이 전해져 촉진자는 새삼 눈시울을 적시며 읽게 되었다. 그래서 본 프로그램의 매회기가 모두 중요하지만 노년이라는 집단원들의 특성으로 볼 때 아주 중요한 작업으로서 집단원들이 작성한 활동지를 독자들에게 소개하는 것이 의미 있다고 본다. 아래에 독자들이 읽기 쉽도록 맞춤법에 맞게 고쳐 놓았고, 그들의 마음을 그대로 전달받을 수 있는 활동지 원본도 〈부록 9〉에 함께 싣는다.

유언활동

A. 미스 권

엄마의 유서

이 엄마가 하고 싶은 말은

첫째, 너희 3남매 건강하고 형제간에 우애 있고 잘 살아야 한다. 둘째는 이 세상이 너무 험악하니 아이들 관리 잘 하고 남에게 지적 받는 일 없이 올바르게 키우고 또는 건강이 최고다. 이 엄마는 너희 3남매를 길러 왔지만 부모로서 남들같이 부모의 도리를 못한 것이 가슴 아프다. 엄마가 저 세상 가서도 꼭 지켜보겠노라.

B. 행복

사랑하는 나의 3남매 들어봐라.

나는 너희들을 얼마나 사랑하고 내 눈에 넣어도 아프지 않을 만큼 진정으로 사랑했다. 이젠 나의 모든 생을 접어 두고 하늘나라에 계신 내가 많이 사랑했던 너의 아버님께 갈란다. 아무쪼록 너희 3남매가 정 좋게 살고 이 어미의 간절한 바람을 지켜다오. 그리고 이 엄마가 너희들에게 잘못했다든가 서운했던 일들이 있다면 다 풀고 이 어미를 용서하기 바란다. 사랑한다, 내 아가들아. 부디 몸 건강하고 너희 3남매가 똘똘 뭉쳐서 행복하게 살기 바란다.

C. 석곡

1. 인간답게 살아야 한다. 주위를 둘러싼 사람에게 호감을 사고 신망 받는 사람, 나 이전에 상대방을 배려하는 사람이 되라.
2. 가정을 잘 꾸려 나가고 화목하고 웃음이 꽃피는 단란한 가정, 특히 형제간 우애를 잊지 말고 친척, 이웃 여러 사람에게 착하게 하고 사랑을 베풀어라.
3. 자아실현, 예를 들면 훌륭한 교육자, 공무원으로서 직업에 최선을 다하고 봉사하고 보람된 인생을 남겨라.
4. 멋지고 살 맛 나는 인생, 남이 우러러보는 업적을 남기고 아름다운 인생의 꽃을 피워라.
5. 진실한 인간, 마음씨 곱고 인간미가 넘치고 많은 사람에게 사랑을 베풀어라.

D. 꽃님

아들, 딸에게

엄마가 떠난 후 엄마 생전에 열심히 최선을 다해서 꿋꿋이 살았던 모습을 되새기며 너희들도 그렇게 최선을 다해서 살며 형제의 우애를 더욱 더 돈독히 해서 후회 없는 생을 마치도록 해라. "매순간 최선을 다해라."

2005년 9월 ×일 엄마가

F. 백합

사랑하는 아들 ○○, 며느리 ○○○ 보아라.

인생 칠십을 살면서 너희들에게 서운함과 슬픔 금할 길 없구나. 마지막 기로에 서서 너희들에게 하고 싶은 말은 이 사회에서 쓸모 있는 사람으로 살며 아이들한테도 좋은 아빠, 엄마가 되어라. 작은 아들 ○○, 너는 항상 엄마 때문에 마음 졸이며 살지. 엄마 걱정 하지 말고 직장 업무에 충실하며 이 나라를 짊어질 훌륭한 공무원이 되어라. 최선을 다해 열심히 살아라. 형제간에 우애 있게 살아라.

H. 코스모스

어느 새 먼 여로를 마치고 나 마지막 사랑하는 가족들에게 남기노라. 남은 여생이 얼마 남지 않은 아버지를 정성껏 모시어라. 형제간에 서로 사랑하고 자그마한 일에도 꼭 상의하고 상처 받는 이야기는 하지 말고 동생은 형을 부모님처럼 잘 따르도록 하여라. 물론 며느리들도…… 단 1평의 땅이라도 잘 지키고 보존하고 모든 일에 쉽게 결정하지 말고 심사숙고 하도록. 모두 서로 사랑하고 건강에 주의하도록 하여라.

I. 벚꽃

사람은 죽음의 복을 잘 타야 한다는데 죽을 때 자다 죽기를 소원합니다. 그리고 자식들, 죽은 영혼이 있다면 잘 살게 지켜보고 도와주고 싶다.

2005년 9월 ××일 ○○○

회기 : 마무리 및 소감교류

- 기념사진 촬영, 사후검사, 평가 설문조사, 만족도 조사를 실시한 후 상담 소감을 나누는 시간을 가졌다. 본 회기의 예정된 활동이 모두 끝나고, 기념사진과 수료증을 앞뒷면으로 함께 코팅한 것과 지금까지 상담 활동 시간에 자신이 했던 기록물들을 엮은 것 그리고 촉진자가 마련한 선물(모든 집단원에게는 찻잔, 개근한 집단원에게는 양말 선물 세트)을 집단원들에게 수여했다. 수여 순간마다 촉진자는 집단원 한 사람 한 사람과 포옹했으며 아쉬움에 서로 눈물을 보였다.

- 설문조사 문항 중에 10회기 중 가장 좋았던 그리고 가장 아쉬웠던 회기를 묻는 것이 있었는데 그 문항에 답하는 동안 그간의 상담 내용을 자연스럽게 회고해 보게 되었다.

- 상담 소감을 말하는 순서에서는 프로그램의 내용과 서로의 마음을 나눌 수 있었다는 것이 좋았으며 종결한다는 것이 아쉽고 후속 프로그램에 참여하고 싶다는 뜻을 밝혔다.

- 수료증 수여가 끝난 뒤 한 집단원이 이 프로그램에 대한 느낌을 총 정리하는 듯한 노래(사는 동안)를 하도록 요청해 불렀고 이어서 집단원들이 촉진자들을 위해 미리 준비한, 이별을 아쉬워하는 노래(검은 장갑)를 불러 주었다.

- 10회기 프로그램 상의 모든 순서를 마치고 상담실을 나가기 전 모든 집단원들이 한 사람도 빠짐없이 서로 포옹하게 했는데, 모두 아쉬움과 감사의 뜻을 전했으며 특별한 애정으로 눈물을 흘리는 집단원도 있었다. 이성 집단원 간은 악수로 대신했다.

〈10회기 진행과정〉

제 목	마무리 및 소감교류		
목 표	• 지금까지의 학습경험을 토대로 자신을 새롭게 정리해 본다. • 서로의 행복을 기원하면서 감사와 애정을 표시한다.		
준 비 물	백지(A4 용지), 필기구		
진행절차	활 동 내 용	시 간	비 고
촉진자 설 명	① 있는 그대로의 자기이해, 수용, 개방을 통해 자아통합하는 것이 궁극적 목적이다. ② 종결짓지만 학습하고 얻어진 결과는 삶에서 계속적인 영향을 미치도록 한다. ③ 집단원 간 서로 도움 받은 것에 깊이 감사한다.	10분	
활 동	(1) 마무리 소감 적기와 읽기 　① 이 프로그램을 처음 대했을 때부터 지금까지 나의 변화를 생각해 본다. 　② 자기를 비추어보고 솔직하게 기록한 후 차례로 읽어 본다. (2) 마무리 인사 나누기 　① 한 사람씩 차례로 집단 가운데 나와 서 있게 한다. 　② 모든 집단원들이 차례로 나와서 시선을 부드럽게 마주치면서 그에게서 받았던 좋은 느낌, 감사한 일을 전달한다. 　③ 나온 사람은 감사한 반응을 보인다. 　④ 집단원들 모두에게 차례로 같은 방법을 적용한다.	60분	
정 리	① 활동 시작 전과 도중, 끝난 후를 관련지어 자신의 느낌이나 경험한 사실에 대해 발언하게 한다. ② 활동을 통해 새롭게 발견한 것이나 깨달은 점 또는 집단원들에게 하고 싶은 말을 한 마디씩 하게 한다.	15분	
과 제 및 전달사항	둥글게 둘러서서 손을 마주잡고 만남의 인연에 감사하며 서로의 성장을 기원하면서 노래를 부르고 인사 후 헤어진다.	5분	

10회기 촉진자 일지

〈10회 : 2005. 9. ×〉

참여 집단원

A (미스 권) : 여. 70세. 중졸. 사별, 아들가족과 동거
B (행복) : 여. 66세. 고졸. 사별, 아들가족과 동거
C (석곡) : 남. 77세. 대졸. 아내와 동거
D (꽃님) : 여. 66세. 초졸. 사별, 독거
F (백합) : 여. 71세. 초졸. 사별, 아들가족과 동거
H (코스모스) : 여. 64세. 고졸. 자부, 손녀와 동거

전회기에 사진 촬영이 있다는 말을 미리 했더니 여성 집단원들은 모두 곱게 차리고 나왔다. 가족 모임이 있어 참석이 불투명했던 D는 그 모임을 연기하기로 하고 나와 반갑고 고마웠다. 아쉽게도 I는 복지사로부터 감기가 심해 참석하지 못한다는 말을 전해 들었는데, 집단원들도 모두 종결을 함께 하지 못하는 것을 아쉬워했다.

10회기를 시작하기 전에 기념 촬영부터 했는데, 왜냐하면 상담하는 동안 복지사가 컴퓨터 작업을 거쳐 사진을 집단원들에게 나눠 줄 수 있도록 준비할 시간이 필요했기 때문이었다. 그리고 C는 상담 후의 식사 모임을 잊고 점심 약속이 있었는데 집단원들이 마지막 자리인데 함께 가자고 하자 그 약속을 취소하고 우리와 함께 가기로 했다.

오늘은 종결하는 회기로 그간의 집단 프로그램 과정을 정리하기 위해 사후검사와 설문조사가 있겠다고 말했다. 제일 먼저 1회기에 사전검사로 썼던 자아통합검사를 실시했는데, 집단원들에게 집단 프로그램을 한 후 여러분들에게 어떤 변화가 있었는지 보기 위해 같은 검사를 다시 해 보는 것이라고 설명했다. 사후 검사가 끝난 후 촉진자가 만든 설문지를 작성하게 했다. 설

문지 내용은 상담 내용, 상담자, 집단원 자신에 관한 것과 바라는 점을 알아보기 위한 문항으로 구성했다. 설문지는 '7.설문지 평가'에서 볼 수 있다. 집단원들은 이해가 잘 되지 않는 부분을 질문하면서 모두 성실하게 답하는 모습이었는데, A는 대충 답해서 빨리 할 수도 있지만 제대로 해주고 싶다는 말을 했다. 설문지 문항 중에 10회기 중 가장 좋았던 회기와 가장 아쉬웠던 회기를 묻는 내용이 있어 10회기 내용을 기록한 용지를 나누어 주었는데 자연히 그간의 상담 내용을 회고해 보는 기회가 되었다. 그 용지는 집단원들에게 나눠주기 위해 작성한 것으로 10회기 내용을 비롯하여 상담 날짜, 시간, 장소 등 집단원들이 이후에도 본 프로그램을 생각하고 추억할 수 있도록 했으며 〈부록 6〉에 수록되어 있다. 그 외에도 사후검사지에 답하는 동안 질문과 설명을 통해 프로그램 전후로 자신을 돌아보는 계기가 되었다고 생각한다. 설문지를 작성하는 동안 C가 집단원들의 연락처를 서로 알고 지내면 좋겠다고 말해 집단원들이 백지에 이름, 전화번호, 주소를 돌려가며 쓴 명부를 보조 촉진자가 복지관 사무실로 가져가서 컴퓨터로 작성, 복사해 가져왔다.

그리고 가족사진을 보여 주고 집단원 자신이 그 사진 속의 한 사람으로서 주인공이라 생각하고 그 사진에 대한 이야기를 만들어 쓰게 했다. 다시 말해 일종의 TAT처럼 피검자의 이야기를 통해 상담 후의 그들의 욕구, 동기, 정서, 사고 등을 보기 위해 실시했으나 우선 적절한 사진을 구하지 못해 이야깃거리를 별로 제공해 주지 못하는 사진, 즉 모호한 자극이 되지 못하고 가족의 화목함이 두드러지는 사진이 제시되었고 자신을 주인공으로 이야기를 만든다는 것에 대한 집단원들의 이해 부족으로 제3자로서 사진에 대한 자신의 느낌, 생각을 주로 써 검사의 의미가 별로 없었다.

연이어 '노인자아통합 프로그램 만족도 조사'라는 이름의 설문지를 작성하도록 했다. 이는 복지사가 복지관의 상담사업 담당자로서 본 프로그램에 대한 평가를 위해 만든 것인데, 본 회기 상담 전에 촉진자에게 미리 넘겨주었다. 이 설문지는 〈부록 3〉에 소개되어 있다.

설문지 작성을 모두 끝낸 뒤 집단원들이 한 명씩 돌아가며 10회기의 집단상담 프로그램을 받은 소감을 말하는 순서로 넘어갔다.

- C는 세상에서 아름다운 것이 자연의 꽃이라고 하지만 본인은 사람이라 생각한다며 그 동안 만나서 함께 이야기할 수 있었던 것이 참 좋았다고 했다.
- D는 너무 좋았기 때문에 끝난다는 것이 아쉽고 앞으로 이런 시간을 또 가졌으면 하는 생각이고 더 이해하며 살고 싶다 했다.
- F는 프로그램이 너무 좋았고 내 속의 이야기를 서로 나누고 그 마음을 알아주는 것이 너무 좋았다고 했다.
- B도 역시 프로그램이 너무 좋았고 선생님들과 인연을 맺은 것도, 모이다 보니 친구들과 정이 두터워진 것도 좋고, 오늘이 마지막이라는 것이 아쉽다며 앞으로도 우리의 이런 모임이 있었으면 한다고 했다.
- A는 10회를 했어도 어제 같고 친구, 선생님과 친밀하게 지내다가 끝내니까 너무 아쉽다며 집단원들끼리는 복지관에서 또 만날 수 있지만 선생님들은 못 보게 되어서 섭섭하다는 말을 해서 촉진자가 내년 봄 복지관 운동회 때 오겠다는 말을 했더니 꼭 오라며 모두 좋아했다.
- H는 마음의 부자가 되고 더 여유로워지고 많은 것을 터득했다, 많은 것을 느끼고 뉘우치기도 하고 배워서 마음이 넓어진 것 같다, 마음이 확 트였고 영원히 기억에 남을 것 같다고 했다.

이에 초기에 저항을 보였던 H에게 언제쯤 이 프로그램이 편안해졌는지 물었더니 처음엔 우리 모두 이 시간에 뭘 할 건지 궁금하고 당황하기도 했다며 전체집단원들을 대변하는 듯이 자신의 느낌을 말했고, 처음에 못 그리는 그림을 그리게 할 때 아주 부담스러웠는데 4회 하고 나서야 좋다는 것을 안 것 같다고 했다. 그러면서 그렇게 늦게 안 걸 보니 자신이 느린가 보다라고 말을 덧붙이며 웃었다.

집단원들의 상담소감 발표가 끝나자 촉진자도 집단원들과 함께 하고 나니 부자가 된 것 같다는 말을 하고, 촉진자가 작성하여 상담 전에 복지사에게 미리 건네 준 수료증과 단체 기념사진을 양면으로 코팅 제작한 것을 전달하는 순서를 가졌다. 수료증 내용은 〈부록 7〉에서 볼 수 있다. 가장 연장자이고 촉진자 곁에 있던 C를 처음으로 앉은 순서대로 수료증을 수여했다. 이때 촉진자가 준비한 선물과 지금까지 10회기를 하는 동안 각자 작업했던 내용을 정리하여 묶은 파일, 그리고 집단원들의 연락처가 쓰여진 집단원 명부도 함께 전달했다. 집단원 한 분 한 분 수료증을 읽은 후 전달하고 포옹했다. 이 과정에서 촉진자, 집단원 모두 고마움과 아쉬움을 표하며 눈물을 보이기도 했다. 조금 정리가 된 후 한 번도 불참한 적이 없는 B, F, H에게 개근상품을 수여했다. 집단원들은 파일을 뒤적이면서 자신의 집단상담 내용을 되짚어보고 오늘 받은 모든 것을 챙겨 준 것에 대해 촉진자에게 감사했다.

이때 C가 자신이 노래를 잘 하지는 못하지만 오늘 마음이 닿아서 하겠다며 '사는 동안'이라는 노래를 불렀다. 노래가 끝나자 집단원들이 미리 약속이 됐던 듯 H가 '선생님 노래 시작'이라는 신호를 하자 '헤어지기 섭섭하여'로 시작하는 '검은 장갑'이라는 노래를 촉진자들을 위해 불러 주었다. 촉진자는 감사를 표하고 마지막으로 우리들의 '교가'를 부르자고 제안하여 모두 웃으며 매회기에 불렀던 '인생은 일흔 살부터'를 불렀다. 촉진자는 마지막 순서로 집단원들에게 서로 한 번씩 포옹하자는 말을 했고, 서로의 포옹(C는 악수로 대신)으로 10회기의 집단상담 프로그램을 모두 끝냈다. 특히

집단상담 사진

F는 H에게 고맙다는 말을 하면서 눈물을 흘렸다.

　불참한 I를 제외한 집단원과 두 명의 촉진자 또 담당 복지사 이렇게 아홉 명이 회식 장소로 옮겨 오찬을 함께 하며 프로그램이 좋았다, 노년기를 즐겁게 살아야 한다, 후속 프로그램을 기대한다 등의 집단원들의 이야기가 있었고 촉진자는 내년 5월경 복지관 운동회 때의 방문 의사를 한 번 더 밝혔다. 그리고 오늘 불참한 I의 검사지와 설문지는 복지사에게 맡겨 I가 다른 프로그램 참여를 위해 복지관을 방문할 때 실시해 줄 것을 부탁했다. 식사 후 음식점 밖 마당에서 다 같이 차를 마시며 잠깐 대화한 후 아쉬움 속에 인사를 나누고 헤어졌다.

　집단상담 종결 며칠 후 I가 작성한 사후검사와 평가 설문지, 만족도 설문지를 가지러 복지관에 들렀다. 복지사로부터 I가 마지막 회기의 불참 사실을 매우 아쉬워했다는 전언을 듣고 복지관 현관을 나서는데 다른 일로 복지관을 들렀다 귀가하려는 I와 마주쳤다. 매우 반가워 1층 로비에서 차를 함께 마시면서 근황도 듣고 설문지의 답 중 궁금한 부분은 물어 설명을 들었다. 복지관을 함께 걸어 나와 헤어지면서 포옹했는데 마지막 회기를 함께 하지 못해 마음에 걸리던 차에 개별적으로나마 종결을 한 것 같아 아쉬움을 덜게 되었다.

6.6 프로그램과 집단의 흐름

여기에서는 본 프로그램의 내용과 구성을 그 순서대로 살펴보면서 프로그램의 진행에 따른 집단원들의 반응과 집단 응집력의 추이도 간단히 살펴보려 한다. 첫 회기에서는 집단원들 중 누구도 상담을 경험해 본 적이 없었고 프로그램 자체에 대한 이해가 부족해 기존에 받아오던 교육 프로그램과 동일한 것으로 생각하는 듯했다. 집단원을 모집하기 위해 복지사가 본 프로그램에 대한 목적과 내용을 어느 정도 설명했음에도 불구하고 촉진자가 이 프로그램을 어떤 것으로 알고 있느냐는 질문에 잘 모른다는 대답이 돌아왔다. 10회기에 실시한 평가 설문지에서 드러나듯 집단원들은 뭔지는 잘 모르지만 재미있을 것 같고 도움이 될 것 같다는 막연한 생각과 기대로 집단 프로그램에 임했다.

이러한 현상은 프로그램 구성 당시에 이미 어느 정도 예상한 것이어서 생각하기와 쓰기 외에 다른 활동이 가미되는 것이 적절할 것이라고 보았다. 그리고 처음부터 자신을 보는 작업의 방법이 힘들다거나 깊이 볼 것을 요구한다든가 하는 것은 집단원들이 집단상담 자체에 대해 부담스러워 하고 흥미를 잃게 할 가능성이 있으므로 프로그램 순서에도 유의했다. 그래서 1회기의 '방향제시와 자기소개'에 이어 2회기 순서로 학창시절 이후로 경험할 기회가 별로 없었던 그림 그리기를 통해 즐겁게 자신의 지난 시간이나 현재의 모습을 드러낼 수 있는 '풍경화 그리기'를 하기로 한 것이었다. 그리고 3회기에서는 '내 인생의 3대 뉴스'를 통해 자신의 지나온 시간을 회고해서 정리해 보도록 하여 1회부터 3회기까지 자기공개를 **도입단계**로 구성했다.

4회기부터 7회기까지는 **전개단계**로 4회기의 '남이 보는 나'와 5회기의 '장점 바라보기'는 자기이해와 수용을 위한 것이었는데, 회한이 많을 노년기의 특성상 긍정적인 자아관을 갖도록 하는 것이 필요하다고 생각되어 자신이나 타인으로부터 자기의 장점을 많이 인지할 수 있도록 했다. 그리고 실제 실시해 본 결과 '남이 보는 나'에서는 집단원들이 다른 집단원들에 대해 긍정적인 내용만 말했기 때문에 부정적인 피드백에 의한 자기통찰의 기능은 제대로 하지 못했다. '남이 보는 나'는 내용상 필요하기도 했지만 활동을 놀이처럼 재미있게 할 수 있다는 것도 선택의 이유가 되기도 했는데, 활동을 이해하기 전에는 집단원 한 사람이 실외로 나가야 한다는 것을 부담스러워 했다. 실시 전에 이 점을 유의하여 충분한 설명이 있어야겠다.

여기서 한 가지 첨언하자면, 자신의 있는 모습대로 표현하지 못하고 타인의 기대에 맞춰 사는 것은 자신과 환경을 진정으로 만나고 접촉하지 못하게 하기 때문에 문제를 야기하는 바람직하지 못한 것으로 알고 있으나, 삶을 정리하는 단계인 노년기에는 마음의 평온을 저해하는, 꼭 수정되어야 할 부적응적 문제가 있지 않는 한 굳이 수십 년을 지켜 온 나름의 신념들을 건드려 수정시킬 필요가 있겠는가 하는 것이 촉진자의 생각이다. 그리고 자신이 바라는 자아상이나 타인이 자신을 보는 수준에 실상은 못 미친다 해도 그에 맞추려고 노력하는 것이 성장을 가져다주기도 한다는 면을 고려할 때 이를 부정적으로만 볼 수는 없다고 생각한다. 그래서 집단원의 장점으로 나온 내용들 중에 다소 강박적이거나 표출이 필요해 보이는 점에 대해서 촉진자는 그 집단원이 재고해 보게 하는 피드백을 주기보다는 "생각하기에 따라 어떤 것은 장점이 될 수도, 단점이 될 수도 있는데 나에게 편안한 것이 장점이 되면 좋겠습니다."라는 언급을 했다.

6회기의 '관심 기울이기'와 7회기의 '마음의 선물'은 대인관계 학습이라고 할 수 있다. 노년기의 성격 특성으로 경직성이 증가하고 자아중심적 사고의 경향을 다시 띠기 때문에 타인의 이야기를 자신에게 익숙한 습관적인 태도나 방법으로 또 자신에게 이익이 되는 쪽으로 듣고 반응하기 쉽다. 이러한 면은 타인과의 의사소통을 어렵게 하여 노인을 고립시키게 하는 원인이 되기도 한다. '관심 기울이기'에서는 본래의 목적 외에 잠깐이나마 동료상담의 가능성을 확인할 수 있는 소득이 있었고, '마음의 선물'은 집단원 간에 편안하고 따뜻하게 교류할 수 있는 회기 주제였다.

'마음의 선물'은 부담 없이 즐겁게 할 수 있는 내용이어서 재미나 흥미 유발 면에서 초반에 넣는 것도 좋겠으나 자칫 집단 프로그램을 가볍게 생각할 우려가 있고, 그 내용에 비추어 집단원 상호 간에 어느 정도 이해가 있어야 가능하기 때문에 후반부로 넣었다. 또한 '마음의 선물'은 '내가 살아야 하는 이유'와 '유언 남기기'와 같은 다소 무거운 주제를 다루는 종결단계 전에 마음의 휴식이 되면서 무거운 이야기를 집단 내에서 잘 드러낼 수 있게 하는 친화력을 높일 수 있는 내용이라는 것도 후반부로 넣은 이유이다.

8회기부터 10회기까지는 **종결단계**인데, 8회기의 '내가 살아야 하는 이유'와 9회기의 '유언 남기기'는 마음을 가라앉히고 자신의 삶의 의미를 생각해 보고 정리하기 위한 것으로 노년 프로그램에서 빠질 수 없는 중요한 내용이라 하겠다. 내용의 중요성은 인정하면서도 아직까지는 노인 본인들과 사회 전반적인 인식이 그에 미치지 못해 그런 활동에 거부감을 느낄 것이라는 이유로 프로그램 속에 포함시키는 문제를 재고해 보자는 의견도 있었다. 그러나 반감을 사거나 기대하는 효과를 거두지 못한다 하더라도 이런 작업은 노년기에 반드시 해야 하는 것이라 생각되어 넣기로 했다. 그리고 마지막 10회기에서는 1회부터 지금까지의 상담 내용을 돌아보고 그것이 나에게 어떤 의미였고 어떤 변화를 일으켰는가를 생각하며 작업을 함께 한 촉진자, 집단원 간에 감사를 표하고 마음을 나누는 것으로 전체 프로그램을 종결했다.

위에서 언급한 바와 같이 집단원들이 프로그램에 대해 잘 모르는 채로 시작했다가 긍정적 피드백이 처음 표현되어 나온 때가 4회기였다. 프로그램에 대한 태도를 이야기할 때 빠뜨릴 수 없는 집단원이 H이다. H는 일곱 명

의 집단원 중 최연소로 1회기에 H를 처음 봤을 때 집단원일 것이라는 생각
이 전혀 들지 않았을 정도로 젊은 외모여서 의아하기까지 했던 분이었다. 1
회기에 자신이 아주 좋아한다는 코스모스로 별칭을 정하고 첫 대면인 I 옆
에 앉아 낯선 사람들 속에 불편함을 느낄 수도 있는 I와 이야기도 잘 나누
고 편안하게 해 주었다. 2회기에서는 그림을 통해 자신의 고향과 현재의 주
거 상태에 대한 상황을 말했다. 결혼과 함께 깊은 산골의 12대 종부로서의
힘들었던 삶을 말하려다 "고생한 이야기하려면 한도 없어."라고 서둘러 자
기 순서의 말을 끝맺은 것에 대해 나는 드러내기를 주저하는 저항으로 보지
않았다. 왜냐하면 앞서 공개한 주거 형태가 부부간에 특별한 문제가 있어서
는 아니지만 일반적이지는 않아서 집단 초반에 스스럼없이 드러낼 수 있는
내용은 아닐 수도 있었기 때문이었다. 게다가 고향에서 자신의 아들이 운영
하는 연수원으로 촉진자들을 초대하기도 했고, 그 회기는 시간이 많이 초과
되었기 때문에 시계를 바라보던 H가 발표시간이 길어지지 않게 스스로 조
절한 것으로 생각했다.

그런데 3회기에서 '내 인생의 3대 뉴스'를 쓰게 하자 A가 쓰기에 대한
부담감으로 거부감을 나타냈을 때 "가볍게 담화나 나눴음 좋겠어."라는 말
로 H가 A에 동조했고, "오늘은 그 동안 살아온 얘기를 하니까 이상해."라며
심란해 했다. H의 저항이 직접적으로 강하게 표현된 것은 4회기에서였는데,
색다른 활동 방법에 대해 낯설고 불편해 하는 상황에서 "이 프로그램은 긴
장하게 만들어요. 지난 번엔 뭘 그리게 하고 생각해서 쓰게 하고."라는 말
로 불만을 드러냈다. 그리고 상담실 밖으로 나가는 역할을 촉진자들에게 요
구했다. 그러나 H 옆자리에 있던 B가 이 프로그램은 긴장되면서도 재미있
다고 하자 더 이상 말이 없었고 4회기 진행 동안 별다른 반응은 보이지 않
았다. 그 회기에 H에게 더 이상의 심적 부담을 주는 것은 좋지 않다고 생각
해 본인이 자원하지 않는 한 활동의 주체가 되도록 권하지 않고 다음 회기

에 조금 더 지켜본 후 저항문제를 다루기로 했다.

그리고 그 다음 5회기에서는 활동중에 H가 종부로서의 지난 일을 이야기할 때 충분히 말할 수 있게 하고 관심 갖고 경청하면서 공감적 반응하기에 유의했다. 그때가 H가 자신의 이야기를 가장 많이 한 회기였다고 생각되는데, 활동 종반에 갑자기 예기치 않게 "이 시간이 이런 얘기할 수 있어서 참 좋아."라고 말해 H에 대한 나의 염려를 놓을 수 있게 해 주었다. 그 이후로 H는 저항의 신호를 보이지 않았다. 이전에는 지각이라고 할 수는 없지만 상담 시간에 거의 맞추어 오곤 했는데 이후로는 미리 와서 기다리는 모습도 볼 수 있었다.

6회기에서는 회기 시작 전에 H가 촉진자에게 촉진자의 소속 상담소와 개인적 상담 활동에 대해 질문했다. 그 질문의 의도를 H가 촉진자에 대해 신뢰감을 갖고 싶어서라고 생각하고 답을 하면서 내담자들이 아주 불안해하는 문제의 하나인 비밀 유지에 관한 내용도 함께 말했다. 개인상담이든 집단상담이든 상담 내용에 대해 비밀이 보장되고 기록지도 기관의 규칙에 따라 보관하게 되며 사례공부를 하거나 보고서를 쓰는 경우에도 내담자가 누구인지 알지 못하도록 하는 것이 상담자의 윤리임을 말했다. 그 다음 회기인 7회 때 H는 B의 '이 프로그램은 교양프로'라는 말에 동의하며 촉진자의 소속 상담소 이름을 다시 확인하면서 답답할 때 상담해 볼 의사를 내비쳐 촉진자의 명함을 건네주었다.

이것과 관련해서 프로그램을 끝내고 아쉬움이 남았다. 그 이유는 H가 회기 중에 개인상담 의사를 비추기도 했고 종결시 프로그램 시행시간의 부족을 말했기 때문에, 집단 프로그램이 끝난 후 H의 의향을 물어서 개인상담을 연결할 수 있도록 하는 과정이 있었어야 했다는 생각 때문이다. 다시 말해서 집단 회기 중의 그러한 의사표현은 노인으로서는 적극적인 표현일 수 있었는데, 그 점을 배려하지 못했다는 것이 아쉬움으로 남는다.

　H가 집단상담 전반에 저항을 보인 원인을 생각해 볼 때 H가 다른 집단원과 잘 어울리지 못하거나, 우월감을 가지고 있어서 자신을 드러내기 꺼리거나, 상호작용을 방해 받은 것은 아니라고 생각된다. 분명하고 확실한 성향이 있는 H로서는 사전에 이 프로그램에 대한 자세하고 충분한 설명이 없었기 때문에 충분히 편안하고 안전하지 않은 상태에서 프로그램이 진행되었다는 것이 문제였다고 생각된다. 프로그램 평가 질문지에 첫 회기의 기분을 묻는 문항에 '처음에는 얼떨떨하고 당황한 마음으로 시작했습니다.' 라고 쓴 것이 그런 짐작을 뒷받침해 준다. 여기서 프로그램의 실시 및 준비 과정에서 언급했던, 프로그램 진행 이전에 회기와는 별도의 오리엔테이션의 필요성을 다시 한 번 새기게 한다. 이는 집단원에 대한 집단원 가족의 지원뿐만 아니라 집단원 자신들이 프로그램에 임하는 태도를 위해서도, 프로그램을 통해 더 나은 결과를 얻기 위해서도 프로그램 진행 전 별도 모임의 오리엔테이션 실행이 필요하다고 하겠다. 이런 면에서 첫 회기에 프로그램에 대해 충분한 설명을 하지 못했던 점에 대해 책임감을 느끼고 한 회기 더 두고 볼 것이 아니라 4회기 직후 바로 일대일로 저항문제를 논의하는 것이 좋지 않았을까 하는 생각도 든다.

　또 평가 질문에서 H 자신은 상담에 진지하고 솔직하게 참여했고, 촉진자도 진솔하게 임했고 최선을 다했다고 생각하는데 '나에 대한 모든 것을 보이지 않았기 때문에' 촉진자의 자신에 대한 이해 정도는 보통이라고 답했다. 모든 것을 보이지 않았던 이유를 군이 부정적으로 보고 싶지는 않은 것은 '가장 아쉬웠던 회기' 를 묻는 문항과 '하고 싶은 이야기' 를 써 달라는 문항에 공통적으로 "더 많은 시간을 갖고 촉진자의 가르침을 듣고 대화를 나눴으면 좋겠습니다." 라고 답하며 상담시간의 부족을 말하고 있기 때문이다. 시간제한이 그 이유라 보고 싶고, 오히려 프로그램에 대한 불만이 혹시 프로그램을 강연처럼 강사가 일방적으로 가르침을 전달하는 것으로 알고 있다가 막상 해 보니 학생들끼리 시간 보내고 분명하게 이거다 싶게 얻어가는 것이 아니어서 실망했기 때문에 생긴 것인지도 모른다는 생각이 들었다. 그렇다고 완전히 편안하게 대화하는 것도 아니었으니 부담스럽기도 했을 터였다. H는 마지막 회기인 10회기에서 4회를 하고 나서야 이 프로그램이 좋다는 것을 알았다고 말했다. 5회기에 프로그램에 대한 긍정적인 피드백을 했던 것으로 보아 집단원들 간에 이해도가 높아지고 집단 응집력이 생기면서 자신의 힘들었던 점이 공감 받고 가치가 인정되며 다른 집단원들이 자신의 장점을 바로 보아 준 것이 H의 저항을 없애고 집단상담에 긍정적으로, 적극적으로 임하도록 태도를 변화시켰다고 짐작된다.

집단의 흐름에서 흥미로웠던 또 한 가지는 C에 대한 집단원들의 반응이었다. 우선 C는 집단에서 유일한 남성이었다. 보조 촉진자 역할을 잘 해 주신 선생님 역시 여성이어서 C는 성비균형 면에서 다소 부담을 느꼈을 것이다. 그리고 집단원 중 유일하게 대졸 학력을 가지고 사회 조직체를 갖춘 직장에서 정년퇴임할 때까지 직장생활을 했던 분이었다는 점과 H를 제외한 여성 집단원 모두가 남편과 사별한 상태였으므로 부부가 함께 살고 있다는 것도 C를 특징짓는 요인이기도 했다. 또 I를 제외한 모든 집단원들이 복지관 내 다른 프로그램을 통해 이미 지인의 관계라는 점도 C를 구분 짓게 했다. 이런 여러 정황으로 보아 C가 다른 집단원들과 잘 어울리지 못하지는 않을까 염려했었다.

1회기에서 C는 첫 대면에서 내어 놓기 쉽지 않은 내용의 이야기를 적당한 수준을 넘어 길게 말했기 때문에 가식 없이 솔직하고 친근감이 있다 할 것이지만 그렇지 않을 수도 있었다. 그런 염려는 사실로 나타나서 3회기까지는 C가 발언할 때 다른 집단원들이 귀 기울여 듣지 않는 모습을 보였다. 그러다 C에 대한 집단원들의 태도변화가 일어나게 된 계기가 4회기였다.

'남이 보는 나'에서 C는 예리한 관찰력으로 집단원들에 대해 나름대로 파악하고 있는 바를 표현했고 그 점은 집단원들이 C를 새롭게 보도록 만들었다. 5회기는 4회기의 연장으로 C는 집단원 한 명 한 명에 대한 장점을 성실히 기록해 주었고 그 회기 종료 후에는 여성 집단원들이 자신들의 대화에 적극적으로 C를 청하게 되었다.

5회기는 집단 전체로 봤을 때도 전환기라고 할 수 있다. 프로그램에 대해 재미있다는 긍정적인 피드백이 처음 나온 것은 4회기였지만, 5회기에서는 4회기에 불만을 보였던 집단원마저 긍정적 반응을 보이며 집단 응집력이 이때부터 눈에 띄게 좋아져서 이 회기부터는 프로그램 종료 후 각자 해산하지 않고 집단원들끼리 차를 마시며 대화시간을 갖는 것을 볼 수 있었다. 2회기에서 자신의 발언 내용에 대한 집단원의 피드백에 방어적인 반응을 보인다든가, 집단원 간 상호작용을 위해 서로 질문하고 이야기를 나누라는 촉진자의 말에 "선생님이 하는데 뭘."이라며 소극적 태도를 보였고, 3회기에서는 "그냥 들으면 되지."라는 반응이 나왔던 것에 비해 5회기 이후로는 충분한 공감은 안 된다 해도 촉진자가 피드백을 독려할 필요 없이 상호작용이 일어났다. 7회기에서는 "이 프로그램이 교양프로야."라는 평가를 통해 집단원들이 집단상담 작업의 가치를 인지하고 있다는 것을 알 수 있었다. 이 프로그램이 10회기로 한정되어 있다는 것에 대한 아쉬움은 2회기를 마치고 3회기에 들어가기 전 C에 의해 처음 표현된 이후 중반을 넘어서면서부터는 매회기마다 들을 수 있었고 이 집단원 구성 그대로 매학기 다른 내용의 프로그램이 진행되기를 바라기도 했다.

다시 C의 이야기로 돌아가서 나는 촉진자로서 C에게 감사한다. 전직의 경력으로 자칫 권위와 위엄을 내세울 수도 있었지만 배우려는 자세로 집단 프로그램에 성실하고 진지하게 임했고 집단원들을 관심 있게 잘 관찰하여 긍정적인 피드백을 해 준 것은 훌륭하고 고마운 일이다. 첫 회기를 마치고 촉진자로서 앞으로의 중요한 과제로 생각했던 C의 발언 시간 조정문제는 프로그램이 진행되면서 촉진자의 시간제한 제시와 함께 절제하는 모습을 보이며 향상되었다.

마지막으로 한 가지 덧붙인다면 C와 I를 제외하고 다섯 분은 복지관을 이용하며 친숙한 관계여서 혹시 하나의 하위집단(sub-group)으로 기능하면서 타 집단원과 집단상담 과정에 부정적 영향을 끼치지 않을까 하는 염려가 있었으나 그런 면은 나타나지 않았음을 다행으로 생각한다.

6.7 사전사후 검사 평가

 ## 자아통합검사

사람들은 자기 자신에 대해 여러 가지 생각을 합니다. 특히 나이가 들어감에 따라 옛날 자신의 모습을 떠올려 보기도 하고 지금 나 자신을 다시 보기도 합니다.

다음의 문항은 이처럼 귀하께서 과거 걸어오신 길, 그리고 지금의 모습에 대해 어떻게 생각하고 계신지 알아보기 위한 것입니다.

다음을 읽어 보시고 평소 귀하께서 자신에 대해 생각하고 계신 정도에 v표해 주시기 바랍니다.

문항	내 용	전혀 그렇지 않다	그렇지 않다	보통 이다	그렇다	매우 그렇다
1	대체로 나는 지금의 나 자신에 만족한다	①	②	③	④	⑤
2	나는 이 세상에서 못 다한 일이 많아 한스럽다	①	②	③	④	⑤
3	막상 늙고 보니 모든 것이 젊었을 때 생각했던 것보다 낫다	①	②	③	④	⑤
4	요즘 나는 나 자신을 발전시키려는 노력을 포기했다	①	②	③	④	⑤
5	인생은 의미 있고 살 가치가 있는 것이다	①	②	③	④	⑤
6	내가 늙었다고는 느끼나 그것이 나를 괴롭히지는 않는다	①	②	③	④	⑤
7	나는 죽은 사람을 보는 것이 두렵지 않다	①	②	③	④	⑤
8	나이든 지금도 나는 여전히 가치 있는 삶을 살고 있다	①	②	③	④	⑤
9	나는 다른 사람과 친밀감을 느낄 수 없다	①	②	③	④	⑤
10	노인의 지혜나 경험은 젊은이들에게 도움이 된다	①	②	③	④	⑤
11	나의 앞날은 암담하고 비참하게 느껴진다	①	②	③	④	⑤
12	나는 죽는 것이 두렵고 원망스럽다	①	②	③	④	⑤

문항	내 용	전혀 그렇지 않다	그렇지 않다	보통 이다	그렇다	매우 그렇다
13	지금이 내 인생에서 가장 지루한 때이다	①	②	③	④	⑤
14	나는 지금 젊었을 때와 마찬가지로 행복하다	①	②	③	④	⑤
15	남을 위해 봉사하는 일이 나에게는 매우 보람을 준다	①	②	③	④	⑤
16	나는 나 자신이 지긋지긋하다	①	②	③	④	⑤
17	늙는다는 것은 무기력하고 쓸모없어지는 것이다	①	②	③	④	⑤
18	지나온 평생을 돌이켜 볼 때 내 인생은 대체로 만족스러운 것이었다	①	②	③	④	⑤
19	나는 현재 살고 있는 것이 마음에 든다	①	②	③	④	⑤
20	나는 일생 동안 최선을 다해 왔다	①	②	③	④	⑤
21	나는 때때로 나 자신이 쓸모없는 사람이라는 생각이 든다	①	②	③	④	⑤
22	내 인생이 이렇게 된 것은 운이 나빴기 때문이다	①	②	③	④	⑤
23	나이가 들수록 모든 것이 점점 더 나빠진다	①	②	③	④	⑤
24	인생을 다시 살 수 있는 기회가 주어진다 해도 살아온 대로 다시 살겠다	①	②	③	④	⑤
25	늙고 무기력해지느니 차라리 죽는 것이 낫겠다	①	②	③	④	⑤
26	나는 대체로 인생에서 실패했다고 느낀다	①	②	③	④	⑤
27	내세에 대한 문제가 나를 몹시 괴롭힌다	①	②	③	④	⑤
28	나는 적어도 다른 사람만큼 가치 있는 사람이다	①	②	③	④	⑤
29	요즈음 나는 늙고 지쳤다고 느낀다	①	②	③	④	⑤
30	나는 내 인생이 이렇게 된 것에 대해 가슴 아프게 생각한다	①	②	③	④	⑤
31	나는 일생 동안 운이 좋은 편이었고 그것에 감사한다	①	②	③	④	⑤

사전사후 검사로 사용된 것은 1988년 김정순이 개발한 자아통합검사로, 31 문항으로 구성되어 있으며 이 검사의 개발 당시 신뢰도는 0.92였다. 집단 구성원이 7명인 관계로 사례수가 너무 적어 통계치를 그대로 읽는 것은 무리가 있을 듯하나 일단 유의미한 것으로 나온 문항을 소개하면 아래와 같다. 유의할 것은 부정적 내용의 문항은 반대로 해석한다는 점이다.

- 막상 늙고 보니 모든 것이 젊었을 때 생각했던 것보다 낫다.
- 요즘 나는 나 자신을 발전시키려는 노력을 포기했다.
- 나는 지금 젊었을 때와 마찬가지로 행복하다.
- 남을 위해 봉사하는 일이 나에게는 매우 보람을 준다.
- 나는 현재 살고 있는 곳이 마음에 든다.
- 나는 일생 동안 최선을 다해 왔다.
- 인생을 다시 살 수 있는 기회가 주어진다 해도 살아온 대로 다시 살겠다.
- 늙고 무기력해지느니 차라리 죽는 것이 낫겠다.

검사결과로 보면 지난 일에 대해 대체로 후회하기보다는 긍정적으로 보고, 나이 듦에 대해서도 비관적이기보다는 젊은 날의 연장선으로 보는 긍정적 관점을 갖게 되었다고 할 수 있겠다.

여기서 촉진자가 관심을 가지고 살펴본 것은 12번 문항인 '나는 죽는 것이 두렵고 원망스럽다'와 27번의 '내세에 대한 문제가 몹시 나를 괴롭힌다'는 문항에 대한 사전사후의 변화이다. 그 결과를 살펴보면 12번에서 사전사후 점수 동일과 점수 상승이 각각 한 분씩이고 나머지 다섯 분은 모두 점수가 하락했다. 그리고 27번의 경우에는 사전사후 동일 두 분, 상승 한 분, 그 외 네 분은 점수하락이었다. 이 두 문항에 대한 변화는 직선적이고 표면적으로 해석할 것이 아니라 좀 더 그 의미에 유의할 필요가 있다고 생각된다.

죽음은 놀랍고 혐오스러우며 위협적인 정서를 불러일으키기 때문에 우리는 대개 의식적으로 또는 무의식적으로 죽음에 대해 생각하거나 말하기를 꺼리는 경향이 있다. 이러한 경향은 9회기 프로그램에서 집단원들에게 주제를 말했을 때 확인할 수 있었다. 집단상담 종결 직전인 8, 9회기에 죽음과 관련된 주제를 다뤘기 때문에 자신의 죽음에 대해 구체적으로 생각해 보았고 그에 따른 정서로 고통이나 허무, 우울을 느꼈을 것이다. 그래서 죽음과 관련된 이 문항들에서 점수가 내렸을 것으로 생각되지만 어느 정도 시간이 지나고 나면 오히려 상담을 통해서 죽음에 대해 간접 경험해 본 것이 그들로 하여금 죽음을 좀 더 객관적으로 담담하게 보게 하여 좀 더 평온한 상태에서 구체적으로 죽음을 준비하게끔 하는 힘을 키워 줄 것으로 믿는다.

미국 텍사스 대학 Penny Baker 박사의 일련의 연구 결과에 의하면 세계 제2차 대전 당시 유대인 수용소 경험이 있거나 어린 시절 부모로부터 버림을 받았거나 강간을 당한 경험이 있는 사람들에게 자신의 고통스러운 경험을 말하게 하거나 글로 쓰게 했을 때 일정기간까지는 괴로운 경험의 회상으로 힘들어하지만 그 이후로는 말로든 글로든 표현하기 이전에 비해 건강상의 문제로 병원을 찾는 비율이 줄어든다고 한다. 이는 기억표출의 의미와 효력을 말해 주는 것이라 하겠는데, 이를 상기한 검사 결과와도 연결해서 생각해 봄직하다.

이제 집단원 개인별로 사전사후 검사를 통해 어떤 변화가 일어났는지 살펴보기로 한다.

• A : 유일하게 18번 문항에서 부정적 변화가 나타났고 3, 4, 21번에서 긍정적 변화를 보였는데 특히 4번은 변화의 폭이 크고 21번은 8회기의 주제와 직접적으로 연관되는 내용이어서 반가운 변화라 하겠다.

- B : 3, 9, 21번에서 부적 증가를 보였는데 특히 타인과의 친밀감에 대한 9번 문항의 경우 B가 집단 프로그램의 기간중 한 번의 결석도 없이 모두 참석했고 집단원들과 잘 어울리며 다정다감한 면을 보였기 때문에 그 결과가 의아하다. 보이는 면 뒤에 친밀감에 대한 어려움이 있을 수도 있고 또 한 가지 가능성은 그 문항이 부정문이어서 그렇지 않을 경우 답도 부정문이므로 의미상 혼동을 일으킬 수 있다는 것이다. 실제로 집단원 중에는 답하는 과정에 의미가 헛갈려 처음에 표시한 답을 고쳐 바로 잡기도 했다. 후자이길 바란다.

- C : 6, 17, 21번에서 긍정적 변화를 보여 나이 든다는 것 그 자체와 그에 따르는 자신의 무가치함이라는 면에서 긍정적 사고로의 전환을 짐작케 한다. 이는 노년기를 행복하고 보람 있게 보내는 데 필수적인 관점이며 집단상담을 통해 집단원들이 갖게 되길 바라는 점이기도 했다.

- D : 18, 26, 30번에서 부정적 변화, 4, 7, 23, 26번에서 긍정적 변화를 보였다. 그 결과를 집단 프로그램 중에 드러난 내용과 관련해 살펴본다면 남편과 해로하지 못하고 이른 사별로 인해 힘들고 한스러웠으나 최선을 다해 열심히 살았으므로 실패감을 느끼지는 않고 노후에 여유를 가지면서 자기발전하고 있다는 것으로 풀이된다.

- F : 집단원 중에 검사 상 변화한 문항이 가장 적다. 1, 4, 10번에서의 점수하락은 아들가족과 함께 살면서 겪는 자신의 무가치함과 무력감을 집단상담 프로그램을 통해 되짚고 타 집단원들 속에서 상대적 상실감을 더 느꼈기 때문이 아닐까 생각된다. 반면 25번에서의 상승이 고무적이고 촉진자로서 위안을 받는 부분이다.

- H : 전반적으로 사전검사에서는 1점 또는 5점 같은 극단점수가 많았지만 사후검사에서는 그런 경향이 사라져서 약간씩의 변동이 있었는데 그 중 8, 12, 19번이 부적으로, 20번은 정적으로 이동한 것이 눈에 띈다.

- I : I의 검사결과는 많은 것을 시사한다. I가 한글 읽는 것에 미숙하기 때문에 사전검사는 보조 촉진자가 도와주었고 사후검사는 I가 10회기에 불참했던 관계로 종결 이후에 복지사가 도와주었는데, 자신이 직접 문제를 읽고 매 문항의 보기인 다섯 수준을 확인하면서 답하는 것보다는 듣기만 하고 답하는 것이 아무래도 정확도가 떨어질 것으로 생각된다. 또 검사를 돕는 사람의 이해도와 어감, 특성에 따라 피검자의 반응도 달라질 것이며 피검자의 반응에 대한 검사 조력자의 해석도 검사 결과에 영향을 미칠 것이다. 다른 집단원들이 10개 내외의 문항에서 변화를 보인 반면 I는 여섯 문항을 제외한 무려 스물다섯 개 문항에서 변동이 있었다. 그 중에서 점수 차가 큰 것을 보면 3, 12번이 긍정적으로, 18, 24, 26, 30번이 부정적으로 옮겨 갔다. 부적 변화를 보인 문항의 내용은 I가 집단 프로그램 과정에서 드러낸 자신의 힘들었던 과거를 생각해 볼 때 그러한 반응에 수긍이 간다. 촉진자로서 1회때부터 과묵함과 소극성으로 집단원들과의 융화가 염려되었던 점을 감안하면 작은 변화이긴 하지만 타인과의 친밀감 증가를 말해 주는 9번 문항의 결과가 기쁘다.

6.8 설문지 평가

프로그램을 마치며

1. 프로그램을 시작하기 전에 프로그램에 대한 생각과 기대는 무엇이었습니까?

2. 첫 회기에 궁금했던 것은 무엇이고 기분이 어떠했습니까?

3. 10회의 프로그램 내용 중 가장 좋았던 회기는 어느 것이고 그 이유는 무엇입니까?

4. 10회의 프로그램 내용 중 가장 아쉬웠던 회기는 어느 것이고 그 이유는 무엇입니까?

5. 1회부터 10회까지 하는 동안 자신의 변한 점은 무엇입니까?

6. 프로그램을 마치면서 처음의 기대목표가 어느 정도 달성되었다고 생각하십니까?

7. 당신은 프로그램에 진지하고 솔직하게 참여했습니까?

8. 촉진자가 당신에 대해 어느 정도 이해했다고 생각하십니까?

9. 촉진자가 프로그램에 진솔하게 임했다고 생각하십니까?

10. 촉진자의 리더십은 어떠했다고 생각하십니까?

11. 프로그램 내용으로 다루기를 바라는 주제가 있으시면 써 주십
시오.

12. 하고 싶은 이야기가 있다면 무엇이든 써 주십시오.

프로그램과 촉진자에 대한 집단원들의 의견을 듣기 위해 '프로그램을 마치며'라는 제목으로 평가 설문지를 만들어 집단 프로그램 종결 시 응답하게 했다. 여기에서는 평가에 대한 반응들을 종합하여 기술한다.

먼저 프로그램에 대한 기대와 만족을 묻는 문항들의 답을 보면 프로그램을 시작하기 전에 집단상담 프로그램을 전혀 경험해 보지 않았기 때문에 집단상담 자체에 대한 지식이 없었을 뿐만 아니라 프로그램에 대해 구체적인 생각이나 기대가 없었다는 것을 알 수 있었다. 한 분만 프로그램에 대한 기대를 '친구를 사귀기 위해서'라고 답했다. 무엇을 하는 어떤 모임인지 모르는 채 궁금증, 의아심과 함께 뭔가 도움이 될 것이라는 막연한 기대, 희망을 가지고 시작했고 첫 회기에 얼떨떨하고 궁금하면서도 재미있고 즐거울 것 같았다고 했다.

프로그램에 대한 정확한 이해가 없었으므로 자신의 기대를 구체적으로 무엇이라 말할 수는 없었겠지만 막연하나마 뭔가 이 프로그램을 통해서 얻는 것이 있을 것이라 생각했을 텐데, 프로그램을 마치면서 처음의 기대 목표가 어느 정도 달성되었다고 생각하느냐는 질문에 '거의 만족, 상당히 달성, 매우 만족, 100%'로 쓰고 있어 높은 만족도를 나타내었다.

프로그램 내용 중 가장 좋았던 회기와 아쉬웠던 회기가 무엇이었는지 그리고 그 이유는 무엇인지를 묻는 문항이 있었다. 우선 아쉬운 회기에 대한 질문에서 한 집단원만 4회기에 실시했던 '남이 보는 나'라고 구체적으로 답했는데, 그 이유는 다른 사람들이 나를 어떻게 보고 있는지 알고 싶었으나 집단원들이 좋은 점만 말해 주었기 때문이라고 했다. 그 외에는 아쉬운 회기가 없거나(3명), 종결을 이유로 마지막 회기(3명)라고 답해 프로그램 상의 문제점을 수정, 보완하고자 했던 의도에는 미치지 못했다.

반면, 좋았던 회기를 묻는 문항에서 한 분은 모든 회기가 좋았다고 했고, 복수로 답한 분이 두 분 있어 '내 인생의 3대 뉴스'가 셋, '장점 찾기'가 하나, '마음의 선물'이 둘, '내가 살아야 하는 이유'가 하나, '유언 남기기'가 하나로 꼽혔다. '3대 뉴스'를 꼽은 이유로 C는 인생이 무엇인지 생각하게 되고 나 자신을 차차 발견하게 되어 매우 유익했다고 했고, I는 '3대 뉴스'라고 쓰는 대신 '슬픈 이야기'라고 썼는데, 고생했던 이야기를 좀 더 말하고 싶었지만 다른 사람도 말해야 하니까 시간 때문에 다 못했다며 아쉬워했다. 이로써 '인생의 뉴스'는 C에게는 회상을 통한 자기 발견으로서 의의가 있었고, I에게는 자신의 힘들었던 경험에 대한 표출과 집단원들로부터의 위로와 지지가 일종의 정화작용의 역할을 한 셈이라 하겠다.

'장점 찾기'를 답한 F는 그 이유로 '서로의 마음을 털어 놓고 즐거웠던 일'이라고 쓰고 있어 약간 우울 성향의 F로서는 자신의 장점을 찾고 타인으로부터 장점을 발견, 인정받는 것이 기쁘고 위안을 받았던 것으로 생각된다. 그리고 B와 D는 '마음의 선물'을 좋은 회기로 꼽고 그 이유를 '노래로 마음을 전하며 즐겁게 이야기한 것'이라 했다. 집단원의 상당수가 복지관의 가요반이나 합창반에 등록해 노래를 즐겨 부르는 것을 생각할 때 '좋았던 회기'로 꼽힌 사실이 이해된다. 실제로 10회의 프로그램 회기 중 분위기가 가장 밝았고 부담 없고 편안한 휴식 같은 따뜻한 회기였다. 바로 이런 점이 '마음의 선물'을 8, 9회기의 다소 무거운 주제를 다루는 회기 앞에 배치한 이유이기도 했다.

그리고 H가 '내가 살아야 하는 이유'를 또 D가 '유언 남기기'를 좋았던 회기로 꼽았다는 사실은 참 반갑고 고무적이라 하지 않을 수 없다. 이러한 주제는 노년기에 반드시 필요한 것임에도 불구하고 생각하고 정리해 보는 시도조차 꺼리는 상황에서 노인 본인이 '죽음에 대한 깊은 생각을 못했던 우리에게 준비할 수 있는 생각을 하게 했다'며 이러한 작업의 의미를 실감했다는 것은 본 프로그램 실시의 큰 성과 중의 하나라 할 수 있겠다.

프로그램이 집단원에게 미친 효과를 보기 위해 만든 '1~10회까지 하는 동안 자신의 변한 점은 무엇입니까? 라는 문항에 대한 반응은 아래와 같다.

> A : 다른 사람의 장점을 보는 것이 달라요.
>
> B : 열심히 즐겁게 살아야겠다는 생각이 든다.
>
> C : 나 자신을 재발견하게 됐고 내 인생 소중함을 더욱 깨닫게 됐고 내 걸어온 인생에 대한 반성의 기회가 됐다.
>
> D : 상대를 이해하고 편하게 받아들일 수 있는 생각을 더 강하게 가지게 되었다.
>
> F : 긍정적으로 살겠다고 생각한다.
>
> H : 항상 마음이 급했는데 좀 여유롭고 많은 것을 터득하고 알고 마음의 문이 열렸다.
>
> I : 하는 동안 즐거웠고 마음이 편안하다.

프로그램을 만들어 실행하고 난 후의 가장 큰 보람은 이상의 집단원 반응들에서 가장 뚜렷하게 찾을 수 있을 듯하다. 집단원들이 지나온 삶을 긍정적으로 편안하게 보면서 남은 삶에 대해서도 역시 긍정적인 시각을 갖게 된 것은 아주 중요하고 큰 소득이다. 특히 F의 답은 마음이 아프면서 고맙다.

촉진자에 대한 평가에 앞서 집단원으로서 자신이 상담 프로그램에 진지하고 솔직하게 참여했느냐는 질문에 F만 '예, 보통'이라 답하고 그 외는 모두 '아주'로 답했다. 촉진자에 대한 평가에서 '촉진자가 당신에 대해 어느 정도 이해했다고 생각하십니까? 라는 문항에 D가 50%라고 답했는데, 그 이유를 묻자 세대차이가 있기 때문에 모두 이해하기는 어려울 것이라고 했다. 또 H가 나에 대한 모든 것을 보이지 않았기 때문이라며 보통이라고 답했다. 나머지 분들은 모두 '아주'로 답했다. 특별히 C는 문항에서의 '이해'라는 말에 연관해 쓴 것으로 보이는 '나의 이해, 자기 발견이 인생의 성패, 행복에 매우 영향을 준다는 것을 이해했다.' 라는 글을 덧붙여 놓았다. 그리고 촉진자의 상담에 임하는 태도를 묻는 문항에서는 전원 '아주' 또는 '매우' '진솔' 또는 '만족' 으로 답했으며 촉진자의 리더십에 관한 질문에도 '아주 만족' 으로 답하고 '최선을 다했다', '매우 자상하게 성의를 다하는 유능한 리더십' 으로 표현하기도 했다.

프로그램 내용으로 다루기를 바라는 주제가 있느냐는 질문에 구체적으로 답한 집단원이 한 분 있었는데 H가 '풍경화 그리며 추억하기' 로 썼다. H에게 2회기는 아직 마음이 열리지 않은 상태여서 정작 풍경구성법을 할 때는 힘들어했지만 돌아보니 그림 그리는 기회를 가지면서 추억하는 작업을 다시 해 보고 싶은 것이 아닐까 생각된다. 2회기에서 H가 얘기하려면 한이 없다며 자신의 발표 순서를 서둘러 마무리했던 점을 생각하면 이해가 된다. 그리고 D가 막연하기는 하지만 '나이 들어가는 우리에게 유익하고 즐거울 수 있는 소재' 라고 썼다.

질문지의 마지막 문항은 '하고 싶은 이야기가 있다면 무엇이든 써 주십시오.' 였는데 C가 인생을 보람되게 살려고 했지만 그렇지 못한 것 같다며 나이 들면서 바르게 살고 정도를 걷는다는 것이 어렵다는 것을 더욱 깨달았다는 자기반성적 글을 썼고, 다른 분들은 종결에 대한 아쉬움과 바람을 다음과 같이 표현했다. '좀 더 많은 시간을 두고 촉진자와 많은 가르침과 대화가 있었으면 하는 바람', '좋은 얘기를 나눌 수 있는 기회가 많이 있었으면 합니다.', '끝나는 시간이 아쉽습니다.', '이 시간이 만족스럽고 즐거웠고 보람 있었기에 끝난다는 것이 아쉬움이 많고 헤어지기가 섭섭합니다.' 프로그램을 계속 하고 싶다는 의견은 회기 진행중에도 간혹 나왔는데 10회로 끝난다는 사실을 재차 확인하고 아쉬워하면서 후속 프로그램 실행 여부를 물었다. 이에 그 실행 여부는 본 프로그램에 대한 반응과 평가를 보고 복지관과 연구소 간의 논의와 협의가 있어야 한다고 답하자 후속 프로그램이 있어서 이 집단이 그대로 계속됐으면 좋겠다는 발언이 있었고, 본 프로그램은 이미 자신들이 제 1회 졸업생으로 거쳤으니 다시 진행된다면 다른 사람들에게 좋은 프로그램이라는 광고를 하겠다고 반응했다.

10회기 상담에 들어가기 전 복지사로부터 자신이 만든 '노인 자아통합 프로그램 만족도 조사' 라는 이름의 질문지를 집단원들에게 작성하게 해 달라며 건네받았는데, 이 설문지는 〈부록 3〉에서 볼 수 있다. 질문 내용이 촉진자가 만든 것과 중복되는 것들이 있었는데 집단원들의 반응을 정리하면 다음과 같다. 가장 반갑고 눈에 띄는 문항은 '이 프로그램을 진행한 후 일상생활이 더 즐겁다고 느끼십니까?' 였는데 '아주 그렇다' 가 세 분, '그렇다' 가 네 분이었다. 차후 프로그램 실행 시 개선할 점을 묻는 문항에서는 '없다' 가 세 분, 네 분은 좀 더 시간을 많이 주고 계속 했으면 좋겠다는 의견을 썼다. 촉진자의 태도, 전문가다운 실력수준에 대한 평가를 묻는 질문에는 전원 '매우 만족' 으로 답해 촉진자들을 부끄럽게 했고, 이 프로그램의 전반적 내용과 활동내용에 대한 질문에도 전원이 최고 만족을 표했다. 또 이 프로그램이 자신에게 얼마나 도움이 되느냐는 질문에도 전원 '매우 도움이 된다' 로 답했다.

평가를 정리, 종합하기 위해 집단원들의 응답을 보면서 질문에 대한 이해가 부족하거나 답하기를 빠뜨린 경우가 있었다. 이는 사전, 사후 검사의 답을 확인하면서도 우려되었던 부분이기도 하다. 자칫 문항의 표현 형태에 있어 긍정문과 부정문의 혼동으로 오답이 발생할 수도 있고, 이중질문인 경우에는 한 질문에 대해서만 답을 하거나 질문 내용에 부적합하거나 벗어나는 답을 하는 경우가 발견되었다. 그래서 검사나 질문지 작성 시 촉진자가 한 문항씩 읽어 주면서 무엇을 묻는 것인지 설명해 주고 집단원들로부터 질문이 있으면 답해 주면서 함께 작성하는 것이 바람직할 것이라는 생각이 들었다. 그리고 마지막 회기에 작성한 평가서를 받아 가지고 와서 그 반응을 살펴보다 보니 '이 집단원은 왜 이렇게 답했을까?'라는 의문이 생기는 경우가 있었다. 다행히 10회기에 집단원들의 응답을 챙겨 보면서 궁금한 것을 질문할 여유가 좀 있었고 상담이 진행되는 동안의 언행으로 그 이유가 짐작되기도 해서 그런 경우가 많지는 않았지만, 집단원들의 반응을 확인하고 부가적인 질문을 통해 반응을 수집하는 과정이 필요하다는 생각이 들었다. 또한 가지 덧붙이고 싶은 것은 촉진자가 평가 질문지를 만들 때 집단원들로부터 좀 더 다양하고 상세한 반응을 얻고 싶어 개방형 질문으로 자유 반응하도록 했지만, 실제로 질문지를 작성하게 할 때는 칠판에 5점 척도에 해당하는 보기를 만들어 그에 따라 답하도록 한 다음 곁들여서 자유롭게 기술할 수 있도록 했다. 그렇게 하여 만족의 정도를 분명하게 알 수 있으면서 평점 척도만으로는 얻을 수 없는 다양한 반응을 볼 수도 있어 유용했다.

6.9 프로그램 시행 후기

1. 집단프로그램의 장점

이번 프로그램을 끝내면서 이러한 집단 프로그램이 노년기에 처한 노인들에게 어떤 영향을 미치는지 정리해 보는 것이 의미가 있겠다. 다시 말해 집단 프로그램이 노인상담과 관련해 갖는 함의를 살펴보고자 한다.

첫째, 노인집단프로그램은 노인들이 가장 일반적으로 겪는 어려움이라 할 수 있는 소외감과 고독의 문제를 완화할 수 있다. 즉 한 집단의 구성원으로서 소속감을 경험하면서 정서와 사고 교류를 통해 상호 조력하고 지지하는 관계가 형성되고, 이러한 관계는 프로그램이 끝난 후에도 지속될 수 있다는 것이다.

둘째, 앞으로 맞이하게 될 죽음으로 비롯되는 우울과 공포를 극복하는 자세를 마련해 줄 수 있다. 비유하자면 지하실에 물건을 오래 두면 습기 때문에 곰팡이가 슬지만 햇빛 속에 두면 깨끗하듯이, 죽음 혹은 우울과 공포를 불러오는 다른 문제들을 드러내어 하나의 주제로 생각과 정서를 나누다 보면 편안하게 수용할 수 있게 된다.

셋째, 긍정적인 자아관과 인생관을 갖도록 도와준다. 자신의 역사를 되짚어 의미를 찾고, 자신의 장점을 바라보고, 또한 그러한 것들이 타집단원들에 의해 지지받음으로써 자존감을 높이고 자신의 삶에 대해 긍정적으로 생각하게 된다.

넷째, 대인관계의 질을 높일 수 있다. 집단 내에서 자신뿐 아니라 타인을 있는 그대로의 존귀한 대상으로 이해, 수용하면서 피상적이 아닌 깊은 교류를 경험하게 되고, 이는 집단 밖의 다른 사람들과의 관계에서도 적용될 수 있다.

다섯째, 자기표현의 기회를 갖게 된다. 노인은 자신의 경험담을 이야기하기 좋아하고 생활상의 기쁨이나 괴로움 등을 표현하는 것이 필요한데, 특히 부정적인 정서의 표출은 정신건강에 도움을 주며, 이는 신체적 건강과도 연결이 되므로 집단 내에서의 자기표현은 의미가 적지 않다고 하겠다.

요컨대, 집단 프로그램은 노년기의 문제들을 상당히 완화 내지는 해결해 줄 수 있으며, 이는 개인 상담으로는 이뤄지기 힘든, 집단 프로그램이 갖는 장점이라 할 수 있다. 집단 초기에서는 자신을 탐색하고 드러내어 공유, 교류한다는 것을 어색해 하지만 집단 흐름에 따라 이야기하는 것이 가능해지면서 상호 촉진하게 된다.

다음에 앞으로 집단 프로그램을 진행할 분들을 위해 참고가 될 만한 유의사항을 정리해 보기로 한다.

2. 집단프로그램 촉진자의 유의사항

첫째, 부촉진자의 필요성이다. 프로그램 진행에 있어서 집단원의 구성, 집단원들과의 연락, 집단활동 준비물 구비, 요청사항 처리 등뿐만 아니라 집단과정의 촉진을 조력하는 부촉진자(공동상담자, 복지사)가 있는 것이 바람직하다.

둘째, 집단원 구성에 있어서 복지관의 기존 프로그램을 통해 서로 아는 사람과 복지관을 이용하지 않는 사람의 비율을 1대 1 정도로 하는 것, 그리고 남녀의 성비가 한 쪽이 절대적으로 많은 것보다는 어느 정도 균형을 이루는 것이 집단 분위기, 집단 응집력, 집단과정 촉진 면에서 바람직하다.

셋째, 프로그램에 대한 오리엔테이션을 충분히 하는 것이 필요하다. 첫 회기에서 간략하게 방향제시를 하기는 하지만 그것으로는 부족하다고 생각되고, 프로그램을 진행하기 이전에 별도의 모임을 열어서 상담자의 소개와 함께 프로그램의 목적, 내용, 진행방법 등에 관해 설명하고 궁금한 점에 대한 문답 시간을 갖는 것이 발생 가능한 저항을 줄일 수 있고 집단과정의 촉진에 긍정적으로 작용할 것이다.

넷째, 몸 풀기, 명상, 실외 레크리에이션 모임의 필요성을 들 수 있다. 매 회기 프로그램에 들어가기 전 간단한 몸 풀기를 통해 몸을 유연하게 하는 것은 회기 중의 신체적 편안함뿐만 아니라 사고의 유연성을 꾀할 수도 있을 것이라 생각되고, 특히 서로의 몸을 풀어주는 과정은 친밀감 형성에도 도움이 된다. 또 명상은 마음을 조용히 가라앉혀서 매회기의 프로그램 내용을 스스로 정리해 볼 수 있는 기회를 제공하고, 자비관을 할 경우 이타심의 확장을 체험할 수도 있다. 그리고 실외 레크리에이션은 집단원들 간 및 집단원들과 촉진자 간의 친화력을 높일 뿐만 아니라, 갇힌 실내공간에서의 구조적인 과정에서 나타나지 않는 역동을 볼 수 있는 장점이 있다.

다섯째, 추수(follow-up)계획에 관한 것인데, 프로그램이 끝난 후에도 프로그램 과정에서 얻은 자기성찰과 통찰로 인한 변화를 실제 생활에서 어떻게 경험하고 있는지 다시 검토, 조정하는 것이 바람직하다. 정규 프로그램식이 아닌 친목도모 성격의 추수모임이라도 가질 수 있도록 이에 대해 언급하는 것이 좋겠다.

여섯째, 집단 과정에서 개인상담의 필요성이 있는 것으로 판단되거나 개인 상담을 원하는 집단원이 있는 경우에는 프로그램 종료 후 개인 상담으로 연결될 수 있도록 하는 것이 바람직하다.

이상에서 노인을 위한 집단 프로그램이 갖는 장점들과 프로그램 진행상의 유의점에 대해 언급했다.

우리는 흔히 듣고 말한다. "이 나이에 뭘……", "그 나이에 뭘……"이라고. 노인 스스로도 그렇고 노인을 바라보는 사람들의 시선도 그러하다. 우리는 누구나 때가 되면 맞게 될 노년기를 인생의 예외적인 한 부분으로 치부하고 끝난 인생, 그저 생을 마감할 때까지 시간을 죽이는 시기로 여기곤 한다. 그리고 죽음은 미리 생각하고 준비하고 편안하게 받아들여야 함에도 불구하고 공포스럽고 혐오스러운 것으로 생각하고 대화의 주제로 삼는 것조차 꺼리는 경향이 있다. 이러한 노년에 대한 부정적 사고는 가뜩이나 신체적으로 쇠약해지고, 배우자나 친밀한 사람들의 죽음을 경험하고, 사회적 접촉으로부터 고립되고, 경제사정이 악화되고, 지난 시간에 대한 회한 등의 이유로 우울증 경향이 증가하는 노인들을 더 힘들게 만든다.

그러면 성공적인 노화는 어떤 것일까? 노년기에 일반적으로 겪는 변화에 적응하고, 자신의 장점뿐 아니라 단점을 받아들이며, 자신의 과거에 대해서도 받아들이고 만족하는가 하면, 주변 사람들과 밀접한 인간관계를 유지하는 것이라 할 것이다. 그리고 죽음의 전망에 대해서도 적응하는 것임을 덧붙일 수 있겠다. 죽음은 두려워하고 피해야 할 것이 아니라 인생의 한 통과의례로 자연스럽게 받아들여야 할 일이다.

집단상담 프로그램은 이러한 성공적인 노화를 돕는 하나의 방법이 될 수 있다. 친구나 동기간에 모여서 과거나 현재를 이야기하며 웃기도 하고 넋두리도 하지만, 집단상담을 통해서 좀 더 체계적이고 전문적인 방향과 방법으로 지난 삶을 정리하고 남은 삶을 의미 있게 영위할 수 있게 하자는 것이 이 프로그램의 목적이라 할 것이다. 이번 프로그램에 참가한 어르신들께는 집단상담 참여라는 이 일이 그분들 인생에서 하나의 사건이 됐을 것이라 생각한다. 한 배를 타고 있는 것과 같은 한 팀의 구성원들이 10회를 정기적으로 만나면서 어린 시절부터 지금까지의 나와 내 주변을 둘러보고 경험들을 서로 나누고, 그러는 과정에서 집단상담의 가장 큰 치료요인이라 할 수 있는 보편성을 실감하고 서로 공감하고 지지해 준다. 이로써 자신의 상처를 보듬게 되고 긍정적인 면을 찾게 되면서 삶의 의미를 재정립하여 오늘과 내일에 대한 태도도 좀 더 긍정적으로 가질 수 있게 될 것이다. 이러한 집단상담 프로그램이 노년기에 얼마나 필요한 작업인지를 인식하고 노인복지관뿐만 아니라 여러 사회단체에서 이를 정례화해서 보다 많은 노인들이 경험할 수 있기를 희망한다.

첫 시행이었으므로 부족함을 느끼고 아쉬움이 남지만 이것이 좀 더 나은 프로그램을 위한 초석이라 생각하고 싶다. 촉진자로서 그들에게 도움을 주는 입장이었지만 사실은 오히려 그들로부터 더 많은 것을 얻었다. 세월과 경험이 주는 그들의 넓은 품과 온기, 그리고 지혜를 받았으며 나의 노후는 어떠해야 할 것이라는 생각을 하게 되었다. 집단원들에게 깊은 감사를 전하고 어르신들의 건강과 행복을 진심으로 빌며 이 글을 마친다.

부록

집단 참여 방법

- 집단에서 가슴을 열어 서로를 받아들이고 따뜻한 마음을 나누어 줌으로써 '나' 가 아닌 '우리' 가 된다.

- 집단 내에서 알게 된 모든 내용은 외부에 발설하지 않으며 나쁘게 이용하지 않는다.

- 사회적 지위, 연령, 학력을 과감히 벗어던지고 주저하지 않고 나 자신의 이야기를 하며 나의 감정과 생각을 솔직하게 있는 그대로 내보인다.

- 집단원이나 그의 문제에 대해 판단, 평가하여 충고, 조언하지 않으며 상대방의 있는 모습 그대로에 대한 느낌과 생각을 솔직하게 말한다.

- 자신이나 다른 사람에 대한 미진한 감정은 즉시 풀고 갈등을 피하지 않는 것이 자기 성장과 행복에 도움이 된다.

- 집단원의 말을 대변해 주거나 의도를 가로막지 않으며 말이나 행동에 있어 독점하지 않는다.

〈제3부 관련 부록 집단프로그램〉

 서 약 서

본인은 나의 행복 찾기 집단상담에 참여함에 있어 다음과 같은 사항을 성실히 준수할 것을 약속합니다.

1. 본 집단상담에 지각, 조퇴, 결석 없이 끝까지 참여한다.

2. 본 집단상담 중 알게 된 다른 사람의 비밀을 남에게 말하지 않고 나쁘게 이용하지 않는다.

3. 다른 사람의 말을 잘 듣고 그 사람의 감정을 이해하려고 노력한다.

4. 본 집단상담 진행중 개인적으로 느끼고 생각한 것은 가능하면 솔직하게 모두 말하여 마음에 남기지 않도록 한다.

200　년　월　일

이름　　　　　(서명)

〈제3부 관련 부록〉

노인자아통합프로그램
[우듬지를 꿈꾸며……] 만족도 조사

1. 이 프로그램을 실행하는 담당자의 태도는 어떠하셨습니까?

　① 매우 만족　　　　② 조금 만족　　　　③ 보통

　④ 조금 불만족　　　⑤ 매우 불만족

2. 이 프로그램이 자신에게 얼마만큼 도움이 된다고 생각하십니까?

　① 매우 도움이 된다　　② 조금 도움이 된다　　③ 보통이다

　④ 조금 도움이 되지 않는다　　⑤ 매우 도움이 되지 않는다

3. 이 프로그램을 진행한 후 일상생활이 더 즐겁다고 느끼십니까?

　① 아주 그렇다　　　② 그렇다　　　　　③ 못 느끼겠다

　④ 그렇지 않다　　　⑤ 전혀 그렇지 않다

4. 프로그램 중 어떤 활동이 제일 재미있으셨습니까?

　（　　　　　　　　　　　　　）

5. 차후의 프로그램을 실행하였을 때 개선해야 할 점은 무엇이라고 생각하십니까?

　（　　　　　　　　　　　　　）

6. 강사는 맡은 분야에 얼마나 전문가다운 실력을 가지고 있다고 생각
   하십니까?

   ① 매우 만족   ② 조금 만족   ③ 보통

   ④ 조금 불만족   ⑤ 매우 불만족

7. 이 프로그램의 전반적인 내용에 점수를 주신다면?

   ① 51~60점   ② 61~70점   ③ 71~80점

   ④ 81~90점   ⑤ 91~100점

8. 이 프로그램의 전반적인 활동내용은 어떠하다고 생각하십니까?

   ① 매우 만족   ② 조금 만족   ③ 보통

   ④ 조금 불만족   ⑤ 매우 불만족

〈제3부 관련 부록〉

 자비관(慈悲觀) 1

모든 존재들의 행복을 위한 기원

모든 생명 있는 존재들이 안락하고 행복하며 괴로움과 재난에서 벗어나기를 기원합니다.

모든 이들이 하고자 하는 일이 모두 이루어지기를 기원합니다.

모든 생명 있는 존재들이 해악과 미워하는 마음, 근심과 슬픔에서 벗어나기를 기원합니다.

모든 이들이 진정한 행복과 마음의 평온을 즐기기를 기원합니다.

모든 생명 있는 존재들이 분노와 기만, 남을 해치려는 마음에서 벗어나서 남에게 해를 끼치고 살해하는 일에는 티끌만큼도 마음을 기울이지 않기를 기원합니다.

모든 이들이 순수한 마음을 지니고 자애와 선행에 마음을 기울이기를 기원합니다.

모든 생명 있는 존재들이 남을 속이는 일과 야비한 마음 씀을 삼가기를 기원합니다.

남을 헐뜯는 말, 거친 말, 위협하는 말, 화나게 하는 말, 빈 말, 쓸모없는 말을 하는 것을 삼가기를 기원합니다.

모든 이들이 진실되고, 유익하며, 의미 있고, 사랑스러우며, 자애로움을 표현하는, 듣기 좋은 말을 하기를 기원합니다.

모든 생명 있는 존재들이 다른 이의 재산을 훔치는 일, 남의 행복을 파괴하는 일, 잘못된 생각을 지니는 일을 삼가기를 기원합니다.

모든 이들이 잘못된 생각, 탐욕, 성내는 일에서 벗어나 모두 함께 평화롭기를 기원합니다.

모든 생명 있는 존재들이 풍요로우면서도 남에게 베푸는 일에 솔선하고, 재일(齋日)과 계율을 잘 지키며, 자신의 행위를 올바르게 제어하기를 기원합니다.

모든 이들이 마음집중[定]과 지혜[慧]를 닦아 마음이 평화롭고 심신이 건강하며 행복하기를 기원합니다.

모든 기원이 성취되기를 간절히 발원합니다.

자비관(慈悲觀) 2

용서

만일 내가 다른 사람에게 몸으로, 입으로, 생각으로 잘못을 행했다면 내가 평화롭고 행복하게 살 수 있도록 용서받기를 원합니다. 또한 누군가가 나에게 몸으로, 입으로, 생각으로 잘못을 행했다면 그들이 평화롭고 행복하게 살 수 있도록 나는 용서합니다.

자비관

내가 안락하고 행복하고 평화롭기를 기원합니다.
내가 안락하고 행복하고 평화롭기를 기원하는 것처럼 모든 존재들이 안락하고 행복하고 평화롭기를 기원합니다.

내가 악의에서 벗어나기를 기원합니다.
내가 악의에서 벗어나기를 기원하는 것처럼 모든 존재들이 악의에서 벗어나기를 기원합니다.

내가 정신적, 육체적인 고통에서 벗어나기를 기원합니다.
내가 정신적, 육체적인 고통에서 벗어나기를 기원하는 것처럼 모든 존재들이 정신적, 육체적인 고통에서 벗어나기를 기원합니다.

내가 평화롭고 행복하게 살기를 기원합니다.

내가 평화롭고 행복하게 살기를 기원하는 것처럼 모든 존재들이 평화롭고 행복하게 살기를 기원합니다.

공덕 회향

우리가 닦은 보시, 지계, 수행의 공덕을 모든 존재들에게 회향합니다. 모든 존재들과 이 공덕을 나누어 행복하고 평화롭기를 기원합니다.

각주 : 여기에 쓰인 자비관은 하나의 예시로 김재성(2003)의 위빠사나 수행 중 자관을 수록한 것이다. 촉진자는 집단상담 프로그램에서 자비관 2를 사용했는데, 공덕 회향은 종교적 색채를 띠고 있어 생략하고 용서와 자비관만 읽었다. 읽는 중간에 집단원에게서 '아멘'이라는 말이 들려와 반가웠다. 자비관의 기원은 불교이지만 종교와 무관하게 타인과 나의 행복, 평화를 기원하는 것은 스스로 그러한 마음을 내도록 독려하는, 의미 있는 일이 될 것이다. 집단의 성격에 따라 그에 맞는 명상 문구를 만들어 사용하는 것도 좋은 방법이라 생각한다.

 인생은 일흔 살부터

1. 우리들의 인생은 일흔 살부터
   언제나 행복하게 살아갑니다.
   칠십에 우리들을 데리러 오면
   지금은 안 간다고 전해 주세요.

2. 우리들의 인생은 일흔 살부터
   언제나 기쁨 안에 살아갑니다.
   팔십에 우리들을 데리러 오면
   아직은 이르다고 전해 주세요.

3. 우리들의 인생은 일흔 살부터
   언제나 기도하며 살아갑니다.
   구십에 우리들을 데리러 오면
   아직은 젊다고 전해 주세요.

4. 우리들의 인생은 일흔 살부터
   언제나 감사하며 살아갑니다.
   백세에 우리들을 데리러 오면
   서서히 가겠다고 전해 주세요.

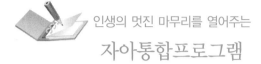

인생의 멋진 마무리를 열어주는
자아통합프로그램

♥ <u>프로그램명</u> : 우듬지를 꿈꾸며

♥ 날　　짜 : 2005년 7월 ×일~9월 ×일(매주 월요일, 총 10회)

♥ 시　　간 : 오전 10시 30분~낮 12시

♥ 장　　소 : ××노인종합복지회관 제4강의실(서예실)

♥ 상　담　자 : 김영경, 박인영(풍경소리심리상담연구소)

♥ <u>프로그램 구성</u>

· 1회기 (2005. 7. ××)−방향 제시와 자기 소개

· 2회기 (2005. 7. ××)−풍경구성법(LMT)

· 3회기 (2005. 8.××)−내 인생의 3대 뉴스

· 4회기 (2005. 8. ××)−남이 보는 '나'

· 5회기 (2005. 8. ××)−장점 바라보기

· 6회기 (2005. 8. ××)−관심 기울이기

· 7회기 (2005. 9. ××)−마음의 선물

· 8회기 (2005. 9. ××)−내가 살아야 하는 이유

· 9회기 (2005. 9. ××)−유언 남기기

· 10회기 (2005. 9. ××)−마무리 및 소감교류

 수료증

○ ○ ○

위 사람은 10회기의 자아통합 프로그램과정을
성실하고 진실한 태도로 훌륭히 마쳤으므로
수료증을 드립니다.

2005. 9. × ×

김영경, 박인영
저희 두 명의 상담자는

미스 권 (○○○)

행복 (○○○)

석곡 (○○○)

꽃님 (○○○)

백합 (○○○)

코스모스 (○○○)

벚꽃 (○○○)

일곱 분의 어르신들과 함께 한 시간들이 무척 행복했습니다.

이 만남을 귀한 인연으로 여기며

어르신들로부터 많은 것을 배우고 갑니다.

늘 건강하시고 행운이 있으시길 빕니다.

감사합니다!

〈제3부 관련 부록〉

 집단상담기록지

회기	년 월 일 (○○○○ 노인종합복지관)
집단원	
촉진자	
주 제	
목 표	
활 동	
촉진자 의견	

유언 활동지

미 스 련

엄마애 유서

이 엄마가 하고 십은 말은 첫제 너예 삼 남매
정강 하구 형제 관애 우위 왜구 했잡 살아야 한다
둘재는 이세상이 너무 험막 타니 아이들 맘이 잘하구
남애게 지려 반은 이튀 없시 올바르게 키우구 또는
정강이 최고다 이 엄마는 너예 삼남매 을
길너 왔이만 부모 로서 남들 같이 부모예 도리을
못한 잣을 가슴 앎으다 어마가 저세상 가서도
꾹 지켜 보노 라

행복

사랑하는 나의 3남매 들어 봐라—
나는 너희들을 얼마나 사랑하고 내눈에
넣어도 아프지 않을 만큼 진정으로 사랑했다
이젠 나의 모든 생을 접어두고 하늘 나라에
계신 내가 많이 사랑했던 너의 아버님
께 갈란다. 아무쪼록 너희 3남매가
훌륭하게 살고 / 이 에미의 간절한 바람을
지켜다오 그리고 이 엄마가 너희들에
게 잘못했다던가 하운했던 일들이 있다면
다 풀고 이 에미를 용서 바란다.

사랑한다 내 엄마 아가들아—

부디 몸건강하고 너희 3남매가— 돈돈을
튼튼히 행복하게 살기 바란다

백 합

사랑하는 아들 대현 며느리 김정문 보아라
인생 칠십을 살면서 너희들에게 귀여움과
슬픔 금할 길 없구나 마즈막 기로에 서서 너희들에게
하고 싶은 말은 이 사회에서 쓸모 있는 사람으로 살며
아이들 한테도 좋은 아빠 엄마가 되여라

작은 아들 진현 너는 항상 엄마 때문에 마음 조이며 살지
엄마 걱정 하지 말고 직장 업무에 충실 하며 이 나라를
질머질 훌륭한 공무원이 되여라 최선을 다해 열심히 살아라
형제간에 우애 있게 살아라

〈제2부 관련 부록〉

노인학대 유형과 유형별 구체적 행위

1. 노인학대 유형

노인학대는 학대가 발생하는 공간에 따라 다음과 같이 분류한다.

* 가정학대 : 노인과 동일가구에서 생활하고 있는 노인의 가족 구성원인 배우자, 성인자녀뿐만 아니라 노인과 동일가구에서 생활하지 않는 부양의무자 또는 기타 사람들에 의하여 행해지는 학대이다.
* 시설학대 : 노인에게 비용(무료 포함)을 받고 제공하는 요양원 및 양로원 등의 시설에서 발생하는 학대이다.
* 기타 : 가정 및 시설 외의 공간에서 발생하는 학대를 말한다.

2. 유형별 노인학대의 구체적 행위

유 형	정 의
신체적 학대	물리적인 힘 또는 도구를 이용하여 노인에게 신체적 손상, 고통, 장애 등을 유발시키는 행위(폭행, 폭력, 흉기사용, 감금, 화상 등 신체적 손상을 주는 행위)
언어적·정서적 학대	비난, 모욕, 위협, 협박 등의 언어 및 비언어적 행위를 통하여 노인에게 정서적으로 고통을 주는 행위
성적 학대	성적 수치심 유발 행위 및 성희롱, 성추행, 성폭력 및 강간 등의 노인의 의사에 반하여 강제적으로 행하는 모든 성적 행위
재정적 학대 (착취)	노인의 자산을 노인의 동의 없이 사용하거나 부당하게 착취하여 이용하는 행위 및 노동에 대한 합당한 보상을 제공하지 않는 행위

유 형	정 의
방임	부양의무자로서의 책임이나 의무를 의도적 혹은 비의도적으로 거부, 불이행 혹은 포기하여 노인의 의식주 및 의료를 적절하게 제공하지 않는 행위 (필요한 생활비, 병원비 및 치료, 의식주를 제공하지 않는 행위)
자기방임	노인 스스로 의식주 제공 및 의료 처치 등의 최소한의 자기 보호관련 행위를 의도적으로 포기 또는 비의도적으로 관리하지 않아 심신이 위험한 상황 또는 사망에 이르게 되는 경우
유기	보호자 또는 부양의무자가 노인을 버리는 행위

(1) 신체적 학대

구체적 행위	나타나는 징후	학대 세부내용 분류
• 때린다. • 세게 친다. • 꼬집는다. • 물건을 집어 던지다. • 흉기로 위협한다. • 강하게 누른다. • 찌른다. • 강하게 흔든다. • 강하게 붙잡는다. • 난폭하게 다룬다. • 무리하게 먹인다. • 신체를 구속한다. • 감금(가둠)한다. • 의자나 침대에 묶어둔다. • 불필요한 약물 투여한다. • 담배 등으로 화상을 입힌다.	• 설명할 수 없는 상처 • 설명과 일치하지 않는 상처 • 치료를 받지 못한 상처(잘린 상처, 찔린 상처, 생채기, 출혈, 골절 등) • 신체부상(얼굴, 목, 가슴, 복부, 골반, 팔, 다리) • 외관상 나타나지 않는(옷이나 신체의 일부분에 의해 가려진) 상처 • 머리카락이 뽑힌 흔적이나 머리 부분에 출혈의 흔적 • 화상(담뱃불이나 질산 혹은 로프나 체인의 마찰로 야기된 화상 등) • 영양부족 상태 또는 질병과 관계 없는 탈수상태 • 이상한 체중 감소 • 행동이나 활동 수준의 변화	• 외상없음 • 감금 • 부종 • 골절 • 멍듦 • 할큄 • 꼬집힘 • 물어 뜯김 • 찢김 • 탈골 • 경미한 출혈 • 화상 • 머리카락 뽑힘 • 목 졸린 흔적 • 복부출혈상 • 묶은 흔적 • 출혈 • 유해한 약물투여 흔적 • 삠(접질림) • 인대손상 • 고막파열 • 호흡곤란 • 두개골 골절 • 뇌손상 • 경뇌막 혈종 • 신체떨림 • 의식장애 • 뇌사 • 사망 • 기타

(2) 언어적 · 정서적 학대

구체적 행위	나타나는 징후	학대 세부내용 분류
• 말로 욕을 퍼붓는다. • 노인에게 고함을 지른다. • 말로 혐오스럽게 한다. • 노인에게 '쓸모없는 늙은이'라는 등 자존심을 상하게 하는 말을 한다. • 신체기능 저하로 인한 노인의 실수를 비난하고 꾸짖는다. • 노인이 수치심을 느끼게 하는 모욕적인 말을 한다. • 유아처럼 다룬다. • 고령자를 가족과 친구로부터 격리한다. • 외출시키지 않는다. • 노인을 보지 않는다. • 노인에게 말을 걸지 않는다. • 무시하고 대답하지 않는다. • 노인만 따로 식사하게 한다. • 창피를 준다. • 비웃거나 조소한다. • 재앙을 가져오는 사람으로 취급한다. • 위협적으로 무례한 태도를 취한다. • 노인의 친구나 친지 등이 방문하는 것을 싫어한다. • 노인의 일상적인 사회활동이나 종교 활동을 노골적으로 방해한다.	• 반응하려고 하지 않는다. • 질문을 해도 '예', '아니요' 라는 짧은 답변 외에는 응답이 없다. • 표정이 없다 • 정서 상태 : 우울, 공포, 혼돈상태, 부정, 분노, 흥분, 수동성 • 무기력하다. • 말하기를 꺼려하거나 주저한다. • 고개를 숙이고 있다. • 웃는 모습이 아니다. • 눈물을 머금는다, 운다, 절망이나 동요를 보인다. • 대화에 참가하지 않는다. • 걱정되는 듯한 모습을 하고 있다. • 눈이 쑥 들어가 있다. • 가족의 안색을 살핀다. • 가족을 피하려고 한다. • 집에 돌아가려 하지 않는다.	• 무관심 • 소리 지름 • 비하된 언어 • 이유 없는 짜증과 화 • 심한 욕설 • 대꾸 안 함 • 무시 • 모멸감 • 고의적 따돌림 • 언어적 협박 및 위협 • 흉기로 위협 • 과대한 요구 • 생활기구 제한 • 기물파손 • 물건을 던짐 • 사회적 활동 제한 • 사용 공간 제한 • 생활기구 사용 제한 • 쫓아냄 • 집에 못 들어오게 함 • 나가지 못하게 함 • 기타

(3) 성적 학대

구체적 행위	나타나는 징후	학대 세부내용 분류
• 노인이 성적 수치심을 갖게 하는 성관련 언어표현 및 행위 • 성 관련 언어, 시각적 자료, 행동으로 성적 굴욕감을 유발하는 행위 • 폭행한 후 강제적으로 성행위 및 강간하는 것	• 걸을 때 혹은 앉을 때의 어려움 • 속옷의 찢어짐 • 외부 성기 부분이나 항문 부위의 타박상이나 하혈 • 성병	• 성적 수치심 유발 행위 • 성적 수치심 유발 환경 • 성희롱 • 성추행 • 성폭행

구체적 행위	나타나는 징후	학대 세부내용 분류
• 물건이나 흉기를 사용하여 강제로 성폭행하는 것 • 원치 않는 성행위 및 강간 • 성적 수치심을 유발하는 환경(남녀 구별 필요 공간에 구별 없는 경우, 탈의실, 화장실 개방 등)	• 우울, 사회관계의 단절 • 수면장애 • 분노 또는 수치심	• 강제적 성행위, 강간 • 기타

(4) 재정적 학대

구체적 행위	나타나는 징후	학대 세부내용 분류
• 노인의 유언장을 허위로 작성하거나 노인이 작성한 유언장을 노인의 동의 없이 수정한다. • 노인의 허락 없이 노인의 이름을 사용해서 계약한다. • 노인의 허락 없이 부동산(재산)을 사고 팔거나 빌린다. • 노인의 허락 없이 노인 명의의 증서를 변경한다. • 노인의 허락 없이 노인 재산을 증여한다. • 노인의 소득(연금, 임대료 등)을 가로챈다. • 대리권을 악용한다. • 노인의 허락 없이 노인 금전에서 돈을 빌려준다. • 노인의 허락 없이 노인 명의의 은행구좌에서 돈을 인출한다.(돈을 훔친다, 돈을 악용한다, 연금을 가로채서 사용하는 것 등) • 노인에게서 빌린 돈이나 물건을 돌려주지 않는다. • 노인의 값나가는 물건을 빼앗는다. • 노인의 허락 없이 노인 명의의 은행구좌를 해약한다.	• 자신의 생활이나 보호를 위한 충분한 돈을 가지고 있지 않다. • 필요한 물건을 살 수 없다. • 체납된 공과금 및 세금서가 발견되고 있다. • 은행계좌의 현저한 혹은 비적절한 거래가 있다 • 노인의 서명이 아닌 노인의 서명과 유사하게 서명된 수표나 서류가 있다 • 개인 소지품이 없어졌다. • 노인의 재산이 타인의 명의로 갑자기 전환되었다.	• 인감도용 • 연금 및 생계급여 등 수입에 대한 착취 • 강제적인 명의변경 • 부양전제 증여 후 부양의무 불이행 • 은행계좌 무단 인출 • 현금 갈취 • 동산 갈취 • 부동산 갈취 • 재산권 사용제한(예. 근저당) • 유언장 허위 작성 • 의사표현 능력이 없는 노인의 재산 갈취 • 불완전한 의사표시상태에서 노인의 재산 갈취 • 신용카드 명의도용 • 노인임금 채무 불이행 • 기타

(5) 방임

구체적 행위	나타나는 징후	학대 세부내용 분류
• 식사와 물을 주지 않는다. • 약물을 불충분하게 투여한다. • 치료를 받게 하지 않는다. • 청결유지를 태만히 한다(옷 갈아입히기, 기저귀 교환, 손톱 깎기 등) • 노인에게 필요한 기구를 제공하지 않는다(안경, 의치 등) • 거동이 불편한 노인을 장기간 혼자 있게 둔다. • 노인방만 청소하지 않는다. • 와상 시 몸의 위치 변경을 태만히 한다. • 노인이 사고를 당할 수 있는 위험한 상황에 처하게 한다.	• 오물, 대소변 냄새, 주변 환경에 있어서 건강이나 안전에 관련되어 위험한 증후가 있다. • 머리, 수염, 손톱 등이 자라서 지저분해져 있다. • 욕창이 있다. • 땀띠, 염증, 이(기생충)가 있다. • 의치, 보청기, 안경 등이 없다. 또는 부수어져 있다. • 식사를 거르고 있다. • 영양실조나 탈수상태에 있다. • 필요한 의료를 받지 않거나 필요한 약을 먹지 않고 있다. • 의복을 착용하지 않았다. • 언제나 같은 의복이나 더럽고 찢어진 옷 또는 계절에 맞지 않는 의복을 입고 있다. • 오물로 침대나 이불이 더럽혀져 있다. • 기저귀가 교환되지 않고 있다. • 전기, 가스, 전화, 수도가 단절되어 있다.	• 의료적 방임(치료받아야 하는 상황) • 보장기구(보청기, 당뇨 체크기구 등) 제공거부 • 필수생활비, 생계비 지원 단절 • 비위생 거주 환경 • 개인위생 방치(와상, 치매 등 거동 불가능 노인) • 난방단절 • 전기, 가스, 수도단절 • 주거환경 안전사고 위험 • 거동 불가능 노인에게 충분치 못한 식사 제공 • 영양실조 • 탈수상태 • 연락두절, 왕래두절(1년 이상) • 노인의 배회 • 신변 위험 상태 방치 • 죽게 내버려 둠 • 가출 후 찾지 않음 • 기타

(6) 자기방임

구체적 행위	나타나는 징후	학대 세부내용 분류
• 노인 스스로 할 수 있음에도 불구하고 신변의 청결, 건강관리, 가사 등을 포기하거나 관리하지 않아 심신의 문제가 발생한다. • 자기의 신변청결, 건강관리, 가사 등을 본인이 할 능력이 부족하거나 어떤 이유로 노인도 모르는 사이에 심신의 문제가 발생한다.	• 스스로 식사와 수분을 섭취하지 않음 • 필요한 치료와 약복용을 중지 또는 이로 인한 건강상태 약화 • 의도적으로 죽고자 하는 모든 행위	• 의도적으로 신변 청결 및 기본생활 회피 • 의도적으로 식사 거부 • 의도적으로 기본적인 보호 거부로 건강문제 발생 • 치료행위 거부로 생명에 위험 초래 • 자해, 자살기도, 사망, 기타

(7) 유기학대

구체적 행위	나타나는 징후	학대 세부내용 분류
• 노인을 낯선 장소에 버린다. • 노인을 다른 주거지에 머무르게 하고 연락을 두절한다. • 거동이 불편한 노인을 시설에 맡기고 연락을 두절한다. • 노인을 강제적으로 반 감금 형태 시설에 보내 집으로 돌아오지 못하게 함	• 노인이 낯선 장소에서 오랜 시간 배회하며 자신의 주거지 및 연락처를 알지 못한다. • 주거지가 아닌 장소에서 불결한 신변상황이나 식사를 제대로 하지 못한 상태로 방치되어 있다. • 자녀들과 전혀 연락이 되지 않으며, 주거지를 옮기거나, 이민을 떠났다. • 노인의 신상에 대한 정보를 전혀 알 수 없다.	• 노인을 길, 시설, 낯선 장소에 버림 • 반 강금 형태의 시설에 입소됨 • 사망 • 기타

한국형 간이정신상태검사(K-MMSE)

1. 시간지남력 : 오늘이 몇 년, 몇 월, 몇 일인지, 무슨 요일이고, 어떤 계절인지 묻는다(음력으로 답해도 정확하면 정답으로 채점). … 각 1점씩 총 5점

2. 장소지남력 : 지금 있는 곳이 어느 나라, 무슨 시(도)인지, 어떤 일을 하는 곳인지, 장소명은 무엇이고, 몇 층인지를 묻는다. ⋯⋯ 각 1점씩 총 5점

3. 기억등록 : '비행기, 연필, 소나무'를 불러준 다음 외워서 말해 보도록 하고, 조금 후 다시 외우도록 할 것이라고 말한다. ⋯⋯⋯ 각 1점씩 총 3점
(피검자가 암송할 기회를 주지 않고 즉시 주의집중 및 계산 문제를 시작한다.)

4. 주의집중 및 계산 : "100에서 7을 빼면 얼마가 됩니까?", "거기서 또 7을 빼면요?"(100에서 7을 연속적으로 5번 빼도록 하는데, 답이 틀리더라도 답을 수정하거나 틀렸다는 표현을 하지 않는다. 답이 틀렸더라도 그 다음 계산에서 7을 뺀 수가 맞으면 정답으로 채점) ⋯⋯⋯ 각 1점씩 총 5점

5. 기억회상 : '기억등록'에서 외우도록 했던 물건 이름 3가지를 묻는다.
⋯⋯⋯⋯⋯⋯⋯⋯⋯⋯⋯⋯⋯⋯⋯⋯⋯⋯⋯⋯⋯⋯ 각 1점씩 총 3점

6. 언어능력

• 이름대기 : 손목시계를 손으로 가리키며 이것이 무엇인지 묻는다(시계나 손목시계 모두 정답으로 간주), 그리고 볼펜이나 연필을 손으로 들거나 가리키며 이것이 무엇인지 묻는다(노인은 필기도구를 모두 연필로 지칭하는 경향이 있으므로 나이와 학력을 고려하여 채점). 각 1점씩 총 2점

• 따라 말하기 : 검사자가 '백문이 불여일견'이라고 말한 후 그대로 따라서 말하도록 한다(발음이 부정확하면 점수를 주지 않는다). ⋯⋯ 1점

• 명령시행 : 검사자는 앞뒷면에 글씨가 쓰이지 않은 A4 용지 한 장을 손에 들고 다음과 같이 말한다. "제가 이 종이를 드리면, 종이를 뒤집은 다음, 반으로 접어서, 저에게 주세요."(종이를 미리 주어선 안 되고 3단계 명령을 한 번에 다 준 다음 준다. 만약 지시를 이해하지 못했거나 다시 말해 달라고 요구하면 한 번 더 반복할 수 있다)⋯⋯ 각 1점씩 총 3점

• 읽기 : '눈을 감으세요'라는 글씨를 보여 준 후, 이 문장을 큰 소리로 읽고 쓰인 대로 해 보도록 한다(글씨는 읽었으나 눈을 감지 않으면 "이 문

장에 쓰인 그대로 행동을 해 보세요." 라고 한다). ························· 1점
- •쓰기 : 오늘의 날씨 또는 기분에 대해서 문장으로 써 보도록 한다(주어와
  동사가 있고 의미가 전달되면 정답). ····························· 1점
7. 그리기 : 제시한 그림과 똑같이 그리도록 한다(두 개의 도형이 5각형이
  고ㅡ정5각형이 아니어도 됨, 겹친 부분이 4각형이어야 함). ··········· 1점

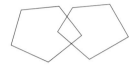

(강연욱 & 나덕렬, 2003)

● 평가기준

18점 미만 : 상당한 인지장애, 의사소통 불능
18~24점 : 약. 중간정도의 손상
24점 초과 : 정상적 인지상태

● 참고사항

MMSE를 노인 내담자의 인지기능 수준 평가도구로 사용할 때 유의해야 할 점을 자문한 결과, 서울대학교 심리학과 최진영 교수(2006년 5월 저자와 개인통신)에 의하면 첫째, 이 검사 자체로는 치매 진단에 불충분하다는 점이다. 치매 중 비중을 가장 크게 차지하는 것이 알츠하이머병으로 인한 치매인데, 이에 대한 초기 진단으로 사용하기에는 기억검사가 부실하다. 둘째, 시간 및 장소 지남력 문항들은 건강한 문맹 및 저학력자들의 경우에도 매우 낮은 점수를 받는다는 사실이다. 그러므로 MMSE를 사용할 때는 기억 검사를 보강하고, 저학력자에게는 사용하지 말아야 한다는 언급이 있었다.

그리고 이 검사의 결과로 상담 가능성을 판단하는 문제에 있어서, "약·중간 정도의 손상(총점 30점 중 18~24점에 해당)" 환자에 대해 단기간의 정서적 지지는 가능하지만, 치매의 초기 이후부터는 일단 정상적인 대화 자체가 불가능해지고 통찰이 전무하기 때문에 심리상담 및 심리치료가 어렵다고 보았다. 관련연구가 없으나 장기적으로는 상담보다는 행동관리가 대세이며, 실제 병원과 요양원에서 치매로 발생하는 충동적인 행동 및 정신증에 대해 행동관리를 많이 행하고 있는 실정임을 알려 왔다.

〈제2부 관련 부록〉

 한국형 도구적 일상생활활동 척도(K-IADL)

※ 다음의 각 기능영역에 대해 환자분에게 해당되는 보기에 표시해 주십시오.

1. 몸단장-빗질, 화장(化粧), 면도, 손/발톱 깎기포함

질문 : 어르신께서는 머리 빗질이나 손발톱 깎는 것, 화장(여자), 면도(남자)
를 남의 도움 없이 혼자서 하십니까?

☐　1. (기구만 준비되어 있으면) 다른 사람의 도움 없이 빗질, 손/발톱 깎
기, 면도 혹은 화장 등을 혼자서 한다.

☐　2. (기구가 준비되어 있더라도) 빗질, 손/발톱 깎기, 면도혹은화장중한
두가지는다른사람의도움을 받아야 한다.

☐　3. (기구가 준비되어 있더라도) 다른 사람의 도움을 받지 않고는 빗질,
손/발톱 깎기, 면도 혹은 화장 등을 모두하지 못한다.

2. 집안 일-실내청소, 설거지, 침구정리, 집안 정리정돈 하기

질문 : 어르신께서는 집안의 일상적인 청소나 정리정돈, 침구정리, 설거지 등
을 다른 사람의 도움 없이 혼자서 하십니까?

☐　1. 도움 없이 혼자서 집안 일을 한다.
☐　2. 집안 일을 할 때 부분적으로 다른 사람의 도움을 받는다.[1]
☐　3. 집안 일을 할 수 없어서 다른 사람의 도움에 전적으로 의존한다.
☐　4. 집안 일을 하지 않는다. → 추가질문으로

---

1) 걸레질은 못해도 빗질은 할 수 있거나, 남의 도움을 받으면서 함께 설거지나 정리정돈을 할 수 있는 경
우, 이불이나 가벼운 것은 개지만 무거운 것은 갤 수가 없거나, 장롱에 올려놓지 못하는 경우에는 2.에
해당.

※ 추가질문 : 다음 중 환자에게 맞는 것을 고르시오.

☐ 4-1. 집안 일을 할 수 있는데 하지 않는다.
☐ 4-2. 집안 일을 해본 적이 없다.

3. 식사준비 – 음식재료를 준비하고, 요리하고, 상을 차리는 것

질문 : 어르신께서는 식사 준비(음식재료를 준비하고, 요리를 하고, 밥상을
　　　차리는 일)를 다른 사람의 도움 없이 혼자서 하십니까?

☐ 1. 도움 없이 혼자서 밥과 반찬을 하고 상을 차린다.
☐ 2. 식사 준비에 부분적으로 다른 사람의 도움을 받는다.[2]
☐ 3. 식사 준비를 할 수 없어서 전적으로 다른 사람의 도움에 의존한다.
☐ 4. 식사 준비를 하지 않는다. → 추가 질문으로

※ 추가질문 : 다음 중 환자에게 맞는 것을 고르시오.

☐ 4-1. 식사 준비를 할 수 있는데 하지 않는다.
☐ 4-2. 식사 준비를 해본 적이 없다.

4. 빨래하기 – 손으로 직접 하거나 세탁기를 이용하여 빨래를 하고 세탁한 후 널어 말리는 것 포함.

질문 : 어르신께서는 빨래(손으로 빨든 세탁기를 이용하든 상관없이)를 다른
사람의 도움 없이 혼자서 하십니까?

☐ 1. 도움 없이 혼자서 빨래를 한다.[3]
☐ 2. 빨래를 할 때 부분적으로 다른 사람의 도움을 받는다.[4]
☐ 3. 빨래를 할 수 없어서 전적으로 다른 사람의 도움에 의존한다.
☐ 4. 빨래를 하지 않는다. → 추가 질문으로

---

2) 음식재료만 다른 사람이 준비해주면 혼자 요리하고 차릴 수 있다든지, 밥은 혼자 할 수 있으나 반찬 만
　들기는 다른 사람의 도움을 받아야 한다든지, 반찬은 할 수 없지만 이미 요리된 음식을 데워서 먹을 수
　있다면 2.에 해당
3) 세탁기를 이용해 빨래해도 무관함.
4) 큰 빨래는 못해도 속옷이나 양말 정도는 빨 수 있거나, 빨래는 하지만 널 수 없는 경우는 2.에 해당.

※ 추가질문 : 다음 중 환자에게 맞는 것을 고르시오.

☐ 4-1. 빨래를 할 수 있는데 하지 않는다.

☐ 4-2. 빨래를 해본 적이 없다.

5. 근거리 외출-교통수단을 이용하지 않고 가까운 상점, 관공서, 병원, 이웃 등을 다녀오는 것.

질문 : 어르신께서는 걸어서 갔다올 수 있는 상점이나 이웃, 병원, 관공서 같은 가까운 곳의 외출을 다른 사람의 도움 없이 혼자서 하십니까?

☐ 1. 도움 없이 혼자서 근거리 외출을 한다.[5]

☐ 2. 혼자서는 외출을 못하지만 도움을 받아 외출한다.[6]

☐ 3. 도움을 받아도 외출을 전혀 하지 못한다.

6. 교통수단 이용-버스, 전철, 택시 등의대중교통수단을 이용하거나 직접 차를 몰고 먼 거리를 다녀오는 것

질문 : 어르신께서는 버스나 전철, 택시 혹은 승용차 등을 타고 외출을 할 때 남의 도움[7]없이 혼자서 하십니까? 또는 직접 운전을 하고 다니십니까?

☐ 1. 도움 없이 혼자서 모든 교통수단을 이용하거나 직접 차를 운전한다.

☐ 2. 버스나 전철을 이용할 때에는 다른 사람의 도움을 받는다.[8]

☐ 3. 택시나 승용차를 이용할 때에도 다른 사람의 도움을 받는다.

☐ 4. 다른 사람의 도움을 받아도 교통수단을 전혀 이용할 수 없거나 남의 등에 업히거나 들것에 실려야만 교통수단을 이용할 수 있다.

---

5) 외출할 때 지팡이나 휠체어 등 보조기구를 사용해도 무관
6) 휠체어에 태워 주면 혼자 외출할 수 있는 경우에는 2.에 해당
7) 도움이란 부축을 받아 차에 타고 내리거나 남과 동행하는 것을 말함.
8) 택시나 승용차는 도움 없이 혼자서 이용할 수 있는 상태를 말함.

7. 물건사기(쇼핑) – 상점에 들어갔을 때 필요한 물건을 결정하고, 사고 또 돈을
   지불하는 능력(상점까지 가거나, 산 물건을 들고 오는 것은 고려하지 말 것)
질문 : 어르신께서는 사고 싶은 물건을 사려고 상점에 갔을 때 다른 사람의
   도움 없이 혼자서 구입하십니까?

☐ 1. 도움 없이 혼자서 필요한 물건을 모두 구입한다.
☐ 2. 한두 가지 물건은 혼자서 구입할 수 있으나, 여러 가지 물건을 살 때
     는 다른 사람의 도움이 필요하다.
☐ 3. 어떠한 물건을 사든지 다른 사람이 동행해 주어야 한다.
☐ 4. 쇼핑을 전혀 할 수 없으며, 다른 사람이 필요한 물건을 대신 사다주
     어야 한다.

8. 금전관리 – 용돈, 통장관리, 재산관리를 하는 것
질문 : 어르신께서는 용돈이나 통장, 재산관리 같은 금전 관리를 남의 도움
   없이 혼자서 하십니까?

☐ 1. 도움 없이 혼자서 모든 금전 관리를 한다.
☐ 2. 용돈 정도의 금전 관리는 할 수 있으나, 큰 돈 관리는 다른 사람의 도
     움을 받는다.
☐ 3. 금전 관리를 할 수 없어서 전적으로 다른 사람의 도움에 의존한다.
☐ 4. 금전 관리를 하지 않는다. → 추가 질문으로

※ 추가질문 : 다음 중 환자에게 맞는 것을 고르시오.

☐ 4-1. 금전 관리를 할 수 있는데 하지 않는다.
☐ 4-2. 금전 관리를 해본 적이 없다.

9. 전화사용 – 전화번호를 찾고, 걸고 또 받는 것

질문 : 어르신께서는 전화를 걸고 받는 일을 다른 사람의 도움 없이 혼자서
하십니까?

☐　1. 혼자서 전화번호를 찾고 또 전화를 걸 수 있다.

☐　2. 알고 있는 전화번호 몇 개만 걸 수 있다.

☐　3. 전화는 받을 수는 있지만 걸지는 못한다.

☐　4. 전화를 걸지도 받지도 못한다.

10. 약 챙겨 먹기 – 제 시간에 정해진 양의 약 먹기

질문 : 어르신께서는 약을 다른 사람의 도움 없이 혼자서 잘 챙겨 드십니까?

☐　1. 제 시간에 필요한 용량을 혼자 챙겨 먹을 수 있다.

☐　2. 필요한 양의 약이 먹을 수 있게 준비되어 있다면, 제 시간에 혼자 먹
을 수 있다.

☐　3. 약을 먹을 때마다 다른 사람이 항상 챙겨주어야 한다.

● 평가기준 및 참고사항

이 검사지는 환자의 일상생활을 잘 아는 보호자가 작성하는 것으로 총점이
16점 이상이면 중증 기능장애로 본다. 그러나 항목별 기능 장애의 정도는 다
를 수 있으므로 앞으로 연구를 통해 현재의 채점방식보다는 항목별로 다른
가중치를 부여하고 합산을 하는 것이 좋다. 조사결과에 의하면 목욕 → 세수
하기, 옷입기, 화장실 사용 → 이동 → 대소변 조절, 식사의 순으로 소실된다
고 한다(원장원, 2004 참조).

참고문헌

국내서

강연옥, 나덕렬(2003). SNSB 실시 매뉴얼. 휴브알엔씨

강지연, 박부진(2003). 한국노인부부의 성의식과 성생활에 관한 사례연구. 노인복지연구, 22호. 한국노인복지학회.

경기도 노인복지상담실(2005). 노인집단상담 프로그램 매뉴얼

권석만, 민병배(2000). 노년기 정신장애. 서울 : 학지사.

권정혜, 김현택(역)(2000). 인간의 마음과 행동. 서울 : 시그마프레스.

권중돈(2012). 노인복지론. 서울 : 학지사.

권중돈(2004). 노인학대에 영향을 미치는 요인. 한국노년학, 24(1).

권중돈(1996). 치매노인가족을 위한 서비스 개발. 노인복지정책연구, 1996년 하계호.

김기태, 박병현, 최송식(2006). 사회복지의 이해, 제3판. 서울 : 박영사.

김영경(역)(2008). 노인상담의 첫걸음. 서울 : 시그마프레스.

김은정, 김향구, 황순택(역)(2001). 이상심리학. 서울 : 학지사.

김재성(역)(2003). 위빠사나 수행. 서울 : 불광출판부.

김종서 등(1982). 「평생교육의 체제와 사회교육의 실태」(한국정신문화연구원 연구보고서).

김태현(1989). 노인상담의 기초적 연구. 한국노년학, 5.

김홍란(2003). 시설노인의 성에 대한 탐색적 연구. 노인복지연구, 21호. 한국노인복지학회.

노상우, 송재홍, 천성문, 이영순(1999). 아동ㆍ청소년을 위한 집단상담. 서울 : 문음사.

노인상담사례연구회(2010). 노인상담의 이해와 실제. 추계워크숍 자료집.

대한노인정신의학회 편(2004). 노인정신의학. 서울 : 중앙문화사.

문현미(2005). 인지행동치료의 제3 동향. 한국심리학회지: 상담 및 심리치료, 17(1), 15-33.

민성길 등(2006). 최신정신의학. 서울 : 일조각.

박광배, 김종환(역)(1999). 털어놓기와 건강. 서울 : 학지사.

박석(2004). 동양사상과 명상. 서울 : 제이앤씨.

박완서(1999). 한 길 사람속. 서울 : 작가정신.

박재간, 김태현(1986). 현대사회에서의 노년기 여가생활에 관한 연구. 한국노년학, 6.

박차상, 김옥희, 엄기욱, 이경남, 정상양, 배창진(2005). 한국노인복지론. 서울 : 학지사.

보건복지부. 노인장기요양정책기획단(2000). 노인장기요양보호의 종합대책수립방안연구. 서울 : 한국보건사회연구원.

오진주, 신은영(1998). 노인의 성적 욕구에 대한 시설종사자들의 태도에 대한 조사연구. 한국노년학, 18-2호, 97-109.

원장원(2004). 일상생활 기능평가(K-AOL, K-LADL). 가정의학회지, 25(4). 617-624.

윤관현, 이장호, 최송미(2006). 집단상담 원리와 실제. 서울 : 박영사.

윤진(1985). 성인·노인심리학. 서울 : 중앙적성출판사.

윤진(1983). 발달단계에 따른 심리적 부적응-노년기의 정신병리와 우울증을 중심으로-한국노년학. 한국노년학회.

윤호균(2001). 공상, 집착 그리고 상담 : 상담접근의 한 모형. 한국심리학회지: 상담 및 심리치료, 13(3), 1-17.

이가옥, 강희설, 이지영(2004). 노인 집단프로그램 개발. 나눔의 집.

이인수(2001). 노년기 생활과학. 서울 : 양서원.

이인수(2001). 뇌졸중 노인을 위한 집단상담 사례연구. 노인복지연구, 12호.

이장호(1989). 동양적 상담지도 이론모형의 탐색, 한국심리학회지: 상담 및 심리치료, 2(1), 3-13.

이장호(2004). Carl Rogers의 인간중심적 치료접근과 자기초월적 접근, 한국트랜스퍼스널학회 월례세미나 발표원고.

이장호(2005). 상담심리학, 4판. 서울 : 박영사.

이장호 등(역)(2008). 은퇴상담. 서울 : 학지사.

이장호 등(역)(2009). 임상노인심리학. 서울 : 시그마프레스.

이장호 등(2007). 전문가 9인+의 상담사례 공부하기, 그리고. 서울 : 박영사.

이형득(2003). 본성실현상담, 서울 : 학지사.

이형득, 김성회, 설기문, 김창대, 김정희(2003). 집단상담. 서울 : 중앙적성출판사.

이호선(2012). 노인상담. 서울 : 학지사.

정인과 등(1997). 한국형 노인우울검사 표준화 연구. 노인정신의학, 1-1, 61-72.

장현갑, 김교헌, 장주영(역)(2005). 마음챙김 명상과 자기치유, 학지사.

조복희, 정옥분, 유가효(2010). 인간발달. 서울 : 교문사.

진영선, 김영경, 박선영(역)(2010). 임상 노년심리학. 서울 : 학지사.

최성재, 장인협(2010). 노인복지학. 서울 : 서울대학교출판부.

최해림, 장선숙(2008). 최신 집단정신치료의 이론과 실제. 하나의학사.

통계청(2005/2010). 고령자 통계 및 장래 인구추계.

한국가족복지학회 편(2005). 노인학대 전문상담. 서울 : 시그마프레스.

한국노인의전화 편(2006). 21기 노인복지 상담전문교육.

한국노인의전화 통계(2004/2011).

한국미술치료학회 편(2000). 미술치료의 이론과 실제. 대구 : 동아문화사.

현외성 등(2001). 노인케어론. 서울 : 양서원.

홍숙기(2010). 젊은이의 정신건강. 서울 : 박영사.

원서

Atchley, R.C. (1989). A continuity theory of normal aging. *The Gerontologist*, 29, 183-190.

Baer, R.A.(2003). Mindfulness training as a clinical intervention: a conceptual and empirical review, *Clinical Psychology: science and practice*, 10(2), 125-141.

Bengtson, V. L.; Elisabeth, O. B. & Tonya, M. P. (1997). Theory, Explanation, and Third Generation of Theoretical Development in Social Gerontology. *Journal of Gerontology*, SOCIAL SCIENCES, 52B(2), s72-s88.

Blenkner, M. (1965). The Normal Dependencies of Aging. In R. Kalish (Ed.). *The Dependencies of Old People* (pp. 27-37). Ann Arbor: Institute of Gerontology, Univerity of Michigan-Wayne State University.

Bocknek, G. (1980). A developmental approach to counseling adults In G.L. Landreth & R.C. Berg(Eds.). *Counseling the elderly*(pp. 164-173). Sprinfield, IL : Charles C. Thomas.

Brody, E. M. (1977). *Long-Term Care of Older People: A Practical Gide*. New York : Human Science Press.

Butler, R. N. (1975). *Why Survive?*: Being Old in America. New York: Harper & Row.

Clark, M. & Anderson, B. (1976). Culture and Aging. Springfield, IL: Charles C. Thomas.

Cowgill, D. O. & Holmes, L. D. (1972). *Aging and Modernization*. New York : Appleton-Century-Crofts.

Ebersole, P., & Hess, P. (1990). Toward Healthy Aging. *Human Needs & Nursing Response* (3rd ed.). St. Louis, Missouri: C. V. Mosby Co.

Elkin, I., Shea, T. Watkins, J. Imber, S. D., Sotsky, S. M., Collins, J. F., Glass, D. R., Pilkonis, P. A., Leber, W. R., Docherty, J. P., Fiester, S. J., & Parloff, M. B. (1989). NIMH Treatment of Depression Collaborative Research Program, I : General effectiveness of treatments. *Archives of General Psychiatry*, 46, 971-982.

Erikson, E. H. (1963). *Childhood and Society* (2nd ed). New York: W.W. Norton & Co.

Goodwin, F. K., & Jamison, K. R. (1990). *Manic-depressive illness*. New York : Oxford University Press.

Gutman, D. L. (1964). An exploration of ego configurations in middle and late life. In Neugarten and Associates, *Personality in middle and late life*. New York : Atherton Press.

Havighurst, R. J. (1972). Developmental tasks and education (3rd ed.). Nwe York : David McKay.

Hayes, S. C., Follette. V. M., & Linehan, M. M. (Eds) (2004). Mindfulness and acceptance: Expanding the cognitive-behavioral tradition, New York : Guilford Press.

Hayes, S. C., Strosahl, K. D., & Wilson, K. G. (1999). Acceptance and Commitment Therapy: An experiential approach to behavior change, New York: Guilford Press.

Hollon, S. D., DeRubeis, R. J., Evans, M. D., Wiemer, M. J., Garvey, M. J., Grove,

W. M., & Tuason, V. B. (1992). Cognitive therapy and pharmacotherapy for depression. *Archives of General Psychiatry*, 49, 774-781.

Jarvik, L. F. (1976) Aging and depression: Some unanswered questions, *Journal of Gerontology*, 31, 324-326.

Katzman, R. (1987). Alzheimer's disease : Advances and opportunities. *Journal of the American Geriatrics Society*, 35, 69-73.

Keith, J. (1990). Age in social and cultural context: Anthropological perspectives. In R.H. Binstock & L.K. George (Eds.), *Handbook of aging and the social sciences* (3rd ed., pp. 91-111). San Diego: Academic Press.

Kennedy, G. J. (2000). Geriatric Mental Health Care, Guilford Press, pp. 53-54.

Kennedy, G. J., Kelman, H.R., Thomas, C. (1990). Emergence of depressive symptoms in late life: The importance of declining health and increasing disability. *Journal of Community Health*, 15, 93-104.

Kubler-Ross, E. (1969). On Death and Dying. A Touchstone Book.

Kuypers, J. A. & Bengtson, V. L. (1973). Social Breakdown and Competence: A Model of Normal Aging. *Human Development*, 16, 181-201.

Lee, Chang-Ho(1990). Comparisons of Oriental and Western Approaches to Counseling and Guidance, Korean Journal of Counseling and Psychology, 3(1), 1-8.

Lowis, M. L. & Butler, R. N. (1974). Life review therapy: Putting memories to work in individual and group psychotherapy. *Geriatrics*, 29. 165-172

Lowenthal, M. F (1964). Social isolatinon and mental illness in old age. *American Sociological Review*, 29, 54-70.

Lowenthal, M. F. (1972). Some potentialities of life-cycle approach to the study of retirement. In F. M Carp (Ed.), Retirement, pp307-388. N.Y. : Behavioral Publications.

Niederehe, G. (1996) Psychosocial treatments with older depressed adults. *American Journal of Geriatric Psychiatry*, 4 (Suppl.1), S66-S78.

Peck, R. C. (1968). Psychological Developments in the Second Half of Life. In B. L. Neugarten (Ed.), Middle Age and Aging, pp.88-92. Chicago: University of Chicago Press.

Reichard, S., Livson, F., & Peterson, P. (1962). Aging and personality. New York: Wiley.

Butler, R. N. (1963). The life review: An interpretation of reminiscence in the aged. Psychiatry: *Journal for the study of interpersonal processe*s, 26.

Schlossberg, N. K. & Entine, A. D. (Eds.) (1977). Counseling Adults. Monterey: Calif. Brooks/Cole Publishing Co.

Scogin. F. (2000). *The first session with seniors*: A step-by-step guide, San Francisco : Jossey-Bass Publishers.

Swami Ajaya (1983). Psychotherapy East and West: A unifying paradigm, The Himalayan International Institute of Yoga Science and Philosophy of the U.S.A., Honesdale, Pennsylvania.

Weiss, R. S. & Bass, S. A. (Eds.) (2002). Challenges of the third age: Meaning and purpose in later life. New York : Oxford University Press.

최신 추천도서

권중돈(2012). 치매환자와 가족복지. 학지사.

기영화(2007). 노인교육의 실제. 학지사.

김동배 외(공역)(2007). 노년기 정신건강: 노인의 정서문제를 다루는 전문가 개입전
　략. 학지사.

김애순(역)(2003/2004). 남자[여자]가 겪는 인생의 사계절. 이화여대출판부.

김영경(역)(2008). 노인상담의 첫걸음. 시그마프레스.

민경환, 김민희(2008). 세월과 마음. 서울대학교출판부.

박경, 이희숙, 김혜경, 허정은(2013). 성 심리치료 이론과 실제. 학지사.

박상철(2002). 한국의 백세인. 서울대학교출판부.

박세연(역)(2012). 죽음이란 무엇인가. 엘도라도.

박재간 외(2011). 노인상담론. 공동체.

박정길, 최소영(공역)(2007). 코칭 바이블. 웅진윙스.

백지연(역)(2011). 성인을 위한 놀이치료. 북스힐.

서혜경(2009). 노인죽음학개론. 경춘사.

연문희, 이영희, 이장호(2008). 인간중심 상담: 이론과 사례 실제. 학지사.

육성필, 최광현, 김은주, 이혜선(2011). 노인자살 위기개입. 학지사.

윤찬중, 명봉호(2008). 노인여가와 치료레크리에이션. 진영사

이덕남(역)(2004). 10년 일찍 늙는 법, 10년 늦게 늙는 법. 나무와 숲.

이애영(역)(2006). 치매: 고귀함을 잃지 않는 삶. 학지사.

이윤로, 김수진(2007). 치매노인과 사회복지서비스. 학지사.

이장호 외(공역)(2008). 은퇴상담. 학지사.

이장호 외(공역)(2009). 임상노인심리학. 시그마프레스.

이장호, 금명자(2012). 상담연습 교본. 법문사.

이장호, 김영경(2013). 노인상담: 경험적 접근. 시그마프레스.

이장호, 손영수, 금명자, 최승애(2013). 노인상담의 실제. 법문사.

이주일 외(2008). 성공적인 한국노인의 삶: 다학제간 심층 인터뷰 사례. 박학사.

이호선(2012). 노인상담. 학지사.

이희경(역)(2008). 긍정심리학 핸드북. 학지사.

장휘숙(2012). 성인발달 및 노화심리학. 박영사.

정옥분(2008). 성인 · 노인심리학. 학지사.

제석봉, 이윤주, 박충선, 이수용(공역)(2006). 사회복지 상담심리학. 학지사.

조맹제(2009). 아름다운 노후를 위한 정신건강. 서울대학교출판부.

진영선, 김영경, 박선영(공역)(2010). 임상 노년심리학. 학지사.

최성재(2009). 새로 시작하는 제3기 인생. 서울대학교출판부.

한국가족복지학회 편(2005). 노인학대 전문상담. 시그마프레스.

한국노인상담연구소 편(2009). 노인심리척도집. 학지사.

한림대학교 고령사회연구소 편(2010). 고령사회의 이해. 소화.

한성열(편역)(2000). 노년기의 의미와 즐거움. 학지사.

홍숙자(2010). 노년학 개론. 하우.

황소연(역)(2011). 죽을 때 후회하는 스물다섯 가지. 21세기북스.

Berghuis, D. J., & Jongsma Jr., A. E.(2004). The family therapy progress notes planner. Woolfe, R., Dryden, W., & Strawbridge, S.(2003). Handbook of Counseling Psychology(2nd Ed). Sage Publications.

Drummond, R. J. & Jones, K. D.(2006). Assessment procedures for counselors and helping professionals(6th Ed). Pearson Merrill Prentice Hall.

Ebersole, P., Hess, P. & Luggen, A. S.(2004). Toward healthy aging: Human needs and nursing response. Mosby.

Ivey, A. E., Ivey, M. B., & Zalaquett, C. P.(2008). Essentials of intentional interviewing: Counseling in a multicultural world. Brooks/Cole.

Kennedy, G. J.(2000). Geriatric mental health care. Guilford Press.

Lebow, J. L.(2005). Handbook of Clinical family therapy. John Wiley & Sons.

Orbach, A.(2003). Counseling older clients. Sage Publications.

Scogin. F. (2000). *The first session with seniors*: A step-by-step guide, San Francisco : Jossey-Bass Publishers.

Weiss, R. S. & Bass, S. A. (2002). Challenges of the third age: Meaning and purpose in later life New York: Oxford University Press.

찾아보기

ㄱ

가족충실형 / 36
가족치료 / 123
각당복지재단 / 49
간이정신상태검사 / 147, 376
간이치매사정도구 / 67
강박장애 / 60
강지연 & 박부진 / 132
개별원조 / 96
개별원조의 원칙 / 99
개별원조의 이론적 모델 / 97
개입단계 / 138
건강염려증 / 60
경제적 의존성 / 37
경청 / 107
경청단계 / 138
고령노인 / 4, 85
고령사회 / vii
고령자고용촉진법 / 86
고령자취업 알선센터 / 16
고령화사회 / vii, 11
공감 / 105, 215
공격적 행동 / 70

공공부조 비용 / 12
공포장애 / 60
공황장애 / 60
교육적·지지적 집단 / 125
구강위생 / 77
구조화 / 106
국민기초생활보장법 / vii
국민연금법상 / vii
국제노년학회 / 3
권석만 & 민병배 / 115
권중돈 / 126, 127
급성 스트레스장애 / 60
기계론자 / 23
기계론적 모델 / 22
기계론적인 행동주의 / 23
기능연령 / 4
기능장애 노인 / 14
기억력 장애 / 70
기억장애 / 64
김영경 / 151
김옥라 / 49
김종서 등 / 7
김태현 / 152

ㄴ

노년기 가족관계 / 37
노년기 고독 문제 사례 / 165
노년기 성상담 개입방향 / 132
노년기 위기상담 / 133
노년기 정신병리 / 52
노년기 정신장애 / 55
노년학 / viii
노령연금 급여대상자 / vii
노망 / 25
노부부 갈등 / 18
노인 개인상담 실습 축어록 / 165
노인 방임 / 135
노인 부부문제 상담사례 / 189
노인 성생활 상담 / 131
노인 심리(정신)치료 / 61
노인 학대 / 135
노인내담자의 제시문제 / 144
노인단독세대가족 / 11
노인들의 인간관계 / 41
노인병원 / 63
노인복지 / 41
노인복지법 / vii
노인복지시설 / 17, 88
노인복지예산 / 14
노인상담 / 14
노인상담 첫 단계에서의 상담자 개입발
    언 / 150
노인상담의 목적 / 95
노인상담의 의뢰경로 / 143
노인상담의 정의 / 90
노인상담의 첫 회기 진행절차 / 149

노인상담의 특징 / 90
노인상담의 필요성 / 85
노인 성생활 상담 / 131
노인우울 / 113
노인우울검사(GDS) / 117
노인주거시설 / 17
노인집단상담 프로그램 / ix
노인치매와 상담 / 121
노인치매의 치료적 대처활동 / 80
노인학대 / 18, 127
노인학대 유형 / 370
노인학대상담의 개입방향 / 128
노인학대와 상담 / 127
노화과정 / 21
노화와 노년기 적응 / 21
노화와 성격유형 / 28
노화적응의 성차 / 24
능력감퇴 / 39

ㄷ

다가가기 접근 / 164
단독충실형 / 36
단순 편집형 정신병 / 59
대인관계 학습 / 221
대한은퇴자협회 / 35
도구적 일상생활활동 척도 / 147, 378
도입단계 / 219, 324
독거노인 방문 도우미 / 38
독거노인 주거지 문제 / 160
독거노인의 우울증 상담사례 / 204
독서형 / 36

ㅁ

말기 환자의 위계적 욕구체계 / 47

망상과 환각 / 69

망상장애 / 59

맥락주의자 / 23

면접기법 / 104

면접상담 / 103

명료화 / 108

모방행동 / 221

목욕 / 74

무생물적 동력 / 16

무장형 / 29, 39, 46

문제해결 과정으로서의 집단원조 / 102

물건 감추기 / 68

미래에 대한 비관적 견해 / 116

미술치료적 접근 / 80

ㅂ

바꾸어 말하기 / 107

박재간 & 김태현 / 36

박차상 등 / 92, 131, 152

반영 / 105

발달모델 / 22

배뇨 · 배변 / 75

배우자의 죽음 / 48

배회 / 67

범불안장애 / 60

보편성 / 221, 351

보편적–맥락특정적 발달 논쟁 / 21

부양의 역할 / 37

부정 / 45

분노 / 45

분노형 / 29, 39

분열형 정신병 / 59

불안장애 / 60

비밀보장 / 149, 274

비상임 전문 상담자 / 88

ㅅ

사고장애 / 64

사이버(인터넷)상담 / 104, 122

사회구성주의 이론 / 9

사회보장 제도 / 37

사회복지사 / 63

사회적 낙인이론 / 32

사회적 노인 / 3

사회적 목표 모델 / 101

사회적 연대감 / 35

사회적 와해이론 / 8, 32

사회적 와해증후 / 32

사회적 의존성 / 37

사회적 일자리 창출사업 / 38

사회적 접촉의 감소 / 39

사회적 추방 / 88

사회참여형 / 36

사회화과정의 결여 / 32

사회화 기술의 발달 / 221

삶과 죽음을 생각하는 회 / 49

상담자 후기 / 201, 208

상호작용 모델 / 101

새로운 정체감 / 33

생명윤리적 문제 / 110

생명윤리적 자문 / 112

생물적 동력 / 16

생물정신사회적 모델 / 60
생산성 / 6
생애 회고 / 80, 91, 164
생활모델 / 99
석양증후군 / 73
섬망 / 57
섭식장애 / 72
성 건강 상담 전문가 / 182
성격장애 / 65
성공적인 노화 / 39
성공적인 노후 / 40
성공적인 은퇴 / 33
성숙형 / 28, 46
성역할 지각 / 26
쇼펜하우어 / 5
수면장애 / 61, 117
수발문제 / 12
수용 / 46, 106, 214
수용양육적 유형 / 34
수집벽 / 71
시스템 모델 / 98
식욕의 감퇴 / 117
신뢰할 수 있는 사람 / 39
신체몰두 / 6
신체상태의 확인 / 147
신체적 의존성 / 37
신체초월 / 6
신체형 장애 / 60
신체-심리적 메커니즘 / 27
실버산업 / 14
실버취업 박람회 / 16
실버타운 / 63

실어증 / 65
실존적 요인 / 221
심리사회 발달단계 이론 / 6
심리사회적 모델 / 98
심리상담사 / 63
심리적 의존성 / 37

■ ㅇ

알츠하이머(Alzheimer)병 / 56
알코올 및 물질남용 장애 / 61
야간 불면증 / 73
양극성 장애 / 58
양로원 / 63
언어장애 / 65
여가봉사활동 / 30
역동적인 대인관계 과정 / 213
역연령 / 4
역할상실 / 39
연결하기 / 217
연소노인 / 4
연속성-비연속성 논쟁 / 21
영양사 / 63
옛날 의지인물 / 208
오진주 & 신은영 / 131
옷 갈아입기 / 76
외부지원망 / 202
외상후 스트레스장애 / 60
요리와 식사 / 75
요약 / 107
요양병원 / 63
우울 / 46
우울 및 정서장애 / 72

우울증 / 57
우울한 기분 / 115
우인교류형 / 36
운동치료사 / 63
원예치료적 접근 / 81
위기 / 133
위기상담 개입방향 / 134
유기체론자 / 23
유기체론적 모델 / 22
유병장수하는 노인 / 14
유외숙 / 186
윤관현 등 / 213, 214, 216
윤진 / 39, 40
은둔형 / 28
은퇴 / 30, 137
은퇴상담 개입방향 / 138
은퇴와 적응 / 30
음악요법의 활용 / 80
의료복지시설 / 17
의존평균수명 / 11
이상행동 / 71
이장호 등 / 141
이타주의 / 221
이호선 / 95, 120, 128
인물회상검사 / 147
인지기능에 대한 평가 / 146
인지능력 및 대화 소통력의 문제 / 201
일상생활 동작능력 장애 / 65
일탈자 / 32
임상심리학적 진단 / 148
임종간호 / 47

ㅈ

자각에 의한 노인 / 3
자기 노출 / 213
자기방어적 유형 / 34
자기상 / 31
자살계획 / 135
자살생각 / 135
자살의도 / 135
자살충동 / 134
자아몰두 / 6
자아분화 / 6
자아초월 / 6
자아통합 / 6
자아통합검사 / 333
자율적 유형 / 34
자존감과 자신감의 감소 / 116
자학형 / 29, 39
자해, 자살생각, 행동 / 116
작업단계 / 220
작업치료사 / 63
작화증 / 64
전개단계 / 324
전화방문 상담서비스 / 103
전화상담 / 103
젊은 노인 / 85
정년퇴직 / 31
정보 전달 / 221
정신과의사 / 63
정신능력의 의존성 / 37
정신분열병 / 58
정신장애 / 66
정체감 위기 이론 / 8

정체감 지속 이론 / 8

정화 / 221

종결단계 / 221, 326

죄책감과 무가치감 / 116

주간보호센터 / 63

주의집중력의 감소 / 116

죽음과 삶 / 51

죽음과 수용 / 44

준비단계 / 219

중고령노인 / 4

중노년기 은퇴상담 / 137

중노인 / 85

지역사회 봉사활동 / 31

지역사회센터 / 63

직면 / 109

직업 가치관 / 34

직업역할 몰두 / 6

진성 정신분열병 / 59

진실성 / 215

질문 / 109

집단 규범 / 216

집단 응집력 / 218, 221, 324

집단 프로그램의 유형 / 125

집단모임의 운영 / 126

집단원조 / 96, 100

집단원조와 노인 / 100

집단원조의 원칙 / 101

집단원조의 이론적 모델 / 101

집단원조자 / 102

집단프로그램 촉진자의 유의사항 / 349

집단프로그램의 장점 / 347

ㅊ

착어증 / 65

천성-양육 논쟁 / 21

초고령노인 / 4

초고령사회 / vii

초기가족의 교정적 재현 / 221

최성재 & 장인협 / 161

치료적 레크리에이션 / 81

치료적 모델 / 101

치매 / 56

치매가족 상담프로그램 / 124

치매노인 돌보기 / 74

치매노인 안전관리 유의사항 / 77

치매노인과의 대화 지침 / 78

치매부양가족 / 125

침체성 / 6

ㅌ

타협 / 46

통찰지향적 분석치료 / 62

통합론적 상담치료 / 23

ㅍ

평가단계 / 138

풍경구성법 / 241

프로그램 시행 후기 / 347

피드백 주고받기 / 217

ㅎ

한국노인의전화 / 16, 18

한국노인의전화 21기 노인복지상담원교
　육 자료집 / 156

합병증 / 66
해석 / 108
행동 제한하기 / 218
행동수정 모델 / 99
현대화 이론 / 16
현실조건의 확인 / 80
현외성 등 / 151
혈관성 치매 / 56
환경요법적 접근 / 81
활동치료사 / 63
활력의 감소와 피로감 / 115
활발한 생활의 노인 / 87
흥미의 상실 / 115
희망을 심어주기 / 221

▍기타

3고 / 89
Atchley / 35
Blenkner / 28
Bocknek / 214
Butler / 27
Clark & Anderson / 7
Cogwill & Holms / 16

Ebersole & Hess / 47
Elkin / 119
Erikson / 6
Goodwin & Jamison / 114
Gutman / 26
Havighurst / 7
Hollon / 119
Jarvik / 26
Katzman / 25
Keith / 24
Kennedy / 92, 93, 111
Kubler-Ross / 45
Kuypers & Bengtson / 32
Lewis & Butler / 214
Lowenthal / 34
Maslow / 213
Niederehe / 94
Peck / 6
Piaget 인지발달이론 / 22
Reichard, Livson, & Peterson / 28
Rogers / 215
Yalom / 221

저자소개

이장호

- 서울대학교 심리학과 졸업, 미국 텍사스대학교 대학원 졸업(상담심리 전공 박사)
- 한국카운슬러협회장, 한국심리학회장 역임
- 현재 서울대학교 명예교수, 서울디지털대학교 초빙교수
- (사)한국노인의전화 자문위원
- e-mail : zhyain@naver.com

저서 및 역서

- 상담심리학 4판(박영사, 2011)
- 상담심리학의 기초 2판(공저)(학지사, 2005)
- 상담면접의 기초 2판(공저)(학지사, 2006)
- 집단상담: 원리와 실제 2판(법문사, 2006)
- 상담연습교본 3판(공저)(법문사, 2012)
- 노인상담: 경험적 접근(공저)(시그마프레스, 2006)
- 전문가 9인+의 상담사례 공부하기, 그리고(공저)(박영사, 2007)
- 인간중심상담: 이론과 사례 실제(공저)(학지사, 2008)
- 은퇴상담(공역)(학지사, 2008)
- 임상노인심리학(공역)(시그마프레스, 2009)
- 노인상담의 실제(공저)(법문사, 2013) 외 다수

김영경

- 경북대학교 대학원 심리학과 졸업(노년심리 전공 박사)
- 풍경소리심리상담연구소 상담연구회장 역임
- 충북보건과학대학교, 충청대학교, 경북대학교 강사 역임
- 현재 숭실사이버대학교 외래교수
- e-mail : ykkwhite@hanmail.net

저서 및 역서
- 노인상담: 경험적 접근(공저)(시그마프레스, 2006)
- 무의식의 보고 꿈(공역)(학지사, 2007)
- 노인상담의 첫걸음(역)(시그마프레스, 2008)
- 임상 노년심리학(공역)(학지사, 2010)

논문
- 노화와 자전적 기억: 회상유형과 사상유형에 따른 일화 및 비일화 기억 양상 간 비교(2009).
- 노년기의 자서전적 기억의 특성, 분석방법 및 새로운 적용(2010).
- 자전적 기억의 특성 분석과 적용 가능성의 탐색(2010).
- 기억 향상 요소를 강화한 노인 집단 자서전 쓰기 프로그램의 효과(2011).
- 탈화제 발언(OTS)은 억제결함 때문인가 의사소통 목적의 실용적 변화 때문인가?(2012).
- 정서인지기능이 탈화제 발언(脫話題 發言; off-topic speech)에 미치는 효과(2013).
- 노화에 따른 얼굴표정 정서인식능력의 변화(2014).
- 우울한 노인의 담화에 나타나는 자전적 기억의 일화 및 비일화 인출양상(2014).